U0928451

浙江大学中国西部发展研究院承编

2016国家西部开发报告

主　编　徐绍史
副主编　何立峰　金德水

图书在版编目(CIP)数据

2016国家西部开发报告 / 徐绍史主编．—杭州：浙江大学出版社，2016.5

ISBN 978-7-308-15892-3

Ⅰ.①2… Ⅱ.①徐… Ⅲ.①西部经济—区域开发—研究报告—中国—2016 Ⅳ.①F127

中国版本图书馆CIP数据核字（2016）第111437号

2016国家西部开发报告

主　编　徐绍史

副主编　何立峰　金德水

责任编辑　樊晓燕

责任校对　余月秋　董凌芳

封面设计　刘依群

出版发行　浙江大学出版社

（杭州市天目山路148号　邮政编码310007）

（网址：http://www.zjupress.com）

排　　版　杭州中大图文设计有限公司

印　　刷　杭州日报报业集团盛元印务有限公司

开　　本　787mm×1092mm　1/16

印　　张　25.25

字　　数　610千

版 印 次　2016年5月第1版　2016年5月第1次印刷

书　　号　ISBN 978-7-308-15892-3

定　　价　98.00元

浙江大学出版社发行中心联系方式:0571—88925591;http://zjdxcbs.tmall.com

2016国家西部开发报告
编写人员名单

编　委（按姓氏笔画排序）

马菁林　于胜英　王　磊　王　儒　王书君　王前进　王银成
方宏胜　邓瀚深　平志强　叶飞文　叶燕斐　冯亚平　吕　辛
吕　健　刘　伟　刘　锋　刘北桦　刘树苹　刘新兰　汤孝军
杨昌学　李华启　李关宾　李建臣　李春红　严贺祥　肖安民
何肖锋　何锦国　何新红　余　健　辛凡非　宋彦麟　张　克
张吉兵　张庆恩　张彦玉　陆文山　陈文开　陈永明　陈志清
明瑞峰　罗卫东　金京华　周广莲　周谷平　周震虹　庞　湟
郑宪宏　孟　冬　南新生　赵惠珍　洪　澜　姚　新　秦昌威
夏先德　党晓龙　徐　强　郭秉晨　郭建军　高尚德　海文达
陶莉萍　黄　庆　曹天民　韩树青　彭小菊　董法鑫　温　军
樊海宏　鞠建华

编审小组成员

田锦尘　欧晓理　童章舜　肖渭明　翟东升　韩振海　张志青
郭旭杰　唐明龙　孙雪珍　于　红　晏世琦　姚先国　董雪兵
方攸同　陈　健　敖　晶　李　莉

目 录
CONTENTS

第一篇/综述篇

2016 年深入推进西部大开发工作要点

2016 年是全面建成小康社会决胜阶段的开局之年和推进结构性改革的攻坚之年。深入实施西部大开发战略，要全面贯彻党的十八大和十八届三中、四中、五中全会精神，牢固树立和贯彻落实创新、协调、绿色、开放、共享的新发展理念，按照党中央、国务院的决策部署，坚持生态优先、绿色发展，紧抓"一带一路"建设等三大战略实施的重大机遇，着力加强供给侧结构性改革，强化政策和资金支持，改善基础设施条件，发展特色优势产业，扩大对内对外开放，实施一批标志性、关键性工程，为"十三五"时期西部大开发各项工作开好局、起好步，为西部地区与全国同步全面建成小康社会奠定坚实基础。

一、加强顶层设计，拓展经济发展新空间

（一）组织编制和实施西部大开发"十三五"规划及配套专项规划

坚持以新发展理念为引领，科学编制《西部大开发"十三五"规划》，研究提出"十三五"时期西部大开发的指导思想、空间布局、重点任务、保障措施。组织编制重点领域和重点区域的相关配套专项规划。加强与国家"十三五"规划衔接，认真研究部署国家确定的各项目标任务，将西部地区亟待推进的一批重大项目按程序纳入相关专项规划。新开工一批有利于稳增长、调结构、惠民生的重点工程。

（二）提升区域创新能力

充分发挥大众创业、万众创新和"互联网＋"集众智、汇众力的乘数效应，以国家自主创新示范区、国家级高新区、国家级经济技术开发区和全面创新改革试验区等为重要载体，在西部条件较好的地区建设若干具有强大带动力的创新型城市和区域创新中心，形成若干高水平、有特色优势的战略性新兴产业聚集区。认真落实四川、西安系统地推进全面创新改革试验的实施方案，加强督促指导，总结推广可复制经验。积极鼓励科研院所与西部地区各类企业合作，推进协同创新。推进西部地区知识产权区域布局试点，培育一批知识产权试点示范城市和知识产权强市、强县。继续加大对海外高层次人才引进及西部地区各类人才培训的支持力度。

（三）促进绿色循环低碳发展

进一步突出生态优先、绿色发展的理念，尊重自然规律，使绿水青山产生巨大的生态效益、经济效益、社会效益。实施山、水、田、林、湖生态保护和修复工程，增强水源涵养、水土保持等生态功能。加快传统工业绿色改造，支持绿色清洁生产，推动建立绿色循环低碳发展产业体系。加快推进西部矿产资源富集地区的绿色矿山建设。加大青藏高原、云贵高原、北方防沙带等生态环境的保护力度，着力构建国家生态安全屏障。

(四)积极对接和参与“一带一路”建设等三大战略

落实西部地区各省(区、市)参与和融入“一带一路”建设的地方实施方案。围绕中蒙俄、新亚欧大陆桥、中国—中亚—西亚、中国—中南半岛、中巴、孟中印缅等国际经济合作走廊建设,加强新疆丝绸之路经济带核心区建设,培育内蒙古对蒙经济合作示范区,研究开展中蒙俄西部毗邻地区合作。研究制定支持新亚欧大陆桥沿线各省(区)开放发展的政策性文件,在陕西、甘肃、青海、宁夏、新疆等省(区)具备条件的城市开展国际合作示范。积极推动中欧等国际集装箱运输和邮政班列发展,打通沟通境内外、连接东中西的运输通道。支持西藏建设面向南亚的重要通道。支持重庆、四川、云南、贵州等省(市)在长江经济带建设中发挥更加积极的作用。支持内蒙古衔接融入京津冀协同发展。

(五)优化对内对外开放格局

贯彻落实《国务院关于支持沿边重点地区开发开放若干政策措施的意见》(国发〔2015〕72号),稳步推进广西东兴,云南瑞丽、勐腊(磨憨),内蒙古满洲里、二连浩特等重点开发开放试验区建设,有序推进重点开发开放试验区的设立工作。支持边境经济合作区、跨境经济合作区、国家级经济技术开发区的建设。支持重庆两江、四川天府、贵州贵安、陕西西咸、甘肃兰州、云南滇中等国家级新区的建设发展。支持贵州、宁夏等地发展具有自身特色的内陆开放型经济,为贫困地区、民族地区实施开放引领发展战略探索新路径。

(六)提升对外开放保障能力

以区域口岸合作为突破口,推动陆港联动,实现口岸功能延伸。选择具备一定电子口岸建设基础的内陆口岸开展单一窗口建设试点。支持办好中国—东盟博览会、中国—亚欧博览会、中国—阿拉伯国家博览会、中国—南亚博览会、丝绸之路(敦煌)国际文化博览会、中国西部国际博览会、中国东西部合作与投资贸易洽谈会、中国—中亚合作论坛等大型活动。加快欧亚经济论坛实体化的进程。

(七)加快培育区域发展新支撑

深入推进新型城镇化,发挥城市群和中心城市辐射带动作用,支持成渝、关中—天水、北部湾、新疆天山北坡、呼包银榆等重点经济区发展,在滇中、黔中、川南、宁夏沿黄等地区加快培育若干带动周边协同发展的新增长极。加快发展西部地区中小城市,推进新型城镇化综合试点工作,在具备条件的地方有序推进设市工作,增强中小城市综合承载能力、资源聚集能力和农业转移人口吸纳能力。支持具备条件的地区依托空港资源发展临空经济,建设产城融合示范区。

二、大力推进基础设施建设,夯实长期发展基础

(八)加快推进西部综合交通运输体系建设

● **公路**　推进国家高速公路、国省干线公路、农村公路以及综合客运枢纽、货运枢纽(物流园区)等建设。重点实施国家高速公路剩余路段建设和繁忙路段改扩建、国省干线公

路升级改造、建制村通硬化路建设等工程。有序推进口岸公路、红色旅游公路、世界遗产地和国家级风景名胜区外围连接公路等建设。

● **铁路** 争取建成并运营沪昆高铁(贵阳至昆明段)、重庆至万州高铁、兰渝铁路(兰州东至下官营段)、昆玉铁路(扩能)等重大工程。积极推进西安至成都、成都至贵阳、银川至西安、吴忠至中卫等高铁项目,兰州至合作、丽江至香格里拉、库尔勒至格尔木、拉萨至林芝等铁路项目,以及成昆铁路等扩能项目建设。加快推进贵阳至南宁、重庆至昆明、西宁至成都等高铁项目的前期工作。继续深化铁路投融资体制改革,积极引导社会资本投向西部铁路特别是资源开发性铁路,保障建设资金供给。

● **民航** 力争建成沧源、扎兰屯、乌兰察布、霍林郭勒、果洛等支线机场,完成庆阳、兴义、林芝、库尔勒等机场改扩建工程。争取开工建设成都新机场、贵阳机场三期扩建、祁连机场等工程。加快推进府谷、甘孜、威宁、达州等机场项目的前期工作。建成乌鲁木齐等区域管制中心。加快西部地区通用航空发展。完善西部机场航线网络。

● **航运** 有序推进岷江、嘉陵江等航道整治和梯级渠化。积极推进三峡库区支流航道建设。以重庆港、泸州港、南宁港、贵港港、梧州港等为重点,加强集装箱、大宗散货等专业泊位建设。统筹北部湾港口协调有序发展。

(九)强化水利基础设施网络支撑

加快陕西引汉济渭、甘肃引洮供水二期、西藏拉洛水利枢纽及配套灌区、西江大藤峡水利枢纽、四川都江堰灌区毗河供水一期等在建工程的建设进度。重点推进贵州黄家湾水库、青海"引大济湟"西干渠灌区、云南滇中引水、陕西东庄水利枢纽、新疆萨尔托海水利枢纽等重大水利工程的前期工作。实施农村饮水安全巩固提升工程,加快小型水利设施、节水灌溉等项目建设,继续做好大中型病险水库水闸除险加固工作。

(十)增强能源基础设施保障能力

● **油气通道** 建成云南、重庆、四川等成品油管道及配套油库项目。加快建设陕京四线、新疆煤制气外输管道,开工建设楚雄—攀枝花天然气管道。

● **电网** 加快建设锡林郭勒—山东、蒙西—天津南等交流特高压工程及宁东—绍兴、酒泉—湖南、上海庙—山东、准东—皖南等直流特高压工程。稳步推进疆电、西南水电外送工程。推进西藏 500 千伏网架建设。加强西部少数民族聚居地区电网尤其是配电网建设。

(十一)完善通信基础设施网络

加快推进西部地区 4G 网络和光纤宽带等工程建设。努力提高西部地区行政村通电话及宽带的比率,推动互联网应用向农村延伸。充分利用电信普遍服务补偿机制,促进西部农村和偏远地区的宽带发展。着力提升西部地区邮政普遍服务能力,大力推动快递"向西、向下"延伸拓展,完善快递网络布局。

三、培育壮大特色优势产业,增强自我发展能力

(十二)大力支持农业发展

加快农业科技创新,推广旱作农业和良种、良法,加快调整农业种植结构,推进粮、棉、

油、糖等主要农作物全程机械化，着力改善粮食仓储条件。加快新疆棉花、甘肃玉米种子和马铃薯、内蒙古肉羊奶类和马铃薯、陕西苹果和猕猴桃、青海牦牛、宁夏枸杞和滩羊、广西糖料、云南糖料和热带作物、四川生猪和水稻种子等优势农畜产业的发展。支持西部地区经济林产业、油茶产业、蚕桑产业、沙产业、林业生物能源产业、林下经济和草牧业的发展。全面划定永久基本农田，实施最严格的耕地保护制度，完善基本农田保护补偿机制。支持西部地区大力开展农村土地整治，加快建设高标准农田，提升农业现代化水平。

（十三）优化传统能源资源开发转换

编制实施西部地区各省（区、市）第三轮矿产资源规划。有序调控大型煤炭基地的生产规模，严格控制新增产能，加快淘汰落后产能和其他不符合产业政策的产能，有序退出过剩产能。支持煤矿安全改造和重大灾害治理示范工程建设。结合电力供需的发展趋势，做好西部地区火电规划建设工作，鼓励煤电一体化发展。加快建设鄂尔多斯盆地东缘煤层气产业化基地，在新疆建设煤层气开发利用示范工程，推进四川、贵州等省（区）煤层气勘探开发试验，继续推进贵州毕节等煤化工项目的前期工作。建设运营好云南石化千万吨级炼油项目，实施长庆、兰州、乌鲁木齐、独山子、格尔木、塔河、北海等炼化企业的汽柴油质量升级技术改造项目，确保西部炼油厂的汽柴油全部达到国Ⅴ标准。

（十四）积极有序开发清洁能源和新能源

在做好生态环境、水生物资源保护和移民安置等工作的前提下，有序核准开工金沙江白鹤滩、叶巴滩、雅砻江卡拉等重点水电项目。有序开发贫困地区的农村水电。结合西南水电基地建设，研究完善提高水电开发经济性的措施。结合重点跨区域输电通道建设，推动建设西部地区大型新能源基地，提高外送通道新能源的占比。建立市场机制，扩大市场空间，促进清洁能源的消纳，减少弃水、弃风、弃光。推进实施南疆三地州城镇气化工程。

（十五）推动产业结构优化升级和培育新兴产业

加快西部地区生物医药、航空航天、新材料、装备制造等优势产业关键技术攻关、应用示范和产业链建设，加快培育新的发展动能。依靠科技提升改造传统产业，提升传统比较优势。推进西部地区工业资源再生利用重大示范工程建设。抓好去产能、去库存、去杠杆、降成本、补短板工作，在西部地区继续压缩一批钢铁、水泥等重点行业过剩产能。支持产业重组，引导具有优势产能的企业积极参与国际产能合作。鼓励银行业金融机构在风险可控、商业可持续的前提下加大对西部地区产能过剩行业兼并重组、转型转产、技术改造等环节的信贷支持。支持西部地区开展产业转移对接，推进产业转移合作园区试点示范。支持西部地区加快军民技术相互有效利用，开展军民两用技术联合攻关，推动产业化发展。

（十六）大力发展特色服务业

支持在西部有条件、有基础的地区开展大数据创新试验，促进云计算、大数据产业发展。支持西部地区大力发展现代物流、电子商务等生产性服务业，以及健康、养老等生活性服务业。培育以乡村、森林、民俗、生态、红色、节庆、度假为特色的西部旅游休闲产品体系，促进音乐、动漫、游戏、数字教育等产业发展。加快推进中新（重庆）第三个政府间合作项目。推动西部地区务实、高效地办好展会论坛。

四、着力改善生态环境，筑牢生态安全屏障

（十七）继续实施重点生态工程

加强天然林资源保护二期、三北等重点防护林体系、濒危野生动植物抢救性保护及自然保护区建设、湿地保护与恢复、京津风沙源治理等重点生态工程建设，完善天然林保护制度。巩固和扩大退耕还林还草成果，新一轮退耕还林还草任务重点向西部地区倾斜。积极推进沙化土地封禁保护区建设试点、石漠化综合治理和小流域水土流失治理工作，支持防沙治沙综合示范区建设。继续实施退牧还草等工程，提升草原防灾减灾能力。完善退牧还草政策，扩大退牧还草工程的实施范围，科学安排年度建设任务。继续推进西部地区生态保护红线的划定与管理。支持西部地区国家级自然保护区、风景名胜区的建设与发展，切实加强监管。

（十八）加大节能和环境保护力度

积极支持西部地区节能减排技术改造项目。加强战略及规划环评，严格"两高一资"产能过剩项目准入条件，加强建设项目节能评估审查、环境影响评价、污染排放监管以及环境风险管控、水土流失防治。深入实施大气污染、水污染防治行动计划，有序推进土壤污染防治。开展湖泊生态环境安全评估工作，推动湖泊生态环境治理和重点流域污染防治。深入推进农村环境综合整治。加大地质灾害防治和矿山地质环境保护与恢复治理力度。做好三江源等国家公园体制试点工作。

（十九）健全生态保护补偿机制

制定出台健全生态保护补偿机制的意见，增强西部各地区生态保护补偿的意识和责任。推进建立生态保护补偿部际协调机制。完善重点生态功能区转移支付制度，开展流域内跨地区生态保护补偿试点。指导地方开展生态保护补偿试点示范。全面落实草原生态保护补助奖励机制，提高奖励补助标准。进一步完善森林生态效益补偿制度，完善以购买服务为主的国有林场公益林管护机制。继续在西部地区开展湿地保护与恢复工程以及湿地生态效益补偿试点、退耕还湿试点和湿地保护奖励试点。继续做好《生态补偿条例》修改完善工作。开展生态系统生产总值研究。

五、综合施策精准扶贫，着力保障改善民生

（二十）全面实施脱贫攻坚工程

因人因地施策，提高扶贫实效，确保精准扶贫、精准脱贫。创新投融资机制，全面启动新一轮易地扶贫搬迁工程。改善贫困地区特别是贫困村基础设施条件，因地制宜解决通路、通水、通电、通互联网等问题。提高贫困地区基础教育质量和医疗服务水平，推进贫困地区基本公共服务均等化。积极发展职业教育扶贫。推动实现集中连片特困地区乡村教师生活补助全覆盖。推进健康扶贫工程，落实到每村、每户、每人，从源头上防止因病致贫、

因病返贫。加大对扶贫资金项目的监管力度和扶贫开发工作的督促、检查、考核力度。广泛动员全社会力量，形成脱贫攻坚合力。

（二十一）扶持特殊困难地区发展

认真落实关于支持四川凉山、云南怒江、甘肃临夏等民族自治州加快建设小康社会进程的政策措施，推动解决实际困难。加快实施兴边富民行动，加大对边境地区民生改善的支持力度，扶持人口较少民族的发展，促进少数民族特色村镇和少数民族传统手工艺品的保护和发展。继续在西部地区全面深入开展民族团结进步创建活动。加强对陕甘宁、左右江、川陕等革命老区以及沿边地区、高寒地区的政策支持。以产业支援为重点，鼓励中央企业进一步加大对西部欠发达地区的支持力度。

（二十二）促进教育事业全面发展

继续支持全面改善贫困地区义务教育薄弱学校基本办学条件，稳步推进普通高中建设、营养改善计划等重大项目，落实好国家助学政策。巩固义务教育普及成果。实施职业教育产教融合工程，加快发展面向农村地区的职业教育，加快建设现代职业教育体系。优化西部地区高等教育布局结构，提高西部地区高考录取率，支持西部高校结合自身优势和办学特色积极参与服务国家重大战略。

（二十三）提高医疗卫生公共服务水平

做好传染病、慢性病、精神病、地方病等疾病的预防控制工作。实施西部地区妇幼健康、计划生育服务能力提升项目。在住院医师规范化培训及适宜技术推广等方面对西部地区予以重点倾斜。加快农村改厕进程。继续落实好计划生育家庭奖励和扶助“三项制度”。加强戒毒医疗服务机构、强制隔离戒毒场所建设，提升戒毒治疗能力。

（二十四）构建现代公共文化服务体系

加强西部地区基层综合性文化服务中心建设，完善西部地区基层公共文化设施网络。提升广播电视覆盖水平，加快推进广播电视由村村通向户户通升级。继续推进公共文化设施免费开放。积极推动新闻出版广播影视重点公共服务工程落地。继续实施少数民族新闻出版“东风工程”。

（二十五）完善社会保障和社会治理

开展创业型城市建设，支持开展农民工等人员返乡创业试点，完善公共就业创业服务体系，提高服务均等化、标准化、专业化水平。加大对西部地区社会救助、社会福利与慈善事业的政策支持和资金扶持力度。推动做好西部地区留守儿童关爱保护工作。加强棚户区改造、农村危房改造等保障性安居工程建设。做好综合防灾减灾工作，重点加大对尼泊尔地震西藏灾区和新疆皮山地震灾区等灾后恢复重建的资金支持力度。加强西部地区公共消防设施和基层消防组织建设。推动西部地区人口合理有序流动，稳妥推进城镇户籍制度改革，创新实有人口管理服务方式。推动西部地区有条件的地方加大美丽宜居乡村建设力度。

六、加大资金支持力度,完善政策保障体系

(二十六)加大财税投资支持力度

继续完善转移支付办法,加大对西部地区的转移支付力度。中央预算内投资向西部地区倾斜。积极研究做好企业享受西部大开发企业所得税优惠政策的后续管理工作,切实将《西部地区鼓励类产业目录》等优惠政策落到实处。加强对各类资金的监督管理,提高资金使用效益和风险防控能力。

(二十七)提升金融服务水平

加强信贷政策指导,大力发展普惠金融。引导金融机构服务西部地区实体经济,开发适合西部地区特点的金融产品。支持西部地区企业在跨境交易中使用人民币。发挥开发性金融中长期融资优势,加大对西部地区重点领域、重点项目和薄弱环节的信贷支持力度。积极支持符合条件的西部企业境内外上市融资。鼓励中外资保险公司到西部地区设立各类营业机构。支持西部地区与相关国家和地区加强金融领域合作,积极引进国际性、区域性金融机构总部,加快建设区域性金融中心。

(二十八)合理安排土地供应

综合考虑西部地区资源环境承载能力、经济社会发展水平和规划空间等情况,在基本农田和耕地保有量不减少的前提下,统筹安排建设用地规模、布局和时序,优化建设用地结构。新增建设用地计划指标继续适当向西部地区倾斜,合理安排城乡建设用地增减挂钩指标。支持西部地区重大工程和重点项目建设,加快项目用地预审,提高用地审批效率。在切实做好生态保护的前提下,稳妥开展未利用地开发利用试点和历史遗留工矿废弃地复垦利用试点工作。

(二十九)深化组织人才保障

大力加强西部地区基层组织和党员队伍建设,选好用好管好农村基层党组织带头人,加大农村基层基础保障力度,突出抓好边疆民族地区党建工作。加强西部地区领导班子和干部人才队伍建设,组织做好中央单位与西部地区的干部双向挂职工作。认真办好干部和各类人才培训,精心实施好公务员对口培训计划等人才支持项目。改革完善中国西部开发远程学习网运行管理机制。完善东部地区支持西部地区人才开发机制,继续实施东部城市对口支持西部的人才培训计划,为西部地区经济社会发展提供强有力的人才保障。

第二篇/部门篇

第一章　中组部

一、2015年工作情况

(一)加强西部地区领导班子建设

推进领导班子思想政治建设。指导西部12省(区、市)巩固拓展党的群众路线教育实践活动成果,推进领导班子思想政治建设和干部队伍作风建设。认真做好西部省份"三严三实"专题教育的联络、指导和协调服务工作。督导西部省份党委常委班子民主生活会,坚持严的标准、严的要求,以整风精神指导西部省份开好民主生活会,严肃党内政治生活,提高了班子发现和解决自身问题的能力。

加强领导班子日常调整配备和管理。加强对西部省份领导班子的综合分析研判,提出选好配强班子的意见建议,推进干部交流,有计划、有步骤地做好日常调整配备工作。坚持交流优秀干部特别是有发展潜力的干部到西部地区工作,注重从西部艰苦地区选拔和重用经受考验的干部。组织开展了2014年度省(区、市)党政领导班子和领导干部年度考核,及时掌握西部省份领导班子运行和干部表现情况。

抓好新一轮省级后备干部调研工作。分两批赴西部省份开展后备干部专题调研,坚持把思想政治素质放在首位,注重全面考察干部的德才素质,注重干部平时的一贯表现,注重了解人选廉洁自律情况,严格把关,确保人选质量。重视和加强少数民族后备干部队伍建设,建立了一批具有马克思主义民族观、坚决与党中央保持一致、在干部群众中有威信的优秀民族干部名单。民族自治区注意培养能够担任正职的民族后备干部。

(二)加强西部地区干部人才队伍建设

加强干部教育培训。一是在《干部教育培训工作条例》(中发〔2015〕29号)和《2015年全国干部教育培训工作要点》(中组发〔2015〕3号)中进一步明确要加大对西部地区干部教育培训的支持力度。二是在中组部直接组织的主体班次培训名额分配上对西部地区予以倾斜,为西部地区专门举办多期专题培训班,培训干部7000多人次。三是加强对西部地区干部教育培训师资队伍建设等工作的指导和支持,在推进省级党校、行政学院"骨干教师培训计划"的过程中,对西部地区给予支持和倾斜。

做好干部挂职锻炼工作。一是加强对中央单位到西部等地区挂职锻炼干部的跟踪管理,印发专门通知要求有关单位做好挂职期满考核和返回安排等工作。二是会同中央统战部、国家民委继续做好选派西部地区和其他少数民族地区干部挂职锻炼工作,共选派挂职干部534名,其中到中央单位234人,到地方300人。

加强人才培养和智力支持。一是选派了395名博士服务团成员赴西部地区进行为期1

年的服务锻炼，从西部地区选拔269名“西部之光”访问学者，到国内著名高校、科研院所、医疗卫生机构研修1年。组织院士、专家到西部地区开展“助力‘一带一路’建设，破解发展难题”咨询服务活动。二是继续实施边远贫困地区、边疆民族地区和革命老区人才支持计划，并注重加大向新疆、西藏倾斜的力度。协调人社部、农业部等有关部委实施好专业技术人才知识更新工程、现代农业人才支撑计划、高素质教育人才培养工程等各项支持项目。

(三)加强西部地区基层组织和党员队伍建设

加强基层党组织建设。一是召开了全国农村基层党建工作座谈会等全国性会议，在工作部署中对西部地区予以重点指导和适当倾斜。二是持续整顿软弱涣散村党组织，西部12省(区、市)倒排软弱涣散村党组织1.6万个，着力对班子配备不齐、党组织书记空缺或不胜任、村级管理混乱，以及基层干部不作为、乱作为等损害群众利益问题进行专项整治。三是落实基层党组织的经费保障，提高村干部报酬，提高村级办公经费标准，落实服务群众专项经费，扶持发展村级集体经济。

选优配强村级班子。一是推动西部各地研究制定农村基层党组织带头人队伍建设总体规划，选优配强村党组织书记，加强村级后备力量储备。二是加大教育培训力度。中组部举办了街道社区党组织书记和四省藏区乡镇党委书记示范培训班，各省(区、市)举办省级示范培训班，市、县各级依托县级党校、党员教育培训基地等培训机构轮训60多万人次。三是推动西部各地选派机关优秀干部到软弱涣散村和贫困村任第一书记。目前西部12省(区、市)共选派7.4万名村第一书记。四是加强对西部地区大学生村官工作的指导。2015年西部12省(区、市)共选聘大学生村官11850名，占全国选聘总数的48.8%。同时，按照东、中、西部逐步提高的原则，中央财政提高对中西部地区大学生村官的补助标准，从2015年起西部增加到每人每年2.5万元，分别比中部、东部高0.5万元和1.7万元。

做好发展党员和党员管理工作。一是指导西部省份制订实施2015年发展党员计划，在控制党员队伍过快增长的同时，加大发展青年、妇女和少数民族党员的力度，优化了党员结构，提高了发展党员质量。二是指导西部省份抓好《2014—2018年全国党员教育培训工作规划》落实，突出理想信念教育，进一步完善和充实党员教育培训内容，提高培训的针对性和实效性。加大培训经费投入，推动各级财政把党员教育培训经费纳入培训经费预算。三是加强党员管理服务，建立东部发达地区党组织与西部地区结对援助、对口支持关系，积极探索流入地与流出地双向共管机制；扎实推进党员信息库建设，充分利用现代信息手段增强党员管理实效。四是加大对西部地区党费支持力度，认真做好生活困难党员和老党员、新中国成立前入党的老党员等支持帮扶工作，大力宣传表彰在西部大开发中做出突出贡献的先进基层党组织和优秀共产党员。

(四)贯彻落实中央对口支援工作会议精神，扎实做好涉藏、涉疆工作

扎实做好涉藏工作。一是认真做好中央第六次西藏工作座谈会筹备工作，赴西藏开展专题调研，起草了《关于西藏和四川、云南、甘肃、青海四省藏区基层组织和政权建设调研报告》，提出的有关政策措施被写入中央有关文件。座谈会召开后，组织召开了组织政权组成员单位全体会议，对中央文件确定的有关政策措施进行任务分解，明确责任部门和工作要求。二是根据习近平总书记批示精神，对西藏和四省藏区干部的医疗、安置、休养等问题进

行深入调研，与西藏自治区和国家财政部、人社部积极沟通协调，经国务院批准，将月人均津贴水平由3650元提高到6050元。同时，启动西藏干部休养基地建设工作。三是加强和完善对口支援干部人才选派工作，研究制定进一步完善援藏、援疆、援青干部人才选派工作的意见。

扎实做好涉疆工作。一是召开组织和政权建设组工作层会议，传达中央新疆工作协调小组全体会议精神，协调推动有关政策措施落实，研究起草了《干部人才援疆2011—2015年工作情况及"十三五"总体思路和措施》。二是会同教育部、新疆维吾尔自治区党委组织部组织实施招录内地高校毕业生到南疆乡镇工作的"种子工程"。2015年，首次从北京等8个省(区、市)290所高校为南疆招录630名乡镇干部。三是加强沟通协调，大幅提高南疆机关事业单位工资收入水平。经国务院批准，实现南疆地区机关事业单位工资水平年人均提高1.6万元。四是完善对口援疆工作机制，将乌鲁木齐、克拉玛依，兵团建工师、十二师等纳入对口支援范围，协调北京、天津等省(市)增派85名援疆干部，实现了全疆各地州、兵团各团场受援全覆盖。同时，按照中央领导同志指示精神，为公安机关增派37名援疆干部。

做好医疗人才"组团式"支援工作。一是启动医疗人才"组团式"援藏工作，会同人社部、国家卫计委制定印发选派通知，首批选派143名医疗人才支援西藏自治区人民医院和7个地市人民医院。二是赴新疆喀什地区开展实地调研，了解了上海、广东医疗人才"组团式"支援新疆喀什地区第二人民医院、第一人民医院的有关情况，对他们的有效做法和成功经验进行了认真总结。三是会同有关部委组织召开医疗人才"组团式"支援经验交流会，总结推广上海、广东支援喀什二院、一院的经验，研究部署下一步工作。

二、2016年工作设想

(一)加强各级领导班子建设

精心组织党委换届工作，选好配强西部地区领导班子，年底前完成西部12省(区、市)党委换届考察工作。落实全面从严治党战略部署，发挥党组织的领导和把关作用，坚持好干部标准和"三严三实"要求，切实把党和人民需要的好干部选出来、用起来，优化领导班子配备，增强班子整体功能。同时，加强对西部地区市县领导班子换届工作的宏观指导。

结合班子日常调整配备，着力选好、配强关键岗位干部。统筹全国优秀党政领导人才，重点选好、配强专职副书记、政府常务副职、纪委书记、组织部部长和中心城市党委书记等关键岗位干部。继续选派优秀干部到西部任职，同时注意交流长期在西部艰苦地区工作的干部到中央和国家机关以及经济相对发达省份工作。

落实从严管理干部要求，重点落实述职述廉、个人有关事项报告、干部问责、推进干部能上能下等制度措施，注意运用巡视、审计等成果。

(二)扎实推进干部人才队伍建设工作

做好干部挂职锻炼工作。选派干部到西部、东北和革命老区挂职锻炼，在做好上一批挂职锻炼工作总结的基础上，进一步突出服务精准扶贫，做好新一批挂职锻炼干部选派工作。继续做好选派西部地区和其他少数民族地区干部挂职锻炼工作。

抓好《干部教育培训工作条例》的贯彻落实，进一步加强对西部地区的支持，在研究制定《2016年全国干部教育培训工作要点》时提出具体要求，做出安排，在师资培养和经费投入等方面对西部地区给予倾斜。

在"一校五院"等国家级干部教育培训机构的主体班次中，保持对西部地区干部教育培训工作的倾斜支持，认真办好"一校五院"新疆班、西藏班、西部干部班、民族干部班等重点班次。

进一步加大对西部等艰苦地区的人才支持力度，精心实施好"三区计划"、博士服务团、"西部之光"访问学者等人才支持项目。继续落实好国家人才发展规划中的重大人才工程，为新疆、西藏提供重点支持的意见。

（三）加大对基层组织建设的支持力度

以市（县、乡）换届为重要契机，加强乡村两级班子建设，选好配强乡镇党委书记队伍，加大抓乡促村力度。

突出抓好边疆民族地区党建工作。研究起草加强边疆民族地区基层党建工作指导性意见，筹备召开边疆民族地区基层党建工作座谈会，着力解决工作力量、队伍建设、活动场所、经费保障等方面存在的突出问题。

加快完善村务监督机制。全面推进村务监督委员会的建设，进一步规范村务监督机构设置、工作职责和运行机制。会同民政部、中央农办研究制定关于完善村务监督机制的指导意见。

加大农村基层基础保障力度。对西部地区在村级组织活动场所建设、社区办公服务场所建设、解决基层组织负责人报酬待遇问题等方面予以倾斜支持。同时，会同财政部研究制定关于落实村级组织运转经费保障的指导性文件，力争把西部地区农村基层党组织工作经费、村干部报酬待遇和服务群众专项经费纳入地方财政预算，并建立稳定增长机制，实现常态化、长效化。

（四）抓好党员队伍建设

继续指导做好发展党员和党员管理工作，通过跟踪了解、督促检查和重点监测，确保总量调控任务落实到位。优化发展党员结构，努力把社会各方面的先进分子和优秀人才吸收到党内来。严格工作程序和纪律，提高新发展党员的质量。

做好党员教育管理工作，指导西部省份在全体党员中开展"学讲话、学党章、学准则，做合格共产党员"学习教育，指导加强党员服务中心站点建设，完善党员联系和服务群众工作体系，继续推进全国党员管理信息化工程建设。结合迎接和纪念中国共产党成立95周年开展有关表彰活动。同时，继续做好涉藏、涉疆工作。贯彻落实第二次中央新疆工作座谈会、中央第六次西藏工作座谈会精神，加强新疆、西藏和四省藏区组织和政权建设。做好第八批援藏、第三批援青干部人才选派工作，改进援派干部选派和管理，继续做好医疗人才"组团式"支援等工作。加强对新疆、西藏干部的关心关爱，抓好工资待遇、职务职级等有关政策的落实。继续抓好新疆、西藏从全国高校毕业生和部队拟退役士兵中招收基层干部等工作。

——执笔人：王　雷

第二章　中宣部

一、2015 年工作情况

(一)宣传教育扎实深入

积极支持西部地区各省(区、市)面向基层干部群众深入宣讲党的十八大和十八届三中、四中全会精神,宣讲习近平总书记系列讲话精神,宣讲党的理论创新成果。围绕“培育和践行社会主义核心价值观”行动,在新疆奇台、陕西西安、内蒙古包头市分别召开社会公益日活动工作现场会、社会主义核心价值观建设与学雷锋志愿服务工作座谈会、“我们的价值观　我们的中国梦”主题教育实践活动经验交流会,总结推广各地基层落实社会主义核心价值观学习教育实践活动的好经验和好做法,巩固全党全国人民团结奋斗的共同的思想道德基础。加强改进基层的宣传和思想文化工作,在甘肃兰州召开“基层工作加强年”工作推进会,推动“基层工作加强年”活动各项任务落实落地。大力宣传“时代楷模”,结合纪念中国人民抗日战争暨世界反法西斯战争胜利 70 周年、文艺工作座谈会召开一周年、全军政治工作会召开一周年等重要时间节点,推出贵州省毕节市赫章县河镇乡海雀村原党支部书记文朝荣、青海省海北州人大常委会原主任廉福章、陕西省西安市公安局新城分局韩森寨派出所副所长和咸东社区民警汪勇、原陕西省广播电视民族乐团团长贠恩凤等四个“时代楷模”,表彰了 17 名来自西部省份的第五届全国道德模范。

(二)对内对外宣传坚定有力

组织中央媒体采访团分多路深入西藏、新疆的基层一线开展主题采访,推出“辉煌 50 年·大美新西藏”、“天山南北绽新颜·新疆维吾尔自治区成立 60 周年”等专题、专栏,集中刊播一批生动鲜活的稿件和节目,充分宣传党中央对西藏、新疆工作的高度重视和对西藏、新疆各族干部群众的亲切关怀,宣传西藏、新疆各项事业取得的巨大成就和民族团结、社会稳定的良好态势,宣传党的民族宗教政策和民族区域自治制度的成功实践。组织中央新闻媒体集中采访报道四川、贵州、甘肃、云南、广西、重庆等西部地区贯彻落实中央决策部署、扎实推进扶贫开发工作的具体举措,报道西部地区实施精准扶贫、精准脱贫的典型经验,反映中央政策措施给西部贫困地区群众的生产生活带来的实惠好处和喜人变化。在“美丽乡村建设”主题宣传中推出系列报道,宣传西部地区因地制宜建设美丽乡村,实现生态美、百姓富、民风好的典型经验。集中采访报道内蒙古加强草原生态环境保护、青海保护“中华水塔”、四川攀枝花市提升资源综合利用效率等典型经验,为其他地区提供有益借鉴。结合全国两会、“十二五”成就、“一带一路”建设、生态文明建设等重大主题,对外深入阐释西部大开发的政策措施,宣传西部地区经济和社会发展成效,展示西部地区人民生活不断改善的面貌。增进国际社会对我国的认识和了解，正确处理对外报道与民族问题、程序问题、国情问题和现实问题等关系，营造于我有利的国际舆论环境。

（三）出版发行工作卓有成效

重点协调有关部门完成支援新疆文化建设的“东风工程”项目的立项和经费落实，推动重点项目的实施。积极做好向西藏和其他省藏族聚居区村一级党支部、中小学和寺庙赠阅藏文版《人民日报》和向西部、中部和东北地区乡镇一级赠阅《求是》杂志的工作。大力推进支援西藏地区文化建设的寺庙书屋工程。目前国家财政每年向四川、云南、甘肃、青海省的藏族聚居区每所寺庙书屋拨款1600元，地方配套400元，各地按照寺庙书屋书目进行选购。协调做好西部少数民族文化事业发展补助资金（民族文化出版资金部分）的经费落实和项目支持。2015年，财政部安排少数民族文化事业发展补助资金（民族文化出版资金部分）1.3亿元，比2014年增加2000万元。对内蒙古、新疆、西藏、宁夏、广西、云南、贵州、四川、青海、甘肃等西部省（区）的民族文化出版物给予了补贴，支持了部分省（区）民族文化“走出去”项目和云南、西藏和新疆民族文化出版编辑人才培养项目。

（四）文化改革发展有序推进

加强西部地区现代公共文化服务体系建设。《关于构建现代公共文化服务体系的意见》（中办发〔2015〕2号）、《关于推进基层综合性文化服务中心建设的指导意见》（国办发〔2015〕74号）、《“十三五”时期贫困地区公共文化服务体系建设规划纲要》等文件，均对西部地区公共文化建设做出专门安排，予以政策扶持。会同文化部、新闻出版广电总局，先后在北京、上海、内蒙古召开公共文化服务体系运行机制经验交流会、全国贫困地区公共文化建设工作推进会。积极推动发展西部地区特色文化产业，组织西部各省参加第十一届中国（深圳）国际文化产业博览会，突出“一带一路”和“创客”主题，总成交额再创新高。在深圳召开文化产业发展座谈会，对包括西部地区在内的文化产业进行研究和部署。

（五）文明创建深入开展

以“美丽乡村建设”为主题，进一步深化农村精神文明建设，推动城乡共建。城乡共建精神文明是推动城乡发展一体化的重要途径，特别是发挥好各级文明单位结对帮扶的示范带动作用，加大以城带乡、城乡共建的力度，促进城乡精神文明建设统筹协调发展。目前，东部沿海发达地区的很多城市、村镇、单位都与西部地区特别是贫困地区的村镇进行结对共建，为结对村镇提供资金、资源、人才、信息、技术等方面的支持，取得了良好效果。

（六）人才队伍建设不断加强

深入实施文化名家暨“四个一批”人才培养工程，加大对新疆地区人才的特殊支持力度，在人选名额分配方面给予适当倾斜。协调教育部民族司、财政部教科文司、新疆维吾尔自治区党委宣传部开展了新疆文艺人才定向培养培训工作。该工作自2011年启动以来，截至目前已培养或培训两千余人。

二、2016 年工作设想

(一)广泛开展宣传教育活动

紧紧围绕学习宣传贯彻党的十八届五中全会精神，紧密联系“十二五”以来特别是党的十八大以来我国西部地区经济社会发展的成功实践，抓住“十二五”规划完成、“十三五”规划开局的有利契机，广泛开展群众性宣传教育活动，组织西部广大干部群众认真学习习近平总书记在党的十八届五中全会上的重要讲话精神，学习“十三五”规划建议，准确把握“十三五”时期经济社会发展的指导思想、总体思路、目标任务和重大举措。

(二)继续加强新闻宣传报道

紧紧围绕中央推进西部大开发的决策部署，坚持正确舆论导向，组织新闻媒体进一步做好西部大开发的宣传报道，更好地统一思想、凝聚共识、增强信心，为深入实施西部大开发战略、推动西部地区改革发展提供有力的舆论支持。把西部大开发的宣传与贯彻落实党的十八届五中全会精神的宣传报道结合起来，充分反映西部地区贯彻创新、协调、绿色、开放、共享的发展理念，精心谋划“十三五”时期改革发展的思路、举措，报道各有关方面支援西部地区建设的实际行动。深入宣传西部地区因地制宜，发挥优势，全面深化改革，深入实施创新驱动发展战略，加快产业转型升级，实施精准扶贫、精准脱贫，推进生态文明建设，提高对外开放水平，促进经济社会平稳健康发展的经验做法。结合“十二五”成就、全国两会配合性宣传等主题宣传，继续报道五年来特别是党的十八大以来西部地区经济建设、政治建设、社会建设、文化建设和生态文明建设的显著成就。

(三)积极推进出版发行工作

结合“一带一路”，协调有关部门支持相关重点选题的编辑出版，推出一批服务党和国家工作大局、唱响时代主旋律的重点出版物。推动“东风工程”、“珠峰工程”、“天山工程”的实施，推动新疆民族文字出版基地建设，确定新疆民族文字重点出版单位。推动西部地区农家书屋建设工程，推动书屋进农家、进牧区、进寺庙，协调有关部门向西部、中部和东北地区农村党支部赠阅《人民日报》，加快西部地区出版公共服务体系建设。推动西部地区出版“走出去”，实施“睦邻固边”工程，重点协调以新疆出版名义组团参加伊斯兰国家举办的国际书展和上合组织成员国举办的出版国际展销活动。推动有关出版单位与中亚、西亚国家出版机构合作出版图书、音像制品并在中西亚国家落地发行。

(四)加快推动文化改革发展

认真贯彻落实党的十八届三中、四中和五中全会精神，按照中央《深化文化体制改革实施方案》的部署，扎实有序地推进文化体制改革的各项工作任务，促进西部地区文化事业全面繁荣、文化产业快速发展、优秀传统文化传承弘扬，为西部大开发提供有力的思想保证、舆论支持、精神动力和文化条件。

(五)切实加强文明创建工作

进一步深化美丽乡村建设,推动西部地区有条件的地方加大美丽乡村建设力度,建设美丽幸福家园。加大对西部地区农村精神文明建设工作的指导力度,通过大力开展城乡结对共建,推动西部地区尤其是贫困地区抓住国家连片扶贫开发战略实施的有利契机,按照“反弹琵琶”的思路,大力加强农村精神文明建设,明确目标要求,细化政策措施,加大工作力度,不断提升西部地区农民文明素质和农村社会文明程度,推动西部地区农村精神文明建设工作的深入开展。

(六)积极扶持人才队伍建设

继续协调教育部民族司、财政部教科文司、新疆维吾尔自治区党委做好新疆文艺人才定向培养培训工作,重点做好招生工作、学生的思想工作,抓好毕业生工作的分配落实。同时在征求新疆维吾尔自治区党委宣传部意见的基础上,协调中央媒体对人才培养工程进行报道。

(七)认真做好对外宣传工作

结合“十三五”规划、扶贫开发等重大决策部署的贯彻实施,及时报道西部大开发的新成就、新进展和先进典型,充分体现社会主义制度优越性。适时举办新闻发布会和中外媒体吹风会,围绕西部大开发的进展,邀请国家发展改革委、国务院扶贫办、西部省份负责人介绍有关情况。针对国际社会关注的热点问题,通过茶叙、餐叙等方式向外国媒体介绍情况,视情形组织中外媒体记者赴西部省份考察、采访,亲身体会和感受西部大开发的新进展,正面宣传我国的政策措施。

第三章 教育部

一、2015 年工作情况

(一)提高保障水平,支持西部地区学前教育加快发展

会同财政部继续实施学前教育重大项目,重点支持中西部增强农村地区和城市学前教育的薄弱环节。2015 年,中央财政共向西部地区投入学前教育专项经费 62.44 亿元,其中扩大资源奖、补资金 57.47 亿元,用于支持西部地区通过新建、改扩建、增设农村小学附属幼儿园以及开展学前教育巡回支教等方式,扩大普惠性学前教育资源;幼儿资助奖、补资金 4.97 亿元,对西部地区资助家庭经济困难幼儿入园予以奖、补。国家发展改革委安排中央预算内投资 9.8 亿元,支持西部地区建设农村幼儿园 410 个,建设面积 66.2 万平方米。

(二)提高办学水平,促进西部地区义务教育均衡发展

继续提高城乡义务教育经费保障水平。中央财政下达西部省份城乡义务教育补助经费 607.8 亿元。其中,农村义务教育经费保障机制(新机制)400 亿元;免除城市义务教育阶段学生学杂费奖励 10.5 亿元;进城务工人员随迁子女就学奖励 27 亿元;农村义务教育教师特设岗位计划 33.1 亿元;学生营养改善计划 137.1 亿元。

支持全面改善义务教育学校基本办学条件。指导西部地区确定本地义务教育学校基本标准,作为实施全面"薄改"工作的基础。中央财政下达 2015 年西部省份"薄改"计划中央专项资金 156.7 亿元;下达 2015 年西部省份初中工程投资 32.7 亿元。

推进义务教育均衡发展。督促和推动西部地区加快落实义务教育均衡发展备忘录。组织对西部地区 172 个县(市、区)开展义务教育均衡发展督导评估认定。对 2013—2014 年通过国家认定的西部地区 129 个义务教育发展基本均衡县进行第二次监测复查。

加强农村地区留守儿童教育关爱工作。印发《教育部办公厅关于开展农村留守儿童教育关爱情况自查工作的通知》,在西部地区设立 5 个农村留守儿童教育关爱工作观测联系点。

(三)改善办学条件,加快普及西部地区普通高中教育

一是实施普通高中建设项目,加快普及高中阶段教育。中央财政下达西部省份改善普通高中办学条件专项资金 22.6 亿元。二是国家发展改革委安排中央预算内投资 27.6 亿元,支持西部地区 138 所普通高中校舍建设,建设面积 173.4 万平方米。三是提高普通高中家庭经济困难学生的资助水平。从 2015 年春季学期起,资助标准由原来的生均 1500 元进一步提高到生均 2000 元,并适当向农村地区、城市贫困地区和民族地区倾斜。

(四)加强能力建设,加快发展西部地区现代职业教育

加强职业教育对口帮扶。支持东部地区职业院校特别是示范性职业院校扩大面向中西部地区的招生规模。继续做好东部地区职教集团对口帮扶滇西工作。继续实施华夏基金会职教项目,扶持西部地区职业学校建设发展。支持新疆职业学校与内地援疆高职院校开展中高职贯通试点。

推动专业结构布局调整。一是优化专业布局。依据西部地区产业布局和产业发展政策,指导对职业院校专业点进行合理布局。二是调整专业结构。重点设置当地产业发展急需、承接东部转移产业的相关专业,减少或取消设置淘汰、落后产业或当地经济社会发展无实际需求的相关专业。三是加强专业建设。鼓励东部发达地区职业院校采取对口支援方式,对西部地区职业院校进行援建、指导和帮助,重点开展专业建设。

加强职业教育能力建设。2015 年,中央财政下达西部省份现代职业教育质量提升计划专项资金 53.6 亿元。国家发展改革委支持西部地区等职业教育基础能力建设项目总计投入 18.3 亿元。

落实中等职业教育免学费政策。中央财政按照每生每年 2000 元的标准对西部地区进行资助,不分生源,中央与地方分担比例均为 8∶2。2015 年起,中职学校免学费补助由一、二年级改为一、二、三年级。

(五)优化学校布局,支持西部地区高等教育提升质量

优化西部高等教育布局。2015 年,教育部批准西部地区设置普通高等学校 18 所,其中新设本科学校 9 所,更名大学 9 所;独立学院转设为独立设置民办本科学校 1 所。西部地区省级人民政府审批设置并经教育部备案的专科学历教育高等学校 13 所,其中新设立高等专科学校 1 所、高等职业学校 11 所(民办 5 所),更名高等职业学校 1 所。

全面提升西部高校办学水平。中央财政下达西部省份地方高校生均拨款奖、补资金 69.2 亿元,引导和鼓励各地提高地方普通本科高校生均拨款水平。继续支持西部地区的 45 所高校实施"中西部高校基础能力建设工程",编写完成了《"中西部高校基础能力建设工程"进展报告》。中央财政下达专项资金 7.8 亿元,继续支持贵州大学、云南大学等 9 所西部地区高校实施"中西部高校提升综合实力工作",编写完成了《"中西部高校提升综合实力工作"进展报告》。推进"东部高校对口支援西部高校计划",共有 880 名西部受援高校教师和管理干部到支援高校进修学习和挂职锻炼,向支援高校划拨了 400 个博士生指标和 150 个硕士生指标,用于定向培养西部受援高校教师,编写完成了《对口支援西部高等学校工作 2014 年度报告》。加大对西部地区 12 所教育部直属高校的扶持力度,安排中央预算内投资 3.2 亿元,改善办学条件。推进西部地区国家精品课程开放和在线开放课程建设。目前,西部地区共有 10 个省份的 164 门视频公开课上线,11 个省份的 349 门资源共享课上线,10 个省份的 20 余所高校应用在线开放课程的建设成果。

创新西部高校人才培养机制。资助西部地区高校 6358 项大学生创新创业训练项目,参与学生约 2.6 万人,项目总经费达到 1.1 亿元。支持四川大学和西安交通大学入选"基础学科拔尖学生培养试验计划",中央财政分别向两所学校投入经费约 1600 万元。支持西部地区的 30 所高校、240 个本科专业、111 个研究生层次学科领域实施"卓越工程师教育培养计划"。

支持西部地区24所院校与107家企事业单位联合建设工程实践教育中心。支持西部地区14所高校实施“卓越医生(中医)教育培养计划”。支持西部地区12所高校与16家中科院研究所签署联合培养本科生计划,联合实施“科教结合协同育人行动计划”。推进“农村订单定向医学生免费培养工作”,支持西部地区31所高校招收农村订单定向免费医学生3940人。

扩大西部地区学生接受高等教育机会。安排西部地方所属普通高校本科、高职(专科)招生计划158.2万人,比2014年增长0.8%,高于全国平均增幅0.5个百分点。研究生招生计划8.1万人,比2014年增长3.5%,高于全国平均增幅0.9个百分点。

加强就业指导,拓宽就业渠道。一是会同人社部、国务院国资委联合开展第四届中央企业面向西藏、青海、新疆高校毕业生专场活动。配合相关部门开展“新疆招录500名内地优秀高校毕业生到南疆乡镇工作”的项目。二是切实促进西部地区高校毕业生就业,遴选30余名新疆高校骨干就业指导教师赴内地参加就业指导人员培训。三是加强就业创业政策宣传,让每一位毕业生都知晓、用好政策。积极引导毕业生到西部基层就业创业。

提升科技创新能力。一是加强科研经费支持。中央高校基本科研业务费专项资金继续支持四川大学、兰州大学、西安交通大学等17所西部地区中央高校,共计65280万元,其中倾斜性补充支持为7300万元。二是加强高层次人才队伍建设,“创新团队发展计划”滚动支持广西医科大学、兰州大学、石河子大学等16所西部高校,约占总数的25%;“高等学校学科创新引智计划”立项支持重庆大学“先进材料基因组表征与调控创新引智基地”等9个体现西部区域学科集群优势和特色的学科创新引智基地,约占总数的19%。

(六)加大支持力度,改善西部地区特殊教育办学条件

中央财政下达西部省份特殊教育补助资金1.64亿元,并提前下达2016年补助资金1.15亿元,主要用于特殊教育资源教室(中心)建设、特殊教育学校设备设施配备和“医教结合”区域试验项目等。支持西部地区提高义务教育阶段特殊教育学校生均公用经费标准,2015年达到4000元,中央和地方按8∶2的比例分担。

(七)统筹人才培养培训,加强西部地区教育人才队伍建设

加大经费支持力度。中央财政下达西部省份中小学及幼儿园教师国家级培训计划(国培计划)9.6亿元。中央财政下达2015年西部省份“三区”人才教师专项资金2.3亿元。中央财政投入西部连片特困地区乡村教师生活综合奖,补资金15.32亿元。国家发展改革委安排中央预算内投资13.1亿元,支持西部地区建设农村学校教师周转宿舍2.1万套,建筑面积73.6万平方米。

推动教师培养工作。六所部属师范大学在西部省份共招收免费师范生4391人,免费师范毕业生4836人到西部12个省份从事中小学工作。“农村学校教育硕士师资培养计划”在西部省份招生415人;西部12省份共有6门国家级教师教育精品资源共享课立项课程在爱课程网上线,33门教师教育国家级精品资源共享课通过终期检查。

推动教师培训工作。一是深入开展农村校长助力工程,组织遴选边远贫困地区农村中小学校校长2050人参加国家级培训。二是改革实施“国培计划”,培训西部地区乡村教师80余万人次。三是扩大实施“能力提升工程”,西部地区完成140多万乡村教师专项培训,建立237个教师信息技术应用创新实验区、174个示范性网络研修社区、642个信息技术应

用示范校。四是实施“职业院校教师素质提高计划”，组织7374名西部地区职业院校专业骨干教师和专业带头人参加国家级培训。五是举办西部高校青年教师教学能力提升培训班，西部地区普通本科院校250名青年教师参加培训。资助西部高校400名青年骨干教师赴国内高水平大学访学研修。在西部地区高校举办9期高校辅导员骨干培训班。2015年，西南交通大学被确定为全国高校心理健康教育与咨询示范中心。

稳步推进“特岗计划”。一是会同财政部印发《关于做好2015年农村义务教育阶段学校教师特设岗位计划有关实施工作的通知》，西部地区招聘到岗33398人，占特岗计划的53%。二是适时提高特岗教师工资性补助标准。西部地区特岗教师工资性补助标准由人均年2.7万元提高为人均年3.1万元。三是增加本科及以上学历特岗教师人数，西部地区新招聘具有本科及以上学历的特岗教师达到27249人，占81.59%。四是进一步明确招聘重点。2015年，西部地区招聘的特岗教师全部到县镇以下学校工作。五是服务期满特岗教师可在职攻读教育硕士。2015年度共有44所高校录取2014年服务期满的2308名特岗教师免试攻读教育硕士。

强化教育人才与干部培养。一是“长江学者奖励计划”继续加大对西部高校的倾斜支持力度。共有36名西部高校人选入选特聘教授项目，占入选总数的23.8%，较上年提高了7.5个百分点；23名西部高校人选入选讲座教授项目，占入选总数的46.9%，较上年提高了30.2个百分点；另有21名西部高校人选入选新增设的青年项目。二是为西部发展提供人才支持和智力服务。认真落实“西部之光”培养任务，协调49所直属高校接收访问学者96名，从35所直属高校选派43名优秀人才参与“博士服务团”挂职，为支援西部开发建设服务。推荐34名高层次专家参加“助力‘一带一路’建设，破解发展难题”咨询服务活动。三是加强西部教育干部培训工作。举办“中西部地区基础教育信息化专题研讨班”、“乡村教师支持计划专题研讨班”、“新疆教育援派干部人才培训班”、“西藏自治区藏语委翻译干部培训班”、“内地民族班管理者培训班”、“内地民族班所在地区教育局局长培训班”等专题培训，有针对性地推进落实西部教育改革发展重点任务。举办“滇西扶贫开发专题培训班”、“云南大理州党政干部培训班”、“毕节滇西地区中小学校长培训班”等培训，培训滇西和贵州基层教育干部624人。继续实施“千名中西部大学校长海外研修计划”、“西部乡村中小学校长培训计划”，培训西部高校校长、乡村中小学校长774名。四是积极选派挂职干部支援西部建设。继续从直属机关和直属高校选派第三批55名干部人才支援滇西边境山区。从部机关和直属单位选派2名干部到甘肃省教育厅、成都市教育局挂职。协调安排广西选派的8名地方高校干部到教育部直属高校挂职。接收内蒙古、贵州、青海、新疆教育体育行政部门4位干部到教育部机关挂职。

(八)加强经费保障，落实西部地区教育资助政策

中央财政下达西部省份普通高中国家助学金补助经费37.7亿元，并提前下达2016年普通高中国家助学金补助经费29.9亿元；下达2015年西部省份中等职业教育国家助学金和免学费补助经费71.9亿元，并提前下达2016年国家助学金和免学费补助经费57.6亿元；下达2015年西部省份地方高校学生资助资金62.98亿元。

(九)注重信息平台建设，提升西部地区教育信息化水平

宽带网络校校通。一是西部地区中小学(除教学点外)实现网络接入的比例为81.1%，

其中实现 10M 宽带接入学校的比例为 42.3%；已建设多媒体教室 71.7 万间，占教室总数的 62.8%，71.5%的学校已实现至少拥有一间多媒体教室。

优质资源班班通。会同财政部实施“教学点数字教育资源全覆盖”项目，西部地区 33802 个项目教学点已全面应用项目配备的数字资源接收播放设备和数字教育资源；已有 28%的中小学实现全部班级应用数字教育资源开展教学。

网络学习空间人人通。西部地区已有 33.5%的学校开通了空间，师生实名空间开通数量增加到 928.3 万个，有 117 万名教师应用空间开展网络教研、92 万名教师应用空间开展课堂教学。

教育资源公共服务平台和教育管理公共服务平台在西部地区 12 个省份中每省选择 1 个市(县)开展了规模化应用试点，中央财政对西部地区共计补助 2.76 亿元。

加强教师信息技术应用能力和教育战线信息化领导力培训。深入实施“全国中小学教师信息技术应用能力提升工程”，全年培训西部地区中小学幼儿园教师 79.2 万人次。举办 6 期教育厅(局)厅(局)长教育信息化专题培训班，为西部地区培训 348 人；举办一期中西部地区基础教育信息化专题研讨班，培训 100 多人。

(十)拓展国际交流，推动西部地区教育对外开放

夯实国际交流平台。支持贵州举办第八届中国—东盟教育交流周；支持银川举办第三届“中阿大学校长论坛”；支持南宁在中国—东盟博览会框架下举办第三届中国—东盟职业教育联展暨论坛；支持西部地区省份有关高校参与上海合作组织大学建设。

引进境外教育资源。一是以“春晖计划”为抓手，积极鼓励、吸引、汇聚广大海外留学人才回国赴西部地区开展服务。二是根据国家公派留学“西部地区人才培养特别项目及地方合作项目”，按计划选派人员赴国外一流高校学习深造和学术交流，着力培养西部地区重点领域急需人才和少数民族人才。三是继续加强与联合国儿童基金会及香港邵逸夫基金会、华夏基金会、曾宪梓基金会合作，为西部地区基础教育、职业教育、高等教育改革与发展争取教育基金。

(十一)加大扶持力度，支持西部民族地区教育发展

召开第六次全国民族教育工作会议。印发《国务院关于加快发展民族教育的决定》，对今后一个时期民族教育发展做出了全面部署。

推进民族团结教育。加强教材和资源建设，推动中华民族共同体意识深入学生头脑。国家语言文字工作委员会与中央电视台合作举办“中国汉字听写大会”，弘扬中华优秀传统文化。稳步推进内地西藏班、新疆班各民族学生混班教学、混合住宿工作。

加强少数民族地区双语教育。支持双语教师培训和双语教材编译，下达双语教学专项经费 2000 万元，支持少数民族地区教育发展经费 1 亿元，主要用于双语教师培训。投入 245 万元继续实施“少数民族教师普通话培训项目”。国家语委设立了双语教育教材语料库建设等科研项目。支持新疆双语教育发展，下达第三期国家支援新疆汉语教师培训经费 750 万元。支持新疆实施双语教师特岗计划，下达学前双语特岗计划专项经费 1.05 亿元。对口支援省市 2015 年向西藏选派支教教师 300 余人，向新疆选派支教教师约 600 人。“三区”人才支持计划教师专项计划选派支教教师 2.56 万人。

加强少数民族人才培养。继续采取特殊措施培养少数民族人才。高校少数民族预科班和民族班招收7.37万人。“少数民族高层次骨干人才”培养计划招收4066人。内地西藏班、新疆班在校生分别达到1.8万人和4.2万人。

加大教育对口支援力度。印发了推进西藏和四省藏区教育服务社会经济发展和长治久安的两个意见和“组团式”教育人才援藏工作实施方案。印发了《关于进一步加强教育对口支援新疆工作的指导意见》、《南疆职业教育对口支援全覆盖工作方案的通知》,扩大了“援藏计划”培养院校范围,全面提升“十三五”教育援疆工作的实效与水平。

(十二)做好顶层设计,推动西部地区教育综合改革

研究制订《加快中西部教育发展行动计划(2015—2020年)》。该计划将中西部教育置于全国教育总体格局中进行顶层设计,从加快发展农村学前教育、实现县城内义务教育均衡发展、加快普及高中阶段教育、提升中西部高等教育发展水平、推动民族教育加快发展、保障残疾人受教育权利等方面提出了一揽子政策措施。

二、2016年工作设想

(一)加大经费保障力度

会同财政部等有关部门,继续加大对西部地区的倾斜和支持力度,继续加大对学前教育发展的奖、补支持力度,进一步完善城乡义务教育保障机制,精心实施“薄改”计划、普及高中阶段教育攻坚计划、现代职业教育质量提升计划等重大项目,继续做好各类学生资助工作。

(二)促进城乡义务教育一体化发展

研究出台《新型城镇化背景下统筹推进城乡义务教育一体化改革发展的若干意见》,推进城乡义务教育一体化发展,继续开展义务教育发展基本均衡县(市、区)督导评估认定工作,着力解决城镇化发展过程中城镇挤、乡村弱、师资不均衡、发展不协调等问题,扩大城镇义务教育学位供给,着力办好乡村教育,加快义务教育学校标准化建设,促进西部地区义务教育均衡发展再上新台阶。

(三)推动现代职业教育改革

全面推动西部地区职业教育改革创新。抓紧研究制定相关配套政策措施,推动完善免学费政策,推动各地财政部门建立完善的职业教育生均拨款制度,保证基本办学经费。实施职业教育产教融合工程,提升职业院校办学条件,特别是实训条件。深化产教融合、校企合作,推动现代学徒制试点、集团化办学、校企一体化育人等重点工作,加快发展面向农村的职业教育,进一步提高职业院校办学水平,使职业教育在促进西部地区经济社会发展中发挥更大的作用。

(四)支持高等教育发展

一是指导西部地区省级人民政府制定本地区“十三五”院校设置规划,进一步优化西部地区各省份高等教育布局结构。二是改进招生计划分配方式,进一步提高中西部地区和人

口大省的高考录取率，继续实施支援中西部地区招生协作计划和国家农村贫困地区定向招生专项计划。三是编制《高等学校“十三五”科学与技术规划》，鼓励西部地区高校结合自身优势和办学特色服务国家重大战略。四是指导西部地区高校树立科教融合的理念，加快有利于科教融合的考评制度改革，加强教育教学改革，培养创新创业人才。五是在当前西部地区科研条件薄弱的现状下，通过共享高校的一些重大科研设施和仪器设备，帮助西部地区拓展科学研究的方法和手段，提升创新能力。六是加强对西部地区教育部重点实验室、教育部工程研究中心建设和运行的指导，稳定规模，提升质量。七是推动西部地区高校毕业生创新创业。

(五)加强教育人才队伍建设

一是推动西部地区各省份创新乡村教师培训模式，加大对“国培计划”改革实施的督查力度。二是深入推进“全国信息技术应用能力提升工程”，重点提升乡村教师信息技术应用能力。三是“十三五”期间职业院校教师培训继续向西部地区倾斜。四是推动各地实现连片特困地区乡村教师生活补助全覆盖，并逐步扩大实施范围、提高补助标准。五是加大力度实施特岗计划，重点支持中西部老少边穷岛等贫困地区乡村教师补充，推动省级政府探索建立省级统筹的乡村教师补充新机制。六是在实施部属师范大学师范生免费教育、农村学校教育硕士师资培养计划、农村校长助力工程、高校青年骨干教师国内访问学者项目方面向西部倾斜。七是继续在“长江学者奖励计划”实施中加大对西部地区高层次人才的倾斜支持力度，同时继续支持西部高校积极参与实施“千人计划”、“万人计划”等国家重大人才工程。继续面向西部教育系统干部开展示范培训，进一步加大西部教育系统干部调训力度。落实援藏、援青干部人才选派和轮换工作，落实对口支援责任。

(六)加快推进民族教育发展

一是督促各地贯彻落实第六次民教会精神，制定配套政策措施，推进民族教育发展。二是制定学校民族团结教育指导意见，加强民族团结教育教材和教学资源建设，创新民族团结教育形式。三是科学稳妥地推进双语教育工作。研究制定少数民族双语教育指导意见，修订高中阶段汉语课程标准和少数民族汉语水平等级考试大纲。继续开展双语教学质量监测工作。继续实施好有关省(区、市)双语教师培训工作。四是制定内地民族班长远发展规划，继续做好内地西藏、新疆班和高校少数民族预科班、民族班等工作。启动少数民族高端人才培养工作。五是大力推进新疆、西藏和四省藏区教育发展，进一步加大教育对口支援工作力度。

(七)提高教育对外开放水平

贯彻落实周边外交工作座谈会精神，鼓励和支持西部地区参与我国与周边地区国家在多双边框架下的教育合作与交流，提升教育国际化水平，服务当地经济社会发展。继续支持西部地区高校申报各类专项资金，举办与周边国家教育交流合作活动；继续优先派遣西部地区学校教师、学生赴周边国家进行研修或友好访问。

——执笔人：周天明

第四章　科技部

一、2015 年工作情况

（一）进一步夯实科技创新基础

积极打造创新示范高地。积极推动西部地区培育建设国家自主创新示范区。目前国务院已批复同意成都高新区、西安高新区建设国家自主创新示范区，推动其逐步成为区域创新发展先行区。推动重庆璧山、陕西安康、四川德阳、四川攀枝花 4 个省级高新区新升级为国家高新区。会同国家发展改革委制定《关于在部分区域系统推进全面创新改革实验的总体方案》（中办发〔2015〕48 号），支持将陕西西安市、四川成（都）德（阳）绵（阳）地区纳入全面创新改革试验，指导编制改革试验方案。支持贵州省依托贵阳高新区等开展贵阳大数据产业技术创新试验区建设试点，促进贵阳大数据产业创新发展。支持甘肃建设兰白科技创新改革试验区，指导试验区制定发展规划，完善与上海张江国家自主创新示范区的合作机制，发挥对西部地区的辐射带动作用。

强化创新园区和平台基地建设。在西部地区新认定新疆现代农业科技城 1 个国家农业科技示范区，云南滇中、贵州黔东南、新疆塔城等 17 个国家农业科技园区，内蒙古包头市、甘肃兰州新区、西藏林芝市等 10 个国家可持续发展实验区，拉萨现代服务业文化旅游创意产业化基地 1 个国家现代服务业产业化基地以及 19 家国际科技合作基地。新建内蒙古白云鄂博稀土资源研究与综合利用、青海藏药新药开发等 14 个国家重点实验室。支持新疆中国—中亚科技合作中心、宁夏中国—阿拉伯国家技术转移中心、陕西西安国家技术转移西北中心、四川成都国家技术转移中心西南中心的建设。推动西安高新区、成都高新区、重庆高新区、绵阳高新区、杨凌农高区、兰州高新区、白银高新区等列入国家首批 25 家科技服务业区域试点。

加强科技人才的引进和培养。国家重大人才工程继续支持西部地区高水平科技人才队伍建设。2015 年通过“千人计划”科技部平台共支持西部引进 11 名人才；创新人才推进计划支持西部地区入选 44 名中青年科技创新领军人才、32 名科技创新创业人才、6 个重点领域创新团队、3 个创新人才培养示范基地。积极实施“三区”人才支持计划中的科技人员专项计划。2015 年安排中央财政经费 2.47 亿元，支持西部 12 个省份选派科技人员超过 1.2 亿人，培训人员近 2000 名。加强干部交流，安排科技部 8 名干部到新疆、西藏、青海等西部省份挂职锻炼，接受西部地区 3 名干部到科技部挂职。加强人才的培训与培养，2015 年面向西部地区共举办了 12 个科技管理培训班，参训学员近千人次，支持西部省份提升科技行政管理能力；安排发展中国家技术培训班项目 16 项，培训了来自亚非发展中国家 300 多位学员，加强了科技人才间的交流与合作。

(二)推动特色产业创新发展和民生改善

提升农业科技创新能力。重点围绕粮食高效生产、特色动植物育种、节水循环农业、特色林果等方面,支持内蒙古、四川、宁夏等西部省份开展关键共性技术研发及示范推广,初步建立了符合西部地域特色的农作物优质高效生产技术创新体系,加快西部现代农业发展,有效促进农民增收。依托国家农业科技园区联盟,加快农业科技园区建设,促进西部各园区间交流与资源共享,搭建科技创业与金融平台、基于食品安全的云服务电商平台、品牌策划创意平台,辐射带动区域农业创新发展。深入开展科技扶贫,持续推进陕西佳县、柞水县定点扶贫工作,组织开展秦巴山片区科技创业扶贫专题调研及创新创业培训活动,推动秦巴山片区品牌建设和产业发展,形成创业式扶贫的长效机制。

加快民生领域科技创新。围绕江西发展的实际和需求,支持江西突破并成功示范一批重大技术,构建民生各领域科技支撑体系。在生态环境保护领域,在青藏高原支持建成冻土区退化草地修复技术示范基地12个;在三峡水库、金沙江、黄河流域喀斯特地区等区域开展水资源综合利用及保障技术示范;支持青海、四川等地建立了8个监测示范站点,对32个生物多样性保护优先区开展了遥感综合监测;促进广西、贵州大型矿产基地生态恢复技术研发。在资源勘探开发及综合高效利用领域,在新疆、重庆、四川等地开展页岩气开发新技术及新装备的推广应用;支持贵州组织开展铝矾土高效利用技术,提升利用率一倍以上,有效缓解我国高铝铝矾土资源供需紧张的现状。在生物医药领域,支持西藏及四省藏区引种驯化成功汉藏药材20余种,建立栽培基地15处,面积6000亩(1亩=1/15公顷≈666.7平方米),辐射带动药材种植面积30多万亩,对101种无国家标准的常用藏药材建立了藏药材标准,积极推动藏药等民族医药产业发展。在城镇化及城市发展领域,在四川、重庆、陕西、云南等地质灾害高发区建立了地质灾害预警示范区,启动实施了“西部乡村文化服务网络构建与示范”、“我国边疆城镇精细化管理技术及维稳应用示范”等一批项目,促进科技更好地惠及民生。

(三)营造创新创业良好环境

实施科技创业者行动。深入推行科技特派员农村科技创业行动,通过派遣科技特派员、建设科技特派员创业基地和创业培训基地等方式,有效带动农业农村创新创业,促进农民增收脱贫。实施医师基层服务创业专项行动,引导西部地区医疗机构积极参与国家临床医学研究中心协同创新网络建设,加强临床医学研究队伍建设,加快提升西部地区医疗服务水平。

支持打造创新创业载体。积极支持西部省份建设众创空间、星创天地、孵化器等创新创业载体。2015年,四川10家、贵州6家众创空间新纳入国家级科技企业孵化器管理和服务体系。

举办各类创新创业培训活动。2015年,邀请重庆、四川、贵州、云南、西藏等西部10个省(区、市)科技管理部门参加创新创业投资培训班,指导和帮助西部地区科技部门改善创新管理方式,提升科技金融支持创新创业的能力。在重庆、四川、云南、甘肃、广西分别举办了科技企业孵化器初级培训班,培训人数约200人,增强了创新创业的服务水平。第四届中国创新创业大赛支持重庆、四川、贵州、云南、西藏、山西、甘肃、青海、新疆、内蒙古等地设立分赛区,西部共有1300余家企业和近千个团队晋级全国总决赛，营造了创新创业的良好氛围。

（四）支撑“一带一路”战略

开展新丝绸之路创新品牌行动。按照《新丝绸之路创新品牌行动方案》的部署，支持新疆、宁夏、内蒙古等自治区开展创新品牌网上电商交易、农村科技创业大赛优秀项目推介以及农业科技创新合作签约等活动，集成国家和地方的政策及资源，提升民族特色产品品牌，推动西部民族地区走出一条“品牌引领—科技聚集—产业升级—经济跨越”的创新驱动发展之路。

支持举办国际科技交流活动。2015年，在宁夏举办“中国—阿拉伯国家技术转移暨创新合作大会”，成立中阿技术转移中心，组织开展高新技术和装备展示、重点项目签约和重点领域技术推荐等活动，推进中阿科技伙伴计划创新合作。支持广西举办“第三届中国—东盟技术转移与创新合作大会”，通过举办高层合作论坛、先进技术展、技术对接洽谈会、东亚峰会新能源论坛、泰国产业技术合作推介会等系列活动，为中国及东盟企业机构搭建了沟通交流的平台，有效提升了广西及西部地区的国际科技合作水平。

支持承担国际科技合作与交流专项。2015年，共支持西部地区承担国际科技合作与交流专项项目50余项，支持经费近2亿元，带动社会资金投入超过5亿元，支持西部地区在生命科学、航空航天、信息通信、先进制造等工业和高新技术领域开展面向欧洲、独联体等地区的创新合作，进一步支撑西部地区经济社会的发展。

（五）扎实做好科技援疆援藏工作

深入推进科技援疆。深入贯彻第二次中央新疆工作座谈会精神，按照《科技部贯彻落实第二次中央新疆工作座谈会精神实施细则》部署，扎实推动各项任务的有序落实。2015年8月组织召开第五次全国科技援疆工作会议，全面总结“十二五”期间科技援疆工作取得的成效，并对下一阶段的重点工作做出部署，进一步动员全国科技力量推进科技援疆工作。创新援疆工作方式，支持设立援疆创新创业基金，推动节能环保、信息技术、中亚国际物流产业、现代农业、科技服务业等重点产业创新发展，构建政府和市场双向驱动的科技援疆新机制，建立优势互补、互惠共赢的科技援疆新模式，提升科技援疆工作质量和效益。支持新疆谋划建设丝绸之路经济带创新驱动发展试验区，与沿海省份开展跨区域科技合作，以试验区支撑丝绸之路经济带核心区建设。

积极开展科技援藏。认真贯彻中央第六次西藏工作座谈会精神，研究起草了《科技部支持西藏经济社会发展和长治久安的实施方案》，提出了一系列支持措施。2015年10月在拉萨市召开国家农业科技园区援藏工作座谈会，组织对口援藏的上海等7个省市9家国家农业科技园区与西藏拉萨、日喀则等国家级农业科技园区进行对接，进一步做好新形势下科技援藏工作，积极探索国家农业科技园区援藏长效机制。支持西藏开展青稞、牦牛和民族医药、矿产资源等特色农牧业和优势资源技术研发和集成示范，加快农牧业科技成果的转化、推广和利用，推动西藏特色优势产业技术进步。初步形成了科技援青规划，支持青海及藏区经济社会发展。

二、2016年工作设想

(一)进一步加强西部地区科技创新能力建设

一是强化企业技术创新主体地位,加快培育、壮大创新型企业,推动西部地区加快建立以企业为主体、市场为导向、产学研相结合的技术创新体系。二是加强科技基础条件建设,优化国家高新区、农业科技园区、国家重点实验室、工程技术研究中心等平台园区布局。三是加大人才培养和引进力度,国家“千人计划”、“万人计划”等重大人才工程、“三区”人才支持计划中的科技人员专项计划等适当向西部科技人才薄弱地区倾斜,结合地方需求,加快培养本土科技服务人员。四是深入开展科技服务和科普活动,推进“科技列车行”、“科技大篷车”、医疗义诊等科技服务,提升西部地区群众科学文化素质和科技创新能力。

(二)继续推动优势特色产业发展和民生改善

一是推动西部地区农业科技创新,支持开展农产品精深加工与储运、农村信息化、智能农机装备等领域的先进技术研发与应用推广,加快指导建设新的国家农业科技园区和现代农业科技示范区,辐射带动现代农业创新发展。二是加快西部地区生物医药、装备制造等优势产业关键技术攻关和应用示范,依靠科技提升改造传统产业,培育和发展航空航天、智能制造、新能源、新材料、新一代信息技术等战略性新兴产业。三是促进民生科技发展,加快环境保护、生态修复、疾病防控、防灾减灾等民生领域科技创新,加速相关科技成果转移、转化,推动科技更好惠及民生。

(三)促进大众创新创业

一是实施科技创业者行动,重点推进科技特派员农村科技创业、医师基层服务创业、中药大健康产业创业等专项行动,培育创新型产业,壮大科技创业者队伍。二是加快构建大众创业空间,在有条件的地区加快构建一批众创空间,为创业者提供个性化的工作空间、网络空间、社交空间和资源共享空间。三是丰富创新创业活动,组织开展创新创业大赛,支持和鼓励社会力量举办创业论坛、创业沙龙等活动,为创业者与投资机构提供对接平台。四是加强创业投资支持,国家科技成果转化引导基金加大对西部地区建立科技创业投资基金的支持力度。

(四)深化科技交流与合作

一是进一步推进新丝绸之路创新品牌行动。围绕西部地区以纯自然、原生态、零添加、无污染为品牌特色的农产品,以杨凌全国农高会集中展示及各地巡展、北京品牌展、民族特色展等为载体,将实物展示、现场交易、电子商务、物流配送、观摩体验、品牌服务、品牌培育等功能有机融合,带动西部区域特色农产品、特色品牌、文化品牌等技术升级和品牌增值。二是依托现有政府间科技创新合作、科技伙伴计划、科技外交官技术转移服务等合作机制,在国际科技交流活动、创新合作平台、援外培训班等方面加大对西部省份的支持,开拓西部国际科技合作新局面。

(五)深入推进对口科技援助

一是贯彻落实第二次中央新疆工作座谈会精神,支持新疆丝绸之路创新驱动发展试验区建设,指导新疆加强试验区顶层设计和谋划,帮助新疆完善与沿海省份的科技合作机制。充分发挥援疆创新创业基金的作用,鼓励和引导更多省(区、市)、社会资本积极参与基金建设,进一步聚焦援疆基金重点支持方向,促进科技援疆工作提质增效。二是贯彻落实中央第六次西藏工作座谈会精神,狠抓各项任务落实,进一步集成中央和地方资源,强化西藏基层科技服务平台和科普基地,推动农牧业、藏医藏药、新能源等特色优势产业创新发展,进一步形成全国支援西藏发展的良好局面。

——执笔人:郑玉琪

第五章　工业和信息化部

一、2015 年工作情况

(一)加大项目资金支持力度

通过技术改造、专项建设基金、重大科技专项、中药材扶持专项、中小企业发展专项、清洁生产专项等，在符合有关政策的条件下，加大对西部地区 12 省(区、市)的项目资金支持力度。

(二)引导产业集聚发展，支持发展特色优势产业

引导产业集群集聚发展，指导合理有序地承接产业转移，积极支持西部地区纺织、食品、军民结合、大数据等特色优势产业发展。

在国家新型工业化产业示范基地创建工作方面，重点围绕有色、装备制造、石化、绿色建材、军民结合、大数据等，支持西部地区四川、内蒙古、陕西、贵州、甘肃、宁夏和新疆创建第六批 10 家国家新型工业化产业示范基地。此外，通过部省合作搭建产品转移对接平台。按照《产业转移指导目录》，指导中西部地区合理有序地承接产业转移。

在纺织行业方面，会同国家发展改革委起草编制并由国务院办公厅印发《关于支持新疆纺织服装产业发展促进就业的指导意见》(国办发〔2015〕2 号)。先后多次派员赴新疆开展调查研究，开展新疆纺织服装产业课题研究，并对新疆编制纺织服装产业发展规划纲要等提供支持和指导。连续四年与新疆维吾尔自治区人民政府共同举办亚欧丝绸之路服装节。支持中国纺织工业联合利用东部、中部优势企业培训新疆本地纺织企业管理人员 300 人次。推动引导新疆最大黏胶纤维企业——富丽达纤维有限公司成为新疆第一家符合黏胶纤维行业准入条件的企业。对宁夏灵武、内蒙古苏尼特右旗羊毛羊绒品牌建设、创新发展给予重点支持。

在食品行业方面，积极支持西部地区部分食品工业企业设备更新、产品质量检测、质量可追溯体系建设等配套硬件改善和食品产业基地建设项目。支持和指导陕西、云南、内蒙古、宁夏等西部省份食品工业企业诚信体系建设，并开展人员培训工作。

在军民结合方面，2015 年度《军用技术转民用推广目录》和《民参军技术与产品推荐目录》中，支持西部地区 40 个项目编入目录。指导和支持广西、陕西通过推介会、促进会等平台推广军民两用技术。支持成都航利(集团)实业有限公司开展航空发动机关键件再制造，支持彭州航空动力产业功能区开展再制造产业集聚区试点。

在战略性新兴产业发展方面，持续推进重庆市南岸区国家物联网产业示范基地建设，支持重庆举办“国际云计算博览会”，指导贵阳贵安大数据产业集聚区创建工作，支持甘肃省三维数字社会管理系统建设和应用，安排重庆、四川、陕西、甘肃、广西、宁夏、新疆、内蒙

古等西部地区智能制造专项18个，智能制造试点示范项目11个，通过大飞机专项支持陕西、四川和贵州飞机制造企业发展。通过高技术船舶和科研计划支持重庆船用柴油机关键件制造企业和陕西、甘肃海工装备用设备企业的发展。

推进西部地区制造业与物流业联动发展，联合国家发展改革委举办“制造业与物流业联动发展大会”。举办“第二届（2015年）供应链管理论坛暨示范推广大会”，推进工业企业供应链管理工作。

（三）积极扶持中小企业发展

落实《关于促进中小企业“专精特新”发展的指导意见》，支持西部地区引导中小企业“专精特新”发展，培育一批具有“专精特新”特征、知识产权优势的中小企业。其中，贵州积极打造了怀仁白酒、湄潭茶业、遵义辣椒等60多个“专精特新”优势集群，云南开展了1100多户“省级成长型中小企业”认定工作。支持四川成都市、甘肃张掖市和宁夏石嘴山市3个西部城市开展小微企业创业创新基地示范城市建设。

支持西部地区推动中小企业实施知识产权战略。会同国家知识产权局实施中小企业知识产权战略推进工程。支持西部地区重庆、成都、贵阳、宝鸡、兰州、西宁、银川、乌鲁木齐等城市作为实施试点城市。

进一步发挥担保机构在缓解小微企业融资难中的重要作用。2015年3月，印发《关于进一步促进中小企业信用担保机构健康发展的意见》（工信部企业〔2015〕83号），对各地中小企业主管部门完善担保体系建设、加快再担保机构建设、推进政银担保合作、加大政策扶持及引导等提出明确要求。四川、陕西、青海、宁夏等西部省（区）分别出台了促进担保机构服务小微企业融资指导意见。

继续执行中小企业信用担保机构免征营业税政策。2015年，会同国家税务总局印发《关于中小企业信用担保机构免征营业税审批事项取消后有关问题的通知》（工信部联企业〔2015〕286号）。目前，共对356家中小企业信用担保机构给予免征三年营业税政策，其中西部地区担保机构近70家。

（四）促进产业结构调整和工业节能减排绿色发展

淘汰落后产能，指导各地制定和落实2015年重点行业淘汰落后和过剩产能目标，其中西部地区涉及淘汰产能炼铁355万吨、炼钢243万吨、电解铝19.2万吨、水泥热料及粉磨能力1741.6万吨、平板玻璃334万重量箱、造纸34.45万吨、制革13.5万标张、印染5760万米、焦炭450.5万吨、铁合金61.27万吨、电石2.5万吨、铜冶炼5.11万吨、铅冶炼8.5万吨、铅蓄电池30万千伏安时。

促进绿色发展，支持内蒙古包头、四川攀枝花、甘肃兰州等作为区域工业绿色转型发展试点。开展国家低碳工业园区试点，支持内蒙古乌海经济开发区等几个西部工业园区开展试点工作。

在工业节能方面，大力发展节能环保产业，2015年9月，发布《节能机电设备（产品）推荐目录（第六批）》和《“能效之星”产品目录（2015）》，支持了西部各省13个企业的26种型号产品。加大工业转型升级资金支持力度，支持西部各省节能项目7个。开展国家绿色数据中心试点工作（全国共14个试点地区），支持广西、四川、重庆、贵州、宁夏等5个西部省（区、市)开展试点工作。会同国家开发银行支持工业节能与绿色发展重点项目,将优先重点支持西部各省项目。积极开展煤炭清洁高效利用工作,提升西部地区煤炭清洁高效利用水平。指导内蒙古编制电石、铁合金行业节能减排转型升级规划,加强落实电解钴行业技术进步与能效水平提升。继续推进全国工业节能监测分析平台建设,进一步加强与宁夏等新增试点省份对接。协调四川省发挥人员技术优势协助西藏实施节能监察任务,组织开展监察业务培训,提升西部地区节能监察人员素质。

在资源综合利用方面,支持内蒙古鄂尔多斯市、广西河池市、四川攀枝花市、贵州贵阳市、云南个旧市、甘肃金昌市等6个地区纳入全国首批(全国共12个试点地区)工业固体废物综合利用基地建设试点地区。在甘肃省、陕西省、贵州省开展甲醇汽车试点工作。在废钢铁加工行业准入、新胎翻新行业准入、废轮胎综合利用行业准入、电器电子产品生产者责任延伸试点、国家资源再生利用重大示范工程建设中对西部地区企业和项目给予重点指导和支持。

在环境保护方面,指导西部地区工业主管部门制定重点行业清洁生产技术推行方案,开展重点工业行业生态(绿色)设计示范企业创建工作,将广西、云南等6省(区)共9家企业作为首批试点企业。

(五)完善信息通信基础设施,提升通信保障能力

加快推进宽带基础设施建设,实施“宽带中国”战略和通信村村通工程,促进西部地区信息化发展。2015年前三季度,三家基础电信企业在西部地区完成固定资产投资超过660亿元。截至9月底,光缆线路总长度已超过656万公里,光纤到户覆盖家庭规模7856万户;固定宽带接入用户4530万户,8Mb/s及以上接入速率的占比达63.1%,20Mb/s及以上接入速率的占比达30.8%;4G基站总数达41.6万个,4G移动电话用户7179万户。

会同财政部完善电信普遍服务机制,与国家发展改革委组织实施“宽带乡村”示范工程和中西部地区中小城市基础网络完善工程,安排中央预算内资金2.5亿元,支持重庆、贵州、四川等西部省份加快农村和中小城市宽带建设。

促进优化地方宽带发展政策环境。支持呼和浩特等14个西部城市创建2015年“宽带中国”示范城市(城市群)。会同住建部对青海、贵州、云南等西部7省份开展光纤到户全国大检查。

加强对少数民族网站语言种类的备案。截至2015年12月,全国已备案中使用少数民族语言的网站备案主体2065个,网站3704个。

支持西部地区建立健全信息服务体系,截至2015年12月,已有2020家西部地区企业获准经营互联网信息服务业务。

大力推进西部有关省区网络与信息安全技术手段建设,不断提升网络信息安全保障能力,并积极配合有关部门做好重点地区反恐维稳等相关工作。

二、2016年工作设想

(一)做好规划衔接,强化政策指导

贯彻落实《中国制造2025》和“互联网+”行动指导意见,把西部地区符合国家政策和市

场要求的产业发展思路及项目纳入国家"十三五"规划。继续支持西部地区开展产业转移对接,引导合理有序地承接产业转移,开展产业转移合作园区试点示范工作。指导工业园区建设,以国家、省级示范基地为带动,推动西部地区产业集聚集群发展,促进产业结构优化升级。

(二)因地制宜,发展特色优势产业

鼓励西部地区结合自身资源和区位优势,因地制宜,大力发展特色优势产业。一是利用工业和信息化部现有资金渠道,在符合有关政策的条件下,加大对西部特色优势产业的支持力度。二是继续支持新疆发展纺织服装产业促进就业,引导东部纺织服装业向新疆转移。三是加大对西部地区食品工业企业诚信管理体系标准宣贯和培训,指导企业加快建立食品工业诚信体系建设。四是通过中药材生产扶持专项,优先支持西部省份中药材生产基地建设。五是继续支持西部地区加快军民两用技术双向转移。六是支持西部地区有条件、有基础的地区开展大数据创新试验工作,促进云计算、大数据产业发展。

(三)化解产能过剩,促进绿色发展

一是继续推动淘汰一批钢铁、水泥等重点行业落后和过剩产能,完善强制性环保、能耗等标准体系,加强监督检查和行政执法,健全协同推进工作机制。二是推进西部地区工业资源再生利用重大示范工程建设,加大对西部地区工业资源综合利用产业和相关企业的指导和支持力度。三是支持西部地区实施高风险污染物削减行动计划,继续指导西部地区开展第二批工业产品生态(绿色)设计试点工作。

(四)提升通信基础设施水平,加强通信保障能力建设

一是贯彻落实"宽带中国"战略和《国务院办公厅关于加快高速宽带网络建设推进网络提速降费的指导意见》,指导基础电信企业加快高速宽带网络建设。二是开展电信普遍服务补偿试点,促进包括西部地区在内的农村和偏远地区的宽带发展。三是进一步推进网络信息安全、党政专用通信、无线电监测、应急通信保障等工作。

——执笔人:刘　博

第六章　国家民委

一、2015 年工作情况

(一)实施民族工作专项规划，加大资金支持力度

国家民委牵头并会同有关部门制定实施兴边富民行动、扶持人口较少民族发展、少数民族事业、少数民族特色村寨保护与发展等“十二五”专项规划。2015 年，中央财政安排少数民族发展资金 42.4 亿元，比 2014 年增长 4.69%。其中，安排西部 12 省(区、市)和新疆生产建设兵团约 30 亿元，占全国少数民族发展资金总额的 69.1%。安排西藏和四川、云南、青海、甘肃四省藏区少数民族发展资金 13.57 亿元，占全国少数民族发展资金总额的 32%；安排新疆(含兵团)少数民族发展资金约 9 亿元，占全国少数民族发展资金总额的 21%。少数民族发展资金主要用于支持推进兴边富民行动、扶持人口较少民族发展、开展少数民族特色村寨和少数民族传统手工艺品的保护与发展。同时，重视和加大对西部大开发省(区)民族贸易和民族特需商品生产供应的扶持力度。会同财政部、人民银行，对西部 10 省(区、市)民族贸易企业网点建设和民族特需商品定点生产企业技术改造专项资金做重点倾斜，西部大开发省(区)资金总量占全国比重超过 80%。

(二)做好对口支援和区域发展工作

继续指导和推动全国民委系统对口支援新疆、西藏的工作。2015 年，落实澳门捐助资金 986 万元帮助南疆三地(州)改善医疗、教育条件；从社会、民委系统等多方渠道筹集 2400 万元支持南疆 12 个村庄改善民生，预计受益范围将达 8000 多户。2015 年 6 月，在新疆喀什组织召开全国民委系统对口支援新疆、西藏工作会议，认真总结了 2014 年全国民委系统对口支援新疆、西藏的工作，并对下一步工作做出全面部署，进一步维护新疆、西藏的社会稳定和长治久安。

协调有关部门落实武陵山片区区域交通、能源、水利重大基础设施和民生项目。联合国家开发银行共同研究深化金融支持政策，扩大开发性金融信贷规模。充分发挥民委的职能作用，加大资金项目支持力度。从委机关、委属事业单位择优选派 67 名司处级干部，派驻湖北、湖南、重庆、贵州的武陵山片区市(州)、县(市、区)担任第四批联络员参与扶贫帮扶，开展基层干部挂职交流和培训。委属单位发挥各自优势对片区发展给予倾斜支持，加强人才培养和宣传。安排专项经费 90 万元支持片区创建民族团结进步示范区建设。

积极推进“一带一路”战略在西部大开发省份的实施，加快有关省份向西开放开发步伐。配合国家发展改革委，促成国家出台第一个针对民族自治州的支持文件《关于支持四川省凉山彝族自治州云南省怒江傈僳族自治州甘肃省临夏回族自治州加快建设小康社会

进程的若干意见》(发改西部〔2015〕1307 号)。召开全国民族自治州全面建成小康社会经验交流会,推动各自治州经济社会的发展。

(三)推进西部大开发省(区)的民族团结进步工作

开展少数民族流动人口服务管理示范城市建设,加强对西部各地城市民族工作的指导,做好西部地区少数民族流动人口服务管理等工作。为服务"一带一路"战略,积极推动清真食品管理工作。举办第 2 期西藏自治区基层民委干部培训班,提高了西藏基层民族工作者的业务工作能力及做好基层民族工作的责任感和使命感。对西部地区开展民族团结进步创建活动予以重点扶持。2015 年 4 月,在大理白族自治州召开全国民族团结进步创建活动经验交流现场会。国家民委确定新疆伊犁哈萨克自治州等 13 个州(市、盟)作为创建全国民族团结进步示范州(市、盟)试点,这些试点全部来自西部大开发政策覆盖区域。

(四)扶持西部大开发省(区)民族教育事业发展

在京举办首届民族地区骨干中学校长培训班,覆盖凉山、怒江、临夏等 3 个自治州所有市(县)骨干中学。紧抓幼儿教育,组织举办四川省凉山彝族自治州幼教师资培训班,以"送教下乡"、"送培上门"的方式培训民族地区幼教师资。指导委属中央民族大学附属中学积极服务西部民族教育,与西部地区民族中学手拉手结对帮扶,签署合作办学协议,接受教师来校挂职,培训骨干教师。授牌临沧佤族自治县勐角民族乡和澜沧拉祜族自治县竹塘乡"边境民族地区双语科普试点"。

支持委属高校各类招生计划继续向西部地区倾斜。2015 年,委属高校承担的"少数民族高层次骨干人才培养计划"在西部 12 省份和新疆生产建设兵团共安排 273 名硕士计划。根据教育部安排,委属高校继续承担五部委组织实施的面向贫困地区定向招生专项计划 1300 名;承担内地新疆班、西藏班高中毕业生招生计划;承担为其他高校培养新疆预科学生的任务。中央民族大学继续执行"非西藏生源定向西藏就业"招生计划。西南民族大学与甘孜州人民政府签订招收培养订单定向式人才的协议。大连民族大学面向贵州铜仁、新疆兵团农六师安排定向就业招生计划。

通过多种途径促进民族院校学生就业指导服务工作。与共青团中央继续共同在京举办了"2015 年全国少数民族大学生(提升就业能力)暑期实习计划"。推进云南省、教育部、国家民委共建云南民族大学。协调支持西藏民族学院正式更名为西藏民族大学。支持西北民族大学申报 2015 年度对发展中国家科技援助项目"中国—马来西亚清真食品国家联合实验室"获批立项,援外项目经费为 512.5 万元。

(五)加大对西部大开发省(区)民族文化卫生、对外交流工作的支持力度

与文化部、内蒙古自治区人民政府联合主办的第五届中国·呼和浩特少数民族文化旅游艺术活动,起到了培养中华民族共同体意识、丰富民族文化工作载体、繁荣少数民族文艺创作、培养少数民族艺术人才的良好效果。组织清华大学第一附属医院专家组赴内蒙古、宁夏、贵州、新疆、云南部分地区开展"中华民族一家亲"卫生下乡活动。活动中为当地群众义诊 9322 人次,开展手术 18 台,面向当地基层医疗卫生人员进行专业技术讲座,培训当地医务人员 1000 多人次。加强新疆维吾尔自治区和四川省凉山州的基层艾滋病防治宣传工

作,制作维汉双语艾滋病防治宣传手册、彝汉双语防治艾滋病宣传年历。

发挥职能优势,推动西部地区企业“走出去”。邀请湘西土家族苗族自治州民族特色企业参加澳门国际贸易投资展览会,并举办文化旅游推介会。开展“彩虹路”公益活动,更多惠及西部地区。围绕“一带一路”战略,与哈萨克斯坦、黎巴嫩和以色列等沿线国家开展高层交流访问,组织“2015 多彩中华——中国民族文化教育代表团”赴哈萨克斯坦、乌兹别克斯坦开展“丝绸之路”文化教育展演交流活动,推动西部地区加强对外交流与合作。

大力宣传“一带一路”相关民族地区的发展成就和人文风貌。协调首都国际机场,在 T3 航站楼“国门长廊”大屏幕连续推出反映民族八省区风貌的系列宣传片;做好“丝绸之路影视桥工程”重点剧目——《丝绸之路传奇》的宣传报道。支持拍摄和播出讲述云南民族团结故事的专题纪录片《一家人过日子——云南故事》。配合中宣部做好宁德赤溪畲族村、武陵山片区、甘肃临夏东乡族自治县等民族地区扶贫开发典型报道,组织媒体做好《习近平谈治国理政》民文版首发式首套政法系统藏汉“双语”培训教材出版发布会、民族出版社《福乐智慧》首发式、全国少数民族古籍“十二五”重点出版项目“藏族古籍经典系列丛书”之《伯东班钦全集》出版研讨会等重要会议活动的宣传报道。

(六)加强西部大开发省(区)干部人才队伍建设

制订实施国家民委年度干部教育培训计划。推动中央民族干部学院及委属高校加大少数民族干部人才培训工作力度,共培训 23500 多人次,其中西部地区少数民族干部、双语人才、高技能人才等培训达到一半以上。会同中组部、中央统战部、中央党校举办“省部级干部民族工作专题研讨班”;举办中组部委托“自治州州长班”、“自治县县长班”;与全国妇联、国家旅游局举办“新疆女干部专题培训班”、“新疆旅游经济发展专题研讨班”等培训班次。与最高人民法院一起在西南民族大学、西北民族大学举办“全国法院藏汉、维汉双语法官培训班”,充分利用委属高校藏语、维语方面的师资优势,加大对基层双语干部人才的培训。充分发挥中央民族大学国家级专业技术人员继续教育基地的作用,每年培训少数民族和民族地区专业技术人才 2000 人次。

组织实施“特培”、“西部之光”项目。会同人社部、中组部等有关部委开展少数民族专业技术人才特殊培养工作和“西部之光”访问学者培养项目,并接收约 20 名学员安排在委属单位学习。做好选派西部地区和其他少数民族地区干部挂职锻炼工作。会同中组部、中央统战部选派 537 名西部地区和其他少数民族地区干部到东部发达地区以及中央和国家机关部委、国有重要骨干企业挂职锻炼,国家民委接收 2 名来自内蒙古、宁夏的挂职干部。推进干部双向交流挂职锻炼工作。从委机关选派 3 名干部到内蒙古、广西、宁夏等西部地区挂职锻炼和对口支援,接收 19 名西部地区干部到委机关挂职锻炼。会同全国妇联举办全国少数民族女专家高级研修班,在名额分配上,重点向西部省份倾斜。

二、2016 年工作设想

(一)编制实施好民族工作“十三五”专项规划

编制实施好《“十三五”促进民族地区和人口较少民族发展规划》、《兴边富民行动规划(2016—2020 年)》。继续协调有关部门,加大对专项规划的资金支持力度。加大对西部地区兴边富民行动、扶持人口较少民族发展、少数民族特色村镇和少数民族传统手工艺品的保护与发展的支持力度，扩大资金扶持规模，加大工作指导，增加中央补助资金投入。研究实施人口较少民族小康县乡村创建工程，整族帮扶，整体推进，促进28个人口较少民族分批分步率先或同步实现全面小康。

（二）加大对口支援工作力度

结合国家民委职能，加强与受援省（区）联系，进一步加大工作力度，促进有关政策措施的落实。进一步加大全国民委系统支持新疆、西藏工作力度，指导有关省市民委做好对口支援新疆、西藏民族工作，加大支援力度，丰富支援内容，提高支援水平。

以第二次中央新疆工作座谈会召开2周年为节点，组织有关媒体赴南疆对口帮扶的12个村进行实地采访，全面总结国家民委系统深入贯彻落实总书记重要讲话精神的有关情况，集中反映全国民委系统对口支援新疆特别是南疆取得的经验和成效。

（三）继续做好贯彻落实民族政策法律法规监督检查、民族团结进步创建等工作

进一步贯彻落实党的民族政策和法律法规，不断完善支持民族地区加快发展的差别化政策，不断坚持和完善民族区域自治制度，在推进《全国民委系统法治宣传教育第七个五年规划（2016—2020年）》工作中加强对西部地区的指导，促进西部地区民族工作法治化。召开全国城市民族工作会议，总结宣传各地开展城市民族工作的典型经验和做法。贯彻落实全国城市民族工作会议精神，继续开展少数民族流动人口服务管理示范城市建设，加强和改进西部地区城市民族工作，进一步做好西部地区少数民族流动人口服务管理。继续支持和指导西部地区全面深入开展民族团结进步创建活动，推动各民族交往交流交融。

（四）加大对教育科技、对外交流事业发展支持力度

与教育部等有关单位深入西部民族地区，查找各地在贯彻落实第六次民族教育工作会议中的困难和问题，进一步加强对民族教育的指导和推动。推出专访西部民族地区民族教育部门的系列大型报道。积极协调有关部门支持西部地区民族院校发展建设。指导中央和委属高校民大附中，继续开展面向西部民族地区的帮扶。各类招生计划继续向西部地区倾斜。会同教育部继续执行“少数民族高层次骨干人才培养计划”。充分利用现有对外交流平台，以及港澳台方面的交流渠道，推动西部地区的产品走出去、文化走出去，为西部地区加快开放和发展搭建通畅渠道。充分发挥“彩虹路”公益活动的号召力和影响力，争取更多的公益援助资金和项目落户西部地区。

（五）推动少数民族文化大发展、大繁荣

在内蒙古、宁夏、重庆等地举办少数民族传统体育项目全国比赛，开展相关培训。调研民族医药，研究政策建议。继续组织“中华民族一家亲”卫生下基层活动，为民族地区基层群众提供高水平医疗服务。继续做好民族地区艾滋病防治宣传工作，开发适用于当地的双语艾滋病防治宣传品。

（六）进一步加强少数民族干部人才队伍建设

继续开展好派驻武陵山片区联络员工作。会同中组部、中央统战部做好选派西部地区

和其他少数民族地区干部到中央、国家机关和经济相对发达地区挂职锻炼工作。做好委机关和西部地区干部的双向交流挂职。重点办好涉及西部地区的培训班，加强对西部地区少数民族干部、高技能人才和双语人才的培训。会同有关部门继续组织实施“西部之光”人才培养计划，扎实做好西藏、新疆等省区的特培工作。

——执笔人：黄春霞

第七章　公安部

一、2015 年工作情况

（一）大力加强维护国家安全和社会稳定的各项工作

大力加强维护社会政治稳定工作。坚持提前谋划、主动进攻，全面强化打击、防范、侦查、破案和社会面管控等各项措施，深入推进反渗透、反颠覆、反分裂、反邪教斗争，有效捍卫了国家的政治安全和政权安全。全面落实严打暴恐活动专项行动的各项部署，依法严厉打击暴恐活动和宗教极端犯罪，初步遏制了新疆暴恐活动多发、频发势头。

深入开展矛盾纠纷排查化解工作。紧紧围绕经济发展新常态下影响西部地区社会稳定的重点问题，深入开展矛盾纠纷排查调处工作，全面落实化解息诉措施，着力健全、完善应急处突机制，及时预防、妥善处置群体性事件，有力维护了西部地区安定团结的政治局面。

严厉打击各类违法犯罪活动。认真贯彻中央《关于加强社会治安防控体系建设的要求》，全面落实打防管控各项措施，依法严厉打击食品药品犯罪、网络犯罪、电信诈骗犯罪、证券期货犯罪等突出的违法犯罪活动，着力健全、完善立体化社会治安防控体系，圆满完成中国—阿拉伯国家博览会、西藏自治区成立 50 周年和新疆维吾尔自治区成立 60 周年等重大活动的安保任务，确保了西部地区社会治安、秩序平稳。

（二）深入推进公安行政管理改革

扎实推进户籍制度改革。指导西部地区 11 个省（区）出台户籍制度改革实施意见，普遍放宽农业转移人口和其他常住人口落户城镇政策，推动公共服务资源更多、更公平地惠及广大人民群众，有力促进了西部地区人口合理有序的流动。

扎实推进边防管理改革。在西部口岸积极推广应用边检勤务指挥系统，大力推进智能验证台、查验通道建设，全面启用边检辅助查验系统，有效提升了口岸科技管理、精确查控和智能通关水平。围绕“一带一路”等战略规划，积极参与制订“单一窗口”建设标准，全力配合做好口岸对外开放工作。

扎实推进出入境管理改革。规范居民护照签发管理工作，简化霍尔果斯国际边境合作中心办证程序，出台便利外国人在西部地区停、居留的政策。扩大自助通关人员范围，在西安、贵阳等机场新建边检自助通道，为促进区域间人员往来和经济发展提供了便利。

扎实推进消防管理改革。积极推行消防安全网格化、户籍化和火灾高危单位管理，扎实开展夏季消防检查、劳动密集型企业消防专项治理、冬春火灾防控等工作，大力加强针对性消防宣传提示，确保了西部地区消防安全形势稳定。加快推进综合性应急救援队伍建设,西部地区12个省(区)依托公安消防部队完成了省、市两级综合应急救援队伍的建设任务,99%的县(市、区、旗)组建了综合应急救援队伍,内蒙古、广西、重庆、四川、贵州、西藏、陕西、青海、宁夏、新疆等10个省(区)还建立了地震救援专业力量,进一步提升了应急救援能力和水平。

(三)切实加大政策、资金等支持力度

加大警力支持力度。为西部地区公安现役部队申请增加编制,进一步充实了基层执法、执勤力量。协调公安院校在招录培养上向西部地区倾斜。2015年,部属公安院校面向西部地区招生1956人,占全国招生计划的35.6%;在民警招录培养体制改革试点中,为西部地区下达1041名招录培养计划,占全国招录计划的29.9%,有力提升了西部地区公安队伍的整体素质和战斗力。

加大资金支持力度。着力在装备建设、基础设施建设、办案补助经费等方面向西部地区公安机关特别是县级以下公安机关倾斜,全年共协调中央财政投入西部地区公安机关转移支付资金114.96亿元,占全国总额的45.6%;投入西部地区公安机关基础设施建设资金34.2亿元,占全国总额的56.6%,有效改善了西部地区公安机关的工作条件。

加大教育培训支持力度。深入推进素质强警交流合作。东部地区公安机关派出1600余名业务骨干赴西部地区帮助工作、挂职锻炼,接受西部地区1200余名业务骨干跟班学习,举办各类培训班150余期,派出300余名教官送教上门,为西部地区培训教官和业务骨干2.5万余名。继续组织开展"送教西部基层行"活动,培训西部地区民警3.5万余名。

二、2016年工作设想

(一)进一步强化打、防、管、控各项措施

大力加强维护国家安全工作,全面落实对敌斗争各项措施,坚决粉碎境内外敌对势力的各种政治图谋,努力为西部地区创造安全稳定的政治环境。大力加强反恐怖工作,进一步深化严打暴恐专项活动,坚决遏制新疆暴恐案件多发频发势头。大力加强矛盾纠纷排查化解工作,及时消除在西部大开发过程中产生的各种不稳定、不安定因素,确保西部地区社会大局持续稳定。大力加强社会治安工作,严厉打击群众反映强烈的突出违法犯罪,建立健全立体化社会治安防控体系,全面强化公共安全管理措施,确保西部地区社会治安大局稳定。

(二)进一步改进公安行政管理工作

深入推进行政审批制度改革,建立健全行政审批事项定期清理制度和行政审批权力清单制度,进一步精简审批事项、优化审批流程、改进监管方式、提升管理水平。加快推进户籍制度改革,创新实有人口管理服务方式,为推动西部地区人口合理有序流动创造更加便利的条件。扎实推进西部地区边防、出入境、道路交通管理改革,不断推出新的便民利民措施,着力激发社会创造活力。

（三）进一步加大倾斜支持力度

公安部将继续争取中央和有关部门支持，切实加强对西部地区公安机关经费保障和基础设施建设保障工作，不断提高西部地区公安机关的履职能力和水平。在积极为西部地区公安机关争取增加警力编制的同时，推动建立适合当地实际的招警机制和招警标准，着力解决警力不足问题。持续加大素质强警工作力度，部署开展新一轮为期三年的素质强警交流合作，积极支持西部地区公安院校建设，进一步扩大西部地区人才教育培养规模，全面提升公安队伍综合素质。

（四）进一步加快公安改革进度

深入推进执法权力运行机制改革，建立健全制度完备、管理科学、责任明晰、运行高效的权力运行机制，不断提升西部地区公安机关的执法水平和执法公信力。深入推进人民警察分类管理制度改革，在制定出台公安机关执法勤务警员职务序列和警务技术职务序列等政策措施时，重点向西部地区和基层一线倾斜，着力拓宽基层民警职业发展空间。深入推进人民警察职业保障制度改革，进一步细化、完善西部地区加班补贴等政策，着力解决民警工资水平偏低问题，不断提升公安队伍的凝聚力、战斗力。

——执笔人：田　野

第八章　民政部

一、2015年工作情况

(一)减灾救灾

及时启动响应,加大资金和物资支持力度。2015年,针对西部发生的重、特大自然灾害,共启动国家救灾应急响应10次,安排中央自然灾害生活补助资金52.96亿元,占全国救灾资金总量的55.9%。安排调拨4.2万顶帐篷、21.6万件(床)棉衣(被)、5万张折叠床等大量中央救灾储备物资,保障受灾群众基本生活。

给予救灾补助政策支持。对西部省份按中央70%、地方30%的比例分担救灾资金;对被纳入高寒、寒冷地区范围的省(市),中央财政按一般地区1.4倍的标准给予倒损房屋恢复重建补助,因灾倒房户户均补助1.4万元,损房户户均补助1400元。

提高救灾物资储备和装备保障能力。加大西部地区中央救灾物资储备库建设,重庆、拉萨、格尔木、乌鲁木齐4个储备库已完成或即将投入使用,南宁、喀什2个储备库已向国家发展改革委提交可研报告,委托西部地区各中央救灾物资储备库代储。2015年,新采购的价值7450万元的中央救灾物资。为中西部地区1096个多灾、易灾县配置民政救灾应急专用车辆,其中为西藏、新疆等西部省份配置了682辆。

加强减灾救灾人才培训。积极开展灾害信息员师资培训,连续举办4期培训班,培训西部地区学员200余人。与新疆、西藏等地民政厅开展灾害信息员联合培训项目,支持资金48万元,培训1000余人。

(二)社会救助

加大社会救助资金支持力度。在最低生活保障方面,对西部共安排557.3亿元,占全国的47.6%,较上年增长15.4%;在临时救助方面,对西部地区共安排16亿元,占全国的38.1%,较上年增长28.3%;在特困人员救助供养方面,对西部地区共支出农村特困人员救助供养金63.3亿元,较上年同期提高7.2%;在医疗救助方面,2015年累计安排70.1亿元,占全国资金总量的50%。近期还预拨了2016年西部地区医疗救助资金49.2亿元,保障各地医疗救助平稳运行。

指导稳步提高社会救助标准和水平。指导西部各地完善联动机制,确保困难群众基本生活不因物价上涨而降低。2015年,西部省份城市低保平均保障标准和补助水平分别达到每人每月419元和292元,较上年同期提高11.4%和6.2%;农村低保平均保障标准和补助水平分别达到每人每年2602.5元和每人每月138元,较上年同期提高16.7%和16.4%;西部地区农村特困人员救助供养中的集中供养标准和分散供养标准分别为每人每年5360元和 4054.4 元，较上年同期提高 12.9％和 14.3％；西部省份临时救助平均水平为每户每次 1499.3 元，比上年同期增长 31.0％。

指导做好医疗救助工作。积极部署重特大疾病医疗救助工作。内蒙古、广西、重庆、四川、贵州、宁夏、云南、青海、甘肃等省份出台了国办发〔2015〕30 号文件的省级配套文件。各地医疗救助基金账户基本实现城乡统筹，全面取消救助起付线，进一步提高救助比例，重点救助对象住院医疗救助比例普遍达到 70％左右，90％以上的县（市、区）开展了“一站式”即时结算服务。2015 年，西部地区共实施医疗救助 3653 万人次，支出医疗救助资金 104.2 亿元。

（三）优抚安置

积极给予政策优惠。鼓励在边疆、民族地区服役的士兵退役后留在当地工作。边疆、民族地区乡镇机关招录公务员时，可拿出一定数量的职位，招录符合职位要求、由政府安排工作的退役士兵。

主动加大资金支持力度。对带病回乡的退伍军人、“两参”人员的生活补助经费由中央财政承担 80％，新疆生产建设兵团的相关经费由中央财政承担 100％；退役士兵安置经费尽量全额拨付。2015 年共拨付西部地区退役士兵教育培训、购（建）房补助、转业士官待分配期间管理费 1.93 亿元，下拨国家级烈士纪念设施维修改造费 3570 万元，下拨国家级抗战纪念设施、遗址维修改造费 1000 万元，拨付西部 12 省（区、市）的优抚医院、光荣院、烈士陵园和军供站维修改造补助金 2.5515 亿元。

（四）基层政权和社区建设

不断加强西部城乡基层政权建设。开展城乡基层政权建设调研活动，代中央起草《关于加强乡镇服务型政府建设的意见》，加大对西部的政策倾斜力度。指导西部推进乡镇（街道）服务管理创新，推动服务型乡镇（街道）建设。创新西部地区的乡镇（街道）社会治理机制，构建多方参与的社会治理格局，促进基础社会和谐。

大力推进西部城乡社区建设。加大中央预算内投资补助倾斜力度，支持西部省份社区综合服务设施建设和社区信息化建设，贯彻落实中办、国办《关于深入推进农村社区建设试点工作的指导意见》（中办发〔2015〕30 号），指导西部探索农村社区建设试点路径。实施西部城乡社区服务人才队伍建设项目，提升西部地区城乡基层干部和社区工作者队伍素质。

指导西部村（居）民自治有序发展。推动中办、国办印发《关于加强城乡社区协商的意见》（中办发〔2015〕41 号），指导涉藏、涉疆地区拓宽协商范围和渠道，丰富协商内容和形式，保障人民群众享有更多、更切实的民主权利；联合中央组织部、全国妇联召开村和社区“两委”工作座谈会，加强对西部地区村（居）委会换届选举工作的指导。

（五）社会福利与慈善事业

切实加强养老服务。安排部本级福利彩票公益金 5.55 亿元，补助西部地区老年福利设施建设，占全国的 39.47％。联合财政部安排中央专项福利彩票公益金 3.67 亿元，支持西部地区开展农村幸福院设施修缮和设备用品配备等工作。

全面保障儿童福利。做好孤儿基本生活保障，支持西部地区落实最低养育标准，中央财政按照每人每月400元的标准补贴。中央财政补贴西部地区208252名孤儿和2268名艾滋病病毒感染儿童基本生活费101062万元。安排部本级福利彩票公益金2.6亿元支持西部地区儿童福利项目。与联合国儿童基金会合作，在部分西部地区成立中国儿童福利示范村。与中国人寿慈善基金会签订协议，为青海省玉树县地震孤儿和甘肃省舟曲县泥石流孤儿发放爱心助养金每人每月600元，直到孤儿年满18周岁。

稳步提高残障人福利。推动国务院出台《关于全面建立困难残疾人生活补贴和重度残疾人护理补贴制度的意见》(国发〔2015〕52号)，推动西部地区建立健全相关制度。会同财政部投入6.5亿元支持西部地区17个精神病院新(迁)建项目和7个改扩建项目，新增床位7000多张。

切实加强慈善工作。福彩公益金分配重点向西部地区倾斜，安排部本级福利彩票公益金2126万元用于资助部分省市开展慈善超市创新工作试点建设。

(六)社会事务管理

切实加强殡葬管理。指导西部地区做好清明节祭扫安全保障工作，开展殡葬管理服务专项整治活动，深化殡葬行风建设，提高殡葬服务水平。安排部本级福利彩票公益金3195万元，支持西部地区殡葬基础设施、设备的更新改造，推动除新疆外的所有西部省份出台《关于党员干部带头推动殡葬改革的实施意见》，深化殡葬改革。

不断强化救助管理。争取中央财政流浪乞讨人员救助补助专项资金59482万元，并预拨2016年救助补助资金41637万元；争取部本级彩票公益金2809万元，支持新建或改善救助保护设施。推动西部省份加强救助管理机构规范化建设，申报成功16个国家级救助管理机构。在28个市、县(区)开展未成年人社会保护试点工作。举办6期业务培训班，资助西部12个省份260余名业务骨干参加培训。

加强婚姻、收养管理。加大西部地区婚姻登记规范化建设指导力度，加强对婚姻登记历史数据补录工作的指导。

(七)区划地名管理

积极调整行政区划。经国务院批准，在西部地区实施了16项县级以上行政区划调整工作。增设部分中小城市，优化大中城市市辖区结构，促进城乡和区域统筹协调发展。在制订设市、设区标准的过程中，考虑西部地区的特殊地位和作用，合理设置相关指标。

全面推进地名公共服务和文化建设。组织相关培训，培养地名业务人才。组织优秀地名规划评选，推进西部地区地名规划工作。指导西部地区发挥优势，保护和弘扬地名文化。

(八)社会工作

组织实施“三区”计划项目。向西部地区投入资金1556万元，支持西部地区选派740名社工到“三区”服务。举办了四期社会工作实务能力提升培训班，培训西部地区380名社会工作人员。

不断加强社会工作服务平台建设。开发设置社会工作岗位，发展民办社会工作服务机构，推动共青团、司法等部门在西部地区设置社会工作岗位。

积极引导社会工作服务发展。组织实施了部本级福利彩票公益金特殊困难老年人社会工作服务示范项目，安排 285 万元，支持实施了 15 个社工项目。同李嘉诚基金会合作实施了“大爱之行”社工服务项目，支持西部地区民办社会工作机构开展 32 个社会工作项目，资助金额 370 万元。

全面推进西部地区志愿服务发展。推进志愿服务记录制度建设，支持西部地区志愿服务组织发展和队伍建设，支持甘肃开展农村“三留守”人员关爱志愿服务示范项目。

(九)民间组织管理

加大资金和项目支持。拨付 2 亿元中央财政资金，支持社会组织参与社会服务。援助西部地区项目 304 个(占全部项目的 68.2%)，拨付资金 12394 万元(占全部资金的 63.5%)，配套资金约 10992.1 万元。其中，西部 12 省(区、市)和新疆生产建设兵团直接立项 243 个(占全部项目的 54.5%)，拨付资金 7433 万元(占全部项目资金的 38.1%)，配套资金约 3498.8 万元；全国性社会组织和其他地区社会组织援助西部的项目立项 61 个(占全部项目的 13.7%)，拨付资金 4961 万元(占全部项目的 25.4%)，配套资金约 7493.2 万元。

引导社会组织加强服务。2015 年，通过推动社会组织服务西部，引导社会组织广泛参与社会服务。

二、2016 年工作设想

(一)减灾救灾

继续加强对西部省份的救灾支持力度，密切关注可能发生的各类自然灾害，按照应急预案要求，及时启动救灾应急响应机制。切实做好西部省份受灾群众基本生活保障工作，加大对西部省份政策支持、指导力度，指导完善救助政策和标准，推动扩大灾害保险覆盖范围，提高西部地区抵御灾害能力，支持引导社会力量参与救灾工作。继续提高西部省份备灾能力，推进救灾物资储备库建设，加大物资储备力度，做好相关人员培训。指导西部地区做好综合减灾工作，并继续开展综合减灾示范社区创建活动。

(二)社会救助

健全城乡社会救助体系，完善城乡低保制度，推进城乡统筹发展。完善低保标准与物价上涨挂钩的联动机制和低保标准动态调整机制。完善居民家庭经济状况核对机制，充分发挥制度合力。完善临时救助制度，督促地方加大资金投入，深入推进“救急难”试点工作。扩大医疗救助对象范围，适当提高救助标准，引导社会力量参与医疗救助工作。

(三)优抚安置

继续提高优抚对象抚恤补助标准，进一步保障优抚对象权益，并继续加大对优抚事业单位和烈士纪念设施保护单位的支持，在资金扶持和政策方面予以重点倾斜。督导西部地区规范有序地开展退役士兵职业教育和技能培训、伤病残退役士兵接收、符合政府安排工作退役士兵岗位落实等安置工作，促进西部地区经济社会发展。

(四)基层政权和社区建设

加强城乡基层政权建设,推动《关于加强乡镇服务型政府的意见》出台,指导西部推进乡镇基本公共服务的标准化和规范化。会同有关部门开展乡镇服务型政府建设试点,指导西部做好乡镇(街道)干部培训工作。推进城乡社区治理,研究起草《关于推进城乡社区治理现代化的指导意见》,加强城乡社区建设政策统筹。推进社区信息化建设和社区服务能力提升。加强对西部社区工作者的培训力度,推动社区治理和服务创新工作向纵深发展。开展农村社区建设示范创建活动,引导深化农村社区建设试点,深化和完善基层群众自治制度,建立健全基层群众议事机制,不断完善城乡社区协商的规则和程序。严格村(居)委会选举程序,选优配强村(居)委会干部队伍。规范村务监督委员会建设,进一步加强村级民主监督。

(五)社会福利与慈善事业

进一步加大对西部地区的政策支持和资金扶持。完善儿童福利保障制度,推动建立适度普惠型儿童福利制度和基层儿童福利服务体系建设,加大对西部地区的关注和支持力度。督促指导西部地区建立健全困难残疾人生活补贴和重度残疾人护理补贴制度,研究制定具体办法。推动出台《慈善法》,发展中国特色慈善事业,总结、研究、引导慈善资源定向支持西部地区发展的新模式。

(六)社会事务管理

指导西部地区落实殡葬管理法规政策,加强殡葬管理,优化殡葬服务,推动殡葬习俗改革。根据《殡葬管理条例》修订出台情况,指导西部地区修订地方性殡葬法规,完善殡葬管理制度体系。加大救助管理工作指导力度,加强救助服务机构规范管理和能力建设。指导推动西部省份贯彻落实国家相关政策,做好农村留守儿童关爱保护工作,同时加强未成年人权益保护工作。提高婚姻、收养管理水平。加强对西部婚姻登记机关等级评定工作的指导力度,提升信息化建设水平。

(七)区划地名管理

加大西部地区行政区划调整力度。充分论证、科学评估,积极推动西部地区符合标准的地方调整优化行政区划设置,解决城市数量少和大中城市辖区规模结构不合理的问题,优化西部地区城镇体系布局。加强地名普查工作,加大业务指导力度,加强技术力量支持。加强和改善地名管理,指导西部地区加强地名文化保护,清理整顿不规范地名,推进地名地址库示范创建工作,提升地名公共服务水平。

(八)社会工作

继续指导西部省份推进政策创制,贯彻落实中央和民政部关于发展专业社会工作的要求部署和政策措施。加强社会工作服务能力建设,指导西部省份探索专业社会工作介入农村留守儿童、妇女、老年人服务的路径与方法,促进建立农村留守人员社会关爱服务体系。加大专业社工培训力度,加强社工专业人才队伍建设。加强志愿服务组织和志愿者队伍建设，建设免费的全国志愿服务信息系统，提升信息化水平。

（九）民间组织管理

继续拨付2亿元资金开展项目工作。坚持面向基层、面向西部、面向民生的原则，继续支持并引导社会组织服务西部，提升能力，开展工作。

——执笔人：吴子攀

第九章 财政部

一、2015 年工作情况

(一)中央财政对西部地区总体支持情况

在税收政策方面，继续贯彻落实《关于深入实施西部大开发有关税收政策问题的通知》(财税〔2011〕58 号)中确定的“对设在西部地区的鼓励类产业企业减按 15%的税率征收企业所得税”，“对西部地区内资鼓励类产业、外商投资鼓励类产业及优势产业的项目在投资总额内进口的自用设备，在政策规定范围内免征关税”等各项税收优惠政策。

在转移支付方面，在分配一般性转移支付和专项转移支付时加大对西部地区的倾斜力度。按执行数统计(下同)，2015 年，中央财政累计安排西部地区各项转移支付 23549 亿元，比 2014 年增加 2054 亿元，增长 9.6%，高于全国平均增幅。一是安排西部地区一般性转移支付 12737 亿元，比 2014 年增加 1052 亿元，增长 9%，支持西部地区切实提高财政保障能力和基本公共服务水平。其中，均衡性转移支付 4799 亿元，同比增加 781 亿元，增长 19.4%；县级基本财力保障转移支付 693 亿元，同比增加 40 亿元，增长 6%；民族地区转移支付 526 亿元，同比增加 56 亿元，增长 12%；国家重点生态功能区转移支付 290 亿元，同比增加 10 亿元，增长 3.7%。二是安排西部地区专项转移支付 9528 亿元，比 2014 年同期增加 1085 亿元，增长 12.8%。有力支持了西部地区加快农业、教育、就业和社会保障、医疗卫生、产业转型、环境保护等经济社会发展重点领域建设。

在地方债务方面，根据《中华人民共和国预算法》和《国务院关于加强地方政府性债务管理的意见》(国发〔2014〕43 号)的相关规定，按照国务院统一部署，支持地方政府加强债务管理工作。一是分配西部地区新增地方政府债券 1940 亿元，主要用于国务院确定的重点方向，优先用于支持棚户区改造等保障性安居工程建设、普通公路建设发展、城市地下管网建设改造、智慧城市建设等重大公益性项目支出。二是下达西部地区 9820 亿元债券额度置换地方政府存量债务，帮助缓解地方偿债压力，降低地方利息负担，为地方腾出资金加大投资创造条件，对支持地方稳增长、防风险发挥了重要作用。

(二)加大“三农”投入力度

落实和完善农业补贴政策。一是调整完善农业补贴政策。2015 年，中央财政安排西部地区农作物良种补贴、种粮农民直接补贴和农资综合补贴(以下简称农业“三项补贴”)408 亿元，比上年增长 1.75%。经报国务院同意，支持各地从中央财政安排的农资综合补贴中调整 20%的资金加上增量资金，统筹用于支持粮食适度规模经营。近几年重点用于支持建立农业信贷担保体系，着力解决新型经营主体在农业生产经营中的“融资难、融资贵”问题。

同时，支持四川省启动农业补贴改革试点，将农业“三项补贴”合并为“农业支持保护补贴”，政策目标调整为耕地地力保护和粮食适度规模经营。二是支持实施农机购置补贴政策，2015年，中央财政安排西部地区农机购置补贴71亿元，比上年增长1.5%。资金重点补贴粮、棉、油、糖等主要农作物关键生产环节所需机具，兼顾畜牧业、渔业、设施农业发展所需机具，同时要求各地根据当地优势主导产业发展需要，选择部分关键环节机具实行敞开补贴，为提高农机装备水平、促进农业稳定生产和推动农民持续增收发挥了重要作用。

支持提高农业综合生产能力。一是支持加强农田水利基础设施建设。2015年，安排西部地区农田水利设施建设和水土保持补助、江河湖库水系综合整治、山洪灾害防治经费等资金252亿元，支持发展区域规模化高效节水灌溉、实施抗旱规划和国家水土保持重点建设工程，开展中小河流治理、新建小型水库和除险加固，补充完善山洪灾害防治非工程措施等。此外，积极调整财政水利专项资金使用结构，安排西部地区113亿元，支持节水供水重大水利工程建设。二是支持优势特色产业发展。2015年，安排西部地区现代农业生产发展资金72亿元，支持解决制约粮食等主导产业发展的瓶颈，打通关键环节，推广普及畜牧良种，培育新型职业农民，提高农民合作组织发展水平，促进农业增产、农民增收。三是支持农业科技推广服务体系建设。2015年，安排西部地区相关资金45亿元，比上年增长15.6%，支持推广先进适用农业技术、基层农技推广体系改革与建设，开展测土配方施肥、粮棉油糖农业高产创建、园艺作物标准化建设，推进一、二、三产业融合发展，引导农业生产全程社会化服务，为农业现代化建设提供了有效的科学技术支撑。四是支持增强防灾减灾能力。2015年，安排西部地区农业生产救灾、动物防疫经费、人工影响天气补助等资金43亿元，比上年增长32.4%，支持推广应用冬小麦“一喷三防”等农业防灾增产关键技术，开展重大动物疫病防控、气象防灾减灾等，促进提高农业防灾减灾能力。

支持保障和改善农村民生。一是支持做好扶贫开发工作。2015年，安排西部地区扶贫资金314亿元，比上年增长7%。财政扶贫资金的持续投入，为贫困人口发展生产、脱贫致富提供了有力的支持，大大改善了西部贫困地区的生产生活条件，促进加快了西部地区经济社会发展。二是支持深化农村综合改革。2015年，安排西部地区农村综合改革转移支付资金128亿元，比上年增长2.8%，支持开展村级公益事业建设、美丽乡村建设试点、传统村落保护、建制镇示范试点、农村综合改革示范试点等工作，初步形成了农村公益事业建设的新机制，持续改善了农村人居环境，促进了城乡基本公共服务均等化进程，增强了村级组织自我管理、自我服务和自我发展的能力。三是支持农村水电增效扩容改造。“十二五”期间，中央财政支持符合条件的老旧农村水电站开展增效扩容改造，并对西部地区予以倾斜，补助标准比中、东部地区分别高出30%和86%。“十二五”期间，已安排34亿元，支持西部地区开展老旧农村水电站增效扩容改造，以促进水能资源综合利用，优化能源结构，带动电站改造上下游产业发展。

加大对农业信贷支持力度。一是县域金融机构涉农贷款增量奖励政策。为引导和激励金融机构加大涉农贷款投放，对试点地区符合条件的县域金融机构，按照涉农贷款平均余额同比增长超过15%的部分给予2%奖励，奖励资金由中央和地方财政按规定的比例分担。其中，西部地区中央分担70%，比例最高。2015年，拨付西部地区13亿元，占全国的55%，支持了西部地区1538户县域金融机构加大涉农贷款投放。二是农村金融机构定向费用补贴政策，为引导更多信贷资金和社会资金投向农村，对符合条件的村镇银行、贷款公司和农村资金互助社三类新型农村金融机构，按贷款平均余额的2%给予补贴，补贴资金由中央和地方财政按规定的比例分担。其中，西部地区中央分担90%，比例最高。2015年，安排西部地区14亿元，占全国的48.6%，支持西部地区267户新型农村金融机构、990户基础金融服务薄弱地区金融机构的建设和发展。

开展农业保险保费补贴工作。目前，西部地区中央财政农业保险保费补贴品种包括水稻、玉米、小麦、棉花、油料作物等共15种，基本覆盖了关系国计民生和粮食安全的大宗农产品。西部地区可结合本地实际自主开展上述品种的农业保险工作，在符合条件的基础上，中央财政将按规定给予保费补贴，补助比例西部地区一般高于其他地区。2015年，安排西部地区54亿元，比2014年增长27%，为服务当地"三农"，促进经济社会发展发挥了积极作用。

（三）加大对西部地区民生社保领域的投入力度

落实积极就业政策。继续把促进就业作为保障和改善民生的重中之重，加大就业资金支持力度，切实落实促进就业的各项政策措施。截至2015年，中央财政共下达西部地区就业专项资金146亿元（不含小额担保贷款），用于对就业扶持对象的相关补贴、高技能人才培训基地建设项目补助、技能大师工作室建设项目补助等，有力地支持了西部地区做好重点人群就业、公共就业服务、高技能人才培养等各项就业工作。

下岗失业人员小额担保贷款政策。主要通过地方政府指定担保机构提供担保、财政部门提供贷款贴息的方式，引导银行业金融机构为符合条件的城镇登记失业人员等特殊困难群体以及积极吸纳上述人员就业的劳动密集型小企业提供贷款支持。除东部九省（市）以外，贴息资金中央分担75%。2015年，安排西部地区57亿元，占全国的54.1%。

深化社会保险制度改革。一是支持覆盖城乡居民的基本养老保险制度建设。对西部地区，中央财政按中央确定的城乡居民基本养老保险基础养老金标准予以全额补助。2015年，中央财政已下达西部地区城乡居民基本养老保险补助资金323亿元。二是提高企业退休人员基本养老金水平。按国务院统一部署，2015年，继续调整企业退休人员基本养老金水平，为确保调标政策落实到位及企业离退休人员基本养老金的按时足额发放，中央财政加大了对西部地区等财力困难地区企业职工基本养老保险的补贴力度。2015年，中央财政安排西部地区企业职工基本养老补助资金1265亿元。三是大力支持基本医疗保障制度建设。2015年，将新型农村合作医疗和城镇居民基本医疗保险财政补助标准提高到每人每年380元，其中中央财政对西部地区参保（合）居民按268元的标准补助，中央财政的分担比例提高至71%。2015年，中央财政已拨付西部地区城镇居民医保补助资金206亿元、新农合补助资金650亿元。

积极支持推进公共卫生等工作。2015年，结合深化医药卫生体制改革，中央财政进一步加大公共卫生的投入力度，并继续向包括西部地区在内的贫困地区倾斜。2015年，共安排西部地区医疗卫生补助资金313亿元，支持地方加快推进公立医院改革和住院医师规范化培训工作，实施基本药物制度，开展基本公共卫生和重大公共卫生服务项目，加强计划生育工作等。

继续完善各项社会救助和优抚安置制度。一是加大保障城乡困难群众基本生活的力度。中央财政在分配困难群众基本生活救助补助资金时，充分考虑西部地区保障任务重、财力困难等因素，对其给予了倾斜照顾，2015年，下达西部地区困难群众基本生活救助补助资金574亿元，有力地支持了西部地区城乡低保和临时救助工作的开展。此外，还下达西部地区流浪乞讨人员救助补助资金6亿元，支持其做好流浪乞讨人员救助工作。二是积极支持完善城乡医疗救助制度。为进一步支持西部地区完善城乡医疗救助制度，2015年，中央财政已下达西部地区城乡医疗救助补助资金71.9亿元，继续支持西部地区做好城乡医疗救助工作和全面建立疾病应急救助制度，解决发生急重危伤病、需要急救但身份不明确或无力交付相应费用的患者的急救费用问题。三是及时拨付自然灾害生活救助资金，确保灾民基本生活。2015年，中央财政下达西部地区自然灾害生活补助资金51亿元，用于旱灾、地震、洪涝灾害救助以及冬春期间受灾群众临时生活困难救助，保障受灾群众的基本生活。四是落实优抚对象的各项待遇，提高优抚对象的生活补助标准。2015年，中央财政向西部地区下达优抚安置补助资金188亿元，用于优抚对象的抚恤和生活补助、医疗补助、军队移交政府离退休人员安置补助等支出。五是加强对孤儿的生活救助。2015年，中央财政按照西部地区孤儿月人均补助400元的标准，下达孤儿基本生活保障资金10亿元。六是加大农村危房改造支持力度。中央在研究分配农村危房改造补助资金时，充分考虑了西部地区财力困难、农村危房数量多等因素，给予了倾斜。2015年，中央财政安排西部地区农村危房改造补助资金226亿元(合中央基建投资58亿元)，支持完成农村危房改造258万户(含抗震改造任务82万户)。

支持城镇保障性安居工程建设。为支持西部地区完成城镇保障性安居工程建设任务，2015年，共下达西部地区城镇保障性安居工程资金961亿元，比上年增长8.5%。

利用彩票公益金支持西部地区相关工作。2015年，共安排中央专项彩票公益金80亿元支持西部大开发，具体包括：未成年人校外教育事业12.61亿元，农村幸福院项目3.67亿元，精神病人福利机构项目6.2亿元，西部省份社会公益事业建设项目47.44亿元，支持云南鲁甸地震定后重建项目10亿元。

(四)支持西部地区教科文事业发展

在教育方面：一是积极推动西部地区基础教育和职业教育改革发展。2015年，为推动西部地区基础教育和职业教育改革发展，安排西部地区教育转移支付1041亿元。考虑到西部省份财力较为困难，在制定相关政策和分配资金时均给予提高补助标准、扩大补助范围等倾斜与照顾。二是积极支持西部地区高等教育事业发展。2015年主要工作包括：安排西部地区支持地方高校发展专项资金24亿元，支持地方公办普通本科高校学科建设、教学实验平台建设等工作，校均额度明显高于中东部地区；安排西部地区69亿元，通过“以奖代补”机制，支持各地提高地方普通本科高校生均拨款水平，西部地区奖补标准高于其他地区；安排专项资金8亿元，对西部地区没有教育部所属高校的省份，重点支持建设一所地方高水平大学；安排西部地区高校学生资助经费64亿元，落实高校家庭经济困难学生资助政策，在各项资助政策名额和资金分配上，对西部高校给予倾斜，在制度上保障了每一名家庭经济困难学生顺利入学和完成学业。

在科技方面：一是2015年，安排“863”计划，“973”计划和“国家科技支撑”计划经费约11亿元、安排“科技惠民”计划经费约0.7亿元、安排“自然科学基金”经费约32亿元、安排“社科基金”经费约3亿元支持西部地区科技发展。同时，下一步将通过新的体系统筹支持符合条件的西部地区科技工作。二是通过有关专项资金支持西部地区科技发展。2015 年主要工作包括:安排现代农业产业技术体系建设专项资金约 3 亿元,对设立在西部地区的产业技术研发中心和综合试验站进行支持;安排中央补助地方科技基础条件专项资金约 2.3 亿元,对地方相关科研单位和科普事业单位设备购置和基础设施维修改造给予支持;安排基层科普行动计划专项资金约 1.5 亿元,对西部地区有突出贡献的农村专业技术协会、农村科普带头人等先进集体和个人开展科普活动进行补助和奖励。

在文化方面:设立少数民族文化事业补助资金,支持党中央、国务院确定的少数民族文化艺术、新闻出版、广播电视事业发展重点工程、重点项目、重点计划等,促进民族地区文化事业加快发展,资金主要用于西部地区。同时,在分配其他转移支付资金时,继续向西部地区倾斜。据统计,2015 年,中央财政安排西部地区文化体育与传媒财政性资金 135 亿元,比 2014 年增加 18 亿元,增长 15.4%,资金重点用于支持加快构建现代公共文化服务体系、文化遗产保护和体育事业发展。

(五)支持西部地区生态环境保护

支持西部地区水污染防治。2015 年,为支持和引导《水污染防治行动计划》(国发〔2015〕17 号)目标任务的实现,按照党中央、国务院有关部署,中央财政整合设立水污染防治专项资金,预算安排 130 亿元,对包括西部地区在内的水污染防治工作给予了大力支持。一是支持水质较好湖泊生态环境保护。2015 年,安排西部地区水污染防治专项资金 19 亿元,支持云南省抚仙湖、青海省克鲁克湖、新疆赛里木湖等水质较好湖泊生态环境保护工作。二是支持重点流域水污染防治。2015 年,安排西部地区水污染防治专项资金 17 亿元,支持内蒙古、四川、贵州、云南等西部省份重点流域水污染防治、城市集中式饮用水水源地保护、地下水污染防治等。

支持林业生态保护。2015 年,安排西部地区林业专项资金 487 亿元,比上年增长 17.6%,支持实施好天然林资源保护、退耕还林等林业重点工程,积极推进造林绿化、森林抚育、湿地保护和林业国家级自然保护区管理,增强林业防灾减灾能力等,有力地保护并增加了森林植被,显著改变了部分地区的生态环境。

支持农业资源保护。2015 年,安排西部地区草原生态保护补助奖励等资金 159 亿元,比上年增长 7%,支持实施禁牧补助、草畜平衡奖励、牧民生产资金补贴、牧草良种补贴和绩效评价奖励,开展水生生物资源增殖放流、粮改饲试点、农业农村废弃物综合利用试点和耕地质量提升,促进农业经济与生态环境协调发展。

(六)支持西部地区基础设施建设

支持城市基础设施建设。2015 年,整合设立城市管网专项资金,支持包括西部地区在内的城市基础设施建设。一是支持地下综合管廊建设试点示范工作。西部地区有内蒙古包头、贵州六盘水、甘肃白银等 3 个城市通过竞争进入试点城市范围,2015 年,共安排奖补资金 9 亿元支持这些城市地下综合管廊建设。二是支持海绵城市建设试点示范工作。西部地区有广西南宁、重庆、四川遂宁、贵州贵安新区、陕西西咸新区等 5 个城市通过竞争进入试点城市范围,2015 年,共安排奖补资金 20 亿元支持这些城市海绵城市建设。三是支持城镇污水处理设施及配套管网建设。2015 年,共安排 23 亿元,支持西部地区提升城镇污水处理能力。

支持基础设施贷款贴息。2015 年，安排西部地区基本建设项目贷款中央财政贴息资金 5.65 亿元，继续对西部地区符合条件的水利、林业等基本建设项目以及国家级高新技术开发区公共基础设施项目贷款给予支持。2015 年，安排西部地区国家级经济技术开发区、国家级边境经济合作区等基础设施贷款中央财政贴息资金 7.28 亿元，继续对西部地区国家级经济技术开发区、国家级边境经济合作区、重庆两江新区等符合条件的公共基础设施贷款给予支持。

支持交通基础设施建设投资。一是铁路基础设施建设。2015 年，通过中央基建投资、铁路建设基金和车辆购置税资金等资金渠道，对西部地区铁路基础设施建设给予支持，共安排资金 536 亿元。二是公路、水路交通基础设施建设。2015 年，共安排车辆购置税收入补助地方资金 1860 亿元用于支持西部大开发公路、内河交通基础设施建设，占中央财政车辆购置税收入补助地方资金总规模的 64％。三是民航基础设施建设。2015 年，安排民航发展基金 96 亿元，用于西部地方机场投资补助、中小机场公共服务补贴、支线航空补贴等，占当年民航发展基金投资的 33.4％。在补助标准方面，对西部地区采取了倾斜政策，对西部地区中小机场公共服务补贴标准是东部地区的 1.2～1.7 倍，同时，对四川、云南、甘肃、青海四省藏区机场、新疆地区机场的补贴标准在西部一般地区标准基础上再上浮 20％，对西部地区支线航空补贴标准高于东部地区 1～2 倍；对西部地区民航基础设施建设项目贷款贴息的贴补标准高于东部地区 15％左右。

（七）支持西部地区外贸及产业发展

支持西部地区外贸发展。安排西部地区外经贸发展专项资金时采取加分等政策向西部地区倾斜。2015 年，安排 24 亿元支持西部地区优化对外贸易结构、促进对外投资合作以及改善外经贸公共服务。一是安排 20 亿元用于支持西部地区外经贸协调发展和结构调整，以及举办国际性展会等，促进外贸转型升级。二是安排 2 亿元用于鼓励西部地区扩大先进设备和技术、关键零部件、国内紧缺的资源性产品进口。三是安排 2 亿元用于鼓励西部地区承接国际服务外包业务和技术出口，以及围绕重点领域开展境外投资、对外承包工程、对外劳务合作等对外投资合作业务。

开展电子商务进农村并提升农产品冷链物流水平。2015 年，安排 17.39 亿元支持西部地区 94 个县（市）开展电子商务进农村工作，建立完善了县（市）、乡、村三级物流配送体系，在提高农产品商品化率和方便农民生产生活等方面取得良好成效。2015 年，安排资金 8 亿元支持广西、四川、云南、西藏等 4 省（区）跨区域农产品冷链物流发展和农产品交易、仓储等设施建设，进一步提升了农产品冷链物流水平和流通效率。

支持循环经济发展。2015 年，安排西部地区园区循环化改造试点、“城市矿产”示范基地、餐厨废弃物资源化利用试点等资金 4.13 亿元。

支持生猪（牛、羊）产业发展。2015 年，安排生猪（牛、羊）调出大县奖励资金 13.18 亿元，支持西部 237 个县（市）发展生猪（牛、羊）产业，有效调动地方发展生猪（牛、羊）产业的积极性，促进了生猪（牛、羊）生产的规模化和产业化。

支持淘汰落后产能和化解过剩产能。为加快产业结构调整升级，“十二五”期间，中央财政已安排资金 88.3 亿元，对西部经济欠发达地区淘汰电力、炼铁、炼钢、焦炭等落后产能

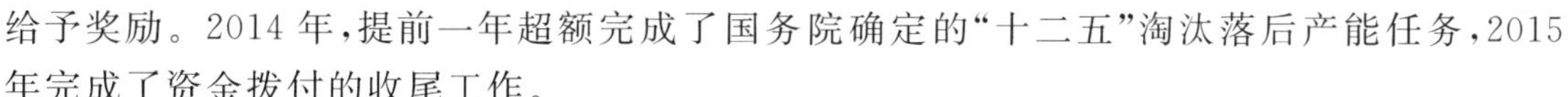

给予奖励。2014 年，提前一年超额完成了国务院确定的“十二五”淘汰落后产能任务，2015 年完成了资金拨付的收尾工作。

(八)支持西部地区基层建设及人才培养

大学生志愿服务西部计划。支持调整大学生志愿服务西部计划项目执行方式，统筹解决志愿者参加社会保险问题。2015 年 10 月，针对西部计划志愿者参加社会保险困难问题，财政部、团中央研究决定自 2016 年 1 月 1 日起，调整项目执行方式，一是参照“三支一扶”、“村官计划”项目执行方式，从 2016 年起将“西部计划”由中央部门独立组织实施调整为中央部门和地方政府共同组织实施，所需经费由中央和地方财政共同承担，中央财政按照西部每人每年 2.5 万元、中部每人每年 1.8 万元的标准给予补助。二是由各地区统筹中央补助和自身财力，综合考虑经济社会发展和物价水平、生活成本等各项因素，统筹平衡“三支一扶”和“村官计划”等项目人员的相关待遇水平，适当提高志愿者的工作、生活补贴。

选聘高校毕业生到村任职。经中央批准，中央组织部会同教育部、财政部、人力资源社会保障部联合实施“选聘高校毕业生到村任职工作”。任职期间(一般为 2～3 年)，国家给予一定补贴，用于大学生村官的工作、生活补助和为享受相关保障待遇应缴纳的费用等。补贴资金由中央财政和地方财政共同承担。其中中央财政对西部地区的补贴标准为人均每年 2.5 万元，高于东部地区(人均每年 0.8 万元)和中部地区(人均每年 1.8 万元)。

支持西部地区质量技术监督和工商行政管理工作。2015 年，安排西部地区质量技术监督专项补助经费 7421 万元，占全国的 43.7%；安排西部地区工商行政管理专项补助经费 13368 万元，占全国的 58.1%；安排西部地区工商行政管理部门停征“两费”一般性转移支付资金 25 亿元，占全国的 31.3%；安排旅游发展基金补助地方项目资金 2.3 亿元，占全国的 47.8%。

支持西部地区基层政法部门能力建设。在分配补助全国基层政法部门的中央政法转移支付资金时对西部地区予以倾斜。一是采用因素计算法分配资金，并选取对西部地区有利的因素。二是通过制定相关政策，确保中央财政和省级财政按落实政法经费分类保障责任，加大对西部地区市县级政法机关办案(业务)经费及业务装备经费的支持力度。三是考虑到社会稳定等情况，根据政法部门工作需要，对西部地区在分配资金时予以倾斜，2015 年，安排西部地区中央政法转移支付资金 186 亿元，占全国的 43.3%。

(九)利用外国政府和国际金融组织资源支持西部发展

利用国际金融组织优惠资金和外国政府贷款支持西部地区重点项目建设。2015 年，我国用于支持西部大开发的世界银行(世行)、亚洲开发银行(亚行)、欧洲投资银行(欧投行)等国际金融组织贷赠款以及外国政府贷款约 24.3 亿美元。一是世行贷款 12 亿美元，共 10 个项目，重点支持环境保护、交通、农业和教育等领域，具体包括青海西宁环境综合治理(1.5 亿美元)、陕西小城镇基础设施建设(1.5 亿美元)、贵州农村发展(1 亿美元)、四川重庆小城镇水环境治理(1 亿美元)、广西桂林城市综合环境治理(1 亿美元)、广安川渝合作示范区基础设施建设(1 亿美元)、甘肃省统筹城乡发展(1.5 亿美元)、云南高速公路资产管理(1.5 亿美元)、新疆职业教育培训(0.5 亿美元)和贫困片区产业扶贫试点示范(1.5 亿美元)等项目。二是亚行贷款 7.5 亿美元，共 5 个项目，重点支持农业、交通、城建、职业教育等领域，具体包甘肃特色农业及金融服务体系建设(1亿美元)、陕西山区道路安全(2亿美元)、新疆塔城边境城镇发展(1.5亿美元)、新疆阿克苏城市综合发展及环境改善(1.5亿美元)、贵州省现代职业育发展示范(1.5亿美元)等项目。创新运用亚行结果导向贷款和中间金融机构转贷等新型贷款工具和模式，为西部地区体制机创新提供支持。三是全球环境基金赠款500万美元，用于支持贵州省贵阳市作为试点参与全球环境基金可持续城市综合方式项目。四是欧投行贷款1亿欧元，用于支持新疆乌鲁木齐既有公共建筑节能改造(4000万欧元)、重庆林业发展(3000万欧元)和广西森林可持续经营(3000万欧元)等3个项目。五是国际农发基金贷款3875万欧元及赠款100万美元，用于支持青海省六盘山片区扶贫项目。六是欧佩克国际发展基金贷款4500万美元，用于四川资阳第三医院扩建项目和贵州兴义民族师范学校建设项目。七是外国政府贷款2.77亿美元，共14个项目，涉及医疗、教育、公共交通和节能减排等领域。2015年，用于西部地区的外国政府贷款金额占全部外国政府贷款总额的57%。

引导国际金融组织智力资源向西部地区倾斜。积极引导国际金融组织的技术援助与智力资源支持西部地区发展，为西部地区提供重点领域、重点行业发展的政策建议。重点做好亚洲银行技术援助赠款资金支持重庆市“重庆省级PPP管理框架研究”(35万美元)和内蒙古自治区“在中国试点建立一个支持可持续发展的村互助资金框架”(30万美元)项目。利用世界银行技术援助支持云南省“云南贫困农村发展的合作组织模式及其能力建设”项目(60万美元)。

利用区域合作机制支持西部地区经济社会发展和对外开放。引导推动云南、广西、新疆和内蒙古等省区深入参与大湄公河次区域(GMS)经济合作、中亚区域经济合作(CAREC)等区域合作机制，加强与周边国家互联互通，提升本地区对外开放水平。中亚学院实体化进程取得实质性进展，已于2015年3月在新疆乌鲁木齐举行了学院实体化揭牌仪式和首期培训，目前正就中亚学院《政府间协议》与有关各方进行磋商。

(十)支持新疆生产建设兵团发展

2015年，认真落实西部大开发战略和第二次中央新疆工作座谈会精神，按照国务院关于稳增长、调结构、促改革、惠民生的决策部署，积极支持新疆生产建设兵团改革发展。2015年，安排兵团补助资金总额，较2014年全年增加138亿元，增长26%。重点通过新增综合财力补助和优化补助结构等措施，支持兵团加快发展；落实调资和南疆工作补贴政策，提高干部职工待遇；规范国有资本收益收缴管理办法，减轻边远和南疆困难团场职工土地承包费缴纳负担。同时，按照中央要求，积极研究完善对兵团预算管理体制，会同有关部门研究落实各项改革任务。

(十一)支持西部地区地震灾后恢复重建

关于尼泊尔地震西藏灾区，国务院批准了财政部上报的《关于“4.25”尼泊尔地震西藏灾区灾后恢复重建资金安排的请示》。2015—2017年，中央财政安排尼泊尔地震西藏灾区灾后恢复重建补助资金113亿元推动灾后恢复重建工作尽早开展，保障群众温暖过冬，中央财政通过节支以及相关专项资金调剂，2015年当年安排下达尼泊尔地震西藏灾区灾后恢复重建中央补助资金67亿元。

关于新疆皮山地震,国务院批准了财政部上报的《关于"7.3"新疆皮山地震灾后恢复重建资金安排的请示》。2015—2016 年,中央财政安排新疆皮山地震灾后恢复重建补助资金 15 亿元(含新疆生产建设兵团 1 亿元),通过统筹协调中央基建投资等不同资金渠道,2015 年安排下达新疆皮山地震灾后恢复重建中央补助资金 10 亿元(含新疆生产建设兵团 1 亿元)。

关于芦山、鲁甸、于田地震,2015 年,中央财政已下达 2015 年灾后恢复重建补助资金 106.66 亿元,其中芦山地震灾后恢复重建补助资金 20 亿元、鲁甸地震灾后恢复重建补助资金 80 亿元,通过车辆购置税收入安排于田地震灾后恢复重建补助资金 0.4 亿元、岷县漳县地震灾后恢复重建补助资金 6.26 亿元。至此,中央财政 2013—2015 年应安排的芦山地震灾后恢复重建补助总额 460 亿元已全部下达,中央财政安排于田地震灾后恢复重建资金 13 亿元已全部下达。

二、2016 年工作设想

(一)完善转移支付政策

结合新常态,在合理划分中央与地方事权的基础上,继续完善转移支付办法,提高转移支付分配的规范性和科学性,加大对西部地区的转移支付力度,提高西部地区公共服务保障水平。

(二)落实现有税收优惠

按照《中共中央国务院关于深入实施西部大开发战略的若干意见》的有关要求,继续积极做好已出台的西部大开发税收优惠政策的贯彻落实工作,跟踪政策执行效果,及时解决政策执行过程中出现的问题。

(三)盘活财政存量资金

指导和督促地方进一步盘活财政存量资金,优化支出结构,加快预算执行进度,集中有限的资金用于稳增长、调结构、惠民生的重点领域和关键环节。同时,进一步加强对各类资金监督管理,提高资金使用效益。

(四)推进重点领域改革

全面推开农业补贴政策改革,逐步构建农业信贷担保体系,着力发展粮食适度规模经营;支持产能严重过剩行业,化解过剩产能,加快建立和完善以市场为主导的工作长效机制;推动湖泊生态环境治理和重点流域污染防治,支持西部地区发展循环经济等。

——执笔人:许京华

第十章　人力资源社会保障部

一、2015 年工作情况

(一)就业方面

指导西部地区深入实施就业促进法和就业优先战略。中央财政加大对西部地区的支持力度,指导西部地区深入实施大学生就业促进计划和大学生创业引领计划,促进高校毕业生就业创业。指导西部地区统筹做好就业困难人员、农村劳动力等各类群体就业工作。

加强西部地区人力资源市场建设,研究制定西部地区人才资源开发经费管理办法。2015 年为西部地区选派"三支一扶"大学生 1.2 万名,占全国总人数的 47%。

2015 年,指导西部地区建设了 26 个国家级高技能人才培训基地、29 个国家级技能大师工作室,中央财政共投入专项资金 13290 万元。继续实施中等职业教育基础能力建设项目,共有 29 所西部地区技工院校获得支持 2.55 亿元。培训西部地区骨干技工院校校长 41 名,在西藏地区组织开展两期 60 人创业师资培训班。

(二)社会保障方面

提高退休人员养老金水平。2015 年,会同有关部门指导西部地区按照国务院统一部署提高了企业退休人员基本养老金水平,提高比例为 10%左右,并对部分艰苦边远省份和养老金偏低的省份给予了适当倾斜。

完善医疗保障体系。截至 2015 年年底,西部地区城镇基本医疗保险参保人数 13714 万人,比上年年底增加了 402 万人。提高居民医保财政补助。2015 年,城镇居民医保人均政府补助 403 元,其中西部地区中央财政补助标准为人均 377 元。

(三)人才方面

开展新疆、西藏少数民族专业技术人才特殊培养工作。2015 年,选拔了 520 名少数民族特培学员到有关高校、科研院所等单位进行特殊培养和实践锻炼,开展了 3 期赴新疆、1 期赴西藏专家服务团活动。

组织实施西部地区高层次人才援助计划。2015 年,组织实施了西部地区多种形式的人才援助活动,资助金额 380 万元,推动西部地区人才队伍素质整体提升。

组织实施万名专家服务基层行动计划。2015 年,支持西部地区开展万名专家服务基层专家服务团 33 个,资助经费 363 万元;在西部地区建立国家级专家服务基地 6 个,资助经费 120 万元。

实施专业技术人才知识更新工程。2015 年,支持西部地区举办高级研修项目 56 期,资助经费 1064 万元，培养了近 4000 名高层次专业技术人才，在西部地区新设立了 4 个国家级专业技术人员继续教育基地，每个基地资助 300 万元。

设立博士后科研工作站。2015 年，在西部地区设立 70 个博士后科研工作站，支持开展 8 期博士后科技服务团活动。

(四)工资收入分配方面

指导地方落实已出台的机关事业单位工资政策。主要包括：结合机关事业单位养老保险制度改革，调整机关事业单位工作人员基本工资标准，优化工资结构；在县以下机关建立公务员职务与职级并行制度；对乡镇机关事业单位工作人员实行乡镇工作补贴；进一步做好事业单位实施绩效工资工作；调整西藏特殊津贴标准。

(五)公共服务方面

继续加大对西部地区基层劳动就业和社会保障服务设施建设的支持力度。2015 年，国家安排 50298 万元支持西部地区 116 个县 452 个乡镇开展基层平台建设。

开展了金保工程二期全国统一立项。中央财政为西部地区(含享受西部大开发优惠政策的东中部地区)共安排补助资金 2.14 亿元。

二、2016 年工作设想

(一)加强西部地区促进就业工作

贯彻落实党的十八大和十八届三中、四中、五中全会精神，指导西部地区深入实施就业促进法，落实和完善促进就业创业政策措施。推进西部地区大众创业、万众创新，开展创业型城市建设工作，完善公共就业创业服务体系，提高服务均等化、标准化、专业化水平。指导西部地区实施大学生就业促进计划和大学生创业引领计划以及高校毕业生“三支一扶”计划，组织做好春风行动、高校毕业生就业服务月等就业服务专项活动，统筹做好各类群体就业工作。指导西部地区加强就业信息化建设，做好就业形势分析研判，努力保持就业局势基本稳定。

(二)推动西部地区劳动者职业培训体系建设

2016 年，重点推动面向城乡全体劳动者职业培训体系建设，指导西部地区人社部门组织实施技能振兴专项活动、农民工职业技能提升计划，拟组织西藏、四省藏区、新疆开展五期 150 人创业师资培训班。

(三)继续为西部地区提供人才支持

部署开展 2016 年新疆特培和西藏特培工作，为实施西部大开发战略提供人才支持。在各项留学回国资助工作中，继续对西部地区给予适当倾斜，继续组织留学人员和回国专家赴西部地区开展服务活动。继续实施专业技术人才知识更新工程。继续在博士后科技服务团方面向西部地区倾斜。

(四)继续完善艰苦边远地区津贴增长机制和调整艰苦边远地区津贴标准

继续推进完善适应机关事业单位特点的工资制度。落实机关事业单位工作人员基本工资正常调整机制,适时出台地区附加津贴制度的意见,指导相关地方落实调整艰苦边远地区津贴标准,落实中央第六次西藏工作座谈会精神,进一步做好西藏和四省藏区机关事业单位工资工作。

(五)继续构建西部地区和谐劳动关系

2016年,将继续指导西部省(区)全面贯彻落实《中共中央 国务院关于构建和谐劳动关系的意见》(中发〔2015〕10号)。指导西部地区落实好《关于加强劳动保障监察执法能力建设的意见》(人社部发〔2015〕67号),着力解决人员不足、经费保障困难、执法车辆缺乏、执法装备和服务设施较差的问题,实现监察执法向主动预防和统筹城乡转变。

(六)加快西部地区公共服务能力建设

继续推进西部地区基层劳动就业和社会保障服务设施建设,积极推动西部地区公共就业人才服务机构与中国公共招聘网联网,协助西部地区在全国范围内发布招聘岗位信息,开展就业监测信息系统二期建设,进一步推动系统在西部地区的推广应用。推动金保二期工程在西部地区全面启动。

——执笔人:常海莉

第十一章　国土资源部

一、2015 年工作情况

(一)切实保障西部地区经济社会发展合理用地需求

按照西部大开发战略实施情况，加大了对西部地区的用地计划指标的倾斜。2015 年，共下达西部地区用地计划指标 234.55 万亩，其中占用农用地和耕地计划指标 184.92 万亩和 119.03 万亩，分别比 2014 年增加 36.27 万亩、27.30 万亩和 17.42 万亩。加大新增建设用地审批力度。2015 年度批准西部地区 15 个城市新增建设用地 14.72 万亩，为当地经济社会发展提供了用地保障，其中，按照应保尽保的原则，批准西部 2 个城市保障性安居工程新增用地 462.06 亩(重庆、成都、西安、兰州、西宁、昆明、南宁、柳州、桂林、呼和浩特、包头、银川、拉萨使用存量土地，未申报保障房用地)。

(二)积极支持土地利用总体规划调整完善

组织力量，对《全国土地利用总体规划纲要(2006—2020 年)》进行调整完善，在编制《全国土地利用总体规划纲要(2006—2020 年)调整方案》时，充分考虑西部省份土地资源现状、生态环境保护状况、经济社会发展形势，调整了耕地保有量、基本农田保护面积、建设用地规模等用地指标。在落实最严格的耕地保护制度的前提下，合理安排生态退耕，优化建设用地结构和布局，促进经济社会发展与生态文明建设协调推进。

(三)大力推进农村土地整治

支持西部地区实施土地整治重大工程和开展高标准基本农田建设，不断提高西部地区农村生产条件和粮食生产能力。下达土地整治重大工程项目预算 11.78 亿元，继续支持实施云南“兴地睦边”、陕西延安治沟造地、甘肃东部百万亩、青海东部黄河谷地百万亩、宁夏中北部、新疆伊犁河谷地等 6 个土地整治重大工程建设。会同财政部等有关部门下达西部地区各省(区、市)高标准基本农田年度补助资金 51.05 亿元，年度建设任务 3041 万亩。鼓励社会资金进入西部地区进行未利用地开发和土地复垦。

(四)规范开展低丘缓坡荒滩等未利用地开发利用试点和历史遗留工矿废弃地复垦利用试点

落实新型城镇化战略和生态文明建设部署，支持陕西、甘肃、宁夏、重庆、云南、贵州、广西开展低丘缓坡荒滩等未利用地开发利用试点，安排 7 省(区、市)年均建设开发控制规模共计 12.36 万亩；支持内蒙古、广西、重庆、四川、贵州、青海开展历史遗留工矿废弃地复垦利用试点，安排6省(区)2015年复垦利用规模共计12.11万亩。通过试点工作，有效促进了优质耕地保护和节约集约用地，用地布局进一步优化，矿山生态环境得到改善。

(五)采取特殊政策支持精准扶贫

鼓励将城乡建设用地增减挂钩试点与扶贫开发、移民搬迁等相结合，对具备条件的地区适当增加了增减挂钩指标，对西部地区中属于国家确定的11个集中连片特困地区和国家扶贫开发工作重点县范围内的，可将部分节余指标在省域内挂钩使用，并将获得的收益退还贫困地区，用于改善农民生产生活条件和生态移民搬迁。从2015年起对西部地区国家确定的扶贫开发工作重点县，每县每年由部专项安排300亩新增建设用地计划指标，支持扶贫攻坚等项目建设。

(六)严格矿产资源开发审批制度

按照"生态保护第一"的要求，对西部生态脆弱地区实行严格的矿产资源开发审批制度，严格建设项目准入，严禁高污染、高排放项目进入。与相关部门、有关地方人民政府研究对各类保护区内矿产资源勘查开发项目进行全面清理，使矿产开发活动逐步退出禁止开发区。

(七)深入推进矿产资源规划编制与实施

全面推进全国省市县第三轮矿产资源规划编制工作，加强对西部地区矿产资源规划编制实施的技术指导和政策支持力度。针对西部地区生态环境相对脆弱的特点，围绕西部地区矿产资源管理的关键问题，深入研究保障西部地区优势矿产的开发与保护、多矿种综合勘查开发等，实现资源开发、环境保护和民生改善的共赢。

(八)积极推进西部地区矿产资源节约与综合利用

会同财政部，继续深入推进陕西延长页岩气、四川攀枝花钒钛磁铁矿、甘肃金川铜镍多金属矿、广西平果低品位铝土矿和青海柴达木盆地盐湖等17家矿产资源综合利用示范基地建设，支持西部地区钒钛磁铁矿、铝土矿、钾盐、磷矿、锡矿、铀矿等优势资源的综合利用，大幅提高资源开发利用效率和水平，力争在资源综合利用方面形成一次新的跨越。2015年，中央财政共安排28.49亿元补助资金，加快示范基地建设进程，初步形成规模效益。

(九)加强地质调查和矿产勘查开发工作

2015年，以青藏高原和新疆地区为重点，继续加大中央财政专项对西部地区地质勘查工作的支持力度，积极开展基础性地质调查和前期矿产勘查工作。通过地质矿产调查评价等中央财政地质勘查专项，在西部地区安排项目1040个、投入资金37.2亿元，主要开展基础、矿产、水文、环境、灾害等基础性、公益性地质调查工作，助力地方经济发展，帮助改善当地民生。

(十)强化地质环境保护治理工作

2015年，国土资源部商财政部对四川、甘肃、云南等3个地质灾害重点省份在资金上给予重点支持，下达资金29.3亿元。对2015年地质灾害严重的陕西省在特大型地质灾害项

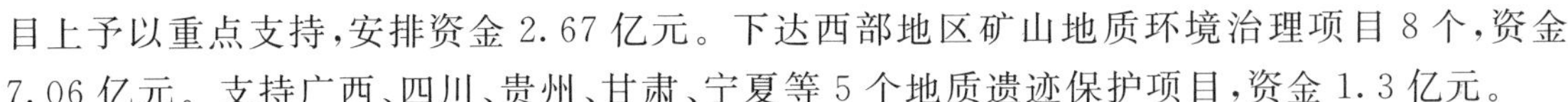

目上予以重点支持，安排资金2.67亿元。下达西部地区矿山地质环境治理项目8个，资金7.06亿元。支持广西、四川、贵州、甘肃、宁夏等5个地质遗迹保护项目，资金1.3亿元。

(十一)推进西部地区地质勘查开发对外合作

利用中国国际矿业大会等重要平台，推进与俄罗斯、哈萨克斯坦、乌兹别克斯坦、塔吉克斯坦、巴基斯坦、蒙古等“丝绸之路经济带”相关国家和地区的合作，推动开展了基础地学研究、地质矿产编图、资源潜力评价等具体合作项目。

(十二)努力提高西部国土资源系统干部素质

2015年，接收西部地区国土资源系统16名干部来部挂职锻炼。同时，根据中央组织部和部党组部署，派出31名干部到西部省份挂职。组织完成了新疆国土资源厅12名干部赴河南、湖南、江苏、浙江国土资源厅挂职锻炼工作。采取举办专题培训班、送教上门和人才交流等方武，帮助西部地区培养人才，为包括民族地区在内的西部地区经济社会发展和人民生活水平提高做出贡献。

二、2016年工作设想

(一)继续实施差别化土地政策，为经济社会发展提供用地保障

积极支持西部大开发地区尽快完成土地利用总体规划调整完善工作。综合考虑西部大开发地区的资源环境承载能力、经济社会发展水平和规划剩余空间情况，在基本农田和耕地保有量不减少的前提下，统筹安排规划建设用地规模、布局和时序，优化建设用地比例结构，调整重大工程和重大项目，促进区域和城乡均衡发展。新增建设用地计划指标继续适当向西部地区倾斜，合理安排西部地区城乡建设用地增减挂钩指标，继续实施扶贫开发特殊支持政策，促进西部地区耕地保护、新农村建设和城乡统筹发展。积极支持西部省份重点项目建设，加快西部建设项目用地审查，提高用地审批效率。对于符合先行用地条件的控制工期的单体工程，以及因工期紧或受季节影响确需动工建设的重点建设项目，根据用地申请，及时办理先行用地，保障项目合理用地。

(二)进一步加大土地整治工作支持力度，促进西部地区农业增效、农民增收、农村发展

进一步加大中央分成的新增建设用地土地有偿使用费向西部地区的倾斜力度，继续加大对西部地区土地整治工作的支持力度。按照促进城乡统筹和新农村建设要求，探索集中使用土地专项资金的方式，大力推进农村土地整治和高标准基本农田建设。在科学论证的基础上，鼓励社会资金进入西部地区进行土地复垦。

(三)支持西部地区开展未利用地开发利用试点和历史遗留工矿废弃地复垦利用试点工作

在确保生态安全和地质环境的前提下，继续支持陕西、甘肃、宁夏、重庆、云南、贵州、广西等省(区)探索开展未利用地开发利用试点。按照《历史遗留工矿废弃地复垦利用试点管理办法》(国土资规〔2015〕1号)，支持内蒙古、四川、贵州、陕西、甘肃、青海等省份继续规范开展历史遗留工矿废弃地复垦利用试点工作。

(四)进一步加强矿产资源规划实施,加强西部地区矿产资源综合勘查、综合开发

继续做好西部地区省、市、县各级矿产资源规划编制实施的指导和政策支持,促进资源优化配置。适时部署启动重要矿种重点矿区专项规划的编制与实施工作,促进西部地区资源的合理开发与有效保护,保障我国矿产资源战略性接替地和矿产资源开发基地的建设。

(五)积极推进矿产资源节约与综合利用和绿色矿山建设

落实企业主体责任,切实做好矿产资源综合利用示范基地各项建设工作,加强成果总结,促进资源开发、环境保护与矿区和谐的协调发展,以基地建设示范带动西部地区矿产资源节约与综合利用水平的整体提升。同时,鼓励和支持西部地区省份开展省级绿色矿山建设工作,以绿色矿山建设工作为引领促进矿山企业主动为保护资源、保护环境、促进地方经济发展和维护群众利益等做出贡献。

(六)加大国家财政对西部地区国土资源调查评价的支持力度,为西部发展提供基础支撑

继续加大中央财政专项对西部地区地质勘查工作的支持力度,重点开展基础性地质调查和少量矿产勘查工作,按照十八大关于生态文明建设的要求,在坚持“生态保护第一,尊重群众意愿”的前提下,结合找矿突破战略行动实施,积极引入社会资金,加快矿产勘查进程,推进西部地区将矿产资源优势尽快转化为经济优势。

(七)加大地质灾害防治和矿山地质环境保护与恢复治理力度

优先安排西部地区地质灾害防治和矿山地质环境恢复治理项目,提高矿山地质环境恢复治理项目在西部地区的配置比例,进一步加大资金支持力度,促进西部地区矿山生态环境改善。

(八)改善西部地区矿业勘查开发投资环境,积极扩大对外开放合作

制定和完善有效利用外资参与西部地区矿产资源勘查开发的相关政策。鼓励外资参与提高矿山尾矿利用率和矿山生态恢复治理新技术开发应用项目,引入先进适用的节能降耗工艺、技术、设备和管理经验、人才。规范外商投资矿产资源勘查开发的准入条件,建立符合国际惯例的外商勘查开发矿产资源审批通道。贯彻落实“丝绸之路经济带”的战略部署,充分发挥西部地区的地缘政治优势,加强与俄罗斯、哈萨克斯坦、乌兹别克斯坦、塔吉克斯坦、巴基斯坦、蒙古等周边国家矿业合作,积极开拓周边国家和地区的矿产资源勘查开发市场。

(九)深化国土资源管理制度改革,加强西部地区国土资源科技教育和人才培养

加快构建符合西部地区实际的国土资源管理新机制。按照中央统一部署,在西部地区选择若干试点,审慎稳妥推进农村土地征收、集体经营性建设用地入市、宅基地制度改革试点。继续按照中央要求,根据民族地区需要,做好干部双向交流和人才援藏、援青、援疆有关工作。

——执笔人:田春华

第十二章　环境保护部

一、2015 年工作情况

(一)支持西部地区协调发展

积极做好西部大开发战略环境评价成果落实。完成了西部地区交通、煤电、矿区等领域 11 项规划环评审查。审批涉及西部地区的黄河干流甘肃段防治工程、迁建广西梧州民用机场工程等 51 个项目的环评报告,涉及总投资 6193.8 亿元。

(二)推进主要污染物减排

对西部地区主要污染物总量减排工作给予支持和指导,在技术政策、业务培训、减排能力建设等方面予以倾斜,制订 2015 年度西部地区各省减排计划,层层分解落实减排目标、措施和项目。指导内蒙古、重庆、陕西等西部试点省份深入开展排污权有偿使用和交易工作,鼓励西部其他省份研究开展排污权交易工作,充分发挥市场机制促进减排的作用。

(三)开展环境综合整治

支持西部地区深入贯彻实施《大气污染防治行动规划》,推进重点行业治理和产业结构调整,加大淘汰黄标车力度。支持实施《水环境污染防治行动计划》,将 28 个湖泊(水库)列入中央财政专项资金支持范围,安排中央水污染防治资金 37.1 亿元,支持西部地区湖泊和流域污染治理。支持西部地区重金属污染防治,安排中央重金属污染防治专项资金共计 12.6 亿元,西部地区重金属污染防治水平明显提高。支持农村环境综合整治,安排中央农村环境保护专项资金 11.2 亿元,支持宁夏、青海、四川、陕西、贵州、云南等省(区)开展农村环境综合整治。

(四)加强生态保护

支持西藏林芝地区、新疆伊犁州等地编制生态文明建设规划。支持四川成都市,贵州湄潭县、赤水市等多个地区创建国家生态文明建设示范区。支持西部地区 12 省份编制完成生态保护红线初步划定方案。对秦岭北麓、青海祁连山等多处自然保护区进行了卫星遥感监测和实地核查,加大对自然保护区的监管力度。

(五)加强环保能力建设

支持呼包鄂城市群大气污染表征及空气质量持续改善方案研究等 2 个科研项目,安排中央环保公益性行业科研专项 1212 万元。支持滇池流域水环境综合整治与水体修复技术与示范、三峡水库水污染综合防治技术与工程示范等重大项目，安排国家水体污染控制与治理科技重大专项安排5806.8万元。支持西部地区环保技术人员交流，安排56人赴西藏和新疆开展技术援助，同步接收新疆生产建设兵团32名干部分赴内地环保部门交流学习，为西部地区培训156名县处级以上党政领导干部和286名地市级环保局局长，专项业务培训人员超过1500余人次。

二、2016年工作设想

(一)继续推进环境影响评价工作

推动将西部大开发重点区域与行业发展战略环评成果作为制定区域发展政策、规划及重大建设项目准入的前提条件，从决策源头正确处理经济发展和环境保护的关系。对“两高一资”、低水平重复建设和产能过剩项目，严格准入条件，指导西部地区落实好环评管理政策，加强建设项目环境监管。

(二)继续推进污染物减排工作

加强对西部地区“十三五”主要污染物排放总量减排规划编制工作的指导，在规划编制过程中充分考虑西部地区的实际情况，科学制定减排目标。鼓励西部地区新建机组接近或达到燃气轮机组排放限值，并积极协调发展改革委对超低排放机组给予电价补贴。进一步推动排污权有偿使用和交易。

(三)继续加强污染防治工作

深入实施大气污染防治行动计划，认真督导西部省(区、市)《大气污染防治目标责任书》的落实考核。全面落实水污染防治行动计划，督促地方编制并实施湖泊生态环境保护实施方案，并开展湖泊生态安全评估工作。结合即将出台的土壤污染防治行动计划，全面加强重金属污染防治，认真组织实施年度检查和“十二五”终期考核，支持和指导西部地区“十三五”重金属污染防治规划编制工作。

(四)继续加强农村和生态保护工作

继续开展农村环境连片整治，支持西部地区加大农村环境基础设施建设力度。加大培训和技术支持力度，指导西部地区开展规划编制工作。继续推进西部地区各省份生态保护红线划定与管理工作，支持西部地区国家级自然保护区的建设和发展，指导相关省份完成区域内生物多样性优先区域保护规划。重点支持西部地区开展生物多样性调查观测、保护与减贫示范工作。继续支持指导西部地区开展生态示范区创建工作。

(五)继续推进西部地区环保能力建设

贯彻落实《生态环境保护人才发展中长期规划(2010—2020年)》和《关于加强基层环保人才队伍建设的意见》要求，实施好环保专家服务西部地区行动计划和环保专业人才交流培训计划，加强西部地区各级环保人才队伍建设。

——执笔人：储成君

第十三章 住房城乡建设部

一、2015 年工作情况

(一)支持推进城镇保障性安居工程建设

2015 年,会同有关部门继续加大对西部地区城镇保障性安居工程建设的支持力度,下达补助资金 960.6 亿元,比 2014 年增加 80 亿元。稳步推进西部地区 31 个城市开展利用住房公积金贷款支持保障性住房建设试点工作,总贷款额度 362.9 亿元,已审批贷款 298 亿元。在有关方面的共同努力下,2015 年,西部地区城镇保障性安居工程开工 292.6 万套,基本建成 280.5 万套。

(二)支持推进农村危房改造

2015 年,会同有关部门共安排补助资金 226 亿元,支持西部地区 258 万贫困农户改造危房。

(三)支持城乡规划的编制实施

经国务院同意批复云南省、贵州省、青海省城镇体系规划。完成兰州、成都、西宁、昆明市城市总体规划审查并上报国务院审批,其中兰州市总体规划已获批复。配合国家发展改革委完成设立云南省滇中新区的规划审核工作。会同国家文物局将重庆市沙坪坝区磁器口、四川省阆中市华光楼等 6 个历史文化街区公布为第一批中国历史文化街区。完成新疆卡拉骏草原等 4 处西部风景名胜区申报国家级风景名胜区前期审查,待报国务院审批。支持青海可可西里申报世界自然遗产,支持云南三江并流保护状况报告编制工作。

(四)指导支持城市基础设施建设

会同财政部下达补助资金 23.5 亿元支持西部地区城镇污水处理管网建设,下达补助资金 21 亿元支持广西南宁市、陕西西咸新区等 5 个西部城市(新区)首批开展海绵城市建设试点。安排专项经费支持西部地区开展县城供水水质督察。将甘肃省张掖市等 27 个西部城市列为国家智慧城市试点。会同国家发展改革委,将重庆市主城区、四川省德阳市等 10 个西部城市(区)列为第一批生活垃圾分类示范城市(区),将内蒙古乌海市等 7 个西部城市列为第五批餐厨废弃物资源化利用和无害化处理试点城市。总结推广宁夏中卫市环卫保洁工作经验。审核了重庆市等 9 个西部城市的轨道交通近期建设规划。

同时,积极支持西部地区建筑节能工作,会同财政部向西部有关省区安排既有居住建筑供热计量及节能改造任务 3052 万平方米,下达中央财政奖励资金 18.3 亿元。积极支持西部地区建筑业企业发展，酌情实行差别化市场准入政策，支持加强建筑市场监管执法力度、监管信息化建设。接收了11名西部省份干部挂职锻炼，帮助青海、新疆、西藏培训住房城乡建设系统领导干部和专业人员530人，与陕西省政府签署了共建西安建筑科技大学协议。继续组织做好支持西藏、新疆和四川、云南、甘肃、青海4省藏区工作。继续做好定点扶贫等相关工作。

二、2016年工作设想

（一）加强西部地区保障性安居工程建设

协调有关部门和金融机构，争取进一步加大补助资金、信贷支持力度。指导督促西部地区落实2016年棚户区改造计划，大力提高货币化安置比例。继续推进西部地区利用住房公积金贷款支持保障性住房建设试点工作。继续支持西部地区农村危房改造，指导各地规范补助对象审核审批程序，加强质量安全技术指导与监管。

（二）继续指导城乡规划和建设

继续做好西部地区省域城镇体系规划、城市总体规划审查报批，以及各类国家级新区、开发区规划审核相关工作，提高审查效率，加快审批进度。指导支持历史文化名城名镇名村保护规划编制工作。结合全国城镇供水、污水处理及再生利用、排水防涝、生活垃圾无害化处理等“十三五”规划编制，充分考虑并反映西部地区建设需求。跟踪指导海绵城市建设试点，尽快在西部地区形成并推广可复制的成功经验。继续做好西部相关城市轨道交通建设规划审核工作。指导支持国家级风景名胜区的规划编制或修编、保护设施建设等工作。指导西部地区开展农村垃圾治理，以及“三个一百”示范村和绿色村庄创建活动。

同时，继续支持西部地区既有建筑节能改造、绿色建材工作。支持西部地区住房城乡建设系统干部培训，指导土木建筑类学科专业建设。

——执笔人：聂明学

第十四章　交通运输部

一、2015 年工作情况

(一)研究落实进一步加大支持西部地区交通发展的政策

深入分析西部地区经济社会发展新形势、新情况，研究提出了西部大开发交通运输“十三五”规划思路并报送国家发展改革委。“十三五”期间，将进一步加大对西部地区交通运输发展的资金支持力度。

为贯彻落实中央关于新疆工作精神，根据 2014 年交通运输部印发的《交通运输部关于进一步支持新疆交通运输科学发展的若干意见》，从 2015 年起，对纳入规划的南疆四地州、南疆师团的农村公路和国省道建设建安费由中央全额投资，国家高速公路建设按照建安费的 70％进行补助。

(二)加快推进西部地区公路交通建设

继续把西部地区公路交通基础设施建设放在优先地位，在资金投入、项目安排等方面给予政策倾斜。2015 年，安排西部地区公路建设车购税投资较 2014 年增长 7％，占全国的 65.5％，重点推进了高速公路、普通国省道以及农村公路等建设。

在高速公路方面，着力打通主通道，重点推进国家高速公路，特别是省际“断头路”项目建设。全年安排高速公路项目，建设里程约 8280 公里，其中新开工里程约 440 公里，主要新开工项目有京新高速公路甘肃段、吐鲁番至和田高速公路墨玉至和田段等，新建成十天高速公路徽县(陕甘界)至天水段等重点项目。

在普通国省道方面，全年新安排国省道项目，建设里程 3 万公里，其中新开工约 1.4 万公里，重点建设了 G210、G316、G323 等普通国道“瓶颈路段”。

在农村公路方面，重点推进乡镇、建制村通沥青(水泥)路建设，抓好集中连片特困地区农村公路建设，加大农村公路安保工程、危桥改造力度，推进溜索改桥工程等。全年安排西部地区农村公路建设车购税投资占全国的 70.6％。在西部地区自然条件复杂、公路建设难度大、造价高，同时地方资金配套能力弱的不利条件下，到 2015 年年末，除西藏外的西部地区建制村通沥青(水泥)路率超过 80％，完成了中办、国办印发的《关于贯彻落实〈中国农村扶贫开发纲要(2011—2020 年)〉重要政策措施分工方案》和国务院批准的《“十二五”综合交通运输体系规划》提出的目标要求。

此外，根据“十二五”规划继续有序推进西部地区国边防公路、口岸公路、红色旅游公路等建设，完成了年度和“十二五”规划任务。

(三)加大支持西部地区内河水运项目及资金支持力度

2015年,安排交通专项建设资金30亿元支持西部地区内河水运交通项目建设,支持西部地区加强西江航运干线、嘉陵江、乌江、汉江、左江、都柳江、金沙江、清水江等航道以及船闸、航电枢纽建设,加快重庆、泸州、贵港、柳州、崇左等港口规模化港区建设,主要实施了广西西江航运干线贵港航运枢纽二线船闸工程、重庆港万州港区新田作业区码头一期工程、四川嘉陵江段航运配套设施一期工程、贵州乌江构皮滩水电站翻坝运输系统工程、云南金沙江中游航运开发二期工程、宁夏黄河银川段航运建设工程、汉江洋县至安康段航运建设工程等重大工程项目。

(四)指导促进广西沿海港口较快发展

2015年,积极支持广西沿海港口发展和基础设施建设,对《钦州港大榄坪港区规划调整方案》和《北海港铁山港东港区总体规划》编制工作进行了及时指导并提出了具体意见,更好地指导了广西港口的发展。

安排部专项资金5.6亿元用于防城港第五作业区5万吨级进港航道工程、钦州港金鼓江航道工程和北海铁山港区航道三期疏浚工程建设。及时办理了防城港港渔澫港区第四作业区401号泊位工程、钦州港大榄坪港区大榄坪作业区1号至3号泊位工程、大榄坪南作业区1号2号泊位工程和北海港铁山港西港区石头埠作业区3号泊位等一批码头建设项目的港口岸线使用审批,促进了港口建设有序、较快发展。

(五)加大西部地区精准扶贫力度

按照中央关于"精准扶贫、精准脱贫"的有关要求,大力实施西部地区利民惠民措施,把"溜索改桥"作为交通运输更贴近民生的10件实事之一,会同国务院扶贫办及七省区完成了《"溜索改桥"建设规划(2013—2015年)》的目标和任务,有效缓解了西部边远山区群众出行难的问题。

二、2016年工作设想

(一)加快推进综合交通运输体系建设

实施综合交通运输"十三五"发展规划、"十三五"交通扶贫规划等相关规划,加快推进以中西部铁路、高速铁路、城际铁路、周边互联互通铁路境内段为重点的铁路建设,强化东、中、西互动,推进西部地区交通建设再上新台阶,确保"十三五"规划顺利开局。

(二)进一步推进西部地区公路交通建设

进一步加大资金投入,推进国家高速公路、国省干线、农村公路以及综合客运枢纽、货运枢纽(物流园区)等建设,重点实施国家高速公路待建路段建设、国省道低等级公路升级改造、建制村通硬化路建设等。

进一步抓好交通扶贫开发工作,按照"精准扶贫、精准脱贫"的要求,加大力度,抓好集中连片特困地区、国贫县、革命老区、少数民族地区、边疆地区的交通扶贫脱贫攻坚。

(三)加快推进西部地区内河水运建设

全面推进内河航道建设。继续实施西江航运干线扩能工程,改善通航条件,扩大船闸通过能力;进一步加强岷江、嘉陵江、都柳江等支流航道航电结合、梯级开发步伐。加强澜沧江界河建设,积极推进三峡库区支流航道建设,实施部分库区、湖区航运建设工作。

加快内河港口规模化、专业化港区建设。以重庆港、泸州港、南宁港、贵港港、梧州港等主要港口为重点,加强集装箱、大宗散货等专业化泊位建设,加快形成一批规模化、专业化港区,积极拓展港口功能,依托港口建设临港工业区和物流园区,鼓励有条件的港口发展多式联运。

(四)继续支持广西沿海港口建设

进一步加大对西部沿海港口公共基础设施建设的支持力度,加快办理港口建设项目行业意见和岸线使用审批手续。

继续指导港口总体规划修编和完善工作。统筹北部湾三港协调、有序发展,突出发展重点,以市场为导向,把握建设节奏,提高重点港区规模化、专业化水平,拓展港口功能,加快港口转型升级。

——执笔人:杜彩军

第十五章　水利部

一、2015 年工作情况

（一）稳步推进水利规划编制工作

《全国水土保持规划（2015—2030）》已获国务院批复，《全国水利发展"十三五"规划》、《"十三五"全国水利扶贫专项规划》、《全国地下水利用与保护规划》、《全国水中长期供求规划》、《全国水资源保护规划》、《湟水流域综合规划》、《青海省三江源区水资源综合规划》、《红碱淖流域水资源综合规划》等规划正在抓紧编制和报批。以上规划重点针对西部地区或将西部地区作为重点内容。

（二）提前完成重大水利工程建设任务

2015 年《政府工作报告》提出"再新开工 27 项重大水利工程，在建重大水利工程投资规模超过 8000 亿元"。该目标已提前完成。其中，内蒙古绰勒下游灌区、甘肃引洮供水二期、青海蓄集峡水库、广西落久水利枢纽、重庆观景口水库、新疆大石门水库、贵州马岭水库、云南德厚水库、黄河宁蒙河段防洪治理等 12 项工程位于西部地区，对西部地区经济社会发展具有重要的支撑作用。

（三）全力推进农村饮水安全工程建设

2015 年，共安排西部地区农村饮水安全工程项目资金 145.24 亿元，其中中央投资 117.6 亿元，安排西部地区的中央投资占中央总投资的 44%，用于解决西部地区 2008 万农村居民和 208 万农村学校师生的饮水安全问题，建设 814 个农村饮水安全区域水质检测中心。2015 年年底，西部地区农村饮水安全工程建设任务全部完成。

针对以西部地区为主的部分特殊困难地区新出现的规划外农村饮水安全问题，水利部指导地方积极开展前期工作，经报请国务院同意，追加安排中央投资 36.2 亿元用于四川、云南、甘肃、青海四省藏区等地规划外农村饮水安全工程建设。截至 2015 年年底，解决了西部地区规划外新出现的 362.3 万农村人口的饮水安全问题。

（四）中央水利投资再创新高

在项目和资金安排上继续向西部地区倾斜，全年累计安排西部地区中央水利投资 730.52 亿元，较 2014 年增加 65.31 亿元，占总规模的 43.3%，较 2014 年增加 9.8 个百分点。

一是安排中央投资 247.83 亿元，加快大型灌区续建配套与节水改造、田间高效节水灌溉、重大引调水工程、重点水源工程、江河湖泊治理骨干工程和新建大型灌区等重大水利工程建设。二是安排中央投资39.43亿元,用于中型水库建设和大中型病险水库(闸)除险加固;安排中央投资45.45亿元,用于江河重要支流治理、山洪灾害非工程措施建设和海堤建设。三是安排中央投资105.97亿元,用于小水库建设和除险加固、河湖水系连通和中小河流治理等江河湖库水系综合整治。四是安排中央资金125.23亿元,用于牧区节水、大型灌排泵站更新改造、小型农田水利重点县等项目建设。五是安排中央投资29.02亿元,治理水土流失面积6124平方公里;安排中央投资3亿元,实施敦煌水资源合理利用与生态保护项目。六是安排中央投资7.89亿元,用于120个水电新农村电气化县、31个小水电代燃料项目建设。此外,安排中央投资9.1亿元,用于行业能力、中小河流水文监测系统、水利血防等项目建设。

(五)不断深化水利改革与管理

在水利改革方面:一是深化农业水价综合改革试点工作,全国共有80个试点县,其中,选取了西部地区11个省(区、市)(西藏除外)的38个县开展相关工作。二是鼓励和引导社会资本参与重大水利工程建设运营,选择西部地区6个项目作为第一批国家层面联系的试点,占全国12个试点项目的一半。三是推动宁夏、甘肃、内蒙古3省(区)开展水权试点建设。四是大力开展农田水利设施产权制度和创新运行管护机制试点工作。全国共有100个试点县,其中,选取了西部12省(区、市)的33个县开展相关工作。五是全力加强基层水利服务机构建设,全国已建设乡镇(流域)水利站2.9万多个,其中,西部12省(区、市)建设西部发展农民用水合作组织4.75万个,管理灌溉面积1.11亿亩。

在水利管理方面:一是落实最严格水资源管理制度,指导西部各省(区)完成2015年、2020年和2030年"三条红线"控制指标分解工作。二是积极推动节水型社会建设,授予西部地区6个试点"全国节水型社会建设示范区"称号。三是加快西部地区水生态文明建设,推进城市河湖水系连通项目建设进度。四是加强项目监管,累计共派出75个稽查组,对西部地区7大类项目进行了重点稽查。五是完善水资源费征收标准工作。目前,西部地区均已达到"十二五"末最低征收标准。

(六)加快推进科技人才建设

2015年度共选派16名干部到西部地区挂职,并接收西部地区4名干部到部机关挂职;推动西部各省(区)深入落实水利"三支一扶"计划实施,积极组织实施"博士服务团"、"西部之光"、"新疆特培"等服务西部的人才项目,开展面向西部地区的水利基础知识和实用技术培训。安排西部地区技术引进、研究开发和成果推广项目12项。

(七)精准推进水利扶贫工作

继续贯彻落实水利援藏、援疆政策,重点加快以西部地区为主的集中连片特殊困难地区和国家扶贫开发重点县的水利扶贫工作。重点深入推进滇桂黔石漠化片区区域发展与扶贫攻坚,加快片区全面建设小康社会步伐。组织编制"十三五"全国水利扶贫专项规划,为精准扶贫、精准脱贫提供坚实基础。

二、2016年工作设想

(一)进一步加强水利规划和前期工作

指导西部地区完善《全国水利发展“十三五”规划》及相关水利专项规划编制工作。充分利用已有规划成果,强化规划水资源论证,为西部地区水资源开发利用、水资源保护和优化配置提供支持和指导。加强对西部地区前期工作指导和帮扶,在项目、资金、技术方面给予倾斜,推动地方加快前期工作,增加项目储备。

(二)加大力度推进重大水利工程建设

加快推进西藏拉洛水利枢纽及配套灌区、四川升钟二期灌区、西江大藤峡水利枢纽、甘肃引洮供水二期工程等在建工程建设进度。重点推进贵州黄家湾水库、青海引大济湟西干渠灌区、云南滇中引水、四川李家岩水库、云南柴石滩水库灌区、陕西东庄水利枢纽等重大水利工程的前期工作,争取早日开工建设。

(三)加快民生水利基础设施建设

一是启动实施农村饮水安全巩固提升工程。二是加强农田水利基础设施建设,加快实施小型农田水利设施建设、高效节水灌溉和牧区水利等项目建设。三是继续加快中小河流治理和小型水库建设工作。四是完善山洪灾害防治非工程措施,开展重点山洪沟防洪治理。五是开展水土保持生态建设,加强生态脆弱流域地区水生态修复。六是积极发展农村水电,推进绿色小水电建设。

(四)深化水利改革与管理

在水利改革方面:一是继续加大对西部地区农业水价综合改革的支持指导力度。二是加强指导社会资本参与重大水利工程建设运营的试点工作。三是继续推进水权试点工作,开展水资源使用权确权登记和水权交易流转,开展水资源资产产权制度研究。四是扎实推进农田水利设施产权制度改革和创新运行管护机制试点工作。五是研究出台《深化农田水利改革的指导意见》。六是进一步健全基层水利服务体系,提高服务能力。

在水利管理方面:一是指导西部地区严格“三条红线”管理,开展节水型社会建设的“十三五”规划编制工作。二是深入推进西部地区水生态文明建设。三是以“十三五”水利人才规划为指导,继续加大水利基层职工培训力度,继续选拔干部到西部地区工作。

——执笔人:宋万祯

第十六章　农业部

一、2015 年工作情况

(一)加强调查研究,及时部署重点工作

开展南疆农业结构调整和农业产业化发展,西藏和四省藏区农牧业发展,内蒙古草原补、奖政策效果等专题调查研究,得到中央有关领导的肯定,相关政策和建议写入中央文件。2015 年 7 月,会同国家发展改革委、科技部、财政部、国土资源部、环境保护部、水利部、国家林业局等部门联合印发了《促进西北旱区农牧业可持续发展的指导意见》,对西北旱区农牧业可持续发展进行了部署。9 月,组织召开农业产业化援疆工作座谈会,对口援疆省市有关企业、科研院校与新疆方面签署了合作协议,并对下一步农业产业化援疆工作进行安排。10 月,组织召开支持西藏农牧业发展座谈会,研讨"十三五"加快推进西藏农牧业绿色发展的思路、重点任务以及农业系统重点支持领域,并形成了《农业部关于支持西藏农牧业绿色发展促进农牧民增收致富的意见》。支持西部省(区、市)农口部门开展统筹城乡发展、水土资源综合利用、草原生态保护和建设、农牧民增收、西北旱区农牧业可持续发展等系列课题研究,力求为推动西部农牧业发展提供理论支撑和政策储备。

(二)加大投入力度,提升农业综合生产能力

强化粮棉油糖生产能力建设。安排西部地区高产创建示范片建设资金 5.3 亿元,高产创建项目在西部地区示范面积已超过 3100 万亩。安排测土配方施肥补贴资金 2.3 亿元,实现农业县(场)全覆盖,减少化肥使用量。安排农作物病虫害防控资金 2.3 亿元,大力强化主要农作物病虫害防治、统防统治和绿色防控。配合国家发展改革委安排新增千亿斤粮食田间工程资金 31.1 亿元,支持 260 万亩高标准粮田建设。支持国家级育种制种工作,在新疆、云南、广西、青海建设国家育种创新基地、农作物品种改良中心分中心、良种繁育基地,在甘肃实施国家玉米制种基地项目。推进马铃薯主食产品及产业开发,在内蒙古、四川、贵州、甘肃、宁夏等 5 省(区)启动马铃薯主食产品及产业开发试点。安排 1 亿元支持广西甘蔗主产区开展甘蔗脱毒健康种苗补贴试点。

强化畜牧水产生产能力建设。安排 8.39 亿元支持西部地区实施肉牛肉羊奶牛标准化规模养殖场建设。安排 5800 多万元支持水产良种体系建设。安排现代农业生产发展资金 5100 万元,重点扶持西部地区渔业标准化和规模化养殖,推动水产养殖业健康发展。建立健全布病、包虫病、血防等重大动物疫病区域应急联防联控机制,开展强制免疫、生猪规模化养殖场无害化处理、动物疫情监测与防治、强制扑杀等工作。

加快培育优势特色产业。通过种子工程和农业综合开发项目,支持 24 个蔬菜、水果、茶

叶、蚕桑等园艺作物良种繁育基地项目建设。安排果茶标准化创建资金 2.1 亿元，重点支持蔬菜、茶叶和水果标准化生产。

着力提升农产品质量安全水平。在西部省（区、市）实施 115 个农产品质检体系建设项目。支持西部地区创建 2 个农产品质量安全市和 33 个质量安全县。

（三）提升农业科技与装备水平，强化发展支撑

加强农业科技条件能力建设。建设农业部蚕桑功能基因组与生物技术重点实验室、农业部微生物资源利用科学观测实验站等 18 个农业部重点实验室。支持西部地区高粱、蔬菜等 13 个改良中心分中心建设。

完善现代农业产业技术体系。设立向日葵、胡麻、甜菜、蚕桑、苹果、肉羊、绒毛用羊等 48 个体系和 4 项科研专项，支持首席科学家 7 人，岗位科学家 217 人，综合试验站站长 422 人。

支持基层农业科技推广。安排 8.4 亿元支持西部地区开展基层农技推广体系改革与建设补助项目工作，提升基层农业技术推广体系公共服务能力。

强化农机装备。安排 71.5 亿元实施农机购置补贴和农业机械化技术试验示范资金，推广适用西部地区的保护性耕作、玉米机械收获、水稻育插秧、棉花机械收获、马铃薯全程机械化生产、秸秆综合利用的装备与技术。

（四）培养农业人才，增强发展后劲

安排 4.1 亿元实施新型职业农民培育工程，完成培训任务 30 万人。依托西藏才纳村、四川农科村、甘肃前进村等农村实用人才培训基地，为西部地区培养 5800 多名农村发展带头人。派出 11 名农业部第十五批博士服务团成员在西部地区服务锻炼。接收 13 名“西部之光”访问学者和特培学员。举办数十期农牧业管理干部、农技人员培训班，组织有关人员参加西部乡镇企业高层管理人员挂职培训班。选派 11 位干部在西部地区挂职锻炼，同时接收 12 名党政、专业技术干部人才到农业部挂职锻炼。在西藏开展执业兽医资格考试放宽条件试点。

（五）促进一、二、三产业融合，扶持农业产业化发展

积极培育新型经营主体。在西部地区组织创建 120 个农民专业合作社示范社。重点对 17 家西部地区国家重点龙头企业提供贷款担保给予支持。

推动农产品加工业发展。安排 4.7 亿元扶持内蒙古、广西、重庆、四川、贵州、云南、陕西、甘肃、青海、宁夏、新疆 11 个省（区、市）建设马铃薯贮藏窖（库）、果蔬冷藏库和烘干设施，占项目总金额的 52%。倾斜支持西部地区开展主食加工业提升行动，认定西部地区 23 家企业为全国主食加工示范企业。

加强农产品市场化建设。举办中国农产品加工业投资贸易洽谈会、新疆名优特及精深加工农产品展示会等对接活动，为西部农产品销售搭建合作交流平台。继续推动内蒙古国家物联网应用示范工程智能农业项目建设。开展信息进村入户试点工作，推动形成“政府＋运营商＋服务商”共同推进的格局。

引导休闲农业发展。开展示范创建与推介活动，共创建 40 个中国最美休闲乡村，8 个

中国重要农业文化遗产。

(六)深化农村改革,创新体制机制

推进农村改革试验区建设。重点推进第二批18个农村改革试验区,开展农村集体产权股份合作制改革、建设性资金整合、深化农村金融体制、农村土地经营管理制度改革等32项农村改革试验任务。各省(区、市)推出改革试验举措,贵州湄潭县大力推进土地流转促进现代农业建设、重庆永川区水稻和生猪目标价格保险等部分改革试验举措取得初步成效。

创建国家现代农业示范区。在西部省(区、市)认定第三批41个国家现代农业示范区,截至2015年国家现代农业示范区总数达85个。各示范区以培育新型经营主体为重点,加快构建新型农业经营体系、生产体系和产业体系,在推进土地适度规模经营、发展农业机械化和信息化、创新农业投融资机制、完善农业保险服务等方面加大改革力度。

(七)进一步加强垦区建设

加快推进现代农牧业发展。通过现代农业示范项目、天然橡胶生产基地、千亿斤工程项目和良种繁育项目,安排1.3亿元改善西部垦区农业生产条件和环境。认定海南、广西、四川和贵州等垦区创建热作标准化示范园23个,支持内蒙古、广西、重庆、甘肃、新疆创建一批农牧高产创建示范场。指导西部垦区组建中国农垦乳业集团、中国农垦种业集团,进一步壮大优势产业。

切实保障和改善民生。安排西部垦区6.6亿元,支持6.5万户实施危房改造,协调安排4.3亿元支持农村公路、农村电网、农村饮水安全工程等公益性基础设施建设。

(八)加强农业生态环境保护

继续在内蒙古、新疆、青海等13个省(区、市)及新疆兵团实施草原生态保护补助奖励政策,安排草原生态保护补助奖励资金169.5亿元。支持西部地区农村能源建设,安排9.5亿元建设规模化生物天然气工程10处、规模化大型沼气工程215处。稳步推进西部农业面源污染防治,安排1.2亿元支持甘肃、内蒙古、新疆及新疆兵团实施以地膜回收利用为主的农业清洁生产示范项目,新增回收地膜面积795万亩,新增加工能力3.3万吨。加大水生生物资源保护力度,建设水生野生动物自然保护区2个,划定国家级水产种质资源保护区10个。安排物种资源保护经费1.1亿元,用于加大渔业资源增殖放流力度,修复渔业资源,维护水生生物多样性。

(九)提升沿边开发开放水平

充分利用上海合作组织、东盟等合作机制,促进新疆等西部边境省(区、市)农业对外合作。一是搭建交流平台。举办中国—亚欧博览会、中国—东盟博览会,开展哈萨克斯坦—中国商品展、中国国际种业博览会、广西—东盟蔬菜新品种展示交流会等产销对接等活动,加快农副产品出口及外向型农产品加工和加工制造业发展,形成集约化生产规模和区域优势产业布局。二是加强动物疫病防控合作。广西、云南两省(区)分别在缅甸和越南边境援建了跨境动物疫病监测试验站,建立互访以及技术合作、信息交流机制。三是开展农业开发与技术合作。支持广西、重庆、内蒙古、云南、陕西、甘肃和新疆生产建设兵团在海外开展

农业合作开发项目。支持西南省(区、市)在缅甸、老挝、柬埔寨等国家开展杂交水稻研发、粮食新品种示范推广等领域的合作。支持云南、广西农业职业学院分别挂牌成立“中国—缅甸农业技术培训中心”、“中国—东盟农业技术培训中心”。在陕西建设“中哈人民苹果友谊园”,在宁夏举办上合组织粮食安全论坛。

二、2016年工作设想

(一)加强农业生产能力建设

全面划定永久基本农田,实施最严格的耕地保护制度,落实耕地保护责任,建立健全基本农田保护补偿机制。加快农业科技创新,力争在种业和资源高效利用等技术领域率先突破,大力推广良种良法。大力发展农机装备,推进农机农艺融合,推进粮棉油糖等主要农作物全程机械化。着力加强农业基础设施建设,改善粮食仓储条件。

(二)调整优化农业结构

调整优化区域布局,坚持因地制宜,宜农则农、宜牧则牧、宜林则林,逐步建立起农业生产力与资源环境承载力相匹配的农业生产新格局。优化生产结构,特别是在农牧交错区,重点发展以草畜生产为中心、种养结合的可持续草地农业。大力发展农产品加工业,加强农产品副产物综合利用能力建设,加快主食加工业发展和马铃薯主食产品及产业开发进程。加强新疆棉花、甘肃玉米种子和马铃薯、内蒙古肉羊奶类和马铃薯、陕西苹果、青海牦牛、山西小杂粮、宁夏枸杞和滩羊、广西糖料、云南热带产业、四川生猪等优势农产品发展。

(三)推进农业发展方式转变

建立支持新型农业经营主体发展的政策体系,构建农业生产服务体系,推进多种形式的适度规模经营。积极推广旱作农业节水技术和水肥一体化技术,加快保墒节水、抗旱增产的关键旱作农业技术措施的推广应用。推进农业标准化生产,建立农产品质量安全全程监管和可追溯体系。注重西部农耕文化、民俗风情的挖掘展示和传承保护,推进休闲农业持续健康发展。积极探索国有农场区域性合并重组。

(四)创新完善农业支持保护体系

加大农业投入力度,完善强农惠农政策。完善农业技术推广体系、动物防疫体系、质量安全监管体系,逐步建立农业信贷担保体系和农业保险体系。完善目标价格政策,密切跟踪新疆棉花目标价格实施情况,深入研究糖料目标价格保险政策。推动农业“走出去”涉及的外交外事、财政金融、保险税收、外汇投资、检验检疫、科技人才等相关政策创设。

(五)加强生态环境保护与建设

全面落实草原生态保护补助奖励机制,继续实施退牧还草工程,启动草原防灾减灾工程。坚持基本草原保护制度,开展禁牧休牧、划区轮牧,推进草原改良和人工种草,促进草畜平衡,推动牧区草原畜牧业转型升级。全面加强农业面源污染防控,推进病虫害统防统治和绿色防控。建设农田生态沟渠、污水净化塘等设施。综合治理地膜污染,建立健全农业环境监测体系。支持规模化畜禽养殖场（小区）开展标准化改造和建设，控制畜禽养殖污染排放。开展种养结合，实现养殖废弃物资源化利用。

（六）深化农业农村改革

基本完成土地承包经营权确认登记颁证工作。稳定和完善农村土地承包关系，引导土地经营权有序流转。深入推进农村集体产权制度改革，创造条件增加农民财产性收入。加强农业法治建设，完善农业执法体系。创新金融服务和产品，着力解决新型经营主体贷款难、贷款贵问题。加大农业政策性保险支持力度，鼓励商业性保险机构创新保险产品。继续推进国家现代农业示范区建设和农村改革试验区改革。

——执笔人：杨　照

第十七章　商务部

一、2015年工作情况

2015年，西部12省(区、市)(含新疆生产建设兵团)外贸进出口、吸收外资和对外投资合作稳步发展。其中，货物进出口总额2915.2亿美元，同比下降12.8%；实际使用外资99.6亿美元，同比下降7.6%；对外直接投资90.3亿美元，同比增长85.1%。西部地区技术进口合同金额15.4亿美元，同比下降68.4%；技术出口合同金额5.5亿美元，同比增长6.8%。

(一)加强统筹规划，完善合作机制

整合商务部工作资源，充分发挥已建部省合作机制的作用，密切与西部省(区、市)人民政府的合作关系，紧密结合“一带一路”建设等国家重大发展战略，支持西部地区立足地缘特点和发展基础，合理安排并整体推进重大项目，引导错位发展、融合发展、协调发展。

(二)加大资金项目支持，助推发展动力

2015年，会同财政部共安排外经贸发展专项资金30.01亿元人民币(币种下同)，占全国的25.24%，支持西部地区优化贸易结构，拓展对外投资合作，扩大先进技术、重要装备和关键零部件进口，提高国际化经营能力；安排服务业发展专项资金29.05亿元，占全国的27.7%，支持西部地区开展跨区域流通基础设施建设、电子商务进农村示范建设、养老服务业试点建设等；安排中小企业发展专项资金14.7亿元，支持四川成都、甘肃张掖、宁夏石嘴山开展小微企业创新创业基地示范城市建设。2015年，西部地区企业参与实施援外成套物资、技术合作项目和设计监理项目63个。

(三)强化平台支撑，提升开放水平

2015年，支持西部省(区、市)人民政府组织举办好“欧亚经济论坛”、“中国—东盟博览会”和“中国—阿拉伯国家博览会”等重大经贸论坛会展活动，研究制定支持边境经济合作区加快发展的一揽子政策措施，推动新疆、广西、云南、内蒙古等西部沿边省(区)和邻国地方政府开展跨境经济合作区建设，积极培育沿边开放新支点；支持新疆库车开发区升级为国家级经济技术开发区，鼓励西部地区以国家级经济技术开发区和加工贸易梯度转移重点承接地为载体，积极引进外来投资和承接产业转移。

(四)组织培训交流，提供智力支持

将西部地区商务人才培训工作纳入商务部培训计划统筹考虑，在培训人员选派上向该

地区倾斜。2015 年，在西部地区举办各类培训 17 期，内容涵盖“一带一路”、投资促进、外贸转型升级、商贸流通、电子商务等，共计 1900 人次参加，有效引领地方商务主管部门转变理念、改进方式和提升能力。2015 年，共从西部省份选派 8 名干部到驻外使领馆工作，协助西部省份培养具有国际化视野的商务人才。

二、2016 年工作设想

围绕“一带一路”建设和长江经济带建设等重大战略部署，制定商务领域实施方案，进一步发挥规划引导和政策协调作用，推动西部地区结合发展实际和区位优势，深化与“一带一路”沿线国家产能与装备制造合作。

积极会同商财政部，统筹考虑专项资金规模和西部地区实际情况，在符合政策规定的前提下，争取对西部地区加大资金支持力度。研究完善产业、项目和智力支持政策，推动西部地区大力发展内贸流通和现代服务业，做大做强特色优势产业增强内生动力，培养商务人才，夯实发展基础。

继续发挥运用好部省合作机制作用，加强分类指导，推动西部地区务实高效办好重大展会论坛活动，建设运营好国家级经济技术开发区和承接产业转移示范地等载体，积极开展多种形式的经贸合作，不断提高对外开放水平。

——执笔人：张鑫炜

第十八章　文化部

一、2015 年工作情况

(一)加强西部地区文化建设政策支持

贯彻落实《中共中央办公厅 国务院办公厅关于加快构建现代公共文化服务体系的意见》和《国务院办公厅关于推进基层综合性文化服务中心建设的指导意见》,会同国家发展改革委、国家民委、财政部、新闻出版广电总局、体育总局和国务院扶贫办等部门,研究编制了"十三五"时期贫困地区公共文化服务体系建设规划纲要,针对包括西部贫困地区在内的贫困地区公共文化建设存在的突出问题,在完善公共文化设施网络、推进公共文化标准化和均等化、增强公共文化发展活力、提高公共文化服务效能、推进公共数字文化建设、加强人才队伍建设、开展文化帮扶工作、推动群众脱贫致富等方面提出要求,编制一批文化扶贫项目,力争到 2020 年,实现西部贫困地区基本公共文化服务主要指标接近全国平均水平的目标,群众基本文化权益得到更好保障。

(二)加大西部地区文化建设资金扶持

中央财政安排 2015 年西部地区文化建设专项资金 220049 万元,有效提升了西部地区文化发展水平。在会同国家发展改革委、财政部共同实施各项重大文化工程和文化项目时,对民族地区给予重点倾斜,提高中央补助标准。其中,安排"三馆一站"免费开放资金 117192 万元,国家非物质文化遗产保护资金 29823 万元,国家公共文化服务体系建设示范区(项目)资金 9375 万元,公共数字文化建设专项资金 31084 万元,边远贫困地区、边疆民族地区和革命老区人才支持计划文化工作者专项资金 23501 万元,城市社区文化中心(文化活动室)建设资金 7562 万元。在文化事业专项实施过程中,对西部地区按照 80%的比例予以补助。

(三)支持西部地区公共文化服务体系建设

公布第三批国家公共文化服务体系示范区(项目)创建城市名单,对西部地区 12 个示范区和 21 个示范项目创建城市,每个城市分别给予 600 万元和 75 万元经费支持。开展全国基层文化队伍培训工作,举办示范性培训班 37 期,培训西部地区基层文化干部和业务骨干 1054 人次,其中 9 个西部地区定向补贴班共培训内蒙古、广西、贵州等西部地区基层文化干部和业务骨干 480 人次。加快西部地区公共数字文化建设,截至 2015 年,西部地区建设完成地方特色和红色历史资源项目 214 个,译制完成 9885 小时少数民族语言资源。举办"永远的辉煌"——第十七届中国老年合唱节和第六届中国少年儿童合唱节,西部地区 15 支老年合唱团、10 支少年儿童合唱团参演。深入开展“春雨工程”——全国文化志愿者边疆行和“大地情深”——国家艺术院团志愿服务走基层活动，招募 2000 多名文化志愿者，为西部地区实施了 130 多个文化志愿服务项目，举办文艺演出、培训讲座和文化展览 400 多场(次)，惠及西部地区基层文化工作者和群众数十万人(次)。

(四)支持西部地区艺术事业发展

实施“西部及少数民族地区艺术创作提升计划”，为西部地区 13 台原创剧目提供 120 万元补贴经费。举办西部编导人才培训班，邀请西部地区青年艺术人才赴京观摩国家艺术院团的优秀剧目并与主创人员交流。举办第三届中国西部交响周，内蒙古民族艺术剧院交响乐团、广西歌舞剧院有限责任公司交响乐团、重庆交响乐团等 10 支西部地区交响乐团参演。举办第十三届中国西部民歌(花儿)歌会，邀请西部地区近 200 位歌手参演，这些歌手分别来自回族、维吾尔族、壮族、蒙古族、藏族等少数民族，充分展现了绚丽多彩的民族音乐文化。

(五)促进西部地区文化产业发展

召开文化部文化产业对口援疆工作暨全国文化产业工作会，部署文化系统文化产业援疆工作。将西部地区 26 个文化产业项目纳入“文化金融扶持计划”，获得中央财政文化产业发展专项资金贷款贴息支持。在四川省举办小微文化企业投融资路演暨项目推介活动，搭建西部地区小微文化企业与投资机构交流合作平台。在四川省甘孜藏区举办原创动漫推广活动。支持陕西在第二届丝绸之路国际艺术节期间举办原创动漫推广展。支持重庆举办第七届中国西部动漫文化节。支持新疆在丝绸之路文化产业博览会期间举办原创动漫推广展。在动漫企业认定、弘扬社会主义核心价值观动漫扶持计划、国家动漫品牌建设和保护计划的申报评审中，对符合条件的西部地区动漫企业和项目予以支持。推动重庆猪八戒网与国家图书馆在动漫素材库建设方面开展合作。将贵州省遵义市汇川区作为“拉动城乡居民文化消费试点”西部试点，给予 500 万元财政补贴。采用重点展会推广、专场推介、专栏宣传等方式对西部地区 400 多个入选《2015 中国文化产业重点项目手册》的文化产业项目进行宣传推介。开展文化企业品牌建设现状及政策建议调研，研究提出扶持西部地区文化企业品牌建设的政策措施。

(六)加强西部地区非物质文化遗产保护

将西部地区 155 个项目纳入第四批国家级非物质文化遗产代表性项目名录和扩展项目名录，认定西部地区 155 家单位为第四批国家级非物质文化遗产代表性项目保护单位。命名重庆、贵州、云南、青海、新疆等省(区)的 8 所高校为中国非遗传承人群研修研习培训计划试点院校，委托开展了 8 期普及培训班，培训人员近 500 人次。对西部地区的黔东南州台江县苗族银饰锻制技艺保护利用设施等 11 个建设项目安排年度中央预算内投资 7282 万元。支持四川省成都市举办第五届中国成都国际非物质文化遗产节，专门设置了“藏羌彝文化产业走廊非遗展”，加强西部地区非遗文化宣传。

(七)推进西部地区文化与科技融合

在国家文化科技提升计划项目、文化部科技创新项目、国家文化创新工程项目评审过程中，给予西部地区适当倾斜。陕西、重庆等西部地区申报的《全国文化信息资源共享工程文化微博平台》、《公共文化服务供给方式创新与实践——重庆市公共文化服务供给方式创新与实践》等8个项目成功立项，共获得项目补贴140万元。在艺术科研工作方面，共评出《丝绸之路“青海道”多民族民俗艺术发展研究》、《云南少数民族剧种传承与发展研究》、《新疆维吾尔族民间活形态说唱传统调查研究》等国家社科基金艺术学西部项目16项，资助课题研究经费282万元。西部地区承担的其他国家和文化部艺术科研项目33项，获得资助经费446万元。

(八)加强西部地区人才队伍建设

选派8名干部援藏、援青、援疆以及到重庆、甘肃挂职锻炼，接收西部地区挂职锻炼干部1名。面向西部地区县及县以下文化单位，选派10402名优秀文化工作者开展文化服务，培养1246名急需、紧缺的基层文化人才。四川、重庆、宁夏3家西部地区的培训基地完成了地市文化局局长、全国文化系统青年公务员等品牌班次培训任务。举办西藏自治区和四省藏区(甘、青、川、滇)文化管理干部培训班。在地市局长、高技能人才、青年公务员等培训项目中采取扩大参训名额、补贴部分交通费用等方式对新疆、西藏等西部省(区)予以支持。举办第12期西部文化产业经营管理人才培训班，培训文化产业管理干部、文化企业负责人150人。支持新疆维举办2期文化产业人才培训班，给予20万元资金补贴和师资支持。

(九)加强西部地区对外文化交流

支持宁夏、陕西等西部地区举办“意会中国”——中阿艺术家交流活动、首届“中国—中东欧国家现当代舞蹈夏令营”、2015欧亚经济论坛文化分会暨欧亚戏剧高峰论坛。组织内蒙古、广西、重庆、四川、陕西等地的艺术团参加“欢乐中国”、赫尔辛基艺术节中国主宾国、第二届“跨越太平洋——中国艺术节”等活动。与西藏林芝市签署《关于推动林芝非遗产品“走出去”的战略合作协议》，推动林芝乃至西藏地区的非遗产品“走出去”。在陕西省开展文化产品跨境电子商务试点工作。支持陕西省举办第二届丝绸之路国际艺术节。举办“2015中泰文化旅游友好行”车队活动，宣传“一带一路”倡议与西部大开发战略。支持重庆、云南、青海、贵州、内蒙古、宁夏、西藏、广西和成都等9个西部省(区、市)参与2015年海外中国文化中心部省对口合作计划。实施3批次尼泊尔文化交流组访藏项目。在马德里和巴黎中国文化中心合作举办“新疆文化周”活动，在尼泊尔中国文化中心举办“中国西藏文化月”活动。

二、2016年工作设想

(一)加强西部地区文化建设政策资金支持

在实施文化设施建设专项规划和各项文化工程时，对西部贫困地区给予适当倾斜和扶持。进一步加大西部边远山区、贫困地区、革命老区、边疆民族地区文化建设投入力度。推动落实对国家安排的公益性文化建设项目取消西部贫困地区县以下(含县)地区配套资金政策。继续推进西部地区公共文化设施免费开放。积极做好对口支援新疆、西藏等西部地区文化建设工作。

(二)支持西部地区加快构建现代公共文化服务体系

进一步完善西部地区基层公共文化设施网络,重点加强对西部地区基层综合性文化服务中心建设的支持和指导。贯彻落实"十三五"时期贫困地区公共文化服务体系建设规划纲要,以数字文化服务、乡土人才培养、流动文化服务、农村留守妇女儿童文化帮扶等为重点,针对西部贫困地区谋划实施一批文化项目。加强对西部地区第三批国家公共文化服务体系示范区(项目)创建工作的指导和支持。推进重大文化惠民工程在西部地区基层融合发展,提高西部地区公共数字文化供给和服务能力。开展"春雨工程"——全国文化志愿者边疆行和"大地情深"——国家艺术院团志愿服务走基层活动,加大西部地区文化志愿服务活动支持力度。

(三)推动西部地区文化艺术和文化科技事业发展

借助国家艺术基金、国家舞台艺术精品工程等,通过开展艺术展演、交流等活动,鼓励、支持西部地区创作生产更多体现地域特色和时代精神的优秀文艺作品。依托"中华优秀传统艺术传承发展计划——中国民族音乐舞蹈扶持发展工程",支持西部地区挖掘、收集和整理民族音乐资源。依托"深入生活、扎根人民"、"三下乡"等活动,组织国家艺术院团及优秀艺术家深入西部地区开展慰问演出。在项目设置、课题评审、智库建设、艺术研究院所建设及日常管理等相关工作中,加大对西部地区的支持力度,推动西部地区文化科技创新与艺术科研工作。

(四)推动西部地区文化产业发展

扩大"拉动城乡居民文化消费试点"项目试点范围,将西部更多地区纳入西部试点,促进西部地区文化消费。推进特色文化产业及藏羌彝文化产业走廊重点项目库建设,加大对西部地区重点企业和重点项目的支持力度。推动丝绸之路文化产业带建设,以文化产业发展带动沿线地区经济结构调整和经济发展方式转变。实施"文化金融扶持计划",进一步加大对西部地区文化产业信贷项目的支持力度。支持西部地区举办文化企业投融资路演活动,进一步拓宽西部地区文化产业投融资渠道。鼓励西部地区动漫企业和创作者申报各类动漫扶持项目,支持西部地区题材的动漫创作生产。参与主办第八届中国西部文化产业博览会。支持西部地区文化企业参加各类国家级文化产业展会,为西部地区优秀文化产品和项目搭建交易合作的平台。建设完善国家文化产业公共服务平台,促进西部地区文化产业健康发展。

(五)加大西部地区非物质文化遗产保护力度

支持西部地区高校参与中国非遗传承人群研修研习培训计划,在当地举办普及培训班。支持西部地区非遗传承人到上海、北京等城市进行异地培训。鼓励西部省区申报第五批国家级非遗代表性传承人。加大对西部地区非遗保护资金补助力度,对国家级非遗代表性项目和代表性传承人予以支持。会同国家发展改革委做好国家非物质文化遗产保护利用设施建设入库项目的建设工作及"十三五"期间储备项目的遴选工作。支持西部地区非遗项目参加在山东济南举办的第四届中国非遗博览会。

(六)支持西部地区文化人才队伍建设

加大与西部地区干部双向挂职锻炼工作力度。推进"三区人才支持计划"文化工作者专项工作,根据项目在西部地区的实施情况,加快拓展对西部地区文化人才支持的方式和渠道。针对西藏、新疆和四川、云南、甘肃、青海四省藏区实际,制订专门计划,实行相对特殊的人才培养组织形式和政策措施,工作经费由中央财政全额补助。举办新疆、西藏和四省藏区文化管理干部培训班,对兵团举办的文化管理干部培训进行补贴,并使之常态化、规范化。通过定期举办人员交流、讲座、驻访等项目,帮助西部地区培养更多对外文化交流人才。举办第13期西部地区文化产业经营管理人才培训班。支持西部地区学员参加2016年各期国家原创动漫高级研修班。开展全国基层文化队伍培训工作,加大西部地区基层文化人才队伍培训力度。

(七)推动西部地区文化"走出去"

支持陕西、甘肃、新疆、云南、贵州等西部地区举办第三届丝绸之路国际艺术节、首届丝绸之路(敦煌)国际文化博览会、第五届亚欧博览会"中外文化展示周"、"中国—中东欧国家现当代舞蹈夏令营"等活动。优先安排西部省份承办亚非地区对外文化交流项目。组织西部地区艺术团参演"欢乐中国"、"中国—中东欧国家非物质文化遗产保护专家级论坛"等活动。复制推广"林芝模式",重点支持新疆等西部地区传统手工业的转型升级。加强对外文化贸易学术研究平台、数字内容贸易服务平台及演艺产品出口公共服务平台等公共服务平台与西部地区的联系与合作,推动西部地区特色文化产品与服务"走出去"。以建设跨境电子商务平台为核心,搭建西部地区对外文化贸易网络。支持西部地区参与海外中国文化中心部省对口合作计划,提供资金支持和技术指导。安排西藏和新疆分别与尼泊尔和老挝中国文化中心对口合作,在"一带一路"沿线国家和地区大力宣传推广民族特色文化。

——执笔人:程韦宇

第十九章　卫生和计划生育委员会

一、2015年工作情况

(一)加强西部地区卫生计生基础设施建设

2015年,中央安排专项资金118.6亿元,支持西部地区地市级医院、县级医院、乡镇卫生院、村卫生室、社区卫生服务机构、儿童医疗服务机构、全科医生规范化临床培养基地、重大疾病防治设施、计划生育服务及科研机构等建设。目前,西部地区2009年至2014年中央投资卫生计生项目绝大部分已开工建设,随着项目的陆续竣工投入使用,卫生计生服务条件明显改善。

(二)加大对西部地区财政资金支持力度

2015年,安排西部地区及享受西部地区政策的湖南、湖北、吉林省中央财政转移支付地方卫生计生项目资金982.91亿元。其中,新型农村合作医疗补助资金683.49亿元,疾病应急救助基金1.90亿元,基本公共卫生服务项目补助资金117.24亿元,重大公共卫生项目补助资金66.68亿元,实施国家基本药物制度补助资金27.63亿元,计划生育项目补助资金38.03亿元。

(三)积极支持西部地区做好疾病预防控制工作

在传染病防控方面,做好流感等重点传染病防控、国家免疫规划、艾滋病防治等工作,为西部地区艾滋病重点联系点安排专项经费,增加1900万元支持新疆喀什地区开展结核病防治。在慢性病防治方面,开展慢性病综合防控示范区创建、慢性病与营养监测、重点癌症早诊早治等工作。在精神疾病防治方面,开展患者筛查确诊、贫困患者居家治疗及检查复诊等工作。在重点寄生虫病和地方病防治方面,安排资金对大骨节病、克山病适宜现症患者进行治疗,开展重点地方病监测,启动四川省甘孜州石渠县包虫病综合防治试点。开展爱国卫生运动,开展新一轮全国城乡环境卫生整洁行动,推进西部地区卫生城镇创建,推进农村改水改厕工作。开展职业卫生和环境卫生工作。

(四)大力支持西部地区开展妇幼卫生工作

继续实施农村孕产妇住院分娩补助、增补叶酸预防神经管缺陷、贫困地区儿童营养改善、贫困地区新生儿疾病筛查等项目。2015年,共为西部地区302万农村孕产妇提供住院分娩补助,为379万农村准备生育妇女免费补服叶酸。2015年投入5亿元,为贫困地区137万名半岁到2岁婴幼儿每天提供1个营养包;投入1.59亿元,为贫困地区132.5万新生儿免费开展疾病筛查。继续在西部地区实施国家免费孕前优生健康检查项目，中央财政负担80%的经费，共投入7.89亿元。2015年，共为1205万名计划怀孕夫妇提供免费孕前优生健康检查服务，目标人群覆盖率达96.5%。支持广西、重庆、四川、贵州、云南等10个省(区、市)126个县(市、区)开展地中海贫血防控试点工作，为准备生育夫妇免费提供地中海贫血筛查、基因检测和产前诊断服务，中央财政共投入8087万元。2015年，共惠及21.1万对准备生育夫妇。继续实施西部地区妇幼卫生能力提升项目，提高妇幼保健机构的管理服务能力。

(五)加强西部地区医疗卫生人才队伍建设

加快推进住院医师规范化培训，西部地区共建立培训基地131家。2015年，中央财政投入培训经费5.1亿元，资助西部地区16850人参加培训。加大农村订单定向医学生免费培养的倾斜支持力度，将中央补助标准从6000元/人年提高到8000元/人年，为西部地区新招收3940名免费本科医学生，占当年总计划的70%。继续加强西部地区基层卫生计生人员能力建设，2015年，投入1.3亿元，安排西部地区基层医疗卫生机构人员参加全科医生转岗等各类培训。在陕西省清涧县开展贫困地区卫生计生人才综合培养试点。在陕西省清涧县、子洲县、绥德县实施健康暖心——基层医生培训润土计划。举办贫困地区卫生计生经济管理干部培训班。

(六)积极支持西部地区做好计划生育工作

加强对西部地区计划生育工作的支持和指导，保持适度生育水平，促进人口与经济、社会、资源、环境协调发展。实施农村部分计划生育家庭奖励扶助制度、西部地区“少生快富”工程和计划生育家庭特别扶助制度，2015年，中央财政共对西部地区投入约21.5亿元。自2014年起，将新疆农村计划生育家庭特殊奖励政策扩大到南疆4个地州(和田、喀什、克州、阿克苏)，并将一次性奖励标准提高到每户6000元，次年起夫妻每人每月奖励金标准提高到150元，所需资金由中央财政按80%的比例给予补助。在“新家庭计划——家庭发展能力建设”项目、“计划生育家庭科学育儿和青少年健康发展试点”和“计划生育家庭养老照护试点”等工作中重点向西部地区倾斜。

(七)其他方面

2015年，国家基本公共卫生服务人均经费标准提高至40元，中央财政按照80%的比例对西部地区进行补助，并选取内蒙古、贵州、广西、青海4个西部省份开展考核。中央财政投入约1.3亿元，支持西部地区10个省(区、市)开展二级以上医疗卫生机构对口支援乡镇卫生院工作。推进卫生计生援疆援藏工作，召开2015年全国卫生计生系统对口支援新疆工作会议，深入西藏和四省藏区调研，开展“十二五”工作成效评估。会同国家发展改革委等部门印发了新形势下推进民族地区卫生计生事业科学发展的实施方案。启动建设卫生计生扶贫工作监测系统，推动卫生计生精准扶贫工作。

二、2016年工作设想

继续加大对西部地区中央财政资金的倾斜支持力度，着力加强卫生计生基础设施建设，改善服务条件，提高服务能力。做好传染病、慢性病、精神疾病等疾病预防控制工作。实施妇幼重大公共卫生项目、西部地区妇幼卫生能力提升项目等，提高西部地区的妇幼健康服务能力。认真开展国家基本公共卫生服务项目，提高管理水平和服务能力。有针对性地加强西部地区医疗卫生人才培养培训工作，在住院医师规范化培训等方面予以重点倾斜。推进健康扶贫工程，促进西部地区贫困人口享有基本医疗卫生服务，减少因病致贫、因病返贫。继续大力支持新疆、西藏和四省藏区、民族地区卫生计生事业发展。全面实施好一对夫妇可生育两个孩子的政策，提高计划生育服务管理能力，促进人口均衡发展。继续落实好计划生育利益导向“三项制度”，逐步扩大覆盖范围，提高奖励金标准。

——执笔人：侯筱玮

第二十章　人民银行

一、2015 年工作情况

(一)综合运用多种货币政策工具，增强金融机构支持西部大开发能力

继续运用宏观审慎政策工具，引导金融机构信贷资源向西部适度倾斜。2015 年 12 月末，西部地区(包括陕西、甘肃、青海、宁夏、新疆、内蒙古、西藏、广西、云南、贵州、四川和重庆，下同)本外币各项贷款余额 19.5 万亿元，同比增长 14.6%，高于全国水平 1.2 个百分点。全年各项贷款新增 2.46 万亿元，同比多增 761 亿元。

运用存款准备金政策工具，增强金融机构服务能力。2015 年以来，人民银行五次下调存款准备金率，不同类型金融机构降准幅度从 2.5 个到 9 个百分点不等。同时，符合审慎经营要求且"三农"或小微企业贷款达到一定比例的商业银行可享受较同类机构法定水平低 0.5 个至 1.5 个百分点优惠的存款准备金率，相关优惠政策均适用于西部地区。

运用再贷款、再贴现等政策工具，支持金融机构增加"三农"、小微企业信贷投放。2015 年以来，人民银行适时适度下调支农、支小再贷款利率水平，完善再贷款、再贴现管理政策，加大向西部地区的倾斜力度。截至 2015 年，西部地区支农、支小再贷款余额分别为 1086 亿元、289 亿元，年累计放额分别为 1505 亿元、267 亿元；再贴现余额为 401 亿元，年累计放额为 1166 亿元。

运用抵押补充贷款政策工具，提升开发性金融和政策性金融支持能力。截至 2015 年，人民银行向国家开发银行、中国农业发展银行、中国进出口银行提供抵押补充贷款共 10812 亿元，对促进西部地区的棚户区改造贷款、重大水利工程贷款、人民币"走出去"项目贷款等发挥了积极作用。

(二)加强信贷政策指导，促进西部地区信贷结构优化和民生改善

加强信贷政策与区域政策、产业政策协调配合，做好化解产能严重过剩矛盾和重点行业转型升级的金融服务，促进东西地区产业转移承接，实现良性互动。

加大对小微企业的金融服务。完善小微企业信贷政策导向效果评估制度，督促和引导银行业金融机构改进金融服务，满足西部地区小微企业合理的信贷需求。

支持西部地区现代农业发展。引导金融机构大力开展农机具抵押、涉农直补资金担保、林权抵押、应收账款质押等信贷业务，制定出台《农村承包土地的经营权抵押贷款试点暂行办法》(银发〔2016〕79 号)和《农村住房财产权抵押贷款试点暂行办法》(银发〔2016〕78 号)，积极稳妥开展农村承包土地的经营权和农民住房财产权抵押贷款试点，促进西部地区农业适度规模经营和现代农业加快发展。截至 2015 年，西部地区涉农贷款余额 6.4 万亿

元，占全国的24.4%，同比增长14.3%。

推动西部地区扶贫开发深入开展。围绕精准扶贫、精准脱贫，印发《关于金融助推脱贫攻坚的实施意见》(银发〔2016〕94号)、《关于开办扶贫再贷款业务的通知》(银发〔2016〕90号)，提出多项金融助推脱贫攻坚的具体措施，促进西部老少边穷地区发展。完善连片特困地区金融服务联动协调机制，推进西部地区扶贫开发金融服务工作创新开展。

加大小微企业和民生金融扶持力度。改进西部地区就业、助学、少数民族等薄弱领域的金融服务。努力拓宽创业投融资渠道，研究起草创业担保贷款政策文件，支持西部地区群众就业创业。改进和完善国家助学贷款政策，积极推动助学贷款业务开展，让助学贷款惠及更多西部贫困学生。

(三)积极推进金融改革，充分释放西部地区金融发展动力

支持广西、云南沿边金融改革试验区建设。推出了个人跨境货物贸易、服务贸易和其他经常项目结算等多项试点政策。截至2015年年末，广西和云南跨境人民币贷款合同金额分别为58.3亿元、35.2亿元。

中哈霍尔果斯国际边境合作中心实现首家试点银行开办创新离岸人民币业务。2015年，中哈霍尔果斯国际边境合作中心建设银行完成创新离岸核算系统与国内核算系统的彻底分离，成为首个可以开办创新离岸人民币业务的试点银行。截至2015年年末，累计开立创新业务账户187个，贷款余额139亿元。

积极推动政策性、开发性金融机构改革。2015年7月，向国家开发银行和进出口银行注资480亿美元和450亿美元，顺利完成资本金补充工作，增强金融机构的资本实力和抗风险能力，进一步加大相关机构对西部大开发建设重点项目和关键领域的支持力度。

全面推开中国农业银行三农金融事业部改革。2015年4月，落实国务院部署，出台《中国人民银行关于全面推开中国农业银行“三农”金融事业部改革的通知》(银发〔2015〕126号)，促进中国农业银行进一步完善“三农”金融事业部管理体制和运行机制，全面提升服务“三农”和西部县域经济的能力和水平。

(四)充分发挥债券市场作用，拓宽西部地区发展融资渠道

支持西部地区金融机构发行金融债券，增强资金实力。2015年，共批准14家西部地区发行人在全国银行间债券市场公开发行了397.7亿元人民币金融债券。

积极推动西部地区非金融企业发行直接债务融资工具，拓宽基础设施建设、传统优势产业、保障性安居工程、中小企业、“三农”融资渠道。2015年，共支持西部地区326家企业发行7633.5亿元非金融企业债务融资工具。

(五)不断提升支付结算服务水平，畅通西部地区支付结算渠道

扩大支付系统覆盖面。继续支持西部地区银行机构提高资金支付效率和清算服务质量。截至2015年年末，西部地区接入人民银行支付系统的银行机构参与者达32161家，覆盖了农村地区绝大部分的银行机构网点。

大力推广非现金支付工具。继续在西部地区推广银行卡等非现金支付工具和网上支付等新兴电子支付方式的应用，持续扩大金融服务范围。截至2015年年末，西部地区银行

卡发卡量达到11.52亿张，同比增长17.3%。

优化西部地区农村支付服务环境。继续积极推广银行卡助农取款服务，规范农村支付服务环境建设。截至2015年年末，西部地区共设立助农取款服务点29.95万个，行政村覆盖率超过90%。

（六）推动信用体系建设，优化西部地区信用环境

推动金融信用信息基础数据库建设。截至2015年年末，金融信用信息基础数据库为8.8亿自然人、2120万户企业和其他组织建立了信用档案，为西部开发提供了有力的金融服务基础支持。

推进小微企业和农村信用体系建设。印发《关于全面推进中小企业和农村信用体系建设的意见》（银发〔2015〕280号），支持西部地区中小微企业和农户融资发展。截至2015年年末，累计为西部地区44万户小微企业、5480万农户建立了信用档案。

（七）积极做好新疆、藏区等地区的政策研究和人才建设的支持工作

牵头有关部门出台《关于金融支持南疆四地州经济发展和社会稳定的意见》（银发〔2015〕15号文），进一步加大金融支持新疆特别是南疆地区经济发展和社会稳定的力度。

加大西部地区干部人才队伍建设。积极推动人民银行与西部省（区、市）以及人民银行系统内东西部地区的干部交流。2015年以来，组织了47名分支机构处级及以下干部跨行交流，选派23名青年志愿者进驻西藏、青海、新疆等地区人民银行分支机构开展工作。在工资管理、员工招录以及机构编制等方面向西部适度倾斜，支持西部地区金融人才队伍建设。

二、2016年工作设想

（一）加大西部大开发信贷支持

合理运用宏观审慎工具，完善定向降准机制，加大对西部地区支农、支小再贷款、再贴现、抵押补充贷款支持力度，引导金融机构加大对西部大开发的信贷支持。

（二）推动西部地区信贷结构优化

加强货币信贷政策指导，强化农村金融产品和服务方式创新，抓好金融助推脱贫攻坚政策措施落实落地，并做好农村承包土地的经营权和农民住房财产权抵押贷款试点工作，尽快出台创业担保贷款的有关政策文件，促进西部地区经济持续健康发展。

（三）拓宽西部地区融资渠道

继续鼓励全国银行间债券市场创新，进一步拓宽西部企业、金融机构等融资主体的直接融资渠道，加大对西部地区经济发展的支持力度。

（四）推进西部地区人民币跨境使用

进一步支持西部地区企业在跨境交易中使用人民币，积极开展跨境贸易和投资人民币结算业务；继续根据市场需求推出人民币与周边国家货币直接挂牌交易，加强西部地区与

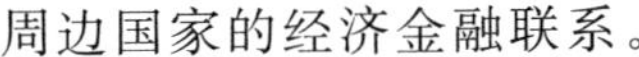

周边国家的经济金融联系。

(五)完善西部地区金融生态环境

落实《社会信用体系建设规划纲要(2014—2020年)》,推进社会信用体系建设。扩大金融信用信息基础数据库的信息覆盖范围,完善征信产品,丰富服务渠道,改善西部地区征信体系和信用环境;继续支持西部地区银行机构通过各类支付系统办理业务,优化完善银行卡受理环境,扩大电子支付应用范围,深化银行卡助农取款服务,加大政策扶持力度,鼓励在农村推广手机支付业务,不断提升西部地区的支付服务水平,完善西部支付体系建设。

第二十一章　国资委

一、2015 年工作情况

（一）引导中央企业投资西部

2015 年，国资委安排的中央企业国有资本经营预算中，用于中央企业西部地区相关事项的资金为 98.2 亿元，占当年预算总规模的 16%，主要涉及西气东输、西电东送等国家重点工程，以及自主品牌汽车、高端装备、新材料等战略性新兴产业发展等。

2015 年，为推动中央企业加强在西部的投资，国资委组织有关中央企业与广西、四川、重庆、陕西、贵州等 5 个省份和有关企业进行了战略合作与项目投资签约活动。签约项目约 120 项，签约金额约 4400 亿元。

（二）继续推进中央企业“三供一业”分离移交试点工作

2015 年，在继续积极推进驻重庆中央企业“三供一业”分离移交试点工作的基础上，国资委在四川省和贵州省继续扩大试点，目前，已与四川、贵州省人民政府先后召开了驻四川、贵州中央企业分离移交“三供一业”启动工作会议，签订了分离移交工作协议，此项工作将惠及 43 家中央企业的 53 万户西部地区职工群众。

（三）扎实开展亏损企业专项治理工作

印发了《若干中央企业开展亏损企业专项治理工作的通知》（国资发改组〔2015〕68 号），明确了有关工作要求和政策措施。对 112 家中央企业开展了亏损企业基本情况摸底工作，确定了对多家驻西部地区中央企业的重点督导。深入鞍钢集团攀枝花钢铁公司、武钢集团昆明钢铁公司、中铝公司贵州铝业、遵义铝业公司等西部地区企业调研，对重点督导和重点关注企业认真研究，逐户分析，指导企业扭亏减亏。特别是就中铝公司扭亏脱困问题多次与贵州省政府、中铝公司、华电集团、南方电网、哈电集团负责人召开访调沟通会议，解决中铝贵州铝业和遵义铝业公司困难问题。

（四）努力推进中央企业棚户区改造工作

2015 年，认真贯彻国务院领导指示精神，进一步摸清了中央企业棚户区改造有关工作情况。积极与国家发展改革委、财政部、住房城乡建设部等相关部门沟通协调，尤其是与财政部的相关部门就国有资本经营预算支持范围、补助标准等方面进行了多轮次协商，初步确定了对中央企业棚户区改造的补助标准，在国家有关棚户区改造政策的基础上，国有资本经营预算对资源枯竭城市、三线地区、独立工矿区等困难中央企业棚户区改造的配套设施建设再予以一定的补助。

(五)援疆、援藏、援青工作

扎实推进中央企业援疆工作。一是着力协调推进新疆利民通信工程建设。2015 年 1 月 5 日,主持召开新疆利民通信工程专题总结协调推进会,中国电信、中国联通、中国移动 3 家通信企业和国家电网、铁塔公司等有关方面参加,并邀请中央新疆办有关同志出席。会议对 2015 年的工程建设进行了部署。为了检查推进新疆利民通信工程,国资委有关人员两次赴疆开展利民通信工程专题调研,深入建设一线调研检查工程的进展情况,召开专题座谈会协调推动工程进展。二是开展有关政策研究工作。先后就“新疆维吾尔自治区制定资源类央企属地法人注册”、“教师反映新疆国企不愿聘用‘内职班’维吾尔族毕业生”、“新疆发展清真食品产业”等问题进行研究并提出政策建议,推动有关工作开展。目前,正就“推动中央企业更大力度支援南疆地区经济发展,对口支援新疆生产建设兵团南疆师团产业发展”研究有关政策,制订工作计划。

努力推进中央企业援藏、援青工作。一是组织开展委领导看望慰问中央企业援藏干部活动。2015 年 9 月 7 日,国资委有关领导在参加庆祝西藏自治区成立 50 周年中央代表团活动期间,在拉萨看望慰问委机关和中央企业共 38 名援藏干部,与西藏自治区国资委、委机关和中央企业援藏干部进行了座谈交流。二是持续推进中央企业对口援藏、对口援青工作。继续推进 16 家中央企业对口支援西藏工作。2015 年 4 月起,有 5 家对口援藏中央企业的对口援藏县从 1 个各增加到 2 个。16 家对口援藏中央企业累计投入对口授藏资金 2.98 亿元。继续推进 16 家中央企业对口支援青海省藏区工作,2015 年,16 家对口援青中央企业累计投入对口援青资金 6905 万元。

二、2016 年工作设想

(一)继续结合中央企业发展需要

鼓励和支持中央企业参与到西部大开发的战略实施工作中,积极与当地政府和企业进行沟通合作,落实已签订的战略合作协议和合作项目,使西部大开发战略的实施落到实处。

(二)继续推进驻重庆、四川、贵州中央企业“三供一业”分离移交工作

在《加快剥离国有企业办社会职能和解决历史遗留问题工作方案》正式出台后,在全国范围推广时重点关注其他西部省份。继续做好涉及多家西部地区企业的中央企业亏损企业专项治理工作。继续加快推进国有企业棚户区改造工作。将按照国有资本经营预算有关政策,继续关注中央企业的西部地区相关事项。

(三)继续推进中央企业援疆工作

贯彻落实第二次中央企业新疆工作座谈会和第五次全国对口支援新疆工作会议精神,以产业援疆为重点,协调推进重大项目实施,组织推动中央企业进一步加大对南疆经济发展的支持力度,加大对新疆生产建设兵团南疆师团产业支援力度。接续推进新疆利民通信工程建设专项工作,协调推动工程建设,研究解决申请财政资金问题。协调推进中央企业

就业援疆工作，特别是帮助解决新疆籍群众、少数民族群众就业问题。继续做好在疆中央企业反恐维稳的民族工作。

（四）切实做好中央企业援藏、援青工作

贯彻落实中央第六次西藏工作座谈会精神，继续推进就业援藏、人才援藏、产业援藏等各方面工作。组织指导承担对口援藏和对口援青任务的有关中央企业切实落实对口支援各项规划，持续开展援藏、援青项目。

第二十二章　新闻出版广电总局

一、2015年工作情况

(一)新闻出版方面

统筹指导相关规划编制。总局在“十三五”规划编制工作中，将西部地区发展作为规划的重要内容，总局领导亲自带队调研，听取西部地区新闻出版管理部门和相关单位的意见，结合国家西部大开发总体部署，积极做好涉及西部大开发的有关规划。在编制《“十三五”国家重点图书、音像、电子出版物出版规划》中，突出以下重点：一是加强西部大开发中有关协调推进“四个全面”、立足“五位一体”总体布局的规划选题。二是加强实施科技创新驱动、促进科技成果转化，不断为西部大开发提供智力支持的规划选题。同时，会同国家发展改革委、财政部开展“十三五”东风工程规划研究编制工作。

积极推动新闻出版公共服务体系建设。深入贯彻落实中办、国办《加快构建现代公共文化服务体系的意见》，将西部民族地区作为支持重点，努力推进公共文化服务均等化。一是加快推进“十二五”少数民族东风工程建设。截至2015年，260余个建设项目全部启动，90%已经完成，西部地区民族文字出版能力得到有效增强，党报党刊传播能力显著提升，基层宣传发行能力建设效果明显，新闻出版管理协调能力不断提高。二是继续加大民族文字出版资金投入。2015年，民族文字出版资金投入达到1.3亿元，支持补贴新疆、西藏、内蒙古、广西、宁夏等13个省(区、市)民文和双语出版物2000余种，补助新疆、西藏、云南、吉林民族文学出版人才培训项目。三是加强民族文学出版基地建设。2015年10月，国家新疆民族文学出版基地正式挂牌。四是持续实施全民阅读工程。筹措资金，配合有关部门以中西部贫困地区学龄前儿童为重点，开展“书香·童年”学龄前儿童基础阅读工程的研制及试点工作。为西藏建设的数字内容综合服务平台——雪域书猫(藏汉双语移动阅读平台)于2015年4月23日在西藏上线试运营，向西藏人民提供公益(免费)移动阅读服务。推动开展民族文字数字阅读。鉴于西部地区少数民族聚集，总局将“民族文字数字阅读”作为2015年重点专题之一，结合数字出版转型升级工作，积极开发民族文字数字内容产品并开展相应的主题数字阅读活动，丰富少数民族阅读形式，推动民族文化传承，促进民族团结和谐。五是开展优秀原创动漫作品民文译制扶持工作。2015年，总局专门面向内蒙古、新疆、西藏等少数民族聚居的西部地区，增设了“原动力”民文(蒙文、维文和藏文)译制项目，并于当年拨付了专项资金。扶持内蒙古少年儿童出版社、西藏藏文古籍出版社和新疆青少年出版社开展译制工作，进一步促进了少数民族人民群众共享优秀动漫出版成果。

支持西部地区新闻出版产业发展。一是支持西部地区优化新闻出版资源配置。2015年，支持云南德宏傣族景颇族自治州创办《胞波(缅文)》报纸1种；将《德宏团结报》5个文种版本报纸纳入网络连续出版物试点范围;批准创办《雪域藏医药(藏文)》、《绿洲农业科学与工程》、《兵团画报(汉文、维吾尔文)》、《邓小平研究》6 种期刊;批准西部省份设立网络出版单位 15 家。二是支持西部地区传统出版与新兴出版融合发展。支持西部地区新闻出版企业开展数字化转型升级工作。针对西部地区数字出版基础较薄弱的情况,加强对西部地区新闻出版企业的数字化转型工作的指导。截至 2015 年,广西日报传媒集团、重庆出版集团公司、陕西新华出版传媒集团有限责任公司、云岭先锋杂志社等 24 家单位入选为示范单位,显著加快了西部地区新闻出版单位转型升级的步伐。继续支持西部地区符合条件的出版传媒企业融资上市。目前,推动新华文轩出版传媒股份有限公司 H 股转 A 股上市、读者出版传媒股份有限公司实现主板成功上市。2015 年 10 月 15 日,总局还与贵州省政府签署推动中国文化(出版广电)大数据产业项目开发协议,支持西部地区出版资源数据资源整合。三是落实项目带动战略,促进西部地区新闻出版业的发展。加强对西部地区项目工作的指导、培训、督查,对于符合要求的项目优先纳入新闻出版改革发展项目库,2015 年西部地区共有 59 个项目入库。推动文化产业发展专项资金对西部地区予以重点扶持。四是支持西部地区加快绿色印刷产业发展。推动西部地区开展绿色印刷认证,截至 2015 年 10 月底,西部地区获得绿色印刷认证的企业达到 210 家,占全国绿色印刷认证企业总数的 22.2%。西部地区中小学教科书已全部实现绿色印刷。完善了绿色印刷标准体系。2015 年 4 月,总局正式发布《绿色印刷术语》、《绿色印刷产品抽样方法及测试部位确定原则》等 4 项绿色印刷系列行业标准,为广大企业特别是西部印刷企业提供了实施绿色印刷、开展产品检测的具体依据。中国印刷技术协会开展第三次绿色印刷调查,向全行业发布调查报告,为西部印刷企业提供了实施绿色改造、适应市场需求的技术参考。五是支持西部地区实体书店发展。2013 年至 2015 年,西部地区的四川、云南、陕西 3 省共获得中央财政实体书店奖励资金 7400 万元,44 家特色实体书店获得奖励扶持。六是支持西部地区加强版权管理。2015 年,国家版权局通过加强业务培训、办案指导、政策倾斜,对西部地区版权执法和软件正版化工作给予详细指导和帮助。2015 年,国家版权局向新疆版权局和西藏版权局分别拨付 70 万元和 40 万元,用于深入开展版权宣传、行政执法和软件正版化工作;根据西部地区查办案件情况,国家版权局向四川、宁夏、新疆版权局共拨付案件经费补贴 48 万元,用于侵犯著作权案件的查处工作。2015 年,国家版权局指导内蒙古、重庆、青海、新疆制定了软件正版化工作考核评议细则,指导广西、四川、贵州、陕西、甘肃、西藏建立健全软件正版化工作长效机制。

支持西部人才队伍建设。2015 年,按中组部等部门安排,接受西部地区新闻出版管理部门 1 名厅局级干部来总局机关挂职锻炼。2015 年,总局从人才经费中拨付专款在新疆、西藏、四川等地举办专题培训班,大力扶持西部地区人才队伍建设。相继举办了新疆地区新闻出版业务专题培训班、西藏地区出版编辑业务专题培训班和新闻出版业务培训班、西部地区出版单位新媒体专题培训等重点培训班次,培训 300 余人。全年资助西部地区人才培养工作的经费 105.6 万元,占总局新闻出版方面年度人才经费的 26.4%。加强西部印刷队伍建设,总局举办的全国绿色印刷和示范企业培训班,安排西部地区印刷管理人员、行政执法人员以及重点印刷企业负责人参加了培训。国家版权局开展 2014 年度查处侵权盗版案件有功集体和有功个人的奖励工作,对西部地区多家查办侵犯著作权案件的单位和个人给予奖励。

(二)广播电影电视方面

广播电视村村通工程。一是实施 20 户以下已通电自然村盲村建设。2015 年 6 月,和国家发展改革委联合下发了《关于做好“十二五”广播电视村村通工程盲村覆盖建设验收工作的通知》，要求各地组织工程验收，并于9月分别对个别地区进行了抽查，各地工程建设总体符合《规划》要求。二是实施广播电视高山无线发射台站基础设施建设。2015年，中央下达西部地区高山台站建设资金3.95亿元。至此，“十二五”期间西部地区658座高山无线发射台站建设补助资金10.11亿元已全部下达。同时，西部地区村村通工程已纳入中央财政保障范围，2015年通过西新工程安排村村通维护费0.96亿元，通过无线覆盖工程安排运行维护经费2.44亿元用于西部地区转播中央电视台第一套、第七套节目和中央人民广播电台第一套节目的发射机运行维护。

西新工程。2012年9月，国务院正式批准西新工程五期建设方案，重点是加强少数民族语言广播电视节目译制制作能力建设和增强传输覆盖能力建设。截至2015年，中央已下达西新工程五期建设资金19.6亿元，其中2015年6.61亿元。同时，西新工程已纳入中央财政保障范围，2015年中央财政安排了7.52亿元用于支持西新工程相关台站运行维护和少数民族语广播影视节目译制制作。

中央广播电视节目无线数字化覆盖工程。2014年，和财政部共同启动实施中央广播电视节目无线数字化覆盖工程。2015年，继续争取中央财政资金11.75亿元用于西部地区实施中央电视节目无线数字化补点建设和中央广播节目无线数字化扩大试点建设，为西部地区1347座台站配备2694套地面数字电视发射系统，115座台站配备115套数字音频广播发射系统，用于转播12套中央电视节目和3套中央广播节目。同时，中央广播电视节目无线数字化覆盖工程已纳入中央财政保障范围，2015年共安排西部地区运行维护经费8680万元。

直播卫星公共服务。2015年，中央财政安排西部地区补助资金8287万元，对82.87万农户的直播卫星接收设施给予了补助。同时，积极推进西部地区本地节目地面数字电视覆盖网建设，2015年，已在新疆伊犁州、云南临沧市、红河州、保山市等地建设了覆盖网，覆盖区内的广大直播卫星公共服务用户可通过双模机顶盒收看多套本地电视节目。

有线电视网络数字化双向化改造。西部地区有线电视网络数字化双向化改造工作稳步推进，网络承载能力持续提高。截至2015年3季度，西部各省(区、市)网络公司中，贵州、四川、宁夏、青海有线电视数字化率超过90%，新疆、云南、陕西、重庆、内蒙古超过80%，广西、甘肃超过70%，西藏超过60%。同时，西部地区的双向化网络覆盖率也均有不同程度的提高。

支持西部制、播机构发展。一是广播电视播出机构方面。2015年，共批准广西人民广播电台、云南德宏州广播电视台等5个西部地区的省、地级广播电台各增加1套专业广播节目；批准陕西广播电视台、西安市广播电视台、广西电视台分别开办1套移动数字电视频道；批准新疆和田地区和巴音郭楞州各开办1套民族语电视频道；批准青海省玉树市设立广播电视台，解决本地播出机构“空白点”问题。二是广播电视节目制作经营机构方面。2015年，西部地区共有1527家机构获得《广播电视节目制作经营许可证》，占全国总量的14.92%。三是《电视剧制作许可证(甲种)》机构方面。2015年，西部地区共有14家机构获得《电视剧制作许可证(甲种)》，占全国总量的10.6%。

支持西部电影事业发展。根据一村一月放映一场电影的目标，2015年，中央财政共下达西部地区农村电影放映补助资金近4亿元；为大力支持县城数字影院建设，继“先建后补”政策实施后，2015年，财政部、广电总局下发《关于县城数字影院建设补贴资金申报和管理工作的补充通知》，出台“先补后建”政策，对部分贫困地区县城首家数字影院给予80万元补贴，并向中宣部争取专项资金对部分不符合“先补后建”补贴条件的贫困县城进行支持。目前，西部地区共有154家影院获得建设补贴，总额达1.2亿余元。同时，广电总局每年还向少数民族地区提供80部影片(其中故事片60部、科教片20部)、2000集电视剧作为少数民族语待译制片目并提供译制素材，供西部各地区译制单位根据自身情况从中选择译制。

二、2016年工作设想

(一)新闻出版方面

做好西部规划编制和落实工作。继续加大对西部地区规划编制的指导，继续做好西部大开发有关选题规划，督促、检查出版单位落实好“十三五”出版规划、“十三五”东风工程规划等。积极推出一批优秀出版物，为西部大开发提供智力支持，营造良好的文化氛围；继续加强与西部地区战略合作，提供政策支持。

加快推进公共文化服务标准化、均等化。积极推动新闻出版重点公共服务工程落地实施，缩小西部地区与发达地区新闻出版公共服务的差距，全面提升公共服务效能，不断满足人民群众日益增长的精神文化需求。完善农家书屋出版物补充更新机制，推动有条件的地方建设卫星数字农家书屋。以民族文学出版基地建设为抓手，着力加强民族地区民族文学出版的能力和水平。

继续推动西部地区产业发展。加大对西部地区民族文字出版企业数字化转型和出版民族文字数字产品的支持。继续实施项目带动战略。继续推动印刷产业向中西部梯度转移，优化产业结构，推动西部地区印刷业提档升级。在科学配置新闻出版资源、优化报刊出版单位结构和产品结构方面对西部地区予以倾斜，对西部地区的民族文字出版予以重点支持。加强西部地区版权社会服务体系建设，在设立和创建版权示范城市、单位、园区(基地)等方面给予支持，重点推动著作权登记和版权交易工作在西部地区的有效开展，努力满足实施“一带一路”重大战略中对版权工作的新需求。

继续加大对西部地区新闻出版人才工作的扶持力度。选聘优秀师资到西部开展“送教上门”工作。积极促进西部与东南沿海地区互派专业人才挂职锻炼，不断推进西部地区新闻出版人才培养工作迈上新台阶。继续从资金支持、政策指导等方面给予帮助，在总局人才培训经费中，增加西部人才专项投入。

(二)广播电影电视方面

继续争取倾斜政策，进一步提升西部地区广播影视公共服务水平。争取国家继续对西部地区实施倾斜政策，进一步加大对西部地区广播影视公共服务项目的建设和保障力度。一是统筹有线、无线、卫星等方式，在广播电视村村通基础上大力推进数字广播电视户户通建设；二是继续推进中央广播电视节目无线数字化覆盖工程，进一步扩大覆盖范围，提高覆盖质量；三是争取全面更新改造西部地区广播电视无线发射台站基础设施建设，确保安全、优质、正常播出；四是支持西部地区县城数字影院建设以及农村电影由室外放映、流动放映向室内放映、固定放映转变；五是支持县级台加强制、播能力建设；六是支持西部地区加强监测监管体系建设，提高新媒体监管能力和网络舆论引导能力。

——执笔人：冀素琛　修红丽

第二十三章　海关总署

一、2015 年工作情况

(一)建立与西部地区有关地方政府的密切联系合作机制

继续深化与西部地区各省份的合作。认真贯彻国家西部大开发总体战略和支持西藏、新疆、云南等重点区域经济发展的规划,积极组织落实总署与西部 12 省份签署的合作备忘录,确保各项支持政策措施的落实。

大力支持西部地区参与丝绸之路经济带建设。在西安举办"一带一路"海关高层论坛,邀请来自 70 多个国家和地区的海关国际及区域组织的负责人及国内相关部门和企业的代表参加;提出了用标准融合衔接互联互通、用贸易便利提升互联互通、用安全高效维护互联互通、用科技创新支撑互联互通、用能力建设保障互联互通、用开放合作促进互联互通的 6 条建议,得到了与会国家海关和相关国际组织的一致赞同;通过了《互联互通海关便利化合作倡议》,世界海关组织表示支持和赞同;通过了《西安声明》,呼吁世界各国海关特别是"一带一路"沿线国家海关要进一步加强合作,共同促进国际物流大通道建设发展。研究出台了《支持新疆丝绸之路经济带核心区建设的 19 项举措》,支持新疆丝绸之路经济带核心区的建设。

(二)大力支持西部地区口岸开放、建设和发展

加快西部地区口岸开放进程。将内蒙古乌力吉公路口岸列入年度口岸开放审理计划,审结辽宁丹东、云南都龙、广西爱店、甘肃敦煌机场等 4 个口岸对外开放和内蒙古满都拉、西藏吉隆和广西梧州港口岸扩大开放项目,并报经国务院批准;组织完成内蒙古满都拉和广西平孟公路口岸对外(扩大)开放验收;先后批准重庆万州机场等若干项目临时开放,满足西部地区外贸发展需要。

开展口岸大通关建设。不断密切各口岸查验部门的沟通与防调,大力推进通关便利化,改善通关环境,提高中西部地区通关速度,降低物流成本,不断增强中西部地区的开放型经济竞争力。

加大对西部地区口岸发展的支持力度。积极向国家有关部门争取加大西部地区口岸开放建设、改造、运行、管理等资金和设备投入;充分发挥口岸国际合作作用,加强与俄罗斯、哈萨克斯坦、越南、蒙古等毗邻国家的沟通磋商,确保边境口岸安全精通运行,不断提升边境口岸的开放水平。

(三)积极支持西部地区会展业发展

2015 年,在西部地区举办的国际大型活动主要有:第五届中国—亚欧博览会(新疆乌鲁木齐)、第三届中国南亚博览会暨第 23 届中国昆明进出口商品交易会(云南昆明)、第十二届中国东盟博览会(广西南宁)、2015 中国阿拉伯国家博览会(宁夏银川)等。海关大力支持在西部举办的大型国际会展活动,并依据有关法律、法规及规章,积极采取措施,为参加会展活动的进出境人品、物资提供通关便利。

为参加大型会展活动的进出境人员、物资提供通关便利。在会展期间,海关设置进出境人员、物资专用通道,为进出境参展宾客、展品提供服务。对进出境展览品实行 24 小时预约通关制度,实施提前申报措施,加快货物通关速度。

依据有关规定,对在海关是指定场所或者海关派专人监管的场所举办展览会的,免予向海关提交担保。

主动加强与组委会等单位的联系配合,建立协调运行机制,保障通关顺畅。做好展览品监管工作,维护会展业秩序。积极提供对外咨询服务,接受社会监督。同时,提前制定应急处置预案,加强维稳工作。

(四)为西部地区企业提供多种通关便利化措施

加强中方与境外国家口岸双方海关联合监管工作。双方海关在新疆、内蒙古等西部地区多个口岸实施统一载货清单措施,开展物流数据互换核对,有效促进边境贸易便利顺畅。

建立多式联运海关监管模式。加大海关多式联运监管的创新力度,建立集约、快速、便捷、安全的多式联运监管模式,实现一次转运申报,启运地、换装地、指运地一次查验,降低转运物流成本,增强大型货运枢纽物流集散功能,实现多种运输方式间有机衔接,打通内陆与沿海沿边地区物流连接路径,充分释放各种运输方式的潜在运能。

推进海关区域通关一体化改革。在京津冀、长江经济带、广东地区海关推行区域通关一体化改革的基础上,2015 年 5 月 1 口,启动了丝绸之路经济带和东北地区海关区域通关一体化改革,同时将福州、厦门、南宁、海口海关纳入广东地区(简称“泛珠”四省)海关区域通关一体化改革范围,实现改革在全国 42 个海关的全覆盖,形成了 5 大区域通关一体化改革板块。同年 7 月 1 日,启动跨区块之间海关区域通关一体化改革区区联动工作。

(五)积极落实国家整车口岸建设有关措施

对霍尔果斯汽车整车进口口岸进行验收。2015 年 9 月 7 日,海关总署会同有关部门组成联合验收组,对霍尔果斯汽车整车进口口岸基础设施和监营设施进行了正式验收,并就有关业务操作及设备使用问题指导乌鲁木齐海关开展相关业务培训。目前霍尔果斯口岸汽车整车进口业务已可正常开展。

保障阿拉山口汽车整车进口口岸顺利开展业务。2014 年 7 月,国务院批复同意取消阿拉山口口岸进口汽车整车的限制条件,可以进口独联体国家以外国家生产的汽车整车。海关总署充分考虑阿拉山口口岸不属于新设汽车整车进口指定口岸的具体情况,经研究并商有关部委同意,复函新疆维吾尔自治区人民政府,不再组织对阿拉山口汽车整车指定口岸基础设施和监管设施的验收,确保了阿拉山口汽车整车进口口岸业务持续顺畅开展。

(六)加大西部地区海关监管查验工作软硬件配备力度

继续加大西部地区海关监管查验设备的配备和使用力度，提高口岸通关效率，加强反恐维稳工作。2015年，在新疆、内蒙古、云南、广西等省(区)部署大型集装箱检查设备8台，督促乌鲁木齐海关加快增配8台大型集装箱检查设备工程的建设进度，确保年内全部完成建设并投入使用。

(七)积极支持西部地区海关特殊监管区域、保税监管场所建设和加工贸易发展

积极支持和指导西部地区建设海关特殊监管区域。2015年，会同有关部门上报国务院批准设立了贵安、满洲里、南宁和乌鲁木齐综合保税区；指导新疆、甘肃、云南按照国务院设立喀什、兰州、红河综合保税区的批复要求，完成对上述区域的验收工作。

积极支持新疆维吾尔自治区等西部地区外向型经济发展，维护新疆长治久安。一是在新疆乌鲁木齐出口加工区等海关特殊监管区域开展委内加工试点工作，充分发挥海关特殊监管区域在连接“两个市场、两种资源”方面的作用。二是完成中哈霍尔果斯国际边境合作中心中方配套区的验收工作，支持中哈经贸合作发展。

积极支持和指导西部地区保税物流中心建设。2015年，会同有关部门拟批复设立重庆南彭公路、成都铁路、昆明高新、腾俊国际陆港、伊宁和青海曹家堡等6个保税物流中心，并拟对重庆铁路、泸州港和陕西西成等3个保税物流中心进行验收。

(八)认真执行有关进口税收优惠政策

认真落实《国务院关于调整进口设备税收政策的通知》(国发〔1997〕37号)等进口税收优惠政策，指导西部地区海关，为西部地区企业符合《产业结构调整指导目录》、《外商投资产业指导目录》、《中西部地区外商投资优势产业目录》等鼓励类项目进口的有关自用设备及配套件等，办理减免税手续，支持西部地区重点企业、重大项目发展。同时，注意加强相关政策的宣传解释和咨询服务工作，为企业提供便利。

(九)加强对西部地区的进出口统计服务工作

及时编制反映西部地区进出口情况的各类统计报表，完善数据提供制度，为西部地区地方政府和企业提供各类海关统计资料，为政府和企业决策提供数据支持服务。

加强对西部地区的进出口监测预警工作，及时挖掘西部地区外贸发展中的难点、热点和潜在亮点，及时发现和提示运行风险。

二、2016年工作设想

(一)支持西部地区口岸建设

一是深入落实国家“十三五”发展规划，编制《国家“十三五”口岸发展规划》，深化西部地区口岸开放程度，加快西部地区口岸开放进程，提升西部地区对外开放水平。二是继续以服务区域发展战略为立足点，积极倡导区域口岸合作。以区域口岸合作为突破口，推动陆港联动，实现口岸功能的延伸，充分发挥口岸开放在区域经济协调发展中的作用。三是

按照国务院关于单一窗口建设的总体部署，选择具备一定电子口岸建设基础的内陆口岸开展单一窗口建设试点。四是充分利用现有口岸合作机制，加强内外部沟通协作，不断提升西部地区口岸治理水平。五是继续加大对西部地区监管查验设备的配备力度。

（二）支持向西开放平台建设，推动加工贸易有序向西部地区转移

一是根据《保税物流中心（B型）设立指导意见》和《2015—2017年保税物流中心（B型）设立规划》的相关规定，继续支持西部符合条件、确有实际需求的地区设立保税物流中心；指导未验收的保税物流中心做好建设、验收工作，积极支持地方做好已验收保税物流中心的封关运作，使保税物流中心真正发挥作用，带动所在地外向型经济发展。二是进一步做好有关会展活动进出境物资、人员通关保障及进出境展览品监管工作，提供更加优质高效的服务。三是继续推进西部地区加工贸易转型发展。

（三）认真落实和完善促进西部地区发展的相关进出口税收政策

认真执行现行促进西部地区经济社会发展的相关进出口税收优惠政策，加强政策宣传和解释，加强政策绩效评估。积极配合有关部门做好相关税收政策的研究制定和调整完善工作。进一步优化海关服务，不断改进和完善海关管理措施，促进贸易便利化。

（四）进一步加强贸易统计服务

进一步做好对西部地区的进出口监测预警工作，加强对“一带一路”沿线国家的经济、贸易结构分析。提供西部地区进出口贸易统计服务，加强数据监控。

（五）严厉打击西部省份边境非设关地偷运走私活动

继续按照“打得早、打得准、打得及时”的要求，充分发挥刑事执法威力，集中力量对重大走私犯罪团伙实施精、准、狠打击。继续支持各级地方政府发挥打击走私的基础作用，推动相关执法部门各司其职、齐抓共管，构筑边境地区反走私“打、防、管、控”立体防线，维护边境稳定和进出口贸易秩序。

第二十四章　税务总局

一、2015 年工作情况

(一)配合《西部地区鼓励类产业目录》发布，做好相关工作

为深入实施西部大开发战略，促进西部地区产业结构调整和特色优势产业发展，经国务院批准，国家发展改革委发布了《西部地区鼓励类产业目录》(中华人民共和国国家发展和改革委令第 15 号)。为妥善处理好新旧产业目录衔接问题，税务总局及时赴重庆开展调研，广泛听取西部省份税务部门的意见，对有关问题进行了认真研究。并征询了国务院法制办政府法制协调司及财金司相关处室的意见。

2015 年 3 月，发布《国家税务总局关于执行〈西部地区鼓励类产业目录〉有关企业所得税问题的公告》(国家税务总局公告 2015 年第 14 号)。公告的实施，首先妥善处理了新旧目录衔接问题，体现了适度从紧原则，避免追溯退税，减少管理负担及风险。同时，进一步明确了争议解决机制问题。考虑到《西部地区鼓励类产业目录》由国家发展改革委负责制订，为明确职责，保持解释的确定性和权威性，在争议解决机制问题上，将政府有关行政主管部门进一步明确为发展改革部门。

(二)设立了乌鲁木齐综合保税区

为了落实支持西部地区符合条件的大中城市设立综合保税区的相关规定，2015 年与海关总署等部门联合审批设立了乌鲁木齐综合保税区。

二、2016 年工作设想

结合简化税务行政审批工作的总体部署和要求，在普遍实施事后备案管理的情况下，积极研究做好企业享受西部大开发企业所得税优惠政策的后续管理工作。

针对《西部地区鼓励类产业目录》一直以来存在难以界定、征纳双方争议较大的问题，拟会同国家发展改革委研究探索有效机制，不断增强确定性，切实将优惠政策落到实处，同时降低税收执法风险。

第二十五章　林业局

一、2015 年工作情况

2015 年，共安排西部地区中央林业投资 759.6 亿元，其中中央财政 683.5 亿元、中央基建 76.1 亿元，重点用于西部地区天然林资源保护、退耕还林、防护林体系建设、野生动植物保护及自然保护区建设、湿地保护、防沙治沙、石漠化综合治理等生态建设工程和森林生态效益补偿等。

(一)大力支持林业生态建设

加大西部地区林业重点工程建设投资力度。安排天然林资源保护工程专项资金 120.13 亿元，完成森林管护面积 6.88 亿亩，完成公益林建设 295.65 万亩、国有中幼林抚育 611.55 万亩；安排退耕还林工程专项资金 241.97 亿元，完成退耕还林还草 907 万亩、配套荒山荒地造林 20 万亩；安排中央财政造林补贴试点资金 24.2 亿元，完成森林抚育补贴任务 2156 万亩；安排三北工程资金 12.64 亿元，完成造林育林任务 756.7 万亩；在西部 24 县开展了退化林分改造工程试点项目，完成退化林分改造任务 41.6 万亩；按照《国家储备林建设规划(2016—2020 年)》，在西部地区规划国家储备林建设面积 470 万亩，2015 年，安排中央投资 2 亿元；安排西部地区中央财政贴息 2.35 亿元，新增林业贴息贷款 60 亿元。

加大西部地区防沙治沙工作力度。在西部地区共布设全国防沙治沙综合示范区 32 个，占全国示范区总数的 62.7%。启动国家沙漠公园建设试点工作，2015 年评审批复国家沙漠公园 33 个。安排西部 7 省(区)沙化土地封禁保护补助试点资金 3 亿元。加大京津风沙源治理工程，安排内蒙古、陕西林业建设投资 4.46 亿元，建设任务 238.8 万亩。石漠化综合治理工程涉及西部 5 省(区)，石漠化综合治理重点县达到 250 个县，安排投资 16.1 亿元，营造林任务 362.5 万亩。

加大西部地区湿地保护力度。2015 年，安排西部地区各项湿地保护资金 7.3 亿元，实施湿地保护与恢复工程项目 19 个，实施湿地保护补贴项目 147 个，对 9 处国家级自然保护区及周边实施湿地生态效益补偿试点，对 35 个湿地保护成绩突出的县级人民政府予以奖励，验收试点国家湿地公园 16 处，组织申报国家湿地公园试点建设 85 处。

加大西部地区野生动植物保护。安排西部地区 4078 万元用于野生动物救护繁育、野生动物资源调查、基本建设投资、珍稀濒危野生植物拯救保护、野生植物资源调查；安排林业国家级自然保护区补助资金 1.94 亿元补助西部地区 86 处国家级自然保护区建设；对西部地区 50 多位国家级自然保护区管理局局长、行政一把手进行了培训；确定青海、云南 2 个省上报的国家公园进行体制试点；在云南省组织召开了野生动植物类型国家公园建设座谈会；在西藏自治区进行了“西藏羌塘藏羚羊、野牦牛国家公园”挂牌工作；加大陆生野生动物疫源疫病监测防控。

(二)积极扶持林业产业发展

结合林业重点工程的实施,积极扶持发展林业产业,大力推动具有西部特色的优质、高效经济林产品基地建设,充分发挥林业的生态、经济和社会效益。2015 年,安排西部林下经济中央财政试点补助资金 7200 万元,培育认定国家林下经济示范基地 43 家。安排西部地区农业综合开发名优经济林示范项目 138 个,建设任务 21.5 万亩,中央财政投资 2.11 亿元。新建国家级森林公园 11 处,拟建国家级森林公园 2 处,中央投资 1120 万元支持 13 个国家级森林公园林相改造,促进了西部地区森林旅游业的发展。

(三)加强林业基础设施建设

继续加大森林公安和森林防火、林业有害生物防治、林木种苗工程、林业工作站、国有林场改革等基础设施建设。2015 年,安排西部地区森林公安转移支付资金 2.93 亿元;启动实施了 67 个森林重点火险区综合治理、森林防火通信、森林防火信息指挥系统等建设项目,基本建设投资 6.28 亿元(占全国总投资的 52.3%),有效提升了西部地区森林火灾综合防控能力;拨付林业有害生物防治补助经费 7638 万元,安排中央预算内林业有害生物防治基础设施项目资金 1.17 亿元;批复国家级自然保护区基础设施建设项目 3 个,批复森工非经营性项目 2 个;扶持西部地区乡镇林业站基本建设投资 3300 万元,培训了 1600 余名林业站站长并对他们进行了测试,组织 3.7 万名乡镇林业站人员参加岗位培训;建设林木种苗工程项目 28 个,安排 16.7 亿元支持西部地区国有林场改革,扶持贫困国有林场资金 1.78 亿元。

(四)加大科技支撑力度

2015 年,支持西部地区在森林培育、生态建设、林业产业方面引进、研发、推广各项林业科研技术 25 项,实施了各类推广项目 175 项;新建生态站 14 个,建立了 2 个国家林业局工程技术研究中心,支持 18 个生态站基础设施建设,支持 60 个生态站稳定运行,支持建设 85 个基层林业科技推广站;选派了 36 名干部到西部地区挂职,在贵州省举办了挂职干部任职前培训班;举办面向行业部门各类培训班 30 期,培训林业领导干部、技术骨干等各类人才 2484 人;举办援疆培训班 2 期,推进日援培训,国家林业局管理干部学院与青海省林业厅、新疆生产建设兵团林业局签订了干部教育培训战略合作协议。

二、2016 年工作设想

(一)继续深入实施林业重点生态工程

继续支持西部地区生态保护和建设,争取加大中央林业资金的投入力度,继续向西部地区倾斜。稳步推进天然林资源保护二期工程的实施,协调落实公益林建设和森林培育等基本建设资金,完善相关政策。巩固和扩大退耕还林成果,积极协调有关部门增加西部地区退耕还林任务。积极协调推进沙化土地封禁保护区建设试点和石漠化综合治理工作,加强防沙治沙综合示范区建设。进一步扩大中央财政造林补贴和森林抚育补贴试点规模,争取尽快建立长期、稳定、普惠的中央财政造林补贴制度,抓好良种繁育、能源林培育和绿色能源示范县建设，继续加大对西部地区防护林体系建设的扶持力度。加大西部地区湿地保护工程支持力度，力争将西部地区的国际重要湿地、部分湿地自然保护区、部分国家湿地公园纳入湿地保护补助范围。进一步加大西部地区野生动植物保护和自然保护区建设的支持力度，重点向基础建设、能力建设以及人员培训等方面倾斜。

（二）继续加强林业产业建设

继续利用林业贴息贷款、农业综合开发等产业项目资金，加大对西部地区林业产业化龙头的扶持力度，建设林业产业基地，大力支持西部地区经济林产业、油茶产业、沙产业、林业生物质能源产业、林下经济和森林旅游业发展，调整林业产业结构，促进农民增收致富。同时，加强技术指导、业务培训和项目管理。

（三）进一步加强基础设施建设

加强西部地区森林公安和森林防火基础设施建设，提高森林公安机关综合保障能力和森林火灾综合防控水平。加强林木种苗基地建设，保护林木种质资源，丰富造林树种，提高种苗科技含量。协调有关部门加大防控资金投入，加快监测预报、检疫御灾、应急防治和服务保障四大体系建设。搞好林业信息化建设，强化西部地区森林资源保护和管理。加大对各级林业主管部门和乡镇林业站及木材检查站基础设施建设投入，提高人员素质，充分发挥基层林业工作站、木材检查站在林业建设中的基础保障作用。

（四）进一步强化科技支撑能力

继续加强西部地区林业科学研究工作，加快林业科技成果转化和推广应用，进一步提高基层林业科技推广机构基础设施水平、技术装备水平和推广服务能力，加大林业标准制修订、标准化示范区建设、林产品质检机构建设的工作力度，为加快西部大开发发挥科技支撑作用。

——执笔人：陆诗雷

第二十六章　知识产权局

一、2015 年工作情况

（一）深入实施知识产权战略，提升知识产权管理能力

推进西部地区知识产权战略深入实施。确定重庆、广西为国家知识产权区域布局工作第一批试点地区，支持甘肃开展专利资源分析，通过对本地知识产权资源及其与创新资源、产业发展的协调匹配关系分析，探索形成以知识产权资源为核心的资源配置导向目录，提出相关政策建议，促进区域经济发展。分类指导、分项落实，支持西部地区推进专利事业发展战略。在重庆、四川、陕西、新疆开展重大经济科技活动知识产权评议试点工作。在成都市青白江区工业集中发展区推动战略性新兴产业知识产权集群管理试点工作。在国家知识产权试点示范城市和强县工程工作中加大对西部城市、县域的支持。支持四川、重庆、贵州、陕西、甘肃、新疆等西部省市开展《企业知识产权管理规范》国家标准推行工作，带动西部地区 3000 万元经费投入，共有 800 余家企业开展工作，44 家企业已通过认证审核。

西部地区专利拥有量不断提升。截至 2015 年 12 月，西部地区共拥有发明专利 9.9 万件，较 2014 年年底增长 33.8%，增速高于全国平均水平 3.8 个百分点，占全国总量的比重达到 10.7%，较 2014 年年底增加 0.3 个百分点。拥有三种专利合计 52.2 万件，较 2014 年年底增长 27.0%。2015 年还针对重庆、四川、宁夏等 8 个西部省份的有效专利创造、运用、保护和管理情况开展了全面调查。

（二）加强知识产权保护，促进知识产权运用

推进地方知识产权保护能力提升。加强地方立法指导工作，支持宁夏修订《宁夏回族自治区专利保护条例》。聚焦食品药品、环境保护等民生和高新技术领域，开展知识产权执法维权“护航”专项行动。推动西部地区跨地区联合执法与协作执法。确定 7 家重点市场开展第二批知识产权保护规范化市场培育工作，目前西部地区共有 24 家。强化中国西部（四川）进口展等展会专利保护工作。在新疆探索知识产权纠纷调解工作，拓宽权利人维权渠道，降低维权成本。开展西部地区专利无效案件巡回口审和执法培训工作。

促进西部地区知识产权运用。会同财政部支持西部地区开展知识产权运营服务试点。支持西安市建设知识产权运营公共服务特色试点平台，支持资金 5000 万元。以股权投资方式支持四川省知识产权运营机构 1000 万元，打造西部地区知识产权运营的枢纽和龙头。支持四川省、陕西省各 4000 万元设立重点产业知识产权运营基金，探索商业模式，培育和运营高价值专利，推动专利与标准融合，支撑企业“走出去”和产业高端发展。支持西部省份制定推动知识产权金融服务工作的实施方案。在西部地区开展试点，设立知识产权质押融资

风险补偿基金，探索知识产权质押融资风险控制措施。推动建立知识产权质押融资服务及促进机制。2015 年，西部 12 个省份专利权质押融资金额达 167.7 亿元。

持续推进西部地区专利导航试点工作。支持西部地区国家专利导航产业发展实验区、国家专利运营试点企业等试点单位发展。指导宝鸡高新区实施产业规划类专利导航项目，制定出台《专利导航促进宝鸡钛产业创新发展规划》，引领钛产业知识产权前瞻布局。指导四川、重庆产业知识产权联盟建设，完成高效节能照明、摩托车等 8 家产业知识产权联盟的组建及备案工作。

(三)夯实知识产权工作基础，提高知识产权服务能力

加强西部知识产权人才培训和宣传工作。加大对西部党政领导干部的知识产权培训力度。加强东、中、西部人才流动配置机制建设，探索建立区域人才交流合作机制，完善到西部基层服务和锻炼的政策机制。支持西部地区国家知识产权培训基地建设。在知识产权领军人才、百千万人才和百名高层次人才选拔等方面给予政策倾斜。做好西部地区干部双向挂职交流工作，选派 5 名干部到西部挂职，接收 4 名干部挂职。推动网络教育培训，加强对西部地区知识产权教育资源的共享。举办西部高校及科研机构专利信息利用能力培训班(陕西)、专利信息传播与利用巡回培训班(内蒙古)。支持开展知识产权宣传周活动，支持陕西开展中小学知识产权教育普及。

培育西部地区知识产权服务业发展。在重庆、四川、陕西等地实施知识产权服务促进项目。确定西部地区 10 家机构为第二批全国知识产权服务品牌培育单位。开展知识产权服务品牌机构牵手区域发展(贵州)行动，促进需求与优质服务资源对接。推进四川成都高新区国家知识产权服务业集聚发展试验区建设，促进知识产权服务与园区产业融合发展。新批准设立 5 家专利代理机构。继续实施专利代理人资格考试中西部倾斜政策，11 个西部省份的 215 名考生获得在本省执业的资格，充实了西部地区急需的专利代理人才队伍。开展专利代理机构业务能力促进和专利代理人实务技能培训等工作。加强经费支持和审查业务指导，推进国家知识产权局专利局专利审查协作(四川)中心建设，提高其服务本地经济社会发展的能力。

推进西部地区专利信息公共服务体系建设。支持西部地区社会公众免费、便捷获取专利基础数据。批准设立“国家知识产权局青海省专利信息服务中心”。加强专利信息传播利用四川基地、重庆基地建设。指导“区域专利信息服务(重庆)中心”建设和规划工作。发布《2015 年西部省区专利信息帮扶工作实施方案》，在 9 省(区)开展专利信息利用帮扶项目。加快推进西部地区专利代办工作，在重庆、成都、昆明、西安、乌鲁木齐、兰州、西宁 7 个专利代办处拓展优先审查请求受理等业务职能。

(四)加强知识产权交流合作

指导支持西部地区开展国际交流与合作，与世界知识产权组织(WIPO)在成都举办“专利合作条约(PCT)高级巡回研讨会”，帮助当地企业、高校和研究机构更好地运用 PCT 制度开展国际竞争。支持陕西、新疆开展“一带一路”知识产权促进工作，形成相关知识产权工作方案。指导宁夏开展“中国—阿拉伯国家技术转移中心”知识产权保护问题研究。组织召开第三次全国知识产权系统对口援疆工作会议暨国家知识产权局与新疆维吾尔自治区

人民政府新一轮合作会商会议。

二、2016 年工作设想

(一)推进西部地区知识产权战略深入实施

推进西部地区知识产权区域布局试点工作,加强对西部地区知识产权工作分类指导力度。继续推进西部地区专利事业发展战略的实施。加大对西部知识产权试点示范城市、县(区)的指导支持,培育一批知识产权示范城市、知识产权强市、强县。支持西部地区推行《企业知识产权管理规范》国家标准。

(二)加大西部地区知识产权保护力度,促进西部地区知识产权运用

指导西部省份加强地方立法。加大西部地区重点领域专利执法办案力度。以民生和高新技术领域为重点,以电商、展会、进出口为重点环节,完善执法协作机制,集中开展专利执法检查和办案工作。继续开展知识产权保护规范化市场培育。推进知识产权纠纷调解工作。继续支持西部地区开展专利导航试点工作,扩大试点单位数量。持续推进西部地区知识产权运营服务试点工作,坚持市场化运作,充分发挥财政资金引导作用,带动知识产权运营机构蓬勃发展。加强对西部省份企业知识产权质押融资的指导和服务。探索建立多元化知识产权担保机制。探索完善知识产权质物处置机制。

(三)夯实知识产权工作基础,提高知识产权服务能力

制定中西部区域知识产权人才发展政策。加强西部地区知识产权培训基地建设。组织知识产权领军人才赴西部地区巡讲。加强干部挂职锻炼工作力度。研究建立高校、政府、企业协调合作的知识产权教育机制。继续培育西部地区知识产权服务品牌机构,加快知识产权服务业集聚区建设。完善专利信息传播利用四川基地、重庆基地工作体系。深化专利信息帮扶和促进工作。指导广西、宁夏完善专利信息公共服务平台、特色产业专题数据库建设等。继续实施专利代理人资格考试中西部倾斜政策。对西部地区给予专利基础数据和专利信息服务系统方面的支持,提升西部地区专利信息服务中心的能力。促进专利代办处在服务专利审查工作、服务创新主体、服务地方经济建设方面发挥更大的作用。

(四)指导西部地区加强知识产权交流合作

结合“一带一路”战略实施,推动陕西、新疆省(区)等开展与中亚国家的知识产权交流。通过举办知识产权涉外培训班、国际研讨会及接待外方高层访问等,加强对西部地区涉外工作的指导。做好全国知识产权对口援疆工作的统筹谋划,积极推进知识产权援疆工作规划的制定,整合全国知识产权系统资源,加大知识产权援疆工作力度。

——执笔人:李　伟

第二十七章　旅游局

一、2015 年工作情况

（一）支持西部重点地区编制旅游规划

《丝绸之路经济带与海上丝绸之路旅游合作发展战略规划》已形成初稿；启动了秦巴山片区、武陵山片区、大年保玉则旅游发展规划编制工作。

（二）支持西部旅游基础设施建设和乡村旅游发展

2015 年，国家旅游局计划安排西部省（区、市）旅游发展基金补助地方项目资金约 3.1 亿元，约占全国总额的 45%，主要用于支持西部地区旅游基础设施和公共服务设施建设。

2015 年，在旅游局和扶贫办开展的贫困村旅游扶贫试点工作中，将西部地区 224 个贫困村作为试点村，加强规划指导，着力形成可复制、可推广的乡村旅游扶贫模式，深入推进乡村旅游扶贫工作。在旅游局启动的乡村旅游“千千万万”品牌推介活动中，在西部地区认定推介 449 个“中国乡村旅游模范村”、430 家“中国乡村旅游模范户”、3458 名“中国乡村旅游致富带头人”、3623 个“金牌农家乐”。2015 年 6—9 月，在国家旅游局分四期举办的乡村旅游扶贫重点村村官培训班中，组织西部地区约 800 个贫困村村长（或村支书）参训。

（三）支持西部地区在国外及港澳台地区的旅游宣传推广和市场开发工作

2015 年，组织西部多个省份在哈萨克斯坦、土耳其、意大利 3 国举办“陆上丝绸之路”旅游推广活动，参加境外 10 多个旅游展览。在“请进来”方面，共邀请超过 800 名境外旅行商和媒体赴四川、贵州、云南、广西、甘肃、宁夏等省（区）考察。先后在西安举行了丝绸之路旅游主题年启动仪式和丝绸之路旅游部长会议，指导协助桂林举办第一届“中国—东盟博览会旅游展”，与甘肃省政府共同举办第六届“敦煌行·丝绸之路国际旅游节”，与西藏自治区人民政府共同举办西藏旅游博览会，协助贵州省举办世界山地旅游大会。支持广西桂林市人民政府举办第八届“联合国世界旅游组织/亚太旅游协会旅游趋势与展望国际论坛”，支持内蒙古自治区旅游局和满洲里市人民政府在满洲里市共同举办的“2014 中俄蒙三国跨境旅游合作发展对话会议”。

先后在宁夏举办了“第七届海峡两岸旅游交流圆桌会议”，在青海举办了“美丽中国—大美青海丝路行暨青海与港澳旅游交流合作活动”，在甘肃举办了“美丽中华—绚丽甘肃丝路行暨甘台旅游交流合作活动”，从高层交流、业界合作、产业促进等多个层面进一步深化了西部地区与港澳台地区的旅游交流合作。此外，全年多次组织港澳台旅行商和媒体赴四川、甘肃、湖北、贵州等地考察采访、洽谈交流，并对港澳台旅行商和媒体赴西部地区考察工作给予地接费用补贴支持。在宣传品印制、广告投放上也不断加大对西部地区的支持力度，2015 年，累计为西部 10 个省份免费印制和投放宣传品约 40 万册。

(四)加强西部地区旅游人才培训

2015 年，先后与国家民委联合举办第 6 期新疆地区旅游景区发展研讨班，培训新疆各地市州及新疆生产建设兵团师、团旅游局主要负责人 100 余人；在天津举办第 23 期中西部地区旅游经济发展研讨班，培训西部地区地市州县(区)旅游局局长 36 人；在江西吉安为原中央苏区举办旅游经济发展研讨班，培训 108 个地市县(区)的旅游局负责人 120 余人；在兰州举办“一带一路”旅游经济发展研讨班，培训各级旅游局负责人 130 余人；在杭州举办第 14 期西藏旅游经济发展研讨班，培训西藏地区地市县旅游局负责人 56 人；在南京举办四川、云南、甘肃、青海藏区旅游经济发展研讨班，培训四川省藏区地市县旅游局负责人 80 人。此外，还为甘肃、贵州、黑龙江、新疆兵团等西部地区旅游局举办的专项培训班选派 17 名专家送教上门。在开展的“旅游青年专家培养”、“万民旅游英才计划”、“名导进课堂”骨干师资培训等人才培养项目上，对西部地区旅游人才在政策和名额分配等方面予以倾斜。

(五)支持西部地区创建旅游品牌

一是支持西部地区挖掘整合高品位旅游资源，提升创建一批精品旅游景区，将其打造为西部地区旅游发展的重要载体。全年共支持西部地区成功创建 7 家 5A 级旅游景区，占全国近四分之一，分别为：甘肃省敦煌鸣沙山月牙泉旅游景区、四川省广元市剑门蜀道剑门关旅游区、贵州省黔南荔波漳江景区、宁夏银川市灵武水洞沟旅游区、新疆喀什地区喀什噶尔老城景区、重庆江津四面山景区、陕西省商洛市金丝峡景区。二是以国家级旅游度假区创建为抓手，支持西部地区大力发展休闲度假产品，加快旅游业转型升级。2015 年，支持重庆仙女山、四川邛海两家旅游度假区成功创建国家级旅游度假区。

(六)支持西部红色旅游进一步发展

一是支持西部地区发展红色旅游。列入全国红色旅游经典景区名录的基础设施建设、交通建设都已得到国家的扶持。其中，重庆有 3 处景区、广西有 4 处景区、四川有 9 处景区、贵州有 6 处景区、云南有 6 处景区、西藏有 3 处景区、陕西有 10 处景区、甘肃有 10 处景区、青海有 3 处景区、宁夏有 4 处景区、内蒙古有 6 处景区、新疆有 8 处景区、湖南湘西有 1 处景区列入全国红色旅游经典景区一、二期名录。二是加强西部红色旅游人才培训。2015 年，全国红色旅游工作协调小组办公室在四川和广西举办了 2 期区域性培训班，以纪念长征 80 周年为主题对西部地区旅游行政管理人员、景区管理人员、导游员、讲解员等人进行培训。在四川广安、贵州遵义、甘肃环县等西部地区红色旅游城市设立红色旅游书屋。三是加强西部地区红色旅游宣传推广。在广西、重庆、四川、贵州、云南、陕西、甘肃、青海、宁夏等地举办“薪火相传·再创辉煌”长征精神红色旅游火炬传递活动，并于 2015 年 11 月 9 日在陕西延安举办全国火炬汇集仪式；红办举办的“首届全国红色旅游故事大赛”有来自广西、贵州、四川、新疆等地的少数民族讲解员踊跃参赛并获得奖项。这些活动在全国范围内都引起热烈反响。四是调研三期规划编制思路。红办和协调小组成员单位的相关人员，就全国红色旅游发展三期规划纲要的编制思路赴广西、重庆、贵州进行了调研，进一步了解地方面临的主要问题和亟须研究解决的问题。

二、2016 年工作设想

(一)进一步完善西部地区旅游产品体系建设

以《中共中央国务院关于深入实施西部大开发战略的若干意见》为指导,以《丝绸之路经济带和海上丝绸之路旅游合作发展战略规划》的编制为契机,以完善旅游产业体系,建设基础设施和提升公共服务体系为抓手,充分利用西部地区的民族、民俗、历史、生态、红色、乡村等旅游资源,借助规划带动、区域联合、产业联动、市场互动等策略,发展以观光旅游、民俗体验和生态旅游为核心,以度假休闲、红色旅游、宗教旅游、节庆旅游以及避暑旅游、民族特色旅游等为补充的旅游产品体系。

(二)进一步推进西部地区对外交流合作

继续在旅游对外宣传推广、旅游节庆活动等方面,为西部地区提供全方位的支持。一是继续协助西部地区做好宣传推广。积极支持西部地区参加旅游局和驻外办事处牵头举办的旅游展览,对西部省份赴境外举办旅游宣传推广活动给予协助。同时,积极组织境外旅行商和企业赴西部地区考察采风。二是对西部地区旅游节庆活动给予支持。支持西部地区办好中国东盟旅游展、西藏旅游文化博览会等重大旅游节庆活动。三是继续加大对西部地区在港澳旅游宣传推广方面的政策、资金支持力度。继续举办西部地区与港澳台旅游交流合作活动,重点加强当地旅游资源的宣传推广和实地考察,通过推介活动、线路考察、签署合作协议、出台支持政策等方式,充分发挥旅游在推动西部地区文化经济发展方面的作用。此外,将根据情况,继续为西部地区制作旅游宣传品,并为西部地区参加中国国际旅游交易会提供减免展台费待遇。

(三)召开全国旅游援藏工作会议

拟于 2016 年上半年召开全国旅游援藏工作会议,推动旅游援藏工作。

(四)继续支持西部地区红色旅游发展

协调各成员单位,推动西部地区红色旅游经典景区建设。积极协调宣传、文献、党史、文物等部门,推动西部地区革命文物的修复、保护和利用,拓展和深化红色旅游思想文化内涵,创新红色旅游宣讲和展陈方式,推动红色旅游发展。

(五)继续支持西部地区旅游人才工作

加大对西部地区旅游人才的培养力度,支持西部地区旅游人才队伍建设,继续实施好对西藏、新疆等地区的帮扶计划。

第二十八章　中科院

一、2015 年工作情况

(一)加强宏观战略部署，推进西部地区科技合作

2015 年，中科院按照“率先行动”计划的部署和要求，聚焦西部经济社会发展的迫切需求，充分发挥科技创新的支撑引领作用，大力推进与西部各省(区、市)的科技合作，在科技园区建设、国有大型企业合作、地方科学院建设、平台共建、人才交流与培养等方面部署了重点任务。

研究所分类改革是中科院实施“率先行动”计划的重要抓手和突破口，2015 年，共启动 14 个研究所进入特色研究所建设试点。其中，西部地区有 4 个所(寒区旱区环境与工程研究所、成都山地灾害与环境研究所、新疆生态与地理研究所、昆明植物研究所)在列。这些特色研究所将优先试点改革政策与措施，吸引和带动更多科技资源集聚西部，为支撑西部大开发战略的深入实施、促进西部省(区、市)经济社会健康发展做出新的贡献。

(二)实施 STS 计划项目，精准聚焦西部发展需求

为促进科技成果在西部地区的转移、转化与规模产业化，中科院 2015 年继续推进了原来部署的“科技支黔”、“科技援藏”、“科技支青”、“科技支甘”、“科技支新”等西部院地合作专项工程、新疆专项工程、“支撑服务国家战略性新兴产业科技行动计划”、“高技术西部行动计划”等项目。

为精准聚焦新时期西部地区经济社会发展需求，在科技服务网络(STS Network)计划中单独设立了西部专项，部署了“水/光/储互补微网关键技术研究及应用示范”、“葡萄与优质牧草品种选育及示范推广”、“特色植物资源利用、保鲜及作物遗传改良新技术”、“四川高效生态农牧业技术研发与示范”、“川藏铁路山地灾害分布规律、风险分析与防治试验示范”等一批项目。通过项目的实施，不仅解决了西部地区生态环境保护和产业结构调整所面临的现实问题，更调动了当地各界创新创业的积极性，形成了科技支撑服务区域发展的可持续模式。

(三)夯实科技合作平台，服务地方产业创新发展

成功举办新疆科洽会。第八届“中国科学院—新疆科技合作洽谈会”(以下简称科洽会)于 2015 年 8 月 28 日至 30 日在昌吉国家农业科技园区举办。本届科洽会以“科技驱动发展，万众创新创业，产业转型升级，支撑核心区建设”为主题，举办了一系列科技成果展示和推介活动。参展单位包括中科院系统 12 个分院的 61 个研究机构，上海、广东、江苏等 10

个内地省市，新疆维吾尔自治区 14 个地州市、新疆生产建设兵团各师和 27 个疆内高校、科研院所、企业等；参展项目共计 1500 多项，参展实物 2200 多种，达成合作协议 514 项，协议金额达 138.34 亿元。

加快推进银川中心建设。2015 年，中科院银川科技创新与产业育成中心（以下简称银川中心）在公共平台搭建、院地项目实施、小微企业引入、科技活动开展等方面都取得了显著成效。中心已基本建立了由理事会领导，专家指导委员会决策指导，理事会办公室监督管理，中科院研究所和地方企业为支撑的工作架构和院地合作体系。截至 2015 年，已吸引社会资源投入近 2000 万元；完成 2 家研究单位和 5 家企业的入驻孵化，入驻人员达 30 人。

深入开展大企业合作。2015 年，中科院组织过程所、金属所、大连化物所等 8 个研究所的近三十位专家参加了第二十一届金川科技攻关大会，与会专家分别做了“我国高温合金的发展趋势”等 9 个主题、专题报告。目前，中科院与金川集团已启动 6 项技术合作，合同金额达 875 万元；金川集团与兰州化物所合作的“活性硫化镍法用于镍电解阳极液净化除铜中试实验研究”项目取得重要突破，该项目获得甘肃省重大专项经费支持，金川集团投入千万元支持工业生产试验。

（四）推进人才培养培训，提升科技人才服务能力

“西部之光”人才培养引进计划项目。2015 年，中科院继续推进“西部之光”人才培养引进计划项目的组织实施，共支持各类人才项目 226 个，其中“西部引进人才”项目 6 个、“西部青年学者”项目 220 个。

新疆博士班。截至 2015 年，“中国科学院少数民族高层次骨干人才计划新疆博士研究生班”已经举办 7 期，有 107 名学员进入中国科学院大学深造，已毕业 40 名。学员分别来自乌鲁木齐、伊犁、昌吉、哈密、吐鲁番、阿勒泰等地市州的各级党委、政府的有关部门和厅局、高校、企业等 46 个单位。

科技扶贫人才项目。2015 年，根据国务院扶贫办统一部署，中科院发挥全院科技和人才综合优势，开展了多方式、多内容的科技扶贫工作。据统计，目前中科院有百余人参加了多种形式的科技扶贫工作，已向广西环江、贵州水城、内蒙古库伦和翁牛特等定点帮扶贫困县派遣了 3 名副县长，并按照中组部部署向贵州水城派遣了 1 名村党支部书记。同时，在贫困地区举办各类科普培训班 400 多期，培训各类人员超过 2 万人次。

（五）开展战略咨询研究，发挥科技智库支撑作用

西藏农牧民增收长效机制取得成效。2015 年，继续以西藏三个农业村（吉纳村、白朗村和章麦村）为典型，深入研究农牧结合技术体系，通过产业化平台建设、关键技术转移和骨干人才培养，实现土地入股、集体土地规模化经营等多种形式的联合，全年共实现农牧民户均增收不低于 2000 元的目标。撰写的《促进农牧民增收的西藏农牧结合技术体系构建与示范》咨询报告得到了有关领导的重视；中科院建议的“西藏农区畜牧业效益倍增工程”，纳入了西藏自治区“十三五”规划。

青藏高原生态环境变化评估取得显著成果。针对西藏生态环境建设的实际情况，编制完成了《西藏高原环境变化科学评估》报告，提出了发展环境保护与绿色经济相融合的科学理念等建议；编制完成了《西藏生态安全屏障保护与建设工程建设成效综合评估（2008—

2014)》,该报告已通过西藏自治区政府专题会议审议。

针对青海三江源生态环境保护与建设,编制完成《三江源生态保护和建设一期工程生态成效评估报告》,该报告由青海省人民政府和中国科学院于2015年5月共同批准对外正式发布。由中科院主持编制的《三江源生态保护和建设生态效果评估技术规范》也已作为青海省地方标准正式颁布实施。

二、2016年工作设想

(一)大力推进STS计划项目部署与实施

按照中科院科技服务网络(STS Network)计划的相关要求,围绕资源开发利用、生态安全屏障建设、农牧民增收、社会进步与安全稳定等主题,重点部署和实施生态草牧业示范、西部典型县域特色高值生态农业、南方农田重金属污染治理、三峡水库生态环境演变机制研究等项目的研究。

(二)积极推进平台建设各项工作

与有关部门、西部省(区、市)通力协作,进一步加强全国科学院联盟、野外台站联盟、植物园联盟以及中科院西部转移、转化中心建设工作。同时,加强产业科技需求调研,积极开展与西部各类企业的科技合作,推进与地方高校、研究院所的协同创新。

(三)继续做好科技成果转化、人才培养与战略咨询服务

集成中科院与西部地方科学院科技资源,深化与西部大企业的合作,加快科技成果转移转化和示范推广,推动重点科技创新平台建设,加强人才交流与培养,加强战略咨询研究,服务西部地区生态文明建设与转型发展。

——执笔人:秦承虎

第二十九章　工程院

一、2015 年工作情况

(一)围绕关系西部大开发的重大工程科技战略问题开展战略咨询研究

2015 年 4 月 10 日,“工业行业空间布局与区域协调发展研究——重化工业与环境协调发展研究”项目结题研讨会在工程院召开。该项目是工业和信息化部与中国工程院 2013 年合作的重要任务。在项目研究过程中,项目组科学确定研究范围和对象,选择环渤海经济圈(京、津、冀、鲁、辽)和西部能源金三角(陕、甘、宁、内蒙古)两大目标区域,以及石化(包括石油化工及煤化工)、钢铁、有色、建材四个代表性的重化工业行业,先后对河北、北京、天津、陕西、山东、内蒙古、辽宁、甘肃、宁夏等 9 省(区、市)进行实地调研。集思广益,先后召开了不同类型的专题讨论会、阶段成果汇报会共计 20 余次,并成功举办了第 198 场中国工程科技论坛。研究成果已经对工信部和国家的决策发挥了作用。

6 月 15 日,结合 2015 中国·青海绿色发展投资贸易洽谈会,青海省创新驱动发展座谈会暨院省科技合作协议签字仪式在西宁举办,双方续签了《青海省人民政府与中国工程院科技合作协议》,7 位院士出席并见证了签字仪式。

7 月 30 日,中国工程院与西藏自治区人民政府战略合作框架协议签字仪式暨西藏自治区创新驱动发展院士座谈会在拉萨举行,双方就开展决策咨询、推动产业发展、加强合作研究和成果转化、人才培养等内容达成合作意向,签署了《西藏自治区人民政府与中国工程院战略合作框架协议》,12 位院士出席签字仪式暨院士座谈会。

(二)深入开展院士行活动,推动西部地区创新驱动发展

2015 年 5 月 27—28 日,与广西壮族自治区共同主办的“共建广西药用植物园院士行”系列活动在南宁市举行。7 月 7—10 日,“2015 年中国工程院医药卫生学部成都院士行”系列活动在蓉举办,8 位院士参加。

8 月 29 日,中国工程院院士云南行暨云南省创新驱动发展院士咨询会在昆明举办,9 位院士出席。院士们围绕云南省创新驱动发展的主题进行座谈,分别从资源开发、环境保护、生态文明建设、特色产业与战略性产业发展、生物医药技术、人才队伍建设、产业转型升级、新能源技术等方面提出了具有重要参考价值的意见和建议。

(三)发挥顶尖人才优势,探索实施科技扶贫

工程院定点扶贫县是云南省会泽县,2015 年 11 月又新增了澜沧县。工程院现有 800 多位院士,汇聚了大量顶尖的工程科技人才。在扶贫工作中,注意发挥顶尖人才优势,增加

"造血"功能,促进会泽脱贫致富。一是开展医疗扶贫。协调云南省第一人民医院医疗帮扶会泽县。双方签订了帮扶协议,帮助会泽县医院加强专业科室建设,派专家到会泽坐诊,建立危重病人转诊渠道等,第一期免费为会泽培训 13 名医护人员,培训期半年至 1 年。二是保护和挖掘会泽历史文化资源。会泽历史悠久,历史文化资源丰富,但不少历史建筑已年久失修。工程院设立了"会泽历史地段保护规划与建筑整治研究"咨询研究项目,2015 年 4 月 11 日至 13 日,专家及项目组成员赴会泽县推进扶贫工作。三是开展重点流域综合治理研究前期调研。会泽地处乌蒙山脉主峰地段,95.7%的面积为山区;会泽地表水系发达,有较大河流 57 条;会泽是云南省地质灾害较为严重的县份之一,主要灾害包括滑坡、泥石流、崩塌等。工程院拟设立咨询研究项目就会泽县重点流域综合治理进行研究。四是推进教育扶贫。请院士到会泽县给党政干部、专业人员、在校学生作科普讲座;为中、小学赠送《院士传记》等图书,激励他们向院士学习,奋发图强,热爱祖国,热爱科学。

二、2016 年工作设想

根据《中国工程院 2014—2018 年工作纲要》提出的"创新驱动、提高质量、服务发展"的工作总方针与《中国工程院 2014—2018 年科技合作工作纲要》关于"突出重点、整合资源、统筹协同"的要求,结合国家正在实施的"一带一路"重大战略,工程院也启动了"一带一路"重大咨询项目。

2016 年,将围绕西部地区科学发展、创新发展启动一批战略咨询研究项目;根据西部地区发展需求,结合项目研究进展,举办高端学术交流;组织院士专家,到西部地区开展重点产业院士行活动;搭建和完善科技会展平台建设,积极支持西部省(区、市)开展各类科技博览会等活动;贯彻落实《关于进一步完善定点扶贫工作的通知》(国开办发〔2015〕27 号)精神,做好定点扶贫工作。

——执笔人:王京京

第三十章　银监会

一、2015 年工作情况

(一)持续加大对西部地区的信贷支持力度

立足"一带一路"和长江经济带建设战略，充分发挥银行业对重点领域重大工程项目建设的支持作用，引导银行业金融机构将自身发展与西部大开发各项政策措施有机结合，不断优化信贷结构和经营策略，积极对接西部地区重点项目，持续推进西部地区基础设施、新型城镇化和生态环境建设。2015 年，银监会联合国家发展改革委印发了《关于银行业支持重点领域重大工程建设的指导意见》，引导银行业金融机构完善工作机制和信贷政策，以重点领域重大工程为核心，全面做好国家重大战略部署的金融服务工作。

充分发挥西部地区的比较优势，引导银行业大力支持西部沿边沿疆地区与周边国家铁路、公路、航空、电信等基础设施建设"互联互通"，助推西部内陆开放经济高地全面开发开放。

积极推动西部地区地域文化、民族旅游、边境贸易特色优势产业发展升级，促进西部地区外向经济发展。

截至 2015 年 12 月末，银行业金融机构投向西部地区的各项贷款余额达 19.56 万亿元，较上年同期增加 2.44 万亿元，同比增长 14.26%。

(二)积极引导培育西部地区金融体系，推动金融服务均等化

指导符合条件的全国性股份制银行、城市商业银行完善西部地区网络布局，提高金融服务能力。实施优惠措施，鼓励和引导外资银行在西部设立机构和开展业务。深化农村金融机构改革，加快发展新型农村金融机构，引进社会资本，推动高风险机构并购重组，有效增强贷款投放能力。推动扩大民间资本进入西部银行业。支持具备条件的民间资本依法发起设立中小型银行等金融机构，不断完善多层次、广覆盖、差异化的银行业机构体系，推进民营银行、消费金融公司等机构在西部地区设立。

优化金融机构布局。按照"东西挂钩"、"城乡挂钩"、"发达地区与欠发达地区挂钩"的政策，引导各类银行业金融机构到西部金融机构少、金融服务相对薄弱的地区设立分支机构。加快对西部地区新型农村金融机构的培育步伐，对符合条件的申请开设绿色通道，不断改善西部地区金融服务，推进西部地区金融服务均等化建设。

推进西部地区民生金融服务。积极改进西部地区城市低收入居民、残疾人等城乡特殊群体金融服务，持续推进金融服务进村入社区、阳光信贷和富民惠农金融创新工程及基础金融服务"村村通"建设，坚决打通西部地区金融服务的"最后一公里"，将金融服务有效延

伸到西部偏远地区。

(三)加大金融扶贫减贫工作力度

针对西部地区经济特点,实施差别化的监管政策和倾斜性的信贷政策,以扶持龙头企业、推动产业发展为突破点,将信贷资金向民生项目、农牧经济、小微企业倾斜。

充分发挥政策性金融和合作性金融作用,大力改进对西部地区农民工、农村妇女、留守老人等群体的金融服务,推进西部地区贫困人群金融综合支持体系建设。同时,不断完善扶贫贴息贷款政策,引导银行业金融机构全面做好支持西部地区扶贫攻坚的金融服务工作。

引导银行业大力推广农户小额信用贷款和农户联保贷款,推动西部地区农牧业现代化发展,提升对西部地区家庭农场、专业大户、农民合作社、产业化龙头企业等新型农村经营主体的支持力度,促进当地优势企业、特色产业做大变强和农牧民群众增收致富。

(四)创新金融业务产品,提高金融服务质量

为有效满足金融消费者的服务需求,引导西部地区银行业着力强化"为民服务"意识,持续加大投入,完善金融基础设施,不断改进和创新金融服务方式,大力推广以借助互联网技术、ATM 机、POS 机、手机银行等现代化服务工具,降低服务成本,提高服务的及时性和有效性。

针对西部地区不同经济特点,积极开发适合当地的信贷产品,为西部地区提供专业化、特色化金融服务,较好地解决了农牧民的资金需求。

二、2016 年工作设想

(一)实施差别化信贷政策,推动产业结构调整和转型升级

进一步引导银行业金融机构加快业务模式、机制、流程和产品创新,着力开发契合西部大开发战略、新兴产业和新兴业态发展以及"互联网+"的金融产品和服务,持续加大对新兴产业和科技型企业的支持力度。

大力推行绿色信贷,积极支持符合国家产业政策和行业标准的西部地区能效项目,增强银行业的可持续发展能力。

推动化解西部地区过剩产能。鼓励银行业金融机构加大对西部产能过剩行业兼并重组、转型转产、技术改造等环节的信贷支持,促进化解过剩产能和传统产业转型升级。

(二)深入发展普惠金融,持续加大对薄弱领域的支持力度

鼓励各类银行业金融机构加大对西部地区的资源倾斜力度,优先安排信贷计划,为促进西部地区有效投资和发展提供持续、有力的金融支持。支持银行业金融机构利用新技术,开发新产品,提高低文化人群、边远山区群众的金融服务便利性。

引导各类银行业金融机构对西部地区特别是西藏、新疆等民族地区实行倾斜的信贷政策,在贷款定价等方面因地制宜给予差别化支持。

持续改进贫困地区和特殊群体金融服务。加大对集中连片特困地区的金融资源倾斜

力度，围绕农业产业、移民搬迁、返乡创业、贫困助学等重点领域，加大扶贫贴息贷款发放力度，解决贫困人群就业难、入学难、创业难等实际问题。

（三）加强风险防范，坚守不发生系统性区域性风险的底线

继续引导银行业金融机构服务西部地区实体经济，不搞简单的抽贷、压贷，积极通过联合授信、银团贷款等方式帮助企业渡过难关，切实防范区域性风险。

切实做好信贷资产分类管理，妥善化解存量风险，控制好增量业务风险，加强风险防控，守住不发生系统性区域性风险的底线。

——执笔人：张晓宏

第三十一章　证监会

一、2015 年工作情况

(一)积极支持西部企业上市融资

自 2012 年 8 月起，在企业申请首次公开发行上市审核进度安排方面实行“西部企业优先审核”的政策，适用于《国务院关于西部大开发若干政策措施的实施意见的通知》(国办发〔2001〕73 号)划定的适用范围，即西部 12 省(区、市)及 3 个比照执行的地区。2015 年，西部地区有 28 家企业实现首发上市，合计融资 123.5 亿元；67 家上市公司实现再融资，合计融资 1540.8 亿元。企业通过上市筹集到了发展急需的资金，同时通过资本市场的外部约束规范了公司治理结构，促进企业形成现代企业制度。

(二)积极支持西部地区中小微企业在新三板挂牌

大力支持符合条件的西部地区中小微企业在全国中小企业股份转让系统(即新三板)挂牌。截至 2015 年 12 月 31 日，西部大开发所涉及 12 个省(区、市)共有挂牌公司 528 家，占全国挂牌公司总量(5129 家)的 10.3%；在审企业 197 家，占全国在审企业总量(2208 家)的 8.92%。其中，西藏自治区 2015 年挂牌 2 家企业，实现零突破。2015 年以来，西部 12 个省(区、市)挂牌企业在新三板共发行股票 234 次，发行股份 18.67 亿股，共融资金额 87.54 亿元，分别占全国的 9.2%、8.09%和 7.2%。另一方面，积极支持民族地区的企业利用资本市场发展。鼓励符合条件的民族地区股份公司在新三板挂牌，公开转让股份，进行股权融资、债权融资、资产重组等。指导全国股转公司建立健全民族地区股份公司利用新三板发展的相关制度安排，包括免除民族地区企业股票(含优先股)挂牌初费和年费，开展培训咨询和投融资对接服务，组织专门的审查团队负责审查等。支持西藏企业通过新三板挂牌交易和融资，以及发行中小企业私募债券等融资工具，对于符合条件的企业，实行即报即审、即审即挂。

(三)积极支持西部企业发行债券直接融资

积极支持符合条件的西部企业通过发行公司债券、资产证券化产品等方式募集资金，促进区域协调发展。2015 年，修订发布《公司债券发行与交易管理办法》，将公司债券发行主体范围扩大至所有公司制法人，全面建立公司债券非公开发行制度。2014 年 11 月，发布《证券公司及基金管理公司子公司资产证券化业务管理规定》及配套规则，取消资产证券化业务的行政审批，实行市场化的证券自律组织事后备案和基础资产负面清单管理制度。目前，符合条件的西部企业可以通过发行公司债券、资产证券化产品等多种方式进行融资，融资渠道进一步拓宽。2015 年,西部企业通过发行 205 只公司债券募集资金 2093 亿元,通过设立 47 只资产支持专项计划募集资金 407 亿元。

(四)积极支持西部地区上市公司利用资本市场并购重组、做大做强

2015 年以来,按照放松管制、加强监管的原则,以发挥市场核心作用为导向,取消了上市公司收购报书事前审核行政许可;对上市公司重大资产购买、出售、置换行为,除构成借壳上市外,全部取消审批;简化要约收购义务豁免审批的情形;完善兼并重组股份定价机制,丰富并购重组支付工具,允许上市公司发行优先股、定向发行可转换债券实施并购;对上市公司发行股份实施兼并事项,不设发行数量下限。同时,对需要审批的并购重组等事项,不断优化审批流程,加快审批速度,大大加快了并购重组及相应再融资的效率,形成了一条高效便捷的资本运作和融资的绿色通道。上述政策极大地简化了上市公司实施并购重组的程序,降低了时间成本和财务成本,巩固了市场在资源配置中的基础地位,促进了上市公司并购、投资、再融资等资本市场业务的发展。2015 年以来,上市公司并购重组日趋活跃,西部区域上市公司全年共发生并购重组 348 起,涉及金额 3200.49 亿元。此外,为了发挥上市公司在决定股权激励计划中的自主权,证监会取消了上市公司股权激励方案事前备案。2015 年以来,西部区域共有 18 家上市公司推出股权激励方案。

(五)积极支持西部地区证券等金融机构壮大发展

2015 年,共批准 5 家证券、基金管理公司在西部地区设立和搬迁。其中,新设 2 家证券公司,即申万宏源证券承销保荐有限责任公司和申万宏源西部证券有限公司,注册地均为新疆维吾尔自治区乌鲁木齐市;新设 2 家基金管理公司,泓德基金管理有限公司注册地为西藏自治区拉萨市,新疆前海联合基金管理有限公司注册地为新疆乌鲁木齐经济技术开发区;1 家证券机构迁至西部地区,即华林证券有限责任公司迁至西藏自治区拉萨市。

(六)积极支持西部企业境外上市融资

境外上市是我国利用外资的重要窗口和境内企业"走出去"的重要渠道。证监会积极支持符合条件的境内企业(包括西部企业)根据自身发展需要在境外资本市场上市融资,充分利用境内外两个市场、两种资源,提升企业核心竞争力。2015 年以来,出台了一系列改革举措,推动境内企业境外上市便利化,全面取消境外上市财务审核,大幅精简申报文件材料和审核内容,取消 A 股公司发行 H 股的定价限制,建立市场化定价机制,进一步简化审核流程,严格审核时限,对外公布审核要点和审核进度。经过上述改革,境外上市审核效率大大提升,有力支持了境内企业境外上市融资。在西部地区企业中,2015 年,经证监会核准,云南水务投资股份有限公司、中国铁建高新装备股份有限公司、兰州庄园牧场股份有限公司、恒泰证券股份有限公司、新特能源股份有限公司完成首次境外公开发行并上市;西安海天天线科技股份有限公司、陕西西北新技术实业股份有限公司完成境外增发再融资。首次增发合计融资 9.81 亿美元。

二、2016 年工作设想

进一步完善多层次资本市场体系,丰富融资品种,通过不同层次的市场为不同发展阶

段的企业包括西部企业提供融资、股份转让、规范运营等服务。

继续落实新三板主要服务于创新型、创业型、成长型中小微企业的市场定位，巩固和完善小额、快速、灵活、多元的投融资机制，持续推进新三板的制度完善和市场创新，研究出台进一步支持西部地区的企业利用资本市场发展的相关政策措施，持续改善西部地区资本市场发展环境，促进西部地区更多的企业申请挂牌融资，提高资本市场服务西部地区实体经济的能力，支持西部大开发。

继续规范发展债券市场，推进市场化改革，支持符合条件的西部企业通过多种方式进行融资，进一步提高债券市场对西部大开发的支持力度。

不断简化并购重组相关行政许可流程，积极为西部区域上市公司提供便利，继续大力支持符合条件的上市公司通过并购重组做优做强；进一步提高上市公司股权激励的自觉性、灵活性；改革完善激励、约束相容的市场化机制，促进西部区域上市公司健康发展。

继续按照国家西部大开发战略工作部署，继续支持西部地区依法设立金融机构，继续支持地方性金融机构发展，引导推动证券期货经营机构服务地方经济发展。

继续落实党中央、国务院有关深入实施西部大开发的战略部署，促进区域协调发展，积极支持符合条件的西部企业境外上市融资，推动解决 H 股公司“全流通”问题，配合《证券法》修订，进一步完善境外上市监管法律法规。西部企业在符合境内法律法规和境外上市地上市条件的前提下，均可自主提出境外上市申请，证监会将继续依法做好相应的服务工作，为促进西部企业的持续健康发展和深入落实西部大开发战略提供金融支持。

——执笔人：韩　卓

第三十二章　保监会

一、2015 年工作情况

(一)引导完善西部保险市场体系建设

积极鼓励保险公司到西部地区设立经营机构,服务西部大开发战略,为当地经济社会发展提供更加便捷的保险服务。2015 年,在西部地区批设了中资保险公司省级分公司 12 家,中心支公司 128 家。在外资保险机构方面,批准中航安盟财产保险有限公司设立内蒙古分公司,利宝保险有限公司、招商信诺人寿保险有限公司设立重庆分公司,富邦财产保险有限公司和交银康联人寿保险有限公司设立四川分公司。

(二)积极为西部大开发提供保险保障,不断扩大西部地区保险覆盖面

鼓励和引导保险机构加大对西部地区保险市场的开发力度,并积极协调有关部门争取政策支持。2015 年,西部地区保险机构实现原保险保费收入 4629.24 亿元(未经审计,下同),同比增长 20.88%,占全国原保费收入的 19.06%。

提高西部地区农业保险覆盖面,加大对西部地区的惠农力度。2015 年,西部地区农业保险发展较快,农业保险保费收入 142.3 亿元,同比增长 9.6%,提供风险保障 1.06 万亿元,其中,青海和西藏同比增速分别达 87.96%和 47.95%,居全国前列。西部地区承保主要粮食作物 2.28 亿亩,占西部地区播种面积的 40.7%,广西、西藏等省份农房保险实现了全覆盖。

引导保险机构调整西部地区保险条款和费率水平,逐步加大对“三农”的保障力度。一是扩大保险责任范围。西部地区农业保险条款保险责任均已扩展承保地震、旱灾、病虫草鼠害等主要风险,青海、宁夏、内蒙古等地还扩展了雪灾、狼害、沙尘暴等地方特殊风险责任。二是降低费率和提高保障程度。西藏、陕西、甘肃等地降低了保险费率,降幅普遍超过 10%,最高达 63%,内蒙古、西藏、甘肃等地大幅提高了保障水平,增幅在 25%以上。三是取消理赔时绝对免赔限制,提高对农户的赔付水平。

指导开展西部地方特色农业保险服务。鼓励、指导保险机构针对西部地区农业生产特点和风险需求,因地制宜地开发农险产品。2015 年,西部地区共备案农险产品 564 个,涉及地方特色优势品种近 240 个。宁夏、贵州蔬菜目标价格保险试点已启动。其他如新疆的甜瓜、内蒙古的肉羊、云南和贵州的烟叶等,均开发出相应的保险产品,有力地支持西部地区特色支柱农业产业的发展。

不断提高保险服务当地经济社会发展和民生的水平。一是引导保险机构在西部地区开办农险业务。采取窗口指导等方式,引导符合条件的保险机构到西部地区开办农险业

务，增加西部地区农业保险供给。目前，除西藏、青海外，西部省份均至少有两家以上的保险机构经营农险业务，为当地农户提供更加优质的农业保险服务。二是引导保险机构提高西部地区理赔服务能力，充分发挥保险“稳定器”功能，促进灾后重建和灾民安置各项工作的开展。2015 年 4 月尼泊尔地震导致西藏日喀则地区人员伤亡和财产损失严重，西藏保险业前后共计投入 1363 人次、665 车次，车辆累计行程 12.6 万公里，历时 64 天开展查勘理赔工作，保险赔付 2.43 亿元。基于西藏特殊区情，政策性农业保险中涵盖地震责任，在全国尚属首例。保险赔款已成为农牧民灾后迅速恢复生产的重要资金来源之一，为促进生产、稳定社会发挥了积极作用。三是继续推进西部农村小额人身保险发展，鼓励人身保险公司在西部发展农村小额保险产品。2015 年，已实现 1 亿人的覆盖面，使保险服务渗透到传统商业保险难以提供服务的低收入群体，在扫除市场服务盲点方面做出了积极的贡献。

(三)发挥保险资金优势，服务西部地区经济发展和产业结构转型升级

一是稳步拓宽资金运用渠道。2015 年，发布一系列政策制度，拓宽保险资金境外投资，支持保险资金设立私募基金及资产支持计划业务等，丰富了西部地区实体经济融资方式和途径。二是组建中国保险投资基金。国务院审议通过总规模为 3000 亿元的中国保险投资基金设立方案，通过构建保险业战略性、主动性、综合性投资平台，对接“一带一路”重大项目、西部重大基础设施项目和民生工程建设。三是深化基础设施投资计划等注册制改革。2015 年，保险资金通过债权、股权投资计划和资产支持计划等方式，投资陕西、甘肃、新疆、重庆、宁夏、四川、云南、内蒙古、广西、青海、贵州等 11 个西部省份各类基础设施和不动产项目 371.13 亿元，典型项目包括 30 亿元人保—贵州高速公路项目债权投资计划、广西 18.6 亿元平安—柳州东城债权投资计划等，有力支持西部地区实体经济发展。四是促进西部地区小微企业发展。下发《关于保险资金投资创业投资基金有关事项的通知》，支持保险机构设立中小微企业投资基金等，直接服务西部四众平台企业、小微企业发展。五是支持西部重大工程建设。会同国家发展改革委联合下发《关于保险业支持重大工程建设有关事项的指导意见》，充分发挥保险资金长期投资优势，支持西部重点工程建设。

(四)加强沟通合作，研究支持西部大开发战略相关政策

2015 年 8 月，与西藏自治区党委、政府在拉萨共同召开保险业支持西藏经济社会发展座谈会。会上对加大改革创新力度、推动重点业务发展，坚持因地制宜、完善西藏保险市场体系，发挥保险资金独特优势、开展资金援藏，加强基础建设、持续优化西藏保险业发展环境等方面达成了共识。二是 2015 年 9 月，与新疆维吾尔自治区人民政府在乌鲁木齐共同召开保险业支持新疆经济社会发展座谈会，签署战略合作备忘录。备忘录包含支持保险资金来疆投资，推动保险业支持新疆丝绸之路经济带核心区建设等八大方面的内容，明确双方将进一步加强战略合作，推动开展专题培训和建立干部交流等工作机制，为保险业服务新疆跨越式发展创造良好条件。

二、2016 年工作设想

2016 年，将继续贯彻落实中央精神，围绕西部大开发战略和“一带一路”战略，进一步推进西部地区保险业的发展，提高服务西部地区经济社会发展的能力。一是进一步鼓励中外

资保险公司到西部地区设立各类营业机构，充分发挥服务特长和优势，提高西部地区保险保障水平。二是继续鼓励和引导保险公司开发适合西部地区特点的保险产品，参与西部地区社会保障体系建设，进一步拓宽保险覆盖面，提升保险业服务能力。三是加强和完善保险监管，防范保险风险，维护西部地区市场秩序和被保险人的合法权益。四是积极协调国家有关部门，加大对西部地区的政策支持力度。

——执笔人：杨子萱

第三十三章　能源局

一、2015 年工作情况

（一）电力工作进展情况

西部地区火电有关情况：

西部地区火电项目规划建设工作。组织国家电力规划研究中心、中咨公司、中电联、派出机构、电网企业，与西部各省级发展改革委（能源局）进行了电力电量平衡衔接。为保障西部地区用电用热需求，下发了经局长办公会审议通过的西部地区 2015 年分省（区、市）火电规划建设指导意见，在优先发展非化石能源的基础上，共安排西部地区新增火电建设规模 1200 万千瓦、存量调整规模 1172 万千瓦。

西部地区煤电基地开发建设。为缓解东部地区大气污染防控压力，促进西部地区将资源优势转化为经济优势。2015 年 1 月，同意内蒙古锡林郭勒盟煤电基地锡林郭勒盟至山东输电通道 7 个、862 万千瓦配套煤电项目开展前期工作。按照《推进大型煤电外送基地科学开发的指导意见》（国能电力〔2014〕243 号）要求，有序推进内蒙古鄂尔多斯煤电基地（含蒙西至天津南输电通道和上海庙至山东输电通道配套煤电项目）、陕西陕北煤电基地（含榆横至山东输电通道和神木至河北南网扩建工程配套煤电项目）规划建设工作。

西部地区电网有关情况：

积极推进“西电东送”跨省跨区输电通道建设。为落实《大气污染防治行动计划》，促进西部能源基地开发外送，缓解京津冀鲁、长三角、珠三角等重点防控区域大气污染压力，满足东部负荷中心用能需求，2015 年大气污染防治 12 条重点输电通道中 6 条特高压输电通道经国家发展改革委核准开工，包括蒙西—天津南、榆横—潍坊特高压交流工程，山西晋北—江苏南京、内蒙古锡林郭勒盟—江苏泰州、内蒙古上海庙—山东临沂、滇西北—广东特高压直流工程。同时，为促进甘肃酒泉能源基地新能源消纳，减少华中地区燃煤消耗，国家发展改革委于 2015 年 5 月核准酒泉—湖南特高压直流工程。为进一步扩大疆电外送规模，满足华东地区负荷发展需求，国家发展改革委于 2015 年 12 月核准准东—华东特高压直流工程。上述 8 条“西电东送”跨省跨区输电通道共新增输电能力 6700 万千瓦，工程合计动态投资 1900 亿元。

加强西藏及青海藏区电网建设。为满足藏中电网供电需求，国家发展改革委于 2015 年 6 月批复了西藏藏中四地市 110 千伏输变电工程。工程共新增变电容量 23.65 万千伏安；新建 110 千伏线路 215.8 公里。工程总投资 3.91 亿元，由国家发展改革委定额安排中央预算内投资 2.03 亿元。

为解决青海省玛多、班玛、久治三县无电地区通电问题，国家发展改革委于 2015 年 5 月批复了青海果洛网外三县与青海主网联网工程。工程新增330千伏变电容量24万千伏安，新、扩、改建110千伏变电站5座，新增110千伏变电容量9.45万千伏安，新建750千伏线路332公里，新建330千伏线路54公里，新建110千伏线路559.7公里。工程动态投资25.51亿元，由国家发展改革委定额安排中央预算内投资12.47亿元。

为满足昌都东北部玉龙地区、中心城区负荷发展需求，满足川藏联网工程系统安全稳定运行要求，国家发展改革委于2015年6月批复了西藏昌都网架完善工程。工程新增变电容量18万千伏安，新建110千伏线路63.7万公里。工程总投资1.42亿元，由国家发展改革委安排中央预算内投资0.7亿元。

西北750千伏主网架建设工程。为支持西北经济社会发展，实现西北电网优化升级，"十二五"期间西北地区规划建成750千伏主网架。2015年，国家发展改革委核准了太阳山—六盘山—平凉750千伏输变电工程。该工程新建六盘山750千伏变电站，扩建太阳山、平凉750千伏变电站，新建太阳山—六盘山—平凉双回750千伏输电线路2×336公里。工程动态投资33.7亿元。下一步，将根据正在开展的"十三五"电力规划编制工作，继续推进西北750千伏主网架建设，提高西北电网供电能力。

（二）煤炭工作进展情况

推动西部地区大型煤炭基地建设。积极协调解决西部地区矿区开发中的问题，推进矿区煤炭资源有序开发。创新管理方式和方法，主动与地方衔接、沟通，解决塔城白杨河、和什托洛盖、准格尔中部矿区规划中存在的有关问题。先后批复了新疆塔城白杨河矿区、黑山矿区，陕西永陇矿区麟游区（修编）、蒲白矿区，甘肃灵台矿区、宁正矿区（修编），内蒙古巴彦胡硕矿区等7个西部地区煤炭矿区总体规划，建设规模2.3亿吨/年，占全国的74%，有力地促进了西部地区的大型煤炭基地建设。2015年以来，支持西部地区煤炭资源有序开发，核准了内蒙古自治区泊江海子煤矿（300万吨/年）、玻璃沟煤矿（400万吨/年）、红庆梁煤矿（600万吨/年）、转龙湾煤矿（500万吨/年）、麻地梁煤矿（500万吨/年），陕西省崔木煤矿（400万吨/年）、柳巷煤矿（120万吨/年）、大佛寺煤矿改扩建工程（500万吨/年）、魏墙煤矿（300万吨/年），宁夏回族自治区金家渠煤矿（400万吨/年）、永安煤矿（120万吨/年）、双马一矿（400万吨/年），新疆维吾尔自治区大南湖一号煤矿（1000万吨/年）等13处煤矿，规模合计5540万吨/年。

加快西部地区煤层气（煤矿瓦斯）开发利用。推动实施新疆煤层气勘查开发利用实施方案和彬长瓦斯零排放示范矿区建设规划，指导韩城南煤层气对外合作开发项目开展前期工作，加快韩城煤层气自营开发项目产能建设，启动建设新疆阜康白杨河矿区煤层气开发利用示范工程。研究"大型油气田及煤层气开发"国家科技重大专项"十三五"实施计划，加大新疆等西部地区煤层气科技研发力度。

加大煤矿安全改造和灾害治理支持力度。国家发展改革委安排中央预算内资金54133万元，支持西部地区煤矿安全改造和重大灾害治理示范工程建设项目50项，带动地方和企业投资129219万元。项目进行通风、瓦斯抽采、防尘、防灭火、防治水等系统改造，目前项目正有序实施。

推进煤炭深加工重点项目。2015年，重点开展了两个煤间接液化项目。一是兖矿榆林100万吨/年煤间接液化项目建成投产。兖矿榆林100万吨/年煤间接液化项目概算投资

164.06亿元，2015年6月完成单体试车和各单元装置联动试车，8月23日顺利投产，产出优质油品，各项参数完全符合要求，达到欧Ⅴ标准，成为我国建成的首套百万吨级煤制油项目。在试车过程中，各装置运行平稳，各项参数正常。二是神华宁煤400万吨/年煤间接液化项目正在抓紧建设。神华宁煤400万吨/年煤间接液化项目建设地点位于宁夏回族自治区宁东能源化工基地，总占地面积约815.23公顷。项目于2013年9月18日获得国家核准批复并全面开工建设，全场主要工艺设备、大宗材料、电气等物资采购完成，土建工程基本完工，钢结构安装完成90%，设备安装就位60%。

(三)油气工作进展情况

扩大天然气管道输气能力。2015年核准了中国—中亚天然气管道D线(境内段)、新疆煤制气外输管道工程、楚雄—攀枝花天然气管道工程等3个项目，合计外输能力620亿立方米/年。

推动油气勘探开发体制改革试点。2015年7月，在多部门共同努力下，国土资源部发布新疆石油天然气勘查区块招标公告，面向民营企业等各类投资主体，公开招标出让6个油气勘查区块。各区块情况已于2015年10月20日在国土部网站上公示，其中4个区块分别被北京能源投资(集团)公司、山东莫宝生物化工股份有限公司拍得，另外2个区块流拍。此外，能源局出台了《关于鼓励和引导民间资本进一步扩大能源领域投资的实施意见》，明确支持民间资本进入油气勘探开发领域，与国有石油企业合作开展油气勘探开发。

扩大资源地油气供给规模。积极推动中石油对南疆天然气利民工程二期工程进行前期研究。为进一步提高南疆气化率，造福乡镇地区百姓用气需求，积极推进实施南疆三地州城镇LNG气化工程。初步测算，该项目总投资约21亿元，其中需国家给予8亿元补助，目前2亿元资金补助已到位。

(四)新能源工作进展情况

加快推动重大项目建设。2015年，核准大渡河双江口(200万千瓦)、雅砻江杨房沟(150万千瓦)水电站、金沙江乌东德(1020万千瓦)、苏洼龙(120万千瓦)水电站，总装机1490万千瓦，总投资超过1702亿元；批复西部地区的新疆百里风区和准东、四川凉山州、甘肃河西走廊、宁夏等大型风电基地建设方案，并启动河北张家口三期、内蒙古锡林郭勒盟等风电基地规划工作。安排全国常规风电项目建设规模3400万千瓦，其中安排西部地区风电项目规模约1500万千瓦；安排光伏电站建设规模2310万千瓦，其中安排西部地区光伏电站建设规模1100万千瓦，并放开分布式光伏发电项目规模限制。

加强能源民生工程建设。一是农网改造升级工程。2015年，安排农网改造升级工程总投资1311亿元，其中西部地区651.7亿元，占全部投资的49.7%；安排中央预算内投资282亿元，其中西部地区157.1亿元，占全部中央预算内投资的55.7%。新建和改造西部地区110(66)千伏变电站368座、线路7851公里，35千伏变电站759座、线路9475公里，10千伏线路86900公里、配变93525台、低压线路211153公里，户表改造528万户。二是无电地区电力建设。到2012年年底，全国还有273万无电人口，全部分布在西部地区。为落实国民经济和社会发展第十二个五年规划纲要提出的“无电地区人口全部用上电”的目标，提高电力普遍服务水平，2013年，国家能源局组织编制了《全面解决无电人口用电问题三年行动计划(2013—2015年)》(国能新能〔2013〕314号),明确到2015年年底,全部解决西部地区273万无电人口用电问题。2015年,安排西部地区无电地区电力建设工程总投资73.8亿元,其中中央预算内投资48亿元,计划解决最后20多万无电人口用电问题。截至2015年年底,全国最后20多万无电人口通电,全面解决了无电人口用电问题,实现用电人口全覆盖。

积极探索可再生能源发展新模式。印发了《关于开展风电清洁供暖工作的通知》,在北方地区加快推广风电清洁供暖工作,替代燃煤消费,重点协调新疆达坂城等地风电清洁供暖方案的实施;启动生物质成型燃料锅炉供热示范项目和生物天然气示范区建设,组织内蒙古、黑龙江等地加快示范项目前期工作;支持内蒙古库布其沙漠光伏治沙项目建设。

二、2016年工作设想

(一)强化规划指导,促进"十三五"期间西部能源发展

做好西部地区火电和电网规划建设工作。扎实推进西部地区火电和电网规划建设工作,结合电力供需发展趋势,与西部各省(区、市)做好电力电量平衡衔接,科学预测电力需求,研究确定西部地区"十三五"期间火电和电网建设规模。

推进煤炭工业发展"十三五"规划编制工作,优化生产开发布局,加大西部地区资源开发与生态环境保护统筹协调力度,结合煤电和现代煤化工项目用煤需要,在充分利用现有产能基础上,按照减量置换原则新建煤矿项目。做好矿区总体规划,指导煤炭资源合理有序开发。根据宏观经济形势和全国煤炭供需平衡情况,按照《国务院关于煤炭行业化解过剩产能实现脱困发展的意见》(国发〔2016〕7号)要求,积极支持西部地区煤炭资源优势转化为经济优势,促进西部地区经济社会发展。制定出台煤炭深加工"十三五"规划,继续把西部地区作为优先布局地区,推动煤炭深加工产业高标准、高水平发展。

印发《可再生能源发展"十三五"规划》,重点支持西部地区可再生能源的规模化开发利用,提高西部地区可再生能源产业化水平,拉动当地经济投资,促进能源转型发展。

(二)落实重点项目,促进西部能源基础建设

大气污染防治重点输电通道建设。2014年5月,提出规划建设从西部能源基地到东部负荷中心的12条"西电东送"输电通道,新增7000万千瓦输电能力,基本满足西部能源基地外送电需求。目前多数工程已核准在建。2016年,将继续推进工程核准及后续建设。

做好西部地区网架加强工程。继续统筹中央预算内资金,加强西部无电地区及少数民族聚居地区电网尤其是配电网建设,提高西藏、新疆、青海、四川、云南等偏远地区的供电能力和供电可靠性。

推进煤炭运输通道建设。按照煤炭物流发展规划的总体布局,加快"西煤东运"铁路运输通道,以及煤炭储配基地和煤炭物流园区建设,提高西部煤炭外运能力。

支持西部地区煤矿安全改造和重大灾害治理示范工程建设。加快建设鄂尔多斯盆地东缘煤层气产业化基地,在新疆建设煤层气开发利用示范工程,推进四川、贵州、甘肃等省区煤层气勘探开发试验,在重庆、四川、贵州等省市重点矿区建设煤矿瓦斯规模化抽采利用重点矿区。

加快推动中国—中亚天然气管道D线(境内段)、新疆煤制气外输管道工程建设、楚

雄—攀枝花天然气管道工程;加快西气东输四线管道等项目核准前期工作。推进实施南疆三地州城镇 LNG 气化工程,建议 2016 年继续给予资金补助支持力度。

重点加快推进清洁能源重大工程和长江经济带建设明确的重点水电项目。预计可核准开工金沙江白鹤滩(1600)、叶巴滩(222.5),雅砻江卡拉(102)水电站等项目,力争全年核准装机 2000 万千瓦,总投资超过 2300 亿元,为稳增长、调结构、惠民生做出积极贡献。结合西南水电基地建设,研究完善提高西南水电开发经济性的政策措施,并对市场消纳等开展专题研究,促进项目有序建设和地方可持续发展;结合重点跨区输电通道建设,推动西部地区大型新能源基地建设,提高外送通道新能源电量占比。

(三)完善落实政策机制,促进西部能源协调发展

落实《关于推进大型煤电外送基地科学开发的指导意见》。结合受端电力市场、输电通道规划建设情况等,配合落实大气污染防治行动计划重点输电通道,按程序继续推进鄂尔多斯、陕北等煤电基地规划建设工作,促进西部地区资源优势向经济优势转化,促进区域协调发展。

促进可再生能源消纳。探索建立新能源发电与电网、传统能源协调发展的机制,探索适合新能源发展的电力市场机制。结合电力体制改革要求,出台《可再生能源全额保障性收购管理办法》,通过政策机制解决弃风、弃光问题;实施可再生能源开发利用目标管理制度,进一步促进西部可再生能源资源丰富地区的开发利用。

加强协调配合。继续配合国家发展改革委、国土资源部等相关部委,积极支持国家西部大开发的重点工作,做好重点项目招投标试点等相关工作的落实。

——执笔人:董小丽

第三十四章　外专局

一、2015 年工作情况

2015 年，共支持西部地区引智经费 2.0304 亿元，其中，经济技术领域资助经费 4723 万元，聘请外国经济技术专家 3002 人次；教科文卫领域资助经费 1.1686 亿元，聘请外国文教专家 10039 人次；直接支持西部地区中央财政资助出国(境)培训项目 164 项、2436 人，资助经费 3895 万；批准西部地区地方财政拨款出国(境)培训项目立项 301 项，全年计划派出培训人员 5741 人。

(一)支持西部地区聘请外国专家，为西部地区经济社会可持续发展提供海外智力支持

服务特色农业发展。以有助于发展区域特色农业、带动农民增收、推动区域经济发展为目标，围绕棉花、糖类、烟叶、水果、肉类、奶类等特色农产品和花卉、中药材，重点引进适合西部地区种植和推广的优质农作物种质资源、优良畜禽新品种；推广国外先进育种及繁育技术、病虫害防控技术、农业废弃物资源化利用技术；大力引进农产品深加工、农产品质量安全检测、农机装备制造等方面的专家。组织实施了“农牧交错风沙区保护性农业技术”、“国外木薯种质引进与利用”、“晚熟柑橘标准化生产”、“目笋白鲑养殖”等一批特色农业项目，为西部农业科技创新、农民增收夯实基础。

促进西部地区产业发展。以促进产业结构调整、发展西部特色优势产业、培育战略性新兴产业为目标，围绕国家能源基地、资源深加工基地、装备制造业基地建设，重点引进高效清洁发电装备、超高压输变电设备、数控机床、环保及资源综合利用装备等设计与制造方面专家。组织实施“番茄栽培加工机械制造”、“优质钛材产业化”、“混合动力汽车研发”、“高功率半导体激光器技术及产业化”等重点项目。

支持西部省(区)示范推广工作。批复内蒙古林业技术推广中心“瓦勒拉系统集雨抗旱造林技术”、广西兽医研究所“动物疫病快速诊断技术”、成都普特“太抗植物诱抗剂生物农药”、新疆农垦科学院“肉羊胚胎移植”等 25 个国家引进国外智力推广基地。批复中粮屯河股份有限公司、新疆天业集团有限公司、宁夏林业研究所、甘肃祁连山水源涵养林研究院等 33 个引进国外智力示范单位。

推动文化教育事业发展。结合西部地区高等教育的优势和特色，以“高等学校学科创新引智计划”(简称“111 计划”)、外专“千人计划”、高端外国专家项目、“千人计划配套引智工程”等国家重点引智项目为引领，以学校重点引智平台建设为依托，带动西部地区高校引智不断扩大规模，提高水平。2015 年，实施“111 计划”40 项，支持并开展“引进海外高层次文教专家重点支持计划”12 项，支持西北工业大学、重庆大学等高端外国专家项目 76 项。

在“111 计划”等国家重点项目实施中，西部地区各高校依托引智平台，充分挖掘引进国

外高水平、高层次智力资源，提升自身科研实力和创新能力，获得大量引智成果，如“电子科技大学光纤传感与通信”、“重庆大学低碳绿色建筑人居环境质量保障”等创新引智基地对研究成果的成功转化，对西部地区经济和基础设施建设、生态环境保护和建设、科技教育等社会事业的高质高速发展产生了重要影响。

为支持中西部及贫困地区教育事业，提高当地英语教师的教学水平，外专局委托中国国际人才市场与美中教育服务机构合作开展“中西部及贫困地区中小学英语教师全封闭英语口语培训”项目（简称 TIP 项目），累计资助中西部近万名中小学英语教师进行英语口语培训，获得一致好评。2015 年 9 月，第 93 至 102 期 TIP 培训班结业，来自内蒙古、西藏、甘肃、山西、四川等地区小学中的英语教师顺利完成培训。

推动外专“千人计划”项目。2015 年，西部地区共有 8 名专家入选第五批外专“千人计划”项目，其中四川、陕西各 3 名，重庆 1 名，新疆维吾尔自治区 1 名，实现了零的突破。第六批外专“千人计划”项目平台评审后，外专局在向中组部推荐人选时，将结合国家战略规划，对西部地区申报人选继续给予重点关注和倾斜支持。

（二）支持西部地区出国（境）培训工作，着力推进人才队伍建设

围绕国家西部地区大开发战略部署和“六支队伍”建设需要，按照“少而精、突出重点、从严掌握、择优安排”的原则，把支持西部大开发放在促进区域协调发展的优先位置，重点支持发展现代农业、建设社会主义新农村、基础设施建设等方面，积极推动农业科技进步、自主创新能力建设、生态环境保护、特色经济和优势产业发展、人才队伍建设等方面的培训项目。

通过实施一系列有重大影响的出国（境）培训项目，为西部地区的人才培养、经济社会发展提供了积极的智力支持，产生了良好的经济效益和社会效益。在发展现代农业方面，实施了蓝莓繁殖及生物技术应用培训、高效节水灌溉技术培训等项目；在生态及环境保护方面，实施了三江源生物多样性保护和自然保护区能力建设、青海湖流域周边地区生态环境综合治理等项目；在发展特色产业方面，实施了马铃薯产业提升关键技术研究、大熊猫精液单层离心技术学习团等项目；在人才培养方面，实施了广西临床医学重点学科高层次人才培训、贵州新型城镇化人才培养等项目；在创新社会管理与保障方面，实施了创业就业的鼓励政策和举措、促进就业政策措施及就业服务体系建设培训等项目。

（三）支持西部地区开展国际人才交流合作

举办国际交流活动。聘请国内外著名管理学专家出席软交会、参与西部城市项目管理知识宣讲，邀请海外项目管理专家 3 人，赴昆明、成都、西安、重庆共举办 6 场项目管理专家巡讲。邀请管理会计专家 1 人，赴云南举办“2015 年首届管理会计走进企业”巡讲活动，并走访云南矿业集团及云南水利勘探设计院 2 家企业。与 PMI 中国合作在青海联合举办“在西部地区如何推广项目管理知识体系”的专题调研与研讨，并在乌鲁木齐举办项目管理业务工作培训会。

发挥驻外机构作用。利用中国国际人才交流协会驻外机构的职能和资源，特别是“一带一路”沿线区域范围内的俄罗斯、乌克兰、香港、新加坡、以色列等五家驻外机构，围绕服务“一带一路”沿线国际人才交流合作，认真调研，主动利用好国内、国外两种资源，为西部

地区提供人才和技术支持。

与以色列合作开展交流合作。重点针对西部地区经济社会发展需要，与以色列外交部国际发展合作中心(马沙夫)长期合作。2015年马沙夫选派2位农业和公共卫生领域的以色列专家来华赴新疆生产建设兵团和宁夏等地讲学。邀请以色列应急医学专家与新疆生产建设兵团建立合作，开展应急医学国际研讨和交流培训，以方还在新疆生产建设兵团建立姊妹医院和中以创面修复研究中心。8位以色列专家与中方应急医学领域专家在石河子市举行“2015第三届中以大规模灾难事件卫生系统防范与应对研讨会”，双方形成了较为稳定的国际交流合作机制。组织1期农业、公共卫生领域专题赴以培训班，25名学员均来自新疆、宁夏等西部地区。

与新加坡和我国香港地区等国家和地区开展交流培训。选派国内各大医院23名护理人员赴新加坡参加护士培训项目，学员主要来自广西、新疆等西部地区；与香港培华教育基金会合作，组织4期主要面向西部地区的中国高级公务员经济管理赴港培训班，培训中高级领导干部152人；与台湾合作，选派中西部地区学员20人赴台参加了1期“特色农业产业化培训团”项目；邀请21位台湾农业专家到新疆交流考察休闲农业生产技术，邀请7位台湾农业专家到四川屏山交流生态观光农业生产技术。

依托国家软件人才国际培训基地。成立西安、昆明、成都等3家国家软件人才国际培训基地，通过引进来和派出去的方式为西部软件和集成电路领域的发展提供了有效的智力支持。在国际校企合作课程建设、物联网软件技术与高端人才培养等领域引进国外专家近10名。协调西安基地和深圳基地与相关企业联合成立“大数据学院”，为推进大数据人才培养提供有效的平台。

(四)为西部地区提供引智宣传和信息服务

加大对西部地区的宣传力度，与《中国日报》特稿部密切合作，组织记者前往甘肃、宁夏、内蒙古采访在当地工作的外国专家，面向海外宣传外国专家在华工作和生活情况、中外合作有关项目进展、中国改革开放成就。与《人民日报》、中国网合作，组织撰写西部地区外国专家工作特写稿。与中央电视台合作摄制西部地区外国专家新闻纪录片，积极向海外宣传中国政府“择天下英才而用之”的宽广胸怀。

在中国政府“友谊奖”评选过程中，向来自新疆等西部地区的外国专家给予适当政策倾斜，并推荐来自西部地区的专家作为获奖代表发言，组织专家赴宁夏休假。

发挥《专家工作通讯》和《国际人才交流》引智宣传指导性刊物作用，在登载文章和图片上均向西部省(区、市)倾斜。截至2015年11月，《专家工作通讯》共发表有关西部大开发文章28篇、图片5张，特别策划赴宁夏回族自治区的专访活动。《国际人才交流》对西部省份引智项目和成果、典型外国专家、重大引智活动等进行报道，刊发稿件近20篇，报道了陕西富平陶艺村、西安光机所、敦煌友谊奖等引智项目、重大引智活动，采访报道了在敦煌工作的莎伦·凯瑟、在内蒙古等地绿化环境的权丙铉等典型外国专家，刊发《德国女孩在陇南》等多篇外教在西部省份工作的故事。

积极发动西部省(区、市)参与第四届“我与外教”全国征文大赛暨“外教看中国”摄影展评、颁奖活动，来自广西大学、广西师范大学、新疆阜康市第一中学等院校外教分别获摄影比赛二、三等奖及优秀奖。陕西商洛学院、西安思源中学、兰州大学、新疆兵团一中等院校学生获征文三等奖及优秀奖。

2015年4月，2014“魅力中国——外籍人才眼中最具吸引力的中国城市”评选结果发布，昆明市入选中国城市引才十强，重庆市获选“工作环境特别关注城市”，成都市和丽江市获选“生活环境特别关注城市”。2015“魅力中国——外籍人才眼中最具吸引力的中国城市”评选活动首次加入中国西部城市引才分榜单，为西部城市形象宣传搭建了平台。

2015年，通过地方引智机构自助网站为西部地区发布引智信息630余条。利用中国国际人才网为西部地区用人单位发布英文职位需求20条，为这些单位提供超过4.2万份简历。5家西部地区用人单位参加了北京、上海、广州、深圳举办的外籍人才招聘会。5月在重庆举办了国际新材料大会，9月在西安举办了欧亚经济论坛以及国际骨科大会，这些国际性会议的成功举办促进了西部地区和国际各相关领域的项目对接和国际交流。

二、2016年工作设想

(一)积极聘请高层次外国专家

经济技术领域：推进区域协调发展的具体部署，继续加大对西部地区引智工作的支持力度，重点支持特色产业发展、生态环境保护、沿边开发开放、能源基地建设等领域跨越发展。

教科文卫领域：加大引智经费投入力度，予以重点支持。加强与西部地区高校的沟通与交流，帮助其充分了解和掌握国家引智工作政策。发挥政府导向作用，积极引导东西部高校联合开展引智工作，实现资源共享，加大引进高水平外国专家力度，实现重点领域重点突破。加大对西部地区高校引智项目的全方位支持，鼓励其结合自身特点和优势与国外高水平大学联合开展工作，通过重点、特色的引智项目的支持，为西部地区经济社会发展提供人才智力保障。

外专“千人计划”项目方面：围绕国家西部大开发和“一带一路”战略，在2016年申报评审中，对西部地区的申报给予重点支持，尤其对西藏、宁夏等未有外专“千人计划”项目专家入选的省份给予重点指导和支持，为西部开发和“一带一路”建设提供有力的海外人才智力支持。

(二)加大对西部地区出国(境)培训支持力度

继续重点支持西部地区发展现代农业、建设社会主义新农村、基础设施建设、“一带一路”发展等出国(境)培训项目，支持推动农业科技进步、推进自主创新能力建设、生态环境保护、特色经济和优势产业发展、人才队伍建设等方面的项目。在经费分配和人员安排上，继续向西部地区倾斜。进一步加大对出国(境)培训工作的有效监督，建立完善的监督评估机制，确保培训取得成效。做好培训成果的效益考核，加大对前景好、效益高、价值大的培训成果的宣传和推广力度，扩大培训成果受益面。

(三)进一步加强政策指导

继续加大对西部大开发的支持力度，在西部组织召开更多的引智会议和活动，为当地引智工作牵线搭桥。继续改进和完善服务体系，加强对高端人才智力的引进和培养以及引智工作的宏观指导，与西部省份密切配合，形成共同推动引智工作的整体合力。

(四)加强引智宣传和信息服务

加强西部大开发宣传工作,展示西部地区引智工作的成就,展现西部大开发蕴含的创新创业机遇。充分发挥两刊宣传平台作用,做好宣传员,积极报道西部省(区)引智工作。努力为西部地区外国专家聘请单位提供更多优质的线上和线下服务,有针对性地为聘请单位推荐海外高层次人才。

(五)加强国际人才交流和培养

更好地利用国内、国外两种资源,围绕"一带一路"沿线区域的俄罗斯、乌克兰、新加坡、以色列等驻外办事机构,做好国际人才交流服务工作。计划近两年在中西部地区围绕"一带一路",建设西安国际人才市场等中国国际人才市场分市场,发挥好已建成的人才市场的作用。加强调研,探讨引进适合西部地区发展的国外认证。考虑引进国外先进的职业技能知识体系,服务技能人才培养工作。

——执笔人:王　意

第三十五章　铁路局

一、2015 年工作情况

（一）开展铁路“十三五”发展规划研究

分片区先后组织召开 5 次座谈会，广泛征求 31 个省级政府部门、国务院有关部门、铁路总公司及其他相关企业的意见。2015 年 9 月份，再次听取有关专家、相关企事业单位和国务院有关部门意见建议，提出了铁路“十三五”发展规划征求意见稿，为今后一段时间西部地区及全国铁路建设有序衔接和健康发展打下基础。

（二）主动参与有关规划和建设项目评估会

主动参与中国国际工程咨询公司等单位组织的有关规划和建设项目评估会，掌握项目前期工作进展，及时研究提出行业评审意见。目前已完成郑州至万州、阿勒泰自富蕴至准东、台浦至湛江、大理至临沧、弥勒至蒙自、叙永至毕节、玉溪至磨憨和渝怀铁路梅江至怀化段扩能工程、青藏铁路格拉段扩能工程等铁路项目行业评审意见。

（三）加强与国家专项规划和地方性铁路规划的衔接平衡

积极参与宁夏、成渝城市群轨道交通网规划专家评审会，研究提出了优化完善规划的审查意见。

（四）积极出台政策支持西部地区经济社会发展

与国家发展改革委等五部门联合发布《关于进一步鼓励和扩大社会资本投资建设铁路的实施意见》，为全面开放铁路投资与运营市场、推进投融资方式多样化、完善社会资本投资实施机制、改善社会资本投资环境打下基础。

二、2016 年工作设想

加快西部地区铁路发展，既是改善我国交通运输条件，为西部地区发展创造良好环境的需要，也是加强国土开发、国防建设、民族团结的需要。为做好 2016 年西部铁路建设，铁路局将按照国家关于实施西部大开发战略总体部署和“一带一路”建设的战略构想，发挥专业技术管理优势，积极献言献策。

一是编制完成铁路“十三五”发展规划，重点向中西部倾斜，明确发展目标，落实建设任务。二是积极推进西部地区以快速铁路为主的区际联系通道等重大项目前期工作，争取尽快开工建设。三是统筹做好周边互联互通铁路通道的规划，加快国际大通道境内段和铁路口岸的规划建设，积极推进中老、中泰、中巴等铁路项目建设。四是按照国家发展改革委关于进一步鼓励和扩大社会资本投资建设铁路的实施意见（发改基础〔2015〕1610 号）要求，积极引导社会资本投向西部铁路，鼓励社会资本建设、运营资源开发性铁路。

——执笔人：王　强

第三十六章　民航局

一、2015 年工作情况

2015 年，西部地区民用运输机场数量达到 106 个，占全国机场总数的 50.5%，较 1999 年提高了 6.8 个百分点。2015 年，西部地区机场共完成旅客吞吐量 26853 万人次、货邮吞吐量 211.8 万吨、飞机起降 277.3 万架次，同比分别增长 13.4%、5.9%和 9.2%，与 2015 年全国平均发展水平相比，分别高出 3.3%、1.9%和 1.2%。

（一）制定和完善行业发展规划及政策措施

2015 年是“十三五”规划编制关键一年，民航局正在抓紧编制民航发展第十三个五年规划及相关专项规划，努力将国家支持西部大开发有关政策要求落实到“十三五”规划中，指导西部地区“十三五”民航健康发展。根据中央第六次西藏工作会议精神，10 月，和西藏自治区人民政府签署了《全面促进西藏民航发展会谈意见》，共同推动西藏民航在机场布局、航线网络、重点工程建设、人才培养等方面工作，促进西藏民航发展，为实现藏区社会经济发展和长治久安做出贡献。同时积极落实《民航局关于进一步促进新疆民航发展的意见》和《民航局关于进一步促进西藏民航发展的意见》有关内容，分解任务、落实责任，加强监督检查，将政策措施落实到实处。

（二）加快西部地区机场建设

进一步加快西部地区机场建设的步伐。2015 年，西部地区建成花土沟、富蕴、石河子、泸沽湖等 4 个支线机场，基本完成了包头、和田、铜仁等机场扩建工程。新开工澜沧、仁怀、巴中、陇南等一批新建支线机场项目，续建项目包括重庆、银川、兰州等机场扩建工程以及沧源等新建机场工程。上述项目的实施，将使西部地区机场设施条件更趋完善，有利于促进西部地区经济社会发展和对外开放。

（三）积极推动通勤和通用航空发展

会同国家发展改革委等部门正在研究制定促进通用航空加快发展的若干意见，共同推动我国通用航空产业发展，西部地区通用航空发展潜力巨大，在通航装备制造、通航作业等方面具有优势，可抓住通航产业发展机遇加快转变经济发展方式，促进区域经济发展。抓紧研究制定通用机场投资补助政策，将对具有良好经济社会效益、满足基本航空服务要求的通用机场给予一定补助，支持和引导西部地区完善通用航空基础设施，满足通用航空发展需求。委托咨询机构开展了阿拉善盟通勤机场试点工作后评价工作，找准和厘清通勤机场建设和运营中存在的问题，分析原因，提出具体建议措施，为下一步通勤航空发展提供宝贵经验。

(四)加大对西部地区民用航空发展的资金支持力度

2015年,对西部地区机场建设投入的民航发展基金44.3亿元,安排各类补贴27.3亿元,其中,机场补贴10.5亿元,基本建设贷款贴息4.3亿元,支线航空补贴8.4亿元,节能减排专项补贴0.5亿元,其他专项补贴3.6亿元。在资金拨付方面,根据西部各机场工程项目的建设进度,及时调整民航发展基金预算和投资计划安排,积极协调相关部门,确保资金及时到位,充分保障西部地区民航基础设施建设项目的顺利实施。

(五)稳步推进空管设施建设

在加快西部地区机场设施建设的同时,以加快ADS-B、PBN等新技术推广应用,完善西部地区航线网络,增强空管区域保障能力,提高西部机场终端区容量为目标,积极推进西部地区民航空中交通管制设施的建设。同时,充分利用空管新技术,解决西部地区因自然条件恶劣等原因造成的安全问题,保证航空运输安全。

(六)大力推动西部航空运输发展

随着国内航空运输市场的不断放开,国内外航空公司经营至西部地区的航线、航班积极性逐年提高,鼓励航空公司至西部地区干线机场航线延伸至支线机场。同时进一步优化调整了航线许可审批政策,目前西部地区机场除涉及至北京、上海、广州机场的少部分航线航班外,全部由核准管理调整为登记管理。

2015年夏秋航季,共有69家中外航空公司执飞至西部地区的244条国际客货航线,每周达到1158班。各航空公司在西部地区共安排国内航线1667条,每周39836班,内地及港澳台航空公司共安排港澳台航线44条,每周610班。

二、2016年工作设想

(一)出台规划和政策指导西部地区民航"十三五"发展

2016年,将陆续出台民航发展第十三个五年规划及各专项规划,将进一步加大对西部地区民航发展的规划指导,继续对西部地区机场建设、运营和支线航空、通用航空发展等实施差别化政策,加大在资金、航线航班、人才等方面的支持力度。继续深入贯彻落实国家和民航制定的有关政策措施,细化任务分工,加强监督检查,支持西部民航健康快速发展。

(二)加快西部地区机场建设

根据国务院关于转变政府职能和深化机构改革等有关部署,将会同国家有关部门进一步简化机场和空管项目审批程序,加快民航基础设施建设。2016年,预计将建成沧源、扎兰屯、乌兰察布、霍林郭勒、果洛等新建支线机场,完成庆阳、兴义、林芝、库尔勒等机场改扩建工程;争取开工建设成都新、贵阳、祁连等新建或改扩建工程,加快推进府谷、甘孜、威宁、达州等机场前期工作,启动丘北、定边、平凉等新建机场前期工作。

(三)引导西部地区临空经济发展

根据国家发展改革委和民航局联合印发的《关于临空经济示范区建设发展的指导意见》,将支持和鼓励符合条件的西部地区申请设立临空经济试验区,引导西部地区临空经济健康发展,为区域经济发展注入新动力。

(四)完善加强空管和安全设施

2016年,建成乌鲁木齐区域管制中心,继续建设重庆终端管制中心以及成都、乌鲁木齐、桂林、重庆等西部大中型机场Ⅱ、Ⅲ类运行等工程,开工建设西部地区ADS-B工程,积极推进成都管制中心、西部地区雷达工程、贵阳机场三期扩建空管工程、呼和浩特机场迁建空管工程、乌鲁木齐三期改扩建空管工程、阿克苏管制中心工程等前期工作。继续加快ADS-B、PBN、EMAS等空管和安全新技术在西部地区的推广和应用,加强西南、西北地区高原航路以及新疆地区主要航路监控。落实西部地区各支线机场的空管等安全基础设施及人员的建设和培养,消除事故隐患,提高机场和空管安全保障水平。

(五)加快通用航空的发展

2016年,民航局争取与国家有关部门共同印发关于促进通用航空发展的若干意见,希望全链条、多方位推动通用航空产业发展。争取出台通用航空发展专项规划、通用航空基础设施投资补助政策等,重点支持通用机场、飞行服务站和航空汽油配送中心布局和建设,建立健全满足西部地区农林防护、应急救援、短途运输需要的通用航空服务网络。

(六)继续增加西部地区航线航班

积极支持和配合国家西部大开发政策,继续鼓励、支持和引导航空公司在西部地区投入更多运力,增加和新辟至西部地区的国内、国际航线航班,采取多种形式开通西部地区始发的港澳台地区航线,完善机场航线网络,提高西部地区机场间的通达性,使干支航线更加匹配,旅客出行更加方便,满足地方经济建设的需要。

——执笔人:雷　磊

第三十七章　邮政局

一、2015年工作情况

2015年，西部地区邮政业继续保持稳定增长态势，截至12月底，邮政行业业务总量和业务收入分别达到454.1亿元和471.2亿元，同比增长22%和20.8%。其中，快递业务量达到14亿件，同比增长35.9%。

（一）优化西部邮政业发展环境

推动出台《国务院关于促进快递业发展的若干意见》，从国家战略的高度，明确了快递业的产业定位和功能作用，设计了发展路径，绘就了发展目标，提出了促进快递业发展的重点任务和政策措施。意见明确提出，实施快递"向西"工程，完善西部地区服务网络，中央预算内投资通过投资补助和贴息等方式，支持农村和西部地区公益性、基础性快递基础设施建设。此外，国家邮政局联合商务部出台《关于推进"快递向西、向下"服务拓展工程的指导意见》，进一步健全农村快递服务网络。西部地区邮政业发展环境进一步优化，服务能力不断提升。

（二）深入推进邮政改革

推进放开国内特快专递资费、明信片寄递资费等竞争性邮政业务资费，充分发挥市场在资源配置中的决定性作用。出台《关于促进邮政服务创新发展指导意见》，引导邮政企业大力发展寄递业务。有序推进简政放权和取消下放行政审批事项工作，西部地区12个省（区、市）局均已将邮政普遍服务两项行政审批下放至市地一级。优化快递业务经营许可管理流程，精简审核材料，印发许可工作优化方案和许可证延续换发办法，许可变更平均办理时限有效压缩。体制改革激发更大市场活力，有力推进行业持续快速健康发展。

（三）加强邮政业基础设施建设

为贯彻落实国家西部大开发战略和"十二五"规划纲要，缩小区域间和城乡邮政普遍服务水平差距，全面提升邮政机要通信服务水平，2015年，国家邮政局配合国家发展改革委针对西部地区加大投资力度，共下达中央预算内投资约2.7亿元，项目总投资约8.6亿元，对内蒙古、广西、重庆、四川、贵州、云南、西藏、甘肃、宁夏、新疆等10省（区、市）的1716处邮政普遍服务网点、54处县级邮政局房和196处邮政机要通信服务网点进行改造，购置普遍服务车辆1199辆、机要通信服务车辆269辆。全力推进空白乡镇邮政局所补建，西部12省（区、市）均实现了乡镇局所全覆盖。上述项目的实施将有效提升西部邮政基础设施水平，增强邮政普遍服务、机要通信以及快递服务能力，改善西部群众用邮条件。

(四)扎实开展规划工作

国家邮政局组织编制形成邮政业发展“十三五”规划以及邮政普遍服务、快递服务和监管体系建设3个专项规划初稿,加强对省局规划工作的指导,组织开展规划培训。西部各省份组织编制本省(区、市)邮政业发展“十三五”规划,积极将邮政业规划与地方“十三五”经济社会发展规划纲要、综合交通运输等重要规划进行衔接,有序谋划“十三五”发展,发挥规划引导带动作用,促进邮政业与西部地方经济和社会发展紧密融合。

二、2016年工作设想

2016年,国家邮政局将贯彻十八大、十八届二中、三中、四中、五中全会精神,落实《国民经济和社会发展第十三个五年规划纲要》、《中共中央国务院关于深入实施西部大开发战略的若干意见》、《国务院关于促进快递业发展的若干意见》等相关战略部署,适应经济发展新常态,把握生产流通消费变革新机遇,满足广大商家和亿万群众新需求,坚持创新、协调、绿色、开放、共享的发展理念,不断推进普惠邮政、智慧邮政、安全邮政、诚信邮政和绿色邮政建设。着力提升西部地区邮政公共服务能力,加快西部地区邮政基础设施建设,完善快递网客布局;进一步优化行业发展环境,推动完善配套扶持政策,努力满足西部地区人民群众用邮需求,大力推动快递“向西、向下”,助力西部地区经济和社会发展。

——执笔人:赵砚秋

第三十八章　国务院扶贫办

一、2015 年工作情况

(一)全力落实年度减贫任务

积极指导西部省(区、市)落实贫困县考核机制,完善建档立卡信息,改革财政扶贫资金管理体制,拓展金融扶贫渠道,探索劳动力转移就业、产业扶贫等有效途径,努力增加贫困人口收入。2015 年,贫困地区农民人均纯收入增长幅度继续高于全国平均水平,全年减贫 1442 万农村贫困人口。

(二)组织实施精准扶贫工程

为落实精准扶贫方略,组织实施 12 项精准扶贫工程,包括干部驻村帮扶工程、整村推进工程、职业教育培训工程、扶贫小额信贷工程、易地扶贫搬迁工程、电商扶贫工程、旅游扶贫工程、光伏扶贫工程、构树扶贫工程、东西部劳务对接工程、贫困村创业致富带头人培训工程、龙头企业带动工程等。按照精准扶贫"12＋X－Y"的思路,由各地根据实际情况具体实施。同时,全面推出扶贫攻坚文件和若干个具体政策措施的配套文件,即"1＋N"系列文件。甘肃、重庆、云南、贵州结合各自实际分别推出实施了"1＋17"、"1＋13"、"1＋10"、"1＋6"扶贫系列政策措施。

加强易地扶贫搬迁工程支持力度。国家发展改革委与扶贫办会同有关部门起草了《"十三五"时期易地扶贫搬迁工作方案》,确定总规模为 1000 万人。在普惠政策基础上,做政策加法,对建档立卡贫困户建房每人补助 2 万元。同时搞好配套设施建设,确保搬迁贫困户搬得出、稳得住、能脱贫。为解决资金来源,与中国农业发展银行签署合作协议,对建档立卡贫困人口易地扶贫搬迁提供政策性信贷支持,重点支持片区县、重点县建设易地扶贫搬迁安置房及相关配套基础设施和公共服务设施,原居住地土地复垦整理,搬迁补偿和临时过渡费用等。

光伏扶贫工程已在甘肃等 6 省区的 30 个县开展试点工作,2015 年建设总规模 1836 兆瓦,总投资 165 亿元,预计年均收益 22.6 亿元,投资收益率 13.72%。可帮助包括 8.8 万户失能贫困户在内的 43 万建档立卡贫困户户均年增收 3000 元以上,并可解决 956 个建档立卡贫困村无集体经济收入的问题。截至 2015 年 6 月底,全部项目均开工建设,已有 183 兆瓦建成并网发电。

全力推进电商扶贫工程。2015 年,赴贵州、重庆、甘肃等省市开展电商扶贫实地调研,与商务部等部门和苏宁等电商企业积极协调沟通,促成商务部电商进农村示范县向革命老区、贫困地区倾斜。2015 年批准的 200 个示范县中 89 个是贫困县、154 个是革命老区县。

启动了甘肃陇南电商扶贫试点。截至2015年8月底，全市450个试点贫困村开办网店360个，试点贫困村网店销售总额5400多万元，贫困人口通过电子商务人均增收306元。

（三）进一步加大扶贫资金投入力度

2015年，中央进一步加大扶贫资金投入力度，继续向西部地区倾斜。安排西部12省（区、市）（含新疆生产建设兵团）中央财政专项扶贫资金314亿元，占资金总量的67.2%，比2014年增加25亿元，增幅8.6%。中央彩票公益金扶贫项目覆盖15个省（含中部六省比照实施西部大开发政策的县）、70个贫困革命老区县，资金总量7亿元。

（四）全力推进扶贫开发重点工作

整村推进。2015年，西部地区计划实施10743个村（其中包括西藏189个乡）整村推进工作，占全国实施总数的41.6%。其中，纳入国家规划的村为6500个（西藏189个乡），占全国计划启动村总数的66.6%，

就业培训。联合共青团中央、全国妇联，开展了“雨露计划·扬帆工程”、“雨露计划·腾飞工程”等助学活动。

产业扶贫。2015年，根据建档立卡数据，督促西部各省（区、市）扶贫部门确立一批到村、到户精准扶贫项目，扶持贫困农户发展产业脱贫致富。会同人民银行出台相关支持政策，对直接在建档立卡贫困村建立基地和吸纳贫困群众就业的龙头企业和专业合作社，给予期限较长、利率较优惠的再贷款；对自行发展产业的贫困户，给予免抵押、免担保、三年期、五万元以下、基准利率、财政贴息的扶贫小额信贷支持。支持农民合作社和其他经营主体通过土地经营权入股等方式，带动贫困户增收。

金融扶贫。2015年，配合人民银行鼓励和引导政策性金融机构加大对包括西部地区在内的贫困地区扶贫开发支持力度。研究设立扶贫再贷款，实行比支农再贷款更优惠的利率，重点支持贫困地区发展特色产业和贫困人口就业创业。由国家开发银行和中国农业发展银行发行政策性金融债券，按照保本或微利原则发放长期优惠贷款，中央财政予以贷款贴息，专项用于易地扶贫搬迁。

（五）积极开展各项试点工作

推进各种特殊类型困难地区扶贫开发试点，继续安排专项资金4亿元，支持西藏和四省藏区、南疆三地州扶贫攻坚。安排大小凉山扶贫开发与艾滋病综合防治试点资金2.8亿元。为解决边远山区农牧民靠溜索出行的方式，继续安排中央财政专项扶贫资金4.28亿元，支持四川、贵州、云南、陕西、甘肃、青海、新疆等7省份完成溜索改桥任务。

（六）大力推进社会扶贫工作

深化细化定点扶贫和东西扶贫协作工作。动员320家中央和国家机关、企事业单位对592个重点县开展定点扶贫；组织68家中央企业，计划用3年左右时间解决定点帮扶的108个贫困革命老区县14954个贫困村缺路、缺水、缺电问题；推动东部省（市）创新形式、突出重点，加大对西部10个对口省（区、市）的帮扶力度，2015年，东部省（市）向西部贫困地区投入财政援助资金，12.3亿元，实施帮扶项目1000余个。

启动万达帮扶丹寨整村脱贫行动。万达集团计划在未来5年内累计投资约10亿元用于帮扶丹寨县土猪扩繁加工、硒锌茶加工、教育事业和招工录用等项目。

与全国工商联、中国光彩事业促进会联合印发《"万企帮万村"精准扶贫行动方案》，动员全国一万家以上民营企业结对帮扶一万个以上建档立卡贫困村。10月17日，和全国工商联、中国光彩事业促进会共同启动了"万企帮万村行动"。

(七)认真总结落实西部扶贫工作

认真总结"三西"地区扶贫经验。为系统总结"三西"地区扶贫攻坚的经验做法，研究完善扶贫开发政策措施，2015年9月，会同甘肃、宁夏两省区联合召开了"三西"扶贫开发现场会。中央有关部门和天津、福建、陕西、甘肃、青海、宁夏6个省(区、市)的相关人员参加会议。汪洋副总理出席会议并讲话。参会代表实地观摩了"三西"扶贫成就和典型做法，研究分析制约西部贫困地区发展的"瓶颈"，为促进西部贫困地区发展、推动当前和今后一个时期扶贫工作发挥了重要作用。

完善西部地区驻村干部帮扶机制。按照《关于做好选派机关优秀干部到村任第一书记工作的通知》，选好配强西部地区贫困村第一书记，在西部地区贫困村基本实现驻村工作队全覆盖。

(八)加大对西部地区扶贫工作的宣传力度

协调中央主要媒体大力宣传报道西部地区扶贫工作进展成就、先进典型事迹和经验做法等。习近平总书记赴云南、陕西、贵州等地考察调研扶贫和主持扶贫座谈会前后，都及时配合中央新闻媒体进行了全面报道，并对扶贫重点工作进行了深度报道。

二、2016年工作设想

(一)编制"十三五"脱贫攻坚规划

按照五中全会通过的《中共中央关于制定国民经济和社会发展第十三个五年规划的建议》，紧扣五中全会和中央扶贫开发工作会议确定的政策措施和"四个切实"、"六个精准"、"五个一批"的基本要求，做好"十三五"脱贫攻坚规划编制工作。指导包括西部省份按照精准到县的要求，编制"十三五"易地扶贫搬迁省级实施规划方案，正式启动易地扶贫搬迁工作。在总结整村推进"十二五"规划经验的基础上，组织编制"十三五"整村推进专项规划，明确政策措施，着力解决制约贫困村发展的村内基础设施和基本公共服务"最后一公里"问题。

(二)建设扶贫开发大数据平台

在贫困县和贫困村、贫困户、贫困人口建档立卡的基础上，完善致贫原因、脱贫需求、帮扶措施、脱贫成效等指标体系设计，进一步提高数据质量，切实解决好落实"六个精准"的问题。

(三)着力建好扶贫开发乡村工作平台

根据中央扶贫工作“重在乡村”的要求,进一步建好扶贫开发乡村工作平台,做到工作对象在哪里,工作机构、队伍和力量就延伸到哪里。在县级设立扶贫专门机构的基础上,在贫困乡建立扶贫工作站。充分发挥贫困村第一书记和驻村工作队扶贫开发“一线指挥部”作用。

(四)建立资金项目管理平台

建立整合资金新体制,以扶贫规划和重大项目为平台,加大涉农资金整合力度,用于扶贫攻坚。在确保政府加大扶贫投入的同时,撬动金融资金,吸引社会资金参与扶贫开发,做大扶贫投入总量。建立扶贫专项资金管理新制度,认真落实资金项目公告公示制度,确保资金项目落实到村到户。加大纪检监察、检察、审计等对扶贫资金项目的监管力度,充分发挥人大代表、政协委员的监督作用,加强社会监督,引入第三方评估。在国务院扶贫开发领导小组的统筹下,督促各省加快组建扶贫开发融资主体,作为承接国债、专项建设债、金融债和农发行、国开行、农业银行政策性贷款等资金的平台。配合人民银行、农业银行等有关方面,出台扶贫再贷款的管理办法,明确主要政策和重要事项。

(五)加强考核力度

加大对扶贫开发工作督促检查考核力度,督促指导地方研究制定扶贫目标考核评价办法,建立健全干部驻村、精准扶贫评价工作机制;督促尚未出台贫困县考核实施办法的省份尽快制定出台并付诸实施。

——执笔人:余 平

第三十九章　国家开发银行

一、2015 年工作情况

(一)贯彻落实党的治边方略，完善机制建设，推动全国同步建成小康社会

开发银行积极贯彻中央援疆、援藏工作会议部署，积极开展工作。印发了《国家开发银行关于开发性金融支持西藏经济社会发展和长治久安的意见》(开行发〔2015〕567 号)、《国家开发银行关于开发性金融支持四川云南甘肃青海省藏区经济社会发展和长治久安的意见》(开行发〔2015〕568 号)，明确了在今后一个时期，开发银行支持的 6 大领域，并有针对性地提出了包括统筹协调、规划先行、特殊优惠政策、综合金融服务等在内的 10 项具体政策措施，为金融支持西藏及四省藏区工作打下了扎实基础。援疆、援藏项目的评审指导和信贷管理意见也不断规范。下一步，开发银行将认真落实中央要求，在人民银行、银监会和自治区党委政府的指导帮助下，与银行业同仁加强合作，共同做好金融援藏、援疆各项工作。

(二)坚持规划先行，融资融智破解地方投融资难题，助力西部地区经济跨越式发展

深化与国家发展改革委、国家民委等部委合作。一是与国家部委开展规划合作，承担孟中印缅经济走廊、中巴经济走廊规划以及与老挝、柬埔寨等国家双边合作规划的编制工作；参与国家发展改革委“一带一路”建设重大项目储备库建设。目前，内蒙古、甘肃、青海、宁夏、陕西分行正在研究制定服务“一带一路”国家战略实施方案或融资规划。二是从顶层设计入手，融智支持西部地区新型城镇化建设。与国家发展改革委联合下发《关于推进开发性金融支持国家新型城镇化综合试点有关工作的通知》(发改规划〔2015〕647 号)，积极推动内蒙古右扎兰屯、广西柳州、贵州安顺、云南曲靖、甘肃金昌、青海海东、陕西西安高陵区等地新型城镇化综合试点融资规划编制工作。三是分别与国家发展改革委、民委合作，开展《全国易地扶贫搬迁“十三五”规划前期研究》、《兴边富民行动“十三五”规划》，推动分行统筹谋划，扶贫攻坚。总行与贵州分行联动，制定《关于开发性金融助推贵州省统筹城乡发展加快实现小康的工作方案》，推动建立省级扶贫融资主体，探索设立城乡统筹发展基金，对破解扶贫融资难做出有益尝试。

加强与西部地区地方政府规划合作。一是参与编制内蒙古、贵州、云南、新疆、西藏等西部省份“十三五”规划纲要、《重庆“十三五”新型城镇化规划》、《陕西省金融业“十三五”发展规划》。二是紧扣政府热点，积极开展重大课题研究。对“生态文明建设若干重大战略问题研究”、“中国可持续发展矿产资源战略研究”、“长江经济带互联互通基础设施融资规划”、“长江经济带(四川部分)综合立体交通走廊系统性融资规划”等重大战略问题进行研究。

(三)实行优惠政策,拓宽西部地区信用空间和融资条件,加大规模资源倾斜和组织人事保障力度

项目开发评审实施优惠政策。一是在2015版评审手册及出台的指导意见(如《关于国开发展基金业务评审的指导意见》、《西藏分行开展前期贷款等差异化授信政策》、《关于同意新疆分行开展前期贷款等差异化授信政策》等)中增加了对西部地区重点区域项目评审的相关差异化要求,规范了对支持援疆、援藏项目的评审指导意见,形成了支持西部大开发的授信评审制度体系。二是针对西部地区的实际情况,结合自身以中长期贷款为主的业务特点,在监管允许的范围内,对西部建设项目贷款提供了包括执行国家规定的资本金最低比例、延长贷款期限、下浮贷款利率等多项优惠措施。

继续加大规模资源倾斜力度。2015年当年,累计向西部地区发放人民币贷款5830亿元,同比多发放1176亿元,占全行的27.3%。截至2015年年末西部地区人民币贷款余额为21812亿元,当年余额新增3218亿元,同比多增622亿元,占全行的30.8%;余额较年初增长17.3%,高于全行水平2.9个百分点。在人民币贷款规模约束的情况下,对西部地区的信贷支持力度继续保持增加态势。

加大机构和人才队伍建设力度。一是喀什分行正式挂牌开业。2015年8月16日,喀什分行正式挂牌开业并投入运转。喀什分行的设立,是开发银行贯彻落实中央新疆工作座谈会议精神和服务国家"一带一路"战略、以开发性金融助力南疆社会稳定和经济发展的重要举措。二是推动干部政策向西部分行倾斜,加大西部分行引才力度和干部交流力度,推动优秀人才向西部地区聚集。2015年,共充实10名局级干部任西部分行高管,其中公开选拔西藏分行2名班子成员,进一步巩固了西部分行班子力量。2015年,共引进各类人才121名,其中国内外优秀毕业生118名,在职人员3名,分别占全部分行毕业生和在职人员引进总人数的34.5%和75%。三是从新疆分行选派优秀骨干力量充实新建喀什分行的干部队伍,有力支持南疆地区发展。

(四)发挥综合金融服务优势,支持重点领域重大项目、产业结构转型升级以及沿边开发开放支持重点领域重大项目建设

积极创新。以PPP模式创新完成第二轮新疆维吾尔自治区大额矿业权融资项目评审,以政府采购模式支持乌鲁木齐高铁片区综合设施开发、西宁经济技术开发区道路建设工程等项目;重点支持了成都地铁3号线工程、宁夏"十二五"国省干线公路改造升级项目、新建兰新铁路第二双线(甘青段)等一大批重点项目;充分发挥银政合作优势,与住建部、宁夏回族自治区三方签订《全国城市综合管廊建设试点合作框架协议》和《全国海绵城市建设试点合作框架协议》,推进基础设施建设。

支持产业转型升级。一是加大对战略性新兴产业支持力度。研究制定针对集成电路等新兴产业的信贷政策,将西安、重庆等作为重点区域予以支持并倾斜资源;会同工信部、国家发展改革委,研究支持宁夏信息消费、贵州云计算新兴产业发展。二是积极支持企业立足资源转型升级,完成云天化石化公司年产15万吨聚丙烯项目评审承诺。

支持沿边地区开发开放。一是继续推进内蒙古、云南、广西、新疆等西部边疆省(区)沿边跨境基础设施建设,支持"丝绸之路经济带"等重大项目建设。二是支持西部省份积极参

与周边国家国际合作，推动部分西部省份企业参与周边国家跨境铁路、公路、电网、电信等基础设施建设，加快互联互通，改善沿边地区对外开放的基础设施条件。三是推动优势企业开展国际产能合作。积极支持酒钢集团“走出去”，推进其收购俄铝 Alpart 氧化铝厂及复产项目，以及其与哈萨克斯坦欧亚资源集团产能合作等项目；跟踪推动白银集团与哈萨克矿业公司合作在哈建设铜冶炼项目、金川集团在印尼镍冶炼项目、云铝老挝氧化铝项目等。

创新金融产品，引导社会资金参与西部开发建设。一是探索以创新金融产品支持西部开发。截至 2015 年年底，发行理财产品 163 只，募集资金 804 亿元。二是积极引导社会资金参与西部开发。截至 2015 年 12 月末，通过银团、资产证券化、票据、委贷等产品引导 1522.51 亿元社会资金支持西部地区交通、能源基地等重点项目建设。三是积极发挥村镇银行“支农支小”作用，通过内蒙古达拉特、四川北川、四川巴中、四川郫县、甘肃泾川、青海大通等 6 家村镇银行，当年累计发放贷款 34 亿元，其中涉农贷款 26 亿元，受益农户 11767 余户，小微贷款 22 亿元，有力支持了“三农”和小微企业发展。

（五）探索创新棚改融资机制，发挥开发性金融“供血”作用，提供依法合规、操作便捷、成本适当、来源稳定的融资渠道，支持西部地区棚改建设

一是全力保障西部地区棚户区改造项目资金需求。截至 2015 年年底，开行累计向西部地区发放棚改贷款 4481 亿元（含过桥贷款 334 亿元），其中当年发放 2308 亿元（含过桥贷款 206 亿元），约占全行 31%，是 2014 年同期的 1.6 倍，贷款余额 3979 亿元。重点支持了贵州三线企业棚改、内蒙古包头北梁等重点难点项目实施。二是取消货币安置比例限制，配合西部地区完善货币安置办法和补偿方案，做好棚改安置与存量商品房衔接，发放用于西部地区货币化安置的贷款 539 亿元。三是进一步实施差异化支持政策。放宽西部地区棚改软贷款发放额度最高可至项目资本金的 50%（该比例东部地区为不超过 25%，中部地区为不超过 35%）。延长西部地区软贷款期限最长可至 9 年（东部地区贷款期限为不超过 5 年，中部地区不超过 7 年），有效发挥了软贷款回收再贷这一政策性特许工具对西部地区的支持作用。

（六）履行社会责任，加大对扶贫开发、农业、水利以及林业等民生领域支持力度

支持西部地区扶贫开发事业发展。一是发布了《关于支持扶贫开发建设业务评审的指导意见》，明确了国开行重点支持区域为国家扶贫开发领导工作小组发布的国家级贫困县和国家扶贫纲要明确的 14 个连片特困地区（其中包括西部地区）以及建档立卡贫困村和贫困人口。二是发挥中长期融资优势，大力支持西部贫困地区基础设施改善，按照“政府主导、机制建设、统借统还”的方式，支持农村公路、安全饮水、农村电网和危旧房改造等与贫困人口生产生活密切相关的基础设施项目。三是将财政资金与信贷资金相结合，通过“管理平台、融资平台、担保平台、公示平台、信用协会”的“四台一会”贷款模式，以批发的方式支持西部地区贫困农户发展特色产业。四是大力支持西部地区助学贷款、校安工程建设和贫困地区人才培训。五是将“救助式”扶贫与“开发式”扶贫相结合，积极做好重庆黔江、秀山，四川古蔺，贵州务川、正安、道真六个定点扶贫县的定点扶贫工作。截至 2015 年，开发银行为西部地区累计发放扶贫贷款超过 1 万亿元，其中本年发放 1491 亿元，贷款余额 6446 亿元，有力地支持了西部贫困地区经济社会发展和贫困群众脱贫致富。

支持西部地区农业、水利、林业发展。一是落实中央一号文件中“国家开发银行要创新

融资模式，进一步加大对农业农村建设的中长期信贷投放”有关要求，围绕保障农产品安全、保障农产品价格稳定、保障农产品质量安全，充分发挥开发性金融独特作用和中长期投融资优势，不断加大对西部地区现代农业的支持力度。推动农业基础设施、促进农业产业结构调整，跟踪推进新增千亿斤粮食产能规划田间工程等重大工程类项目建设。截至2015年，累计向西部地区发放现代农业贷款662亿元，贷款余额203亿元，本年发放98亿元。二是着重推进西部地区重点水利工程及民生水利项目建设。截至2015年，累计发放贷款1595亿元，贷款余额996亿元。三是深入研究支持西部林业发展的有效融资模式和机制，继续加大对林业行业融资支持力度，助推实施天然林全面禁采，支持国家建设储备林战略的稳步实施。截至2015年，全行累计向西部地区发放林业贷款163亿元，贷款余额45亿元。

支持西部地区中小企业、教育事业、新农村建设以及应急体系发展建设。一是坚持以普惠金融为重点，以机制建设为保障，以风险防范和业务创新为立足点，不断完善中小企业批发融资模式，积极支持西部地区中小企业，特别是小微企业的发展。目前，开行中小企业贷款已覆盖西部所有省(区、市)，支持了制造业、农林牧渔业、批发零售业等近20个行业内企业的发展，惠及中小型企业、微型企业、个体工商户、农户、创业青年、城市下岗职工等各类社会群体。二是继续支持教育事业发展。截至2015年，开行助学贷款已全覆盖了西部地区，有力支持了西部省份特别是贫困地区的教育扶贫工作。三是继续加大对县域及新农村建设的支持力度，支持了农村公路网络、电网、饮水安全工程、病险水库除险加固、生态保护、农村住房等农村基础设施建设。四是支持西部地区养老服务业发展。截至2015年年底，累计向西部地区投放融资总量27.5亿元，融资余额27.2亿元，本年融资额度24.6亿元。五是密切跟踪西部地区灾情发展情况，为地方政府抢险救灾提供资金支持。截至2015年年底，累计向西部省份发放应急贷款167亿元，本年发放14亿元，贷款余额13亿元，有力地支持了西部各级地方政府救灾工作。

二、2016年工作设想

(一)发挥开发性金融规划先行和融资推动优势，继续深化与国家部委及地方政府的规划合作

一是进一步完善与国家发展改革委、住建部、扶贫办等部委的规划合作机制，深化与西部沿边地区政府规划合作，结合国家“西部大开发”相关精神，研究落实国家开发银行相关支持政策，促进相关规划落地实施。二是深化落实与国家发展改革委西部司的“一带一路”战略规划合作，积极参与国家项目库建设，推动开行项目库与国家项目库对接，扎实推进中巴经济走廊、孟中印缅经济走廊的规划编制。三是进一步支持推进西部地区重大区域规划和扶贫专项规划编制，推进长江经济带、滇中新区等重点区域规划编制和研究，适时开展系统性融资规划编制工作。四是与西部地区各级政府建立新型城镇化试点城市融资规划推动实施机制，开展制定新型城镇化试点城市融资实施方案，推动城镇化融资主体建设，设计融资模式，构建新型城镇化项目库，积极引导社会资本参与新型城镇化建设。

(二)着力支持西部地区重大重点项目建设和促进产业结构转型升级

一是支持现代化交通综合体系建设,包括铁路、公路、机场、轨道交通等重大基础设施项目。二是促进产业结构调整,支持加快发展特色产业、战略性新兴产业,积极发展技术引领型产业,优化发展资源利用型产业,重点培育支持战略性成长型企业和科技型企业。三是支持新型城镇化和环境生态保护,推进重点生态工程建设,强化环境综合治理,促进"两型社会"建设。四是支持向沿边开发开放,积极推进边疆省区跨境基础设施建设。

(三)继续加大对西部地区棚改项目的融资融智支持力度

一是进一步推动棚改货币化安置贯彻落实《关于进一步推进棚改货币化安置的通知》要求,协助西部地区制定完善配套制度。二是做好融资规划与政策研究。推动"十三五"棚改业务专项规划研究、"三个1亿人"保障房建设规划研究等系列研究成果落地,会同住建部等主管部门加强政策研究,合理做好融资安排。加强投融资模式创新和产品创新,积极拓展资金来源。

(四)加强国际合作,支持西部地区加快沿边开放步伐

一是围绕服务国家"一带一路"建设、装备制造业"走出去"、国际产能合作等重点领域工作,紧密对接"西部大开发"战略实施。继续支持有实力的龙头企业"走出去",加快与周边国家开展合作。二是加大海外市场开发,支持西部省区积极参与周边国家国际合作,在国家有关部委统筹下,抓住"一带一路"、"两廊"、周边基础设施互联互通、高铁、核电等领域合作的新契机,充分发掘西部省份优势产能,拓展国际业务。三是推动部分西部省区企业在参与周边国家跨境铁路、公路、电网、电信等基础设施建设中鼓励沿边省份企业使用境外人民币贷款,积极服务沿边贸易、投资的便利化,有力推动人民币国际化进程。

(五)加强分支机构和人才队伍建设,增强组织保障能力

一是贯彻落实中央关于扶贫开发的战略部署,发挥开发银行专家和专业优势,分批向西部贫困地区派驻107名扶贫开发金融服务专员,建立政府、银行和扶贫开发项目之间的桥梁纽带,推动改善当地金融生态环境,为全面打赢扶贫攻坚战提供有力支撑。二是加强选派优秀干部全行赴西部分行交流工作力度,保障分行人员配备,进一步加强人才队伍建设,支持分行业务发展。

(六)创新投融资机制,探索精准扶贫开发,继续支持农业、水利等民生领域工作

一是深化与国务院扶贫办和相关各省市政府的合作,加大融资模式创新,发挥金融扶贫攻坚作用。继续支持西部地区地方各级政府编制"十三五"扶贫开发规划和专项规划工作,二是继续加强与西部地区政府及水利主管部门的合作,通过加大中长期信贷支持力度、提供优惠利率、创新投融资模式等方式,满足节水供水重大水利工程及中小型水利项目融资需求。三是充分发挥我行开发性金融独特优势,坚持以农业基础设施建设为重点,继续加大对粮食安全领域项目的融资支持力度。为西部地区全国同步建成小康社会发挥更大作用。

——执笔人:张伟巍

第三篇/地方篇

第一章　重庆市

一、2015 年工作情况

2015 年，重庆市深入贯彻中央稳增长、促改革、调结构、惠民生、防风险政策措施，大力实施五大功能区域发展战略，坚持抓早、抓紧、抓准、抓实，经济稳中有进、稳中向好，发展的速度、质量和效益同步提升。全市地区生产总值增长 11%，人均地区生产总值约 52330 元。

(一)着力实施五大功能区域发展战略重点专项，协调联动发展态势初步形成

各功能区域立足定位抓发展，有序实施年度重大专项。都市功能核心区着力实施“现代服务业优化提升专项”和“现代都市精细管理专项”，总部经济、金融等现代服务业加快集聚，服务业增加值占地区生产总值比重达到 82.5%。都市功能拓展区着力实施“新兴产业创新集聚专项”和“功能组团优化开发专项”，加快布局集成电路、液晶面板、机器人、智能终端和高端装备，战略性新兴产业增加值占全市比重约 60%。城市发展新区着力实施“基础设施提速建设专项”和“制造业提档升级专项”，工业增加值、固定资产投资、实际利用内资等增速均领先于全市其他区域。渝东北生态涵养发展区和渝东南生态保护发展区，着力实施“点上开发试点示范专项”、“全面小康助推专项”、“基础能力提升专项”和“生态涵养保护专项”，加快建设国家重点生态功能区和长江流域绿色经济走廊，绿色发展、特色发展呈现新气象；全年接待游客数超过 1 亿人次，增长 17.5%左右，大旅游经济崭露头角；互联网经济加快起步，秀山、酉阳、石柱、云阳、忠县、城口、彭水、巫溪 8 个县成功申报为全国电子商务进农村示范县；市级及以上一般公共财政预算补助占全市一半以上，公共服务能力进一步改善；“地票”交易占全市 82.7%，支持其开展高山生态扶贫搬迁安置人数占全市 89.5%。着力实施“区域联动促进专项”，推进基础设施互联互通和资源要素优化配置，完善对口帮扶机制，形成相互支撑、优势互补、协调联动发展的良好态势。

(二)调结构转方式成效显著，质量效益同步提升

推动主导产业持续放量，传统产业触底回升，大力发展战略性新兴制造业。汽车产量突破 300 万辆，各类智能终端产量快速增长，汽车、电子制造业对工业增长贡献率达到 49.8%。化工、医药、消费品等产业继续回升。战略性新兴产业快速发展。服务业增加值增长 11.5%，占比继续提高，其中，金融业增加值占比提高到 9%。农业生产形势稳定，粮食产量连续八年超过 1100 万吨，特色效益农业全产业链综合产值增长 10%。积极培育新型农业经营主体，家庭农场发展到 1.29 万家，县级以上农业产业化龙头企业 3086 家，农业适度规模经营集中度达到 32.9%。

规模以上工业企业实现利润 1394 亿元，增长 16.5%。一般公共预算收入增长 12.1%，

其中税收收入增长 13.2%,税收占比进一步提高。

(三)混合动力加快培育,增长后劲持续增强

投资、消费、出口传统动力不失速,改革、开放、创新焕发新活力。投资增速一直稳定在17%以上,产业结构调整投资占比提高;铁路、轨道交通、能源、高速公路、空港等十大基础设施项目加快建设,基础设施投资增长 28.6%,同比提高 14.3 个百分点。消费加快提档升级,信息消费、健康养老、旅游休闲等新兴消费快速发展,电子商务交易额增长 30%以上,社会消费品零售总额增长 12.5%。开放取得新突破,中新战略性互联互通示范项目落户重庆,“一带一路”和长江经济带建设取得新进展;“三个三合一”开放格局扎实推进,渝新欧开行班次翻番,两江新区开发开放加快推进、提质扩容,璧山高新技术产业开发区升级为国家级高新区。进出口总额居中西部前列,集成电路、液晶面板等电子产品出口成倍增长,服务贸易达到 170 亿美元、增长 30%以上,跨境人民币结算 1983.4 亿元、增长 23.8%,离岸金融结算 1061 亿美元,跨境电子商务交易额增长 12 倍。PPP 试点已累计签约项目 39 个、总投资 2600 亿元。健全城乡基本公共服务资源配置机制,新增进城落户 20.2 万人,常住人口城镇化率提高到 60.9%。R&D 经费支出不断增加,高技术产业产值增长 12.6%,高于全国约 3 个百分点。“众创新谷”创业大厦等 278 家众创空间基本建成并投入运营。创业带动就业效应显现,新增小微企业 10.4 万户,其中从事科技创新、文化创意等行业的超过一半。

(四)生态文明建设得到加强,社会民生持续改善

扎实推进“蓝天、碧水、宁静、绿地、田园”环保行动,生态环境持续改善。三峡库区长江干流水质总体保持Ⅲ类(新标准),单位地区生产总值能耗下降 6%,城市生活污水、生活垃圾处理率分别达到 91%和 99%。主城区空气质量优良天数达到 292 天,同比增加 46 天,PM 2.5 平均浓度下降 12%。循环经济蓬勃发展,工业固体废物综合利用率达到 83%。单位地区生产总值二氧化碳排放降低 6%,人工造林 224 万亩,森林覆盖率达到 45%。

扶贫攻坚强力推进,社会保持和谐稳定。808 个贫困村整村脱贫,减少 95.3 万贫困人口。高山生态扶贫搬迁等 25 件重点民生实事扎实推进。人口自然增长率 3.86‰。居民人均可支配收入增长 9.6%,其中农村常住居民人均可支配收入增长 10.7%,城乡收入差距进一步缩小。居民消费价格指数稳定在 1.3%。城乡养老保险参保率和医疗保险参保率分别达到 95%和 96%。就业形势稳定,城镇新增就业 71.8 万人,城镇登记失业率稳定在 3.6%以内。

2015 年,单位地区生产总值能耗降低等 19 项约束性目标全部如期或超额完成。全市综合经济实力大幅提升,地区生产总值从 2010 年 7926 亿元增长到 15720 亿元(现价,下同),多项经济指标实现翻番,规上工业总产值从 9144 亿元增长到 21405 亿元,固定资产投资从 6935 亿元增长到 15480 亿元,社会消费品零售总额从 3051 亿元增长到 6424 亿元,外贸进出口总额从 841 亿元增长到 4644 亿元,一般公共预算收入从 952 亿元增长到 2155 亿元。

二、2016 年工作设想

(一)统筹区域城乡协调发展,促进全市一体化科学发展

深化拓展五大功能区域功能定位,加强资源要素优化配置,引导特色优势主导产业发展,扩大各功能区域互联互通,推动形成区域协调发展新格局。加快建设综合交通枢纽,打通城市发展新区与都市功能拓展区之间,以及与渝东北生态涵养发展区、渝东南生态保护发展区之间的内外大通道,实施各功能区内通达通畅工程。推动各功能区域错位发展特色产业,形成合理的产业空间布局和分工体系。都市功能核心区着力精细化管理,优化布局,疏解功能,提升品质,加强对城市的空间立体性、风貌整体性、文脉延续性等方面的规划和管控,保护城市特色历史文化。都市功能拓展区在充分发挥两江新区带动作用的基础上,联动发展西部、南部片区。城市发展新区要加大工业强区联动发展力度,提供总装、总成配套服务。渝东北生态涵养发展区要着力推进“万开云”板块一体化协同发展,形成沿江特色经济带。渝东南生态保护发展区要以民俗文化、特色旅游为重点,着力推动形成特色生态经济走廊。推动新型城镇化建设,塑造要素有序自由流动、主体功能约束有效、基本公共服务均等、资源环境可承载的发展新格局。加强城镇基础设施规划建设和市容市貌管理,统筹旧城改造和新城建设,增强服务辐射功能。扎实开展国家新型城镇化综合试点和中小城市综合改革试点,推进智慧城市和海绵城市建设。加大统筹力度,协调推进新农村建设和新型城镇化发展,加快农村基础设施建设和社会事业发展,推进农业现代化,拓宽农民增收渠道,全面改善农村生产生活条件。完善人口转移与财政转移支付和建设用地协同发展机制,促进资源优化配置,人口分布与产业布局、资源环境协调发展。

(二)大力实施创新驱动发展战略,加快产业结构转型升级

以创新为驱动力加快产业结构优化升级。更多依靠创新驱动和先发优势,持之以恒、加大力度,努力构建产业新体系,完善发展新机制。深入落实《中国制造 2025》,壮大新能源汽车及智能汽车产业,打造平板显示产业链,推进生物医药新产品开发,推动 MDI 一体化及下游产品投产,发展化工新材料产品,打造页岩气深加工产业链。加快推动“6+1”支柱产业提质增效,促进长安汽车、北汽银翔、华晨鑫源、东风小康等企业丰富产品线,提升单车价值。推动电子信息产业高端化发展,提升智能终端产品附加值。推动工业化和信息化深度融合,推进大数据、物联网、3D 打印等在全产业链集成运用。

(三)推动供给侧结构性改革,充分激发市场活力

加大增有效供给、减过剩产能力度。坚持优化存量、做强增量、调减余量,优化资金、土地等资源要素配置,让更多有效资源向企业研发创新和技术改造、战略性新兴产业、现代服务业流动和集聚。积极稳妥推进企业兼并重组、债务重组和破产清算,实现市场出清。加大竞争领域的工商企业及僵尸企业、长期亏损企业和低效无效资产处置力度,妥善解决人员安置、债务负担等问题。重组整合一批国有企业,推动国有资本、非国有资本双向混合,稳妥推进国有企业发展混合所有制经济。

切实化解房地产库存。鼓励居民购买首套房和改善型住房。积极发展住房租赁市场,

研究完善保障性住房供给机制，提供有效住房供给。加快城市棚户区、农村危旧房改造，提高棚户区改造货币化安置比例。围绕创业创新需求，引导符合条件的开发项目向众创空间和楼宇工业转型。加强规模调控和结构调整，适度控制房地产开发量。

严防化解金融风险。引导金融机构加大对实体经济特别是小微企业的支持力度，畅通资金流向实体经济的渠道，切实降低企业财务成本。加强各类风险排查、预警和处置，妥善处置信托、租赁、小贷、担保的违约坏账。规范民间融资，加大力度打击非法集资、非法证券业务等违法违规金融活动。

切实减轻企业负担。加快转变政府职能、简政放权，进一步清理规范中介服务，降低制度性交易成本。全面公布行政事业性和经营服务性收费目录并适时调整。大力推进流通体制改革，降低企业物流成本。探索低费基、全覆盖的参保缴费机制，扩大失业保险基金支持企业稳岗政策实施范围，切实减轻企业社保负担。贯彻落实国家推进价格机制改革意见，深化资源环境价格改革，研究输配电价政策，推动售电侧改革试点。完善煤电价格联动机制、水电上网电价形成机制。

（四）深入推进重大项目建设，着力扩大有效投资

发挥投资对稳增长的关键作用，扩大有效投资，力争全年投资总额超过 1.7 万亿元。优化投资结构，产业结构调整、基础设施、房地产及其他房屋类的投资比例大体优化为48∶27∶25。突出产业结构调整，扩大战略性新兴产业项目和传统产业转型升级项目投入，加大对重点服务业的投资力度。加快“五通八联三保障”系列重大工程建设，加快交通、水利、能源、通信等基础设施网络建设。推进民生事业投资，加大教育、文化、医疗、体育等公共产品和公共服务领域投资，引导旅游休闲养生地产有序开发。创新投融资机制，扩大战略性新兴产业股权投资基金投资规模，加大地方政府置换债券和新增债券发行力度，继续推进一批高速公路、轨道及市郊铁路、水利等新 PPP 项目落地。

（五）加快培育新的消费热点，夯实消费稳增长的基础性作用

着眼需求结构升级推动供给结构调整，增加新型消费供给，带动社会消费品零售总额超过 7100 亿元。调整政府支出结构，探索公共服务设施建设由社会资本先行投入、政府租赁或分期回购等方式，扩大政府对公共产品、公共服务的采购规模，推动社会管理服务、行业管理与协调、技术性服务事项等方面的政府购买。促进信息消费、绿色消费等八大重点领域消费，稳住住房和汽车等大宗消费，提升教育文体消费，拓展老幼两端消费，加快培育农村消费市场。突出抓好农村电子商务，建设特色电子商务平台，促进传统商贸企业线上线下融合发展。做好旅游基础设施建设和线路设计、品牌营销。引导食品、服装等日常消费品行业和汽车、电子信息产品等耐用消费品行业优化升级。

（六）全面融入国家战略，促进扩大开放迈向更高水平

积极融入国家“一带一路”建设、长江经济带发展等重大战略，完善各个开放平台功能，建设内陆国际物流枢纽和口岸高地，加快打造内陆开放高地。积极推进中新（重庆）战略性互联互通示范项目建设，在金融服务、航空、交通物流、信息通信技术等重点领域推出一批合作事项。推动一批特色金融结算中心、特色要素交易市场、特色金融机构集聚项目，加快

研究推动跨境人民币和跨境投融资创新业务。获批跨境电子商务综合试验区，进一步扩大大龙网、敦煌网、世纪购等平台交易量。充分利用“三个三合一”开放平台，提升渝新欧国际铁路联运大通道功能，增加货运班列，加快在境外布局展示展销和物流分拨中心，扩大回程货源。推动保税区内建立“海外仓”，力争江津、涪陵等海关特殊监管区获批。推动加工贸易、一般贸易、服务贸易协调发展，进出口总额增长10%左右。推动五大服务贸易产业集群化发展。引进和培育贸易集成商在渝设立区域总部，大力发展总部贸易和转口贸易。巩固电子、汽车等产品出口，推动高技术含量、高附加值产品出口，发展整车进口。加强国际产能合作，支持企业“走出去”。加强周边区域合作，加快落实川渝合作备忘录。深化渝黔合作，共建毗邻区县“一小时通勤圈”。加强与长三角地区经济联系，推进长江流域园区与产业合作对接。

（七）加强生态文明建设，推动绿色低碳循环发展

坚定走生产发展、生活富裕、生态良好的文明发展道路，形成绿色发展方式和生活方式，形成人与自然和谐发展的现代化建设新格局。深入实施“蓝天、碧水、宁静、绿地、田园”环保行动，着力削减主要污染物排放总量、降低排放强度，加快实施三峡库区、重要水源地、山洪灾害易发区、石漠化地区等水土流失综合治理，建设长江上游重要生态屏障，推动城乡自然资本加快增值，使绿水青山也成为金山银山。大力实施山水林田湖生态保护和修复工程，着力推进节能减排、环境保护、循环经济、应对气候变化等专项工作。继续推进环境污染第三方治理试点工作，重点推进燃煤电厂环境污染第三方治理。落实对绿色产品购买使用的财税金融支持和政府采购等政策。建立资源再生产品和原料推广使用制度。加快构建绿色循环的生产生活方式和消费模式。

（八）实施精准扶贫精准脱贫，大力发展社会民生事业

全面抓好同老百姓生活息息相关的教育、就业、收入分配、社保、医疗、住房、食品安全等工作，帮群众解难题，为群众增福祉，让群众享公平。

加强贫困地区基础设施建设，着力解决贫困区县在基础设施、特色产业、社会民生、生态环保等方面的共性问题，实施好发展生产、就业扶持、高山生态扶贫搬迁、医疗救助、教育智力扶贫、低保兜底等精准扶贫工程，确保万州、黔江、南川、丰都、武隆、忠县、秀山等7个区县如期脱贫“摘帽”。

——执笔人：王　毅

第二章　四川省

一、2015年工作情况

（一）全力稳定经济增长

全省实现地区生产总值（GDP）30103.1亿元，增长7.9%，高于全国1个百分点；第一产业增加值增长3.7%，第二产业增加值增长7.8%，第三产业增加值增长9.4%。固定资产投资（不含农户和跨省项目投资）完成24965.6亿元，增长10.2%，全社会固定资产投资增长10.2%，高于年初预期目标0.2个百分点。城镇居民人均可支配收入增长8.1%，农村居民人均可支配收入增长10%。居民消费价格指数（CPI）上涨1.5%，控制在预期目标以内。

（二）认真抓好重大政策措施落实

不折不扣抓好中央稳增长系列政策措施的贯彻落实，确保政策落地生根。结合四川省实际制定了4个方面36条稳增长政策和促进房地产市场健康发展的措施，以及鼓励社会投资、做好新形势下就业创业工作、支持农民工和农民企业家返乡创业等政策措施，并密切跟踪检查政策落实效果，采取针对性办法解决政策实施过程中出现的新情况、新问题，打通执行梗阻环节，确保政策发挥效应。

突出投资、工业、消费三大重点。投资抓住重点项目这个牛鼻子，积极对接“7＋6＋3＋1＋4”重点工程项目；工业既抓新兴产业培育，又抓传统产业升级发展，帮助企业脱困；消费推动惠民购物全川行动、川货全国行、万企出国门等重大市场拓展活动，注重发展促进电子商务、文化休闲、旅游娱乐、健康养老等消费。

（三）重大项目建设加快推进

建立完善重大项目联系制度，省领导亲自联系督导和协调推进有关重大项目。着力抓好500个全省重点项目和50个省级重点推进项目实施。扎实推进重大投资促进活动，深入挖掘适宜运用PPP模式的公共服务项目。加大投融资体制改革力度，创新重点领域投资机制，用好新三板等多层次资本市场和企业债、项目收益债等融资工具。切实加强要素保障，加快在建重点项目建设。

积极对接国家各项战略部署，对接落实“一带一路”和长江经济带重大项目300多个，总投资近2.5万亿元。成都天府国际机场、成昆铁路扩能、西成客专、成贵铁路、成兰铁路、川藏铁路、隆黄铁路、汶川至马尔康高速、攀枝花至大理高速、绵阳至九寨沟高速、仁寿经沐川至新市高速、中国软件云计算中心、天府新区中国西部国际博览城等一批重点项目加快推进。新开工项目增长加快，全省新开工项目16622个，增长15.7%。

(四)创业创新工作积极推进

深度融入"一带一路"建设,扎实推进长江经济带建设。集中力量发展新兴产业,加快发展五大高端成长型产业和五大新兴先导型服务业。坚持创新驱动发展,大力推进"双创"。积极实施"中国制造2025"行动,创新推进"互联网+"行动计划。大力促进农民工返乡创业。

四川省成功纳入国家全面创新改革试验区,成都高新区全面启动建设国家自主创新示范区。深入实施大学生创业引领计划,建成大学生创业园区(孵化基地)184个。全省设立孵化器种子资金4.5亿元,建成国家级(省级)孵化器47家、大学科技园10家、省级小企业创业示范基地92家,在孵科技型中小微企业7000家以上。启动实施返乡创业风险分担基金,进一步加大对返乡创业资金投入。

(五)开放合作取得新进展

深度对接国家"一带一路"等重大战略,及时下发指导性意见,启动"251"三年行动计划。全省实际利用外资104.4亿美元,实际到位国内省外资金增长3.6%,实现进出口总额515.9亿美元;在川落户世界500强企业达到299家,新增境外投资企业145家,累计达到537家。"一带一路"经贸合作势头良好,与沿线国家合同外资增长2倍,对外投资企业增长4倍,投资金额增长近3倍,成达、中铁二院、华西能源、四川能投、四川铁投、四川路桥等一批国际产能合作项目取得积极进展。与美方签署一系列战略合作备忘录和项目合作协议。成功举办中外知名企业四川行等重大和专题投资促进活动,共签约投资合作项目1089个,签约金额7011亿元。

(六)全面深化改革取得新突破

扎实推进农业农村、国资国企、商事制度、投融资体制、财税金融体制等重点领域改革,坚持把有利于稳增长、调结构、惠民生、防风险的改革往前排,把具有牵引性、全局性的改革往前排,进一步释放改革活力、增添发展动力。

制定并印发一批重大专项改革方案。深入推进投融资体制改革,累计取消、下放、转出核准事项66项,需省级及以上核准的事项减少60%以上。加快推进县域经济改革和中小城市综合改革试点,下放价格管理、财税管理等8个方面20项市级经济管理权限,公共安全管理、优抚安置和社会福利事业管理等8个方面20项市级社会事业管理权限。

(七)切实保障和改善民生

继续抓好十项民生工程和20件民生大事,大力促进就业创业,积极发展社会事业,抓好交通、食品药品等方面安全生产。研究制定扶贫攻坚政策措施并狠抓落实,打好"3+10"组合拳,实施精准扶贫、精准脱贫。

二、2016年工作设想

(一)强化基础设施建设,筑造保障经济发展新支撑

继续坚持统筹规划、适度超前的方针,加强以西部综合交通枢纽体系为重点的基础设

施建设，进一步扩大规模、完善网络、优化结构，改善区域发展条件，支撑并引领人口经济合理分布、城乡区域协调发展和对外开放全面推进。

（二）推动创新驱动发展，培育产业竞争新优势

充分发挥科技创新的核心驱动作用，促进科技创新与产业发展紧密结合，坚持在提质增效中“调优存量”，在高端引进中“做大增量”，把传统产业作为培育新兴产业的基础和解决就业问题的支撑，把新兴产业作为调结构转方式的希望和后劲，努力构建产业结构优、质量效益高、竞争能力强的现代产业体系。

（三）全面深化重点领域改革，增强社会经济发展新活力

深入推进行政管理体制、投融资体制、统筹城乡综合配套等重点领域和关键环节的改革，积极开展先行先试，加快创业创新，最大限度激发市场和社会活力，使改革新红利转化为发展新动能。

（四）强化多点多极支撑，塑造区域发展新格局

继续深入实施多点多极支撑发展战略，充分发挥各地比较优势，推动重点经济区加快建设，坚持首位提升，着力次级突破，夯实底部基础，发展壮大县域经济，大力扶持特殊困难地区，培育支撑全省经济发展新的增长极和增长点。

（五）建设内陆开放高地，拓展开放合作新空间

认真落实四川省参与建设“一带一路”实施方案，加快培育四川参与国际竞争新优势，将“引进来”和“走出去”更好地结合起来，扩大开放领域和优化开放结构，加强对外经贸交流，深化多层次区域合作，打造“一带一路”和长江经济带联动发展的战略纽带和核心腹地，加快建成内陆开放战略高地。

（六）全面保障和改善民生，促进社会和谐稳定

更加关注民生、关注社会困难群体，着力解决群众最紧迫、最急需的现实问题。大力扩大就业，努力提高居民收入，完善覆盖城乡的社会保障体系，使人民群众得到更多实惠，不断提高生活水平和质量，积极促进基本公共服务能力均等化，扎实推进教育、卫生、文化、体育等社会事业发展，全面推进依法治省，切实加强社会治理，实现经济发展与社会全面进步相统一。

（七）加强生态环境保护，加快建设“绿色四川”

牢固树立尊重自然、顺应自然、保护自然的生态文明理念，以建设长江上游生态屏障为目标，以优化国土空间开发格局、转变经济发展方式为重点，加强生态建设和环境保护，大力发展循环经济和绿色经济，加快建设资源节约型、环境友好型社会。

——执笔人：罗其琼

第三章　贵州省

一、2015 年工作情况

(一)经济运行总体平稳

2015 年,全省完成生产总值 1.05 万亿元,比上年增长 10.7%以上,“十二五”时期年均增长 12.5%。固定资产投资达 1.07 万亿元,比上年增长 21.6%,“十二五”时期年均增长 29.5%。社会消费品零售总额达 3283 亿元,比上年增长 11.8%,“十二五”时期年均增长 17.2%。一般公共预算收入达 1503.35 亿元,比上年增长 10%,“十二五”时期年均增长 23%。城镇居民人均可支配收入 24580 元,比上年名义增长 9%,“十二五”时期年均增长 11.8%;农村居民人均可支配收入 7387 元,比上年增长 10.7%,“十二五”时期年均增长 14.4%。全省进出口总额达 122.96 亿美元,比上年增长 14.9%,“十二五”时期年均增长 31.3%。

(二)改革开放持续向好

2015 年,省委召开了 9 次全面深化改革领导小组全体会议,审议出台了推进简政放权放管结合转变政府职能,创新重点领域投融资机制,鼓励社会投资农村土地经营权有序流转,发展适度规模经营等一系列改革实施方案,确定了 269 项年度改革任务和 252 项改革成果。着力打造“1+7”国家级开放创新平台(即贵安新区和贵阳国家高新技术产业开发区、贵阳国家经济技术开发区、遵义国家经济技术开发区、贵阳综合保税区、遵义综合保税区、贵州双龙航空港经济区),助推全省守底线、走新路、奔小康。积极参与“一带一路”建设,出台了《贵州省参与建设丝绸之路经济带和 21 世纪海上丝绸之路的实施方案》。全年引进省外实际到位资金 7213.51 亿元,实际利用 25.24 亿美元。

(三)发展条件明显改善

交通运输发展进入新时代。沪昆高铁贵阳至长沙段建成通车,形成了通达全国“7 小时高铁交通圈”。开工环贵州高速公路南部三州段,高速公路通车里程突破 5000 公里,实现县县通高速公路。通航机场实现 9 个市州全覆盖,形成“一干十三支”民用航空体系。乌江渡—龚滩、三板溪库区航运工程建成通航。水利建设取得积极进展。全面启动水利建设“三年行动计划”,开工兴建马岭水利枢纽等 41 座大中型骨干水源工程,黔中水利枢纽一期、滋黔一期工程基本建成。通信基础设施加快完善。实施信息基础设施建设三年会战,推进全国信息交换枢纽和贵阳全国首个免费 wifi 城市建设,基本建成三大电信运营商数据中心,贵阳、遵义、安顺实现通信同城化,4G 网络实现乡镇全覆盖。

(四)产业结构调整取得新进展

大力推动传统产业改造提升,出台振兴烟、酒、茶、药、特色食品“五张名片”和煤电磷、煤电铝、煤电钢、煤电化“四个一体化”等传统特色优势产业发展实施方案,以大数据、大健康、现代山地高效农业、文化旅游、新型建筑建材“五大新兴产业”为突破,加快构筑现代产业体系。成功举办贵阳国际大数据产业博览会暨全球大数据时代贵阳峰会,启动实施电子商务发展三年行动计划和“互联网+”行动计划,率先在全国创建国家级大数据产业发展集聚区,启动实施大健康医药产业六项行动计划和新医药产业发展规划,建成一批大健康产业园区和基地,出台加快推进现代山地特色高效农业发展意见,深入推进“多彩贵州”品牌建设,召开新一轮旅游发展大会和国际山地旅游大会,推动建筑业与建材业深度融合,装饰石材产业集群发展,新型建材产业基地不断壮大。2015 年,全省第一产业、第二产业、第三产业增加值占地区生产总值的比重分别为 15.6%、39.5%、44.9%。

(五)生态建设和环境保护成效明显

深入推进贵州省生态文明先行示范区建设和赤水河、乌江等流域生态制度改革试点。成功举办生态文明贵阳国际论坛 2015 年年会,生态文明理念深入人心。探索建立领导干部任期生态文明建设责任制,率先在全国探索自然资源资产负债表编制和领导干部自然资源资产责任审计工作。大力推进林业产业三年倍增计划,启动绿色贵州建设三年行动计划。深入推进美丽乡村建设,“四在农家·美丽乡村”六个小康行动计划完成投资 338.4 亿元。加快建设环保基础设施,扎实开展“多彩贵州文明行动”整脏治乱专项行动,实行境内八大流域河长制,强化集中饮用水源地、自然保护区和湿地保护。全年完成营造林 420 万亩,治理石漠化面积 1083 平方公里、水土流失面积 2300 平方公里,森林覆盖率达 50%,城市污水处理率、生活垃圾无害化率分别达 88%和 74%。

(六)扶贫攻坚工作加快推进

深入推进精准扶贫工程,出台“33668”扶贫攻坚计划,大力实施“六个到村到户”和“六个小康建设”,实施对口帮扶、定点帮扶、集团帮扶等,狠抓产业扶贫、教育扶贫、财政金融扶贫等工作。全年新增 10 个县、160 个乡镇减贫摘帽,完成 780 个贫困村整村推进,易地扶贫搬迁 20 万人,减少贫困人口 130 万人。

(七)民生事业加快改善

积极开展基本普及十五年教育工作,深入实施教育“9+3”计划,花溪大学城、清镇职教城等教育集聚区基本建成。实施 130 所中心乡镇卫生院达标建设工程,新建 50 个乡镇计生服务站。城市、农村最低生活保障标准分别提高 10%,城镇居民基本医疗保险和新农合政府补助标准提高到 380 元。全年新增就业 72 万人,“3 个 15 万元”政策带动就业 10 万人。建成城镇保障性住房 17 万套,棚户区改造、农村危房改造分别完成 40 万户和 35 万户。

二、2016 年工作设想

(一)全面提高开放带动和创新驱动能力

加快“1+7”国家级开放创新平台建设，完成贵阳航空口岸改造，大力培育毕节、铜仁、兴义等航空口岸。积极参与“一带一路”建设，深化区域交流合作，大力开展招商引资。推进科研院所改革，推动科研成果转化，加大科技创新人才培养引进力度。

(二)强力推进基础设施建设

贯通沪昆客专贵阳至昆明段，加快建设贵阳至南宁客运专线、安顺至六盘水城际铁路、贵阳城市轻轨等工程，推进环贵州高速公路建设，改造提升“一干十三支”民用航空体系，积极推进乌江、红水河航运贯通工程。开工建设一批骨干水源工程，逐步解决工程型缺水问题。加快打造全国信息交换枢纽，完善 500 千伏输电主网架，推进天然气网络建设。

(三)积极培育壮大新型产业体系

大力发展以大数据为引领的电子信息产业，以大健康为目标的医药养生产业，以绿色有机无公害为标准的现代山地高效农业，以民族和山地为特色的文化旅游业，以节能环保低碳为主导的新型建筑建材业。推进煤炭行业、电力行业转型升级。建成投产茅台生态循环经济产业示范园，做强“贵烟”品牌，大力发展茶产业，壮大特色食品加工业，推动特色产业规模化。深入贯彻落实《中国制造 2025》，推动装备制造业高端化，积极发展新材料产业，大力发展新能源、清洁能源汽车。加快发展生产性服务业和生活性服务业，建成一批服务业集聚区。

(四)加强绿色城镇和美丽乡村建设

大力改造城镇棚户区和城中村、城郊村，推进农业转移人口市民化。培育黔中城市群，壮大区域中心城市规模，加快县域经济发展。加强绿色生态城镇建设，鼓励社会资本参与投资、建设和运营城市基础设施项目。深入实施“四在农家·美丽乡村”六项行动计划。

(五)全力做好“三农”和扶贫开发工作

大力推进农业结构调整，加大农业发展支持力度，培育壮大村级集体经济，积极推动农业适度规模经营，加快培育“三农”新的增长点。以集中连片特困地区为主战场，深入实施精准扶贫工程，帮助贫困地区发展产业、完善基础设施和改善民生。

(六)加快推进生态文明建设

深入推进生态文明先行示范区建设，积极推动乌江流域、草海实施生态补偿工作。深入实施退耕还林、石漠化治理等重点生态工程。积极防治大气污染，确保大中城市空气质量优良率稳步提升。加强工业“三废”和矿产资源综合利用，淘汰一批落后产能。加快污水垃圾处理等项目和环境监测能力建设。

(七)统筹推进各项社会事业发展

继续实施教育“9+3”计划,大力实施基本普及15年教育计划,加快农村寄宿制学校标准化建设。加强基层医疗卫生计生机构标准化和全科医生队伍建设,扩大中心城市优质医疗资源增量,推进三甲医院创建,鼓励社会办医,加快解决“看病挤、住院难”问题。加快发展文化体育事业,推进现代公共文化服务体系建设,加大民族村寨和传统村落保护开发投入力度。实施全民创业行动计划,努力扩大就业。健全社会保障制度,提高社会保障标准。

——执笔人:荣昭毅

第四章　云南省

一、2015年工作情况

2015年，云南省生产总值(GDP)完成13717.88亿元，同比增长8.7%；固定资产投资完成13069.39亿元，同比增长18.0%；地方公共财政预算收入完成1808.14亿元，同比增长6.5%；城镇常住居民人均可支配收入26373元，同比增长8.5%；农村常住居民人均可支配收入8242元，同比增长10.5%；社会消费品零售总额5103.15亿元，同比增长10.2%。

(一)加强重大战略研究，主动服务和融入国家发展战略

一是积极推动云南省参与"一带一路"建设。研究起草并及时印发了《云南省参与建设丝绸之路经济带和21世纪海上丝绸之路实施方案》。二是积极融入长江经济带建设。研究编制了《长江经济带云南发展规划深化基础研究报告》和《云南推进长江经济带建设"三年行动计划"》，为国家编制《长江经济带发展规划纲要》提供了基础资料。三是深入推进孟中印缅、中国—中南半岛(新加坡)经济走廊建设。积极参加云南—老北合作工作组第七次会议。成功举办大湄公河区域铁路联盟(GMRA)第一次全体大会及第三次混合工作组会议、第七届大湄公河次区域(GMS)经济走廊论坛。组织开展了"'十三五'期间云南参与GMS合作研究"课题。出台了加快建设我国面向南亚东南亚辐射中心的实施意见，启动辐射中心综合交通发展规划编制。

(二)加强重大工程建设，着力发挥投资的关键作用

一是打响五大基础网络建设五年大会战。召开全省五大基础网络基础设施建设动员大会，相继出台了加快五网建设的意见、五网发展规划(2016—2020)、滇中城市经济圈综合交通发展规划、边境干线公路建设规划。二是重大项目申报审批成效明显。滇中引水工程项目建议书获国家批复；滇中新区获国务院正式批复；玉磨、大临、弥蒙、叙毕等4个铁路项目可研获国家批复；车马碧大型水库和柴石滩大型灌区项目建议书获国家发展改革委批复；德厚水库可研报告获国家批复并开工建设。三是重大工程建设加快推进。昆明枢纽、昆玉扩能铁路即将建成通车，玉磨、大临、弥蒙、叙毕铁路开工建设；西石、昭会、功待、龙瑞高速芒市至畹町段已建成通车，小磨、保泸等11条高速公路已开工建设，嵩昆、曲宣等30条在建高速公路快速推进；泸沽湖机场建成通航，腾冲机场扩建工程开工建设，沧源机场、澜沧机场等在建项目快速推进，红河蒙自机场前期工作取得突破。牛栏江—滇池补水工程已建成运行，滇中引水勘察试验性工程正式动工。

(三)加快重点产业发展,着力推动产业转型升级

一是高原特色现代农业发展势头强劲。咖啡面积、产量分别达185万亩和12万吨;茶叶面积、产量分别达602万亩和35.4万吨;橡胶产量达45万吨;鲜切花产量达89亿支。以核桃、油茶、油橄榄等为主的木本油料成为全国重要的木本油料基地。野生食用菌成为我省第二大出口创汇农产品。二是农村新型经营主体加快发展。农民组织化程度不断提高,全省省级以上重点龙头企业达705户,新增101户,全省农业龙头企业完成销售收入1350亿元,同比增长12%。三是多措并举促进重点工业发展。采取有效措施,提前完成国家下达我省的“十二五”淘汰落后产能目标任务。抓好石化、汽车、水电铝三大产业发展规划落实,推进聚丙烯、文山60万吨氧化铝等重大项目建设。四是战略性新兴产业快速发展。出台深化体制机制改革加快实施创新驱动发展战略实施意见、加快中药(民族药)产业发展指导意见、加快推进“互联网+”行动实施意见、促进大数据发展实施意见等重大文件,推进省院合作以及面向养老机构的远程医疗政策试点工作,“互联网+”新模式蓬勃发展。战略性新兴产业初具规模,占地区生产总值比重达到8%。五是服务业加快发展。第三产业增加值占地区生产总值比重达到45%。深入实施6大消费工程,大力发展电子商务、信息消费等新兴服务业,研究出台关于促进云南省生产性服务业发展的实施意见等文件。

(四)加强民生保障改善,着力促进社会和谐稳定

一是努力扩大就业。截至2015年12月底,全省实现城镇新增就业人数40.9万人,同比增长12%。二是加快安居工程建设。建成城镇保障性安居工程28.69万套,建设农村危房改造和抗震安居工程51.43万户,鲁甸地震灾区7.78万户灾民搬进新区。三是深入推进扶贫开发。认真谋划和部署新时期扶贫开发工作,积极开展“挂包帮”、“转走访”活动,大力实施精准扶贫、精准脱贫,全年解决100万人的脱贫问题。实施农村饮水安全工程建设,解决了220.78万农村人口和5.77万农村学校师生饮水安全问题。四是社会事业和社会保障取得新进展。认真落实社会保障扩面提标政策,适时降低社会保险费率,切实减轻企业和个人负担,推进机关事业单位养老保险制度改革,启动社会保险基金保值增值工作,建设更加公平可持续的社会保障体系。积极推进农村初中校舍改造、中等职业教育基础能力、城乡敬老院、残疾人康复中心等社会事业发展项目建设。10件惠民实事全部办结,人民生活持续改善、民生福祉持续提高。

(五)加强生态文明建设,努力成为全国生态文明建设排头兵

一是重点生态工程建设积极推进。认真实施好天然林保护、退耕还林、防护林建设、石漠化治理、陡坡地生态治理等重大工程,实施新一轮退耕还林还草160万亩。二是生态环境进一步改善。国家同意将滇池保护治理列入重点流域水污染防治“十三五”规划。制定出台了努力成为生态文明建设排头兵的实施意见。扎实推进低碳试点省建设,昆明呈贡新区成为国家8个低碳城镇试点之一。抓好普洱市国家绿色经济试验示范区建设,迪庆州、大理州洱源县、西双版纳勐海县、文山州广南县被国家列入全国生态保护与建设示范区,滇池、洱海、抚仙湖等高原湖泊保护与治理取得积极进展,单位地区生产总值能耗和碳排放下降目标任务顺利完成。

(六)扩大对内对外开放,着力拓展发展空间

一是积极推进沿边开发开放载体建设。勐腊(磨憨)重点开发开放试验区获国务院批复设立,实施方案已由国家发展改革委印发,总体规划和支持政策正在研究制定。红河综合保税区通过国家验收。瑞丽重点开发开放试验区建设取得积极进展。3 个跨境经济合作区、6 个边境经济合作区建设取得了较好成效。二是稳步推进国内区域合作。桥头堡建设第 4 次部际联席会议顺利召开。进一步深化与泛珠三角、长三角及周边省区的经贸交流合作,探索跨省区域合作与开发管理的新机制、新模式,深化滇桂、滇川、滇黔等周边合作,提升滇沪、滇浙、滇冀等国内合作水平。2015 年 1—12 月,全省引进省外到位资金 6488 亿元,同比增长 21.2%;实际到位外资 29.9 亿美元,同比增长 10.7%,均超额完成年度目标。

(七)推进重点领域改革,着力激发市场活力

一是简政放权迈出坚实步伐。向社会公布了 60 家省级单位权力清单和责任清单,取消和下放投资核准事项 31 项,清理整顿各类中介服务机构,推进"中介超市"建设。公务用车制度改革正式启动实施。二是国企改革取得新成效。出台深化省属企业负责人薪酬制度改革实施方案,推动云锡控股、农垦集团、能投集团等以发展混合所有制为重点的国企改革试点。三是积极推进政府和社会资本合作(PPP)模式。建立全省 PPP 项目库,积极争取我省项目纳入国家发展改革委 PPP 推介项目清单。四是抓资源性产品价格改革。新修订的《云南省定价目录》(2015 版)已获国家发展改革委批复并于 2016 年 1 月 1 日正式实施。电力体制改革成为国家第一批改革试点,输配电价改革成为国家第二批专项改革试点。

二、2016 年工作设想

(一)着力推进供给侧结构性改革

一是积极稳妥化解过剩产能。密切跟踪落实国家处置特困企业方针政策,以兼并重组为主,因地制宜、分类有序处置特困企业。主动淘汰落后产能,防止新的产能过剩。推动钢铁、水泥等优势企业开展国际产能合作,在供给端消化产能。二是在降低企业成本上"出实招"。全面梳理和落实中央和云南省关于减轻企业负担的各项优惠政策措施,抓紧制定降低实体经济成本的实施方案,切实降低企业各项成本费用。三是有效化解商品房库存。认真落实中央和省关于化解商品房库存的措施,继续实施"以购代建"和货币化安置政策。鼓励房地产开发企业顺应市场规律调整营销策略,适当降低商品住房价格,促进房地产业兼并重组。四是防风险去杠杆。加强对金融市场有效监管,积极防范和有效化解金融风险。深化行政审批、电力、价格体制改革,适应经济发展新常态。五是加快培育新产业补齐发展短板。积极引导企业实施一批优势产能扩增性项目、产业链延伸升级项目、规模效益提升性项目,积极培育新兴产业和技术含量高、质量效益高、成长速度高的企业,着力吸引国内外轻工业龙头企业和沿海产业链整体转移。

(二)着力保持经济平稳增长

增加有效投资,着力发挥投资拉动经济的"火车头"作用。一是探索促进投资增长的长

效机制。继续落实固定资产投资目标责任制，建立并落实好重大建设项目“领导联系包抓制度”，实行重大项目按月调度，建立投融资联席会议制度。二是推动投资结构优化和效益提升。加大新兴产业投资力度，新核准和开工一批传统产业改造升级和新兴产业项目，提高工业投资比重。加大关键领域和薄弱环节重大项目建设，着力推进综合交通、水利工程、易地扶贫搬迁和棚户区改造等基础设施民生工程建设。三是积极争取并用好管好预算内投资。建立专项建设基金 3 年滚动项目库，做好 2016 年国家专项建设基金争取工作。加快省预算内资金下达拨付进度。大力推行 PPP 项目，鼓励和引导社会资本特别是民间资本参与项目投资建设和营运。强化事后监管，对项目建设和资金使用加强稽查督查。四是充实完善政府投资项目库。制订全省 2016 年“四个一百”重点项目建设计划、五大基础网络 2016 年建设计划等重大项目投资计划。

进一步扩大消费需求。一是加强消费基础设施建设。支持地方和企业加大宽带乡村，中小城市信息基础设施和旅游景区污水、供气、供电等地下管廊基础设施建设。二是提高居民消费能力。努力提高城乡居民收入水平，加大国民收入分配调节力度，为提高消费能力提供基础性保障。三是支持创新消费方式。大力发展电子商务，开展丰富多样的线上线下促销活动。升级改造一批大型专业批发市场，扶持发展一批商贸流通龙头企业。试点创新农村商业模式，完善农村商业网点布局，刺激和引导农村消费。四是稳住重点领域消费。挖掘潜力，稳定住房、汽车等大宗消费，抓好旅游市场整治，提升旅游质量，做强旅游产业。五是积极培育新消费。深入实施养老健康家政、信息、旅游、住房、绿色、教育文化体育等 6 大领域消费工程，通过促进消费转型升级，引领有效供给。六是改善消费环境。积极配合国家建立信用信息共享交换平台，完善以信用为核心的新型监管机制。加强价格监管和价格反垄断，加大涉企收费等价格检查力度，维护市场竞争秩序。

支持实体经济健康发展。一是切实减轻实体经济负担。认真落实好中央结构性减税的各项政策，抓好中央和省出台一系列支持实体经济发展政策和改革措施的督办落实。二是强化要素保障。保障煤电油气运稳定供给。重点加大金融支持力度，引导金融机构调整信贷结构，扩大企业融资规模，增加对中小微企业贷款。加快发展企业债券、产业投资基金、股权投资基金等直接融资。严格执行土地利用计划，创新用地管理方式，盘活土地存量，推进土地节约集约利用。

(三)着力推进产业结构优化升级

一是加快传统产业优化升级。启动《中国制造 2025》云南行动计划，继续抓好石化、水电铝、汽车三大产业发展规划的组织实施和重点项目建设。完成《云南省石化产业园区总体规划》编制，高起点、高标准、高质量规划园区发展。二是大力培育战略性新兴产业。统筹创新驱动发展、大众创业万众创新、“互联网＋”等战略举措，加快现代生物(生物医药)、新材料、电子信息和新一代信息技术、先进装备制造、节能环保、新能源等新兴产业发展。三是大力发展现代服务业。以产业转型升级需求为导向，着力发展金融服务、科技服务、电子商务、服务外包、环保服务、现代物流、人力资源服务等为重点的生产性服务业，加快制造业主辅分离，发展第三方物流，促进产业向价值链高端延伸，为产业结构调整升级提供支撑。落实好国务院办公厅关于加快发展生活性服务业促进消费结构升级的指导意见，推动生活服务业向便利化、精细化、品质化发展。

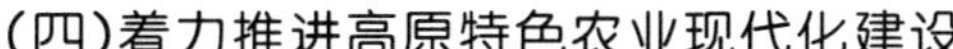

(四)着力推进高原特色农业现代化建设

一是大力发展高原特色现代农业。千方百计稳定粮食生产,确保粮食生产面积稳定在6500万亩以上。做优、做特云花、云茶、云咖等特色农业经作,加强高原特色农产品展示推介,打响云南农产品品牌。二是加强农业基础设施建设。全面启动农村饮水安全巩固提升工程建设。建设50万件“五小水利”工程。三是推动农业生产经营方式创新。鼓励和引导工商资本进入农业领域,培育壮大家庭农场、农民专业合作社、农业“小巨人”、新型农民等新型农业经营主体,引导土地承包经营权有序流转,发展多种形式适度规模经营。

(五)着力推进五网基础设施建设

一是加快交通基础设施建设。加快在建铁路项目进度,确保沪昆客专、云桂铁路建成通车。加快推进滇中高速公路网、玉溪至临沧、保山至泸水高速公路建设。推进弥勒经玉溪至楚雄、文山至天保口岸、景洪至打洛口岸、腾冲至猴桥口岸昭通至四川金阳、红河南部高速等高速公路项目和渝昆高铁等铁路的前期工作。加快澜沧、蒙自机场建设;确保沧源机场建成通航;加快推进怒江、元阳、丘北、宣威、德钦等新建机场项目前期工作。二是加快推进互联互通标志性工程建设。完善部省际协调机制,积极推进孟中印缅经济走廊、中国—中南半岛经济走廊建设,切实加快中越、中老泰、中缅、中缅印通道等一批重大互联互通项目建设。三是加快推进水网建设。确保滇中引水工程年内正式开工建设,加快推进文山德厚、曲靖阿岗、马龙车马碧等列入国家172项重大节水工程的建设进度,继续推进永仁直苴等一批重点水源工程建设。四是加快能源网基础设施建设。继续推进梨园、观音岩、黄登、大华桥、苗尾等在建大型水电站项目建设,有序发展新能源,加快大型煤炭基地建设,加强电网主网架和城市配电网建设,推进中缅油气管道和配套炼油项目建设,加大省内用气规模。五是加快互联网信息设施建设。加快“宽带云南”建设,继续深入开展“宽带乡村”工程和中小城市通信基础网络完善工程,加快电信股份云南分公司“全光网省”等重大项目建设。

(六)着力推进新型城镇化建设

一是加强城镇化顶层设计。对接国家新型城镇化发展规划,加快滇中城市经济圈建设和中小城市培育。大力推进滇中城市经济圈六个一体化发展,实施好《滇中城市经济圈一体化发展总体规划》。加快建设区域中心城市、中小城市和沿边特色城镇。二是积极推新型城镇化试点。推进曲靖市、红河州、大理市、隆阳区板桥镇国家新型城镇化综合试点。推动昆明建设区域性国际城市。加快以滇中城市经济圈为重点的城际基础设施互联互通、城市地下综合管廊和停车场建设。三是加快农业人口市民化进程。研究制定和落实户籍、土地、资金、住房、公共服务等方面的配套政策,促进城镇非户籍常住人口、农业转移人口以及城郊接合部居民市民化。四是推进城乡一体化发展。统筹城乡公共基础设施建设,促进城乡要素平等交换和公共资源均衡配置,推动基础设施向农村延伸、公共服务向农村拓展、资源要素向农村倾斜、现代文明向农村辐射。力争解决农村100万人安全饮水问题,新建农村公路1.6万公里。

(七)着力深化改革扩开放

一是深化重点领域和关键环节改革。进一步取消、下放行政审批事项,全面清理非行政许可审批,强化事中和事后监管,建立纵横协管机制。继续推行权力清单和责任清单制度。加快国有企业改革步伐,推进企业兼并联合重组,扎实推进国有资本投资和运营公司改革试点。继续推进输配电价改革。全面推进落实水、电、油、气、运等资源性和基础产品价格改革。二是进一步提升开放合作水平。抓好辐射中心建设部际联席会议第四次会议研究事项的推进落实。推进重点开发开放试验区、边(跨)境经济合作区、综合保税区、沿边金融改革试验区等功能区发展与建设。打造大湄公河次区域合作新高地。配合国家开好孟中印缅经济走廊联合工作组第三次会议,推动四国签署经济走廊建设框架文件,建立经济走廊合作机制,发挥云南主体省份作用。办好滇缅合作论坛、孟中印缅地区合作论坛。

(八)着力保障和改善民生

要以增加城乡居民收入为出发点,全力保障民生。一是稳定岗位、扶持创业、促进就业和援助再就业。对符合条件的企业给予稳岗补贴或转岗培训补贴,加强失业监测和调控。着力打造"大众创业、万众创新"的新引擎,实施好各项创业、就业、再就业扶持援助政策。二是完善社会保险制度。实施全民参保计划,继续推进机关事业单位养老保险制度改革,建立职业年金制度,推进城乡基本医保"三合一"制度。落实公共服务体系建设的配套资金,争取职工、城镇居民和新农合三项基本医保参保(合)率提高到95%。三是创新社会治理。推进社会治理信息化、法制化、精细化建设。全面贯彻落实安全生产党政同责、一岗双责,进一步落实企业安全生产主体责任。加强社会治安综合治理,开展"六打六治"打非治违专项行动。加强防灾减灾体系建设。推进民族团结进步边疆繁荣稳定示范区建设。四是强化各项惠民政策的落实。积极推动教育、医疗、文化等各项社会事业健康发展,深入推进省级政府教育统筹综合改革、公立医院改革。加快完善社会救助体系和养老服务体系,引导、鼓励和支持社会力量举办养老服务机构。着力推进生态殡葬,提升殡葬服务水平。全力推动棚户区改造、农村危房改造和抗震安居工程、农村居民饮水安全等民生工程的实施。谋划实施10件惠民实事。

(九)着力打好脱贫攻坚战

一是完善建档立卡工作。摸清贫困人口、贫困状况、致贫原因,抓紧建立精准扶贫大数据库。二是抓好"五个一"工程的实施。抓好省委扶贫开发工作会议精神的落实,通过产业扶持、转移就业、易地搬迁、教育支持、医疗救助等措施,确保全省今年减少贫困人口120万人,12个县(市)脱贫摘帽。三是精准扶贫、重点突破。深入开展重点推进滇西边境片区、乌蒙山云南片区、迪庆藏区、滇桂黔石漠化云南片区4大集中连片特困地区扶贫开发,在地震灾区、革命老区、高寒山区、沿边地区、人口较少民族地区等重点区域率先突破。

(十)着力推进绿色发展

一是加快推进生态文明建设。深入贯彻落实云南省关于努力成为生态文明建设排头兵的实施意见,制定关于贯彻落实生态文明体制改革总体方案的意见,扎实推进生态文明示范区发展,发挥引领示范作用。二是加快推进“森林云南”建设。全力实施生态文明建设林业十大行动计划,抓好天然林保护、退耕还林、实地保护与恢复、自然保护区建设、极小种群保护等林业重点项目工程。三是狠抓节能减排。严格执行相关行业规范、准入条件,强化日常监督管理,推进重点领域节能降耗。四是抓好低碳试点省工作。积极推进低碳产品认证试点工作,抓好重点企业温室气体排放报告制度落实。推进碳排放权交易及交易市场建设,建立碳排放权交易价格机制。五是强化环境保护和整治。加大重点流域、重点领域污染防治力度,完善生态环境风险防范和应急管理,提升环境应急预警和监测处置能力。

——执笔人:李　媛

第五章　西藏自治区

一、2015 年工作情况

全区生产总值 1026.39 亿元，增长 11%。全年落实中央投资超过 500 亿元，贷款余额突破 2100 亿元，完成对口援藏投资 37.9 亿元，固定资产投资突破 1342.16 亿元，增长 19.9%。完成地方财政收入 176 亿元，完成一般公共预算收入 137 亿元，完成一般公共预算支出 1382 亿元。城乡居民收入增幅均高于经济增速，城镇居民人均可支配收入 25457 元，增长 15.6%；农村居民人均可支配收入 8244 元，增长 12%。

(一)基础设施建设进一步加快

交通、能源、水利等重点项目加快实施，“十二五”规划标志性工程拉林铁路全面开工建设，拉林高等级公路一期工程实现通车运行，嘎拉山隧道和雅江特大桥建成通车，乡(镇)公路通畅率、通达率和建制村公路通达率分别达到 72.3%、99.7%和 99.2%。藏木水电站六台机组全部并网发电，多布水电站建成投产，果多水电站首台机组并网发电。昌都电网与四川电网实现电力电量互济，藏中电网盈余电量通过青藏直流联网工程集中外送西北电网。电力装机容量达到 230 万千瓦；全区发电量达到 42 亿千瓦时，同比增长 31.4%。拉洛水利枢纽工程加快推进。民航旅客吞吐量、货邮吞吐量、保障运输起降三项主要指标连续六年保持了两位数增长。信息通信发展水平稳步提高，乡(镇)通光缆率 100%，具备宽带接入能力的建制村达 80%。

(二)农村经济增产增效

建设各类农作物良种繁殖基地 18.3 万亩，5 个主推品种推广面积达到 183.7 万亩，其中藏青 2000、喜拉 22 号、山冬 7 号三个品种推广面积达到 121.4 万亩。落实高产创建示范面积 130 万亩；推广测土配方施肥面积 150 万亩。农牧业综合生产能力大幅度提高，全区粮食产量达到 101.78 万吨，其中青稞产量 72 万吨，油菜籽产量 6.9 万吨，蔬菜产量 82.7 万吨，分别比 2014 年增长 3.9%、8.8%、21.3%。

(三)工业生产保持平衡

清洁能源基地建设不断加强，内需水电站有序建设并首次实现外送，天然饮用水产业加快发展，已建成生产线 38 条，设计产能突破 300 万吨。初步形成园区集聚效益，藏青工业园累计引入企业 174 家，拉萨国家级经济技术开发区实现税收 53 亿元，增长 14.5%。自治区注册商标总量达 5930 件，增长 22%。工业产销两旺，工业用电量 20.3 亿千瓦时，增长 26.2%，全区实现工业增加值 82 亿元，增长 14%，其中规模以上工业增加值完成 52.5 亿元，增长 14.2%，产品产销率达 97%以上。

(四)第三产业加快发展

旅游效益持续向好，接待海内外旅游者突破 2000 万人次，实现旅游收入 280 亿元，每人次消费水平有了进一步提高。年底全区金融机构各项存款余额达 3600 亿元，增长 16.5%，各项贷款余额 2100 亿元，增长 27%。全区机关事业单位和离退休人员调资政策落实、小排量汽车降税、银行降准降息、农牧区各类补助落实等因素叠加助推，全区居民人均消费水平不断提升。完成社会消费品零售总额 408 亿元，增长 12%。“万村千乡市场工程”农家店全覆盖，实现乡(镇)商贸中心覆盖率达到 30%的目标任务。快递服务网络深入全区 7 地(市)、27 个县(区)，有力支撑了电子商务发展。西藏金哈达羊绒制品有限公司获评全国电子商务示范企业，贡嘎、措勤、班戈、八宿 4 个县被确定为 2015 年电子商务进农村示范县。银联卡消费数据显示，“十一”国庆长假全区餐饮类消费比去年同期增长 63%；天猫数据显示，“双十一”全区网购成交额达 1 亿多元。

(五)民生保障投入大幅增加

实施城镇保障性安居工程 3.38 万套(户)，开工建设乡(镇)干部职工周转房 3.11 万套。累计向“4·25”地震灾区下达自然灾害生活救助资金 2.1 亿元，划拨捐赠资金 1.35 亿元，争取灾后恢复重建资金 113 亿元，灾区过渡安置有序有效、生产生活秩序良好。酝酿多年的工资政策得到兑现，企业退休职工养老金达到全国前列，教育“三包”经费年生均达到 3000 元。城市低保标准提高到每人每月 590 元，农村低保年保障标准提高到 2350 元，五保供养标准提高到每人每年 4400 元。五保集中供养项目基本完工。全区符合条件的 5063 名孤儿全部纳入 12 种少年儿童常发重大疾病保险。医疗卫生服务能力显著增强，孕产妇和婴幼儿死亡率分别下降到 100.92/10 万和 16‰。完成在编僧尼和城乡居民免费健康体检 2.8 万人次和 265 万人次。筛查儿童 51.4 万人次，免费救治先心病患儿 180 人。农牧区劳动力转移收入 25.6 亿元，比 2014 年增加 0.6 亿元。全区 148 个贫困村开展整村推进试点。提前实现乡乡有综合文化站目标。建成了全区 53%的县民族艺术团排练场。文化信息资源共享工程加快推进。

(六)社会事业不断进步

落实投资 24 亿元，重点推进农牧区学前“双语”幼儿园、城镇幼儿园和寄宿制学校建设。西藏民族学院更名为西藏民族大学。稳步推进科研基础条件平台建设，新认定“西藏自治区太阳能光伏和热利用重点实验室”等 7 家自治区重点实验室，批准新组建“西藏高原葡萄栽培与酿造工程技术研究中心”，科技支撑经济社会发展作用进一步凸显。重点文物保护维修工程进展顺利。庆祝自治区成立 50 周年等重大活动隆重热烈。开展送戏下乡活动 4000 余场次。建成文化广场 1600 多个。企业退休职工基本养老金月人均水平由 3338 元提高到 3678 元；城乡居民基础养老金月人均水平达到 140 元；城镇居民基本医疗保险财政补助标准由每人每年 340 元提高到 380 元，农牧区医疗制度财政补助标准由每人每年 380 元提高到 420 元；人均失业保险金水平提高到 914.58 元。录用机关事业单位公职人员 11339 名。继续开展区直公招(遴选)、基层政法机关定向招录、从驻藏部队拟退役士兵(士官)中考录乡(镇)公务员工作。出台了高层次人才引进办法,引进人才630名。全区国有企业劳动合同签订率100%,农牧民工劳动合同签订率94%,劳动关系呈现和谐稳定新局面。

(七)环境保护力度不断加大

深入实施"两江四河"造林绿化、退耕还林、退牧还草等重大生态环境保护与建设工程,森林和草原植被覆盖率不断提高,那曲地区作为第二批全国水生态文明城市获得批复。严格环境执法监管,对重大基础设施项目和国控、区控重点监控企业进行全面检查,对发现存在环境问题企业进行了查处。完成了对全区74个县(区)环境保护工作全面考核。建好三分之一国土面积的各类自然保护区,大力推进《西藏自治区生物多样性保护战略与行动计划》,完成造林绿化124万亩,防沙治沙60多万亩。首个大型野生动物类型国家公园挂牌成立。据中国科学院发布的《西藏高原环境变化科学评估》显示,西藏高原生态系统总体趋好。

二、2016年工作设想

(一)继续加强重点项目建设

一是加大项目筹备力度,尽早启动中央第六次西藏工作座谈会确定的重点项目。二是加快项目建设进度,全力推进重点项目快开工、快建成、快见效。三是强化"双联动"机制,加强与国家有关部委汇报衔接,力争"十三五"规划项目方案尽早获得批复。四是推进融入"一带一路"战略,加快重点沿边地区开发开放,积极争取基础设施互联互通等领域重大项目。

(二)继续抓好民生改善

一是加快推进扶贫开发工作。按照"精准扶贫、精准脱贫"的要求,精准推进扶贫开发,全力推进整乡推进、整村推进、土地治理、产业化经营等能够改善贫困环境、带动贫困群众增收等项目,切实做到"六个精准"、实现"五个一批"。二是加大教育、科技、文化、卫生和体育事业的投入,全面加强社会事业,提高公共服务水平。三是落实好教育普惠政策、免费医疗政策、积极就业政策、社会保障政策等,努力确保人民群众得到更好的教育、更稳定的工作、更可靠的社会保障。四是加快推进灾区恢复重建各项任务,确保实现"两年基本完成、三年整体跨越、五年同步小康"的重建目标。

(三)继续强化环境保护和生态建设

继续加快实施西藏生态安全屏障保护与建设规划项目、生态功能保护区建设项目、"两江四河"造林绿化工程等。把生态保护作为底线,在保持生态良好的基础上开发利用资源,加强资源环境生态红线管控,大力加强生态文明建设,健全生态补偿机制,建立环保督查工作机制。扎实推进节能环保产业发展,健全以技术、安全、环保、能耗等为主的淘汰落后标准,抓好大气、水域和土壤污染防治。

(四)继续促进特色产业发展

一是巩固农牧业发展好形势,确保农业稳步增长。抓好农田水利工程建设,扎实做好农牧业防抗灾各项工作。二是继续把旅游文化、清洁能源、天然饮用水等作为强区产业重点培育,引导和带动社会投资投向文化、旅游、工业和其他服务业等产业项目建设。大力发展智慧旅游,加快旅游公共服务设施建设,挖掘西藏旅游内涵,扩大旅游规模。强化市场推广,抓好“西藏好水”地理标志保护工作,加强市场营销网络体系建设,实现产销有效对接。

——执笔人:次旦多吉

第六章　陕西省

一、2015 年工作情况

2015 年，陕西省西部大开发工作取得显著成效，全年实现生产总值 18171.86 亿元，增长 8%。

(一)产业结构调整步伐加快，投资增速稳中有升

全力以赴扩投资、稳增长，争取中央预算内资金 2096 亿元左右，发行政府债券 1260 亿元，争取两批国家专项建设基金 135.8 亿元，占全国 3.4%，新增建设用地计划 22 万亩。能源工业增长 1.2%，全国首套百万吨级煤间接液化示范项目在榆横煤化学工业区投产。非能源产业增长 13%，高新技术产业增长 25.9%。进出口总额突破 300 亿美元，增长 12.8%，增速位居全国第 5 位。金融机构本外币存贷款余额同比分别增长 9.6%和 16.2%。电子商务交易额同比增长 50%以上。固定资产投资增长 8%，其中战略性新兴产业完成投资额 2529 亿元，占全省固定资产投资的 12.8%，房地产开发投资增长 4.2%，基础设施投资增长 31%，占投资比重提高 0.8 个百分点，文化产业投资增速高于固定资产投资增速 11 个百分点，民间投资增长 7.3%。

(二)民生持续得到改善，人民生活质量不断提高

夏粮总产量 491.7 万吨，增长 8.9%，全年粮食总产 1226.8 万吨以上。城乡居民收入分别增长 8.4%和 9.5%左右，民生支出占财政支出达到 81%以上。出台促消费稳增长"20 条"意见，消费需求基本平稳，CPI 同比上涨 1%左右，国庆黄金周商品市场销售增长 11.6%。就业形势保持稳定，城镇新增就业 44.37 万人，高校毕业生初次就业率达到 88.5%。保障性住房顺利实现三年 23%的保障面，移民搬迁步入常态化轨道并在全国推广，年内又有 45.1 万户城镇居民迁入新居，129 万人实现脱贫，其中搬迁 21.9 万人。新增保障性安居工程 48.5 万套，基本建成 53.4 万套，新增发放租赁补贴 2.1 万户，均继续保持全国领先。"治污降霾・保卫蓝天"成效显著，西安收获了 251 个蓝天，较上年新增 40 天。

(三)抢抓机遇追赶超越，"一带一路"建设快速推进

构筑丝路大通道取得新突破，"陆空数字"三条丝绸之路建设加快，高速公路新增里程约 1800 公里，铁路新增里程约 600 公里，国际航线新增 12 条，"长安号"纳入国家"中欧快线"年发送 138 列，"西安港"正式获批国家代码和国际代码，72 小时过境免签政策顺利落地；对外开放合作取得新进展，成功举办了第十九届西洽会暨丝博会、"一带一路"海关高层论坛、丝路沿线国家旅游部长会议、上合组织经贸部长会议等盛会，欧亚经济论坛、首届"丝

绸之路经济带投资推介会”等会议相继在西安召开；文化交流取得新成果，丝绸之路跨国联合申遗获得成功，成功举办了首届西安丝绸之路国际电影节、第二届丝绸之路国际艺术节、西安丝绸之路国际旅游博览会等活动，2015 年，全省接待入境旅游人数 293.03 万人次，同比增长 10.04％；经贸合作进入新阶段，中俄丝绸之路创新园、中哈人民苹果友谊园、中意航空谷、中吉空港经济产业园、中韩合作产业园相继建设，三星、微软、中兴、强生等世界知名企业竞相落户。丝路宣传掀起新热潮，制定了《陕西建设丝绸之路经济带新起点对外宣传工作方案》，相继举办了“全球商报媒体高层陕西行”、“‘一带一路’上的陕西”等大型采访活动，与香港大公报联合推出了“陕西：建设丝路新起点”专刊，在哈萨克斯坦通讯社网站开办“中国陕西：丝绸之路开始的地方”专栏，开办首个外语电视新闻节目 *Shaanxi News*。

（四）全面深化改革，发展内在活力有效激活

以简政放权为重点推进行政体制改革，取消下放省级审批 94 项，全面取消非行政许可审批，全部公开 52 个省级部门的 4394 项权责清单，修订发布政府核准投资项目目录 2015 年本。以激发市场主体活力为目标深化经济体制改革，全面推行“三证合一”制度，有序推进“营改增”试点和价格、投融资改革，政府定价目录缩减 55％，清理取消行政事业收费 40 项，通过优化国有资产配置组建企业集团 2 家，去年新增市场主体 32.1 万户，非公有制经济占比达到 53.3％。出台开展小城市培育试点意见，神木大柳塔、富平庄里等试点镇正在加快制定试点方案。实施天然气价格改革，政府定价目录缩减 54％。推出总投资 1536 亿元的 60 个 PPP 示范项目，已有 39 个达成意向。谋划陕西综合改革试验区、航空城实验区等重大事项，制定推进建设“一带一路”实施方案，西安列入国家全面创新改革试验区，西安高新区获批国家自主创新示范区。

二、2016 年工作设想

（一）认真落实稳增长各项措施

一是全力促进投资扩量提速。强化政府投资引导作用，加快推进中央投资和省级新增投资项目建设进度。按照《新开工项目考核办法》加大考核力度，确保新开工项目全面开工建设。提早启动实施已谋划的总投资 3.81 万亿元的“十三五”重大项目和工程。二是千方百计挖掘消费潜力。努力扩大住房消费，推广西安购房落户、提高住房公积金贷款额度等促进住房消费政策，加快推行保障房、棚改房货币化安置政策。以推行“互联网＋”为契机，扩大农村电子商务平台覆盖面，提升农村居民购买力。三是狠抓工业稳产促销。重点抓好油气生产与销售，进一步加大投资力度。继续支持煤炭企业占领市场，扩大向西南、华中的煤炭输出量。鼓励适销对路的产品多产多销，继续实行主要工业产品超销售奖励和部分大宗商品贴息收储政策。设立低电价区，实行供电供气直接交易。

（二）推进“一带一路”建设，着力打造五个中心

交通商贸物流中心将加快推进“陆、空、信息、管道”多种方式无缝衔接的综合立体交通网络建设，形成承东启西、连接南北、高效便捷的立体大通道，打造现代商贸物流高地。国际产能合作中心将加快构建具有陕西特色的现代产业体系，培育开放型经济新优势，推进

国际产能合作，壮大特色产业规模，构筑国际竞争新优势。科技教育中心将积极实施创新驱动发展战略，提升教育国际化水平，强化协同合作，建设科技创新特区，打造具有全球影响力的“一带一路”科教中心。国际旅游中心将发挥旅游资源特色优势，促进旅游与相关产业融合发展，搭建国际交流平台，深化多领域合作层次，建成具有较强竞争力和较高知名度的国际旅游目的地。区域金融中心将鼓励金融创新，发展离岸金融，加快建设丝绸之路经济带上具有重要影响，金融功能齐全、服务高效、生态优越、特色鲜明、辐射西部地区和欧亚国家的区域性金融中心。

（三）进一步深化改革扩大开放

进一步简政放权，向社会公布省级政府权力清单和责任清单，尽快制定行政许可项目目录管理办法，全面取消非行政许可事项。积极推行并联审批、网上审批等新模式。加快构建省级资源交易中心。促进财税金融改革，深化预算管理改革，积极推进财政专项资金管理改革，建立地方债务管理及风险预警机制，完善国有资本经营预算制度，全面推进“营改增”，实施煤炭资源税从价计征，设立城镇化投资基金。加快要素配置市场化改革，继续缩小政府定价范围，实施居民用气阶梯价格改革，制定深化电力体制改革实施意见。加快国企国资改革，推动国有企业股权多元化，完善军民深度融合发展体制机制。

（四）全力保障和改善民生

一是搞好避灾扶贫移民搬迁工程。结合镇村综合改革和美丽乡村建设，统筹推进移民搬迁工作，确保全面完成搬迁任务。继续抓好特困户安置工作，加大移民户就业创业技能培训和产业扶持力度。二是切实抓好连片特困地区扶贫攻坚。实施片区扶贫攻坚规划，抓好村级道路畅通、饮水安全等10项重点工作。继续实施整村推进、“雨露计划”、致富带头人培训等专项扶贫工程。三是统筹推进就业和社会保障。适度放宽创业促就业个人小额贷款额度和贴息年限，搞好困难家庭的就业援助，确保城镇登记失业率控制在4%以内。妥善解决特殊群体的困难，对孤寡老人、残疾人等群体要实行集中供养，对受灾群众按政策予以救助。四是进一步加快社会事业发展。重点抓好列入计划的新建改建公办幼儿园和县城以上中小学校建设项目。稳步推进咸阳、渭南城市公立医院综合改革，全面推行分级诊疗制度。

（五）全面加强“美丽陕西”建设

一方面，大力推进重点行业节能减排。建立总量减排精细化管理机制，开展好省控、市控排污企业排污量核定工作，全面推进刷卡式总量监管工作。推进燃煤锅炉节能环保综合提升工程，继续做好污水处理厂和配套管网建设工作，争取全省“十一五”建成污水处理厂全部完成提标改造。另一方面，优化调整绿色生态空间。出台推进生态文明建设的实施方案和分工方案，按照山水林田湖一体化狠抓环境整治重点工程，强力推进“治污降霾·保卫蓝天”行动计划，确保冬季优良天气天数稳中有增。深入推进渭河综合整治，建设“百万亩森林”和“百万亩湿地”。推广西咸新区现代田园都市、海绵城市等模式。

——执笔人：潘　涛

第七章 甘肃省

一、2015 年工作情况

(一)深入实施西部大开发战略，全省经济稳定较快发展

在国家的大力支持下，全省上下认真贯彻落实中央和省委、省政府出台的促进经济稳定增长的一系列措施，牢牢把握稳中求进工作总基调，全力以赴推进稳增长、促改革、调结构、惠民生、防风险各项工作，结构调整步伐加快，改革开放纵深推进，民生保障得到加强，全省经济继续保持稳步发展的态势。2015 年，全省实现生产总值 6790.32 亿元，同比增长 8.1%；固定资产投资 8626.60 亿元，同比增长 11.17%；社会消费品零售总额 2907.2 亿元，同比增长 9.0%；公共财政预算收入 743.90 亿元，同比增长 10.59%；农村居民人均可支配收入 6936 元，同比增长 10.5%；农村居民人均消费支出 6830 元，同比增长 11.1%。

(二)加快基础设施和生态环境建设，改善经济发展支撑条件

一是交通基础设施建设加快推进。全面实施“6873”交通突破行动，兰新第二双线、兰州至中川铁路建成通车，兰州北编组站、兰州西客站建成投运，兰渝铁路、宝兰客专、兰州至合作等铁路正在抓紧施工，银川至西安、兰州至中卫铁路、兰州至张掖增建三四线加快推进前期工作，十堰至天水高速公路(甘肃段)、金昌至阿拉善右旗高速公路建成通车；完成 9000 公里农村公路建设，实现全省 80%的建制村通沥青(水泥)路的目标。兰州中川机场二号航站楼建成投运。二是水利基础设施建设成效显著。全力实施“6363”水利保障行动，引洮供水二期工程开工建设，引洮入潭、积石山引水、靖远双永供水等工程加快建设，黄河干流甘肃段防洪治理工程开工建设。农村安全饮水工程加快实施，年内解决 180 万农村人口的饮水安全问题。三是生态保护规划和重大项目取得新进展。敦煌水资源合理利用与生态保护规划及石羊河流域重点治理项目加快推进，黑河流域综合治理规划已报水利部审批。四是退耕还林等生态工程进展顺利。生态文明示范工程试点工作有序推进，国家 2015 年新一轮退耕还林任务 130 万亩已下达，各县区正在组织开展项目实施方案和作业设计。巩固退耕还林成果 2014 年度各项建设任务完成 90%以上，2015 年度任务计划已下达并正常推进。2014 年度退牧还草建设任务全面完成。

(三)推进产业结构调整和能源基地建设，经济发展后劲不断增强

一是改造提升传统产业。酒钢 1000 万吨煤炭分质利用一期工程等重大产业项目加快建设，庆阳石化 600 万吨炼油扩能改造等项目前期稳步推进。兰州石化搬迁改造列为全国人大重点督办建议案，已完成石化园区产业规划和石化园区选址报告。甘肃省建设国家中

医药产业发展综合试验区正在抓紧推进。二是加快发展壮大战略性新兴产业。出台了加快实施创新驱动发展战略的实施意见，全力推进战略性新兴产业总体攻坚战，遴选确定了第二批22户骨干企业。设立战略性新兴产业创业投资引导基金，首期规模5亿元；加快推进4支国家参股的新兴产业创业投资基金运营，对19家企业完成股权投资5亿元，带动社会投资25亿元。全面推进兰白科技创新改革试验区建设，上海张江兰白技术转移中心、北大技术转移中心甘肃中心投入运行。战略性新兴产业实现增加值821.6亿元，比上年增长11.9%，占生产总值的比重为12.1%。三是促进风光电新能源和传统能源基地建设。国家能源局正式批复《甘肃省河西走廊清洁能源基地建设方案》和酒泉风电基地二期二批500万千瓦项目建设方案，酒泉至湖南±800特高压直流输电工程开工建设，全省可再生能源并网装机达2635万千瓦。可再生能源发电量达523.5亿千瓦时，占全省总发电量的42.14%。陇东能源化工基地建设进展顺利，《甘肃省平凉市灵台矿区总体规划》获国家批复，陇东至江苏特高压直流输电工程规划论证等前期工作加快推进，华亭煤业60万吨/年甲醇制取20万吨/年聚丙烯科技示范项目加快建设。

（四）全面落实循环经济总体规划，加快实施承接产业转移

一是全面建成甘肃省循环经济示范区。出台了《2015年甘肃省循环经济示范区建设攻坚方案》，明确了2015年循环经济示范区建设目标任务。全省“四位一体”循环体系建设稳步推进，五大载体打造成效明显，七大循环经济基地加快建设，35个省级以上开发区全部实施循环化改造。二是节能减排工作全面加强。向社会发布了2批《甘肃省节能环保产品推广名录》，《甘肃省节约能源条例（草案）》加紧起草。建立水资源管理制度控制指标体系，开展疏勒河流域水权改革试点。制定排污权交易试点工作方案，稳妥推进排污权有偿使用和交易试点。兰州和武威再生资源回收试点城市、酒泉和敦煌国家级区域性再生资源回收利用基地建设加快推进。全省污水处理和回收利用设施建设加快推进，城市污水再生利用率接近40.02%。三是加快产业承接转移。兰白经济区承接产业转移示范区加快建设，2015年10月，全球最大蓝宝石生产加工基地在兰州新区开工建设，甘肃亚盛实业、兰石集团等22户企业项目已基本建成。全省共实施省外、境外招商引资项目5710个，到位资金7093.28亿元，同比增长21.56%。利用“兰洽会”等国内外知名商贸洽谈合作平台，开展全方位招商引资，积极承接产业转移，成功举办第二十一届兰洽会，签约项目1292个，签约金额6793.18亿元。

（五）抢抓“一带一路”战略机遇，充分发挥各地比较优势，促进区域合作发展

一是“丝绸之路经济带”甘肃段建设取得新进展。省委省政府印发实施了《甘肃省参与建设丝绸之路经济带和21世纪海上丝绸之路的实施方案》、年度工作要点和项目清单，进一步完善了甘肃省围绕一大构想，着力构建三大平台、六大窗口、八大节点城市，推进五大重点工程建设的“13685”总体战略。中欧（亚）货运班列“天马号”、“兰州号”、“嘉峪关号”已开行，基本实现了常态化运营；累计开通了兰州至迪拜、第比利斯、新加坡等国际航线16条；兰州新区综合保税区、武威保税物流中心封关运营，为向西出口企业创造了条件；2015年举办的第二十一届兰洽会首次设置并邀请白俄罗斯作为主宾国，白俄副总理率团出席系列主题活动，“兰洽会”国际化水平进一步提升；“丝绸之路（敦煌）国际文化博览会”列入了国家“一

带一路”建设战略规划并召开了筹备会议,成功举办“敦煌行·丝绸之路国际旅游节”等节会。二是进一步提升全省沿边地区开发开放水平。省政府印发实施了《关于贯彻落实沿边地区开发开放规划(2014—2020年)的实施意见》(甘政发〔2015〕13号),全面打造向西开发开放平台,带动和促进全省外向型经济发展。三是积极争取国家加大对甘肃省政策支持,开展全省区域发展规划实施情况评估。争取国家发展改革委、国家民委印发《支持四川省凉山彝族自治州云南省怒江傈僳族自治州甘肃省临夏回族自治州加快建设小康社会进程的若干意见》,并配套印发实施方案。完成了《甘肃省民族地区“十三五”经济社会发展规划基本思路》,印发了《兰州新区“飞地经济”产业园建设总体方案》。开展了关中—天水经济区、陕甘宁革命老区、兰州新区、兰白经济区承接产业转移示范区、兰白、酒嘉、金武区域一体化等区域经济发展中期评估工作。四是兰州新区建设步伐加快。兰州新区综合保税区封关运营,兰石高端装备、四联光电等35个产业项目已建成投产,累计引进产业项目281个,总投资3883亿元,产业集聚效应正在显现。完成生产总值125亿元,是2012年国家批复建区时的2.23倍。五是关中—天水经济区合作继续推进。天水星火数控机床工业园主园区、长城电工电器产业园一期建成投产,华天电子科技园二期项目加快建设;陇南进一步推进电子商务进农村工作,大力发展农产品网络营销和订单农业,促进了农民增收。六是加快推进老区经济跨越发展。深入实施《陕甘宁革命老区振兴规划》,出台了《关于进一步支持革命老区脱贫致富奔小康的意见的实施方案》。基础设施、生态环境、能源化工基地建设等方面一批重点项目加快实施,陇东能源化工基地初具规模,积极推进老区经济加快发展。七是积极推进区域经济一体化进程。全面实施重点经济区发展规划,兰州、白银两市积极落实《兰州—白银区域合作发展框架协议》,促进兰白一体化发展,兰白经济区国家级承接产业转移示范区试点工作有序推进;酒泉、嘉峪关两市加强交通基础设施建设,推进两市相向融合发展,合作建设农业生产社会化服务体系、文化旅游产业、物流园区等重点项目,加大市场体系建设;金昌、武威两市积极落实金武经济一体化发展规划,武威保税物流中心获批,合作建设了一批重大项目。

(六)进一步保障和改善民生,推动社会事业协调发展

加强城乡社会保障体系建设,努力扩大社会保险覆盖面,三项基本医保覆盖面稳定在95%以上,全省城乡居民基本养老保险基础养老金政府补助标准月人均达到85元,全省企业退休人员养老金标准月人均达到2168元,城镇居民基本医疗保险政府补助标准年人均达到380元。最低工资及支付保障制度进一步完善,调整了工伤保险待遇和失业保险待遇。“两基”攻坚目标全面实现,学前教育和职业教育加快发展,义务教育巩固率、高中阶段教育毛入学率、高等教育毛入学率分别达到90%、91%、32%。加强社会就业保障服务,实施更加积极的就业政策,实现技能培训就业15.1万人,创业就业1.8万人。做好人才培训和扶持工作,积极推进中国西部远程学习网的建设和使用,加强西部大开发人才培训工作。

二、2016年工作设想

(一)加快基础设施和生态环境建设,努力缓解发展瓶颈制约

继续把基础设施建设和生态环境保护放在重要地位,深入实施交通提升、信息畅通和

城镇化建设，重点建设一批事关当前和长远发展的基础设施项目，积极推进兰渝、宝兰客专等铁路建设进度，加快推进兰州至张掖增建三四线、银西铁路、中卫至兰州客运专线等前期工作进度，打造兰州、天水、武威三大国际陆港，依托已建成的兰州货运北编组站和正在建设的兰州国际港务区，建设大兰州国际货运班列集结中心和综合交通枢纽。争取实施中川机场扩建三期、敦煌、嘉峪关4D级机场改造项目，加快兰州、嘉峪关、敦煌三大空港建设，全面构建铁陆航多式联运中心，为连通我国东中西部间的物流通道和东部与南部资源供应的战略资源通道提供保障支撑，打造向西开放战略平台。积极推进国家生态安全屏障综合试验区建设工作，实施好祁连山、两江一水、渭河源综合治理等重大生态规划，加快引洮供水二期、引洮入潭、积石山引水、靖远双永供水等工程进度，力争开工建设民勤红崖山水库加高扩建、引洮供水二期配套项目，积极推进引哈济党、白龙江引水工程、庆阳马莲河水利枢纽等工程前期工作，继续做好新一轮退耕还林、巩固退耕还林成果、退牧还草工程任务的实施，全面推进生态文明示范工程试点工作，探索建立生态补偿机制，打造国家重要的生态安全屏障。

(二)加快产业结构调整，培育和发展壮大特色优势产业

一是加快传统产业改造升级。加快推进中石油庆阳石化年产600万吨炼油扩能改造项目建设，积极推动中石油兰州石化搬迁项目。二是大力发展战略性新兴产业。以新材料、电子信息、生物技术、先进装备制造等领域为重点，继续推进金川公司、甘肃稀土、白银公司等产业化示范工程建设；积极支持风电装备制造企业和光伏组件制造企业，加快新能源产业发展。三是促进服务业加快发展。以科技创新为驱动，加快兰白科技创新改革试验区建设。加大对酒泉国家服务业综合改革试点工作的指导，适时启动省级服务业综合改革示范区建设试点，发挥示范带动作用，促进服务业加快发展。四是积极承接东中部产业转移。加快兰白经济区承接产业转移示范区试点工作，争取国家在化解产能过剩的过程中，加大生产力布局和产业结构调整力度，制定产业转移规划和调动东中部与西部两方面积极性的配套政策，引导东中部产业向甘肃等西部地区有序转移。

(三)解决民生关注的热点问题，促进社会和谐发展

全力推动省委、省政府“1+17”精准扶贫方案的落实，重点推动“两州两市”和革命老区等扶贫攻坚，研究推进“5213”生态文明小康村建设行动计划，改善农村和贫困地区生产生活条件。加强经济适用住房和廉租房等保障性住房建设，积极推进教育均衡发展，加快基层医疗卫生服务体系、公共文化体育服务体系等建设步伐，缩小城乡、区域间公共服务体系差距。推进华夏文明传承创新示范区建设，大力发展文化产业和文化事业。继续加强东部城市对口支持西部地区人才培训工作，争取对甘肃经济社会发展培养急需紧缺人才工作给予更多支持。进一步完善中国西部远程学习网(甘肃)学习中心三期项目的建设，做好网络平台的管理和使用工作，积极促进三期项目建设，扩大全省远程学习中心网络覆盖面。做好促进农民创业工程试点工作。

(四)加快“丝绸之路经济带”甘肃段建设，进一步深化改革开放

进一步扩大对外开放，加快甘肃参与国家“一带一路”建设步伐，全面实施“13685”总体

战略，按照国家“一带一路”建设战略部署和“六廊六路”、“多国多港”布局要求，聚焦重点方向、重点国家、重点领域，有重点分步骤推进铁路、公路、航空、管道和电信、互联网、物联网建设，依托全省在六大国际经济走廊多国设立对外交流合作窗口和省内综合保税区、产业园区、物流园区，积极承接产业转移，培育区域经济新的增长极，为推进“一带一路”建设、实施西部大开发战略注入强大动力，倾力打造丝绸之路经济带甘肃黄金段。举办好首届丝绸之路(敦煌)国际文化博览会，打造“一带一路”重要的国际文化交流平台。深化与周边省区和沿海省份之间的经济合作，构建向西开放和向东引进相结合的经济发展新格局。继续深化国有企业改革和战略重组，推动省属企业与优势企业对接，积极推进金融体制改革。深化商事制度改革，加快“三证合一”、“一照一码”的推广实施，积极推进全民创业，完善落实非公经济和中小企业发展的政策措施。推进农村土地流转、集体林权和水权制度改革，继续深化农村综合配套改革。

(五)全面贯彻落实区域发展战略，促进区域合作发展

按照区域发展战略要求，继续深入实施多级突破行动，加快大兰白都市圈建设，推进关中—天水经济区甘肃东部四市组团发展，促进河西走廊绿色经济区发展，推动兰白、酒嘉、金武区域一体化发展，努力形成布局合理、错位发展、多极支撑的新格局。加快兰州新区建设，积极争取国家更大的支持，加大招商引资力度，全面推进兰州新区建设。推进关中—天水经济区发展，突出重点领域，力争在交通对接、产业融合、生态建设等方面取得新突破。认真实施《陕甘宁革命老区振兴规划》，建立老区协商合作机制，积极争取国家有关部委加大支持力度，加快推进陕甘宁革命老区振兴发展。

——执笔人：杨定涛

第八章　青海省

一、2015 年工作情况

全年全省地区生产总值 2417.05 亿元，按可比价格计算，比上年增长 8.2%。其中，第一产业增加值 208.93 亿元，增长 5.1%；第二产业增加值 1207.31 亿元，增长 8.4%；第三产业增加值 1000.81 亿元，增长 8.6%。第一产业增加值占全省地区生产总值的比重为 8.6%，第二产业增加值比重为 50.0%，第三产业增加值比重为 41.4%。人均地区生产总值 41252 元，比上年增长 7.2%。

(一)沉着应对精准发力，促进经济平稳运行

把稳增长放在首位，抓住关键环节，全省经济顶住了下行压力。一是着力解决工业运行突出矛盾。调整和落实天然气价格政策，采取引"甘电入青"措施，充分发挥互助资金池作用，稳定骨干行业生产，有效化解个别企业的金融风险，工业在叠加的困难中总体稳定，全年全省全部工业增加值 893.87 亿元，按可比价格计算，比上年增长 7.4%；规模以上工业增加值比上年增长 7.6%，其中非公有工业增加值增长 13.3%。二是力促投资增速稳步回升。实施重大项目月调度制度，力促重大项目和中央、省级预算安排项目开复工，抓住政策机遇，全力争取国家专项债资金，通过综合施策，全年全省完成全社会固定资产投资 3266.64 亿元，比上年增长 12.3%，其中，固定资产投资(不含农户)3144.17 亿元，比上年增长 12.7%，增速比全国平均水平高 2.7 个百分点。160 个重点项目开复工率达到 96%，格敦铁路、茶格高速等项目取得重大进展。三是实施更加积极的财政政策，协调引导金融部门支持实体经济。统筹整合中央专项资金，集中投向重点项目、民生改善等关键环节，全年全省公共财政预算收入 381.13 亿元，比上年下降 1.1%，其中，地方公共财政预算收入 267.12 亿元，比上年增长 6.1%；全省公共财政预算支出 1505.54 亿元，比上年增长 11.7%；启动组建产业引导基金、股权投资基金，着力缓解融资难、融资贵问题，全年社会融资规模 1111.82 亿元；年末全省金融机构本外币各项存款余额 5227.96 亿元，比年初增加 677.65 亿元，同比多增加 237.25 亿元，同比增长 14.8%。

(二)加快推进结构调整，有效提升增长质量效益

利用政策引导和市场倒逼机制相结合，大力推进创新发展、转型发展。一是围绕工业转型升级，推进 100 个重大技术进步项目和工业双百项目，建设技术创新平台，加快特色优势产业发展。全年全省规模以上轻工业增加值比上年增长 18.0%，其中，高技术产业增加值比上年增长 26.6%，占规模以上工业增加值的 6.2%，比重比上年提高 1.3 个百分点。单位工业增加值能耗下降 15%左右。二是围绕增强服务业带动力，召开第六次全省旅游发展

大会，落实房地产调控政策，启动跨区域农产品流通基础设施建设；全年实现旅游总收入248.03亿元，增长22.8%，全年接待国内外游客2315.4万人次，比上年增长15.5%。各项重大展会成功举办，招商引资到位资金575.6亿元。三是围绕壮大特色农牧业，推进草地生态畜牧业试验区和"菜篮子"建设，培育新型农牧业经营主体，全年农作物总播种面积558.39千公顷，比上年增加4.69千公顷；全年粮食产量102.72万吨，2008年以来连续八年超过百万吨。四是围绕增强消费拉动力，出台商贸领域促消费稳增长政策措施，加快实施信息、绿色等六大消费工程。全年全省社会消费品零售总额690.98亿元，比上年增长11.3%。

（三）着力保障改善民生，促进发展成果共享

在企业效益下滑、财政增收减缓的困难局面下，坚持惠民生目标不变、投入不减。一是坚持就业第一，出台进一步做好新形势下就业创业工作实施意见，全年全省城镇新增就业人员6.24万人，比上年增加0.1万人。年末城镇登记失业率为3.2%，与上年末持平。全年农牧区劳动力转移就业118万人次，比上年增加1万人次。二是相继出台养老、医疗、城乡低保、高龄补助等12项民生调标政策，完成机关事业单位工资改革，狠抓劳务对接和技能培训，城乡居民人均收入分别达到24542.4元和7933.4元，分别增长10%和8.9%。三是教育、卫生、民政等社会项目扎实推进，新建城镇保障房和各类棚户区改造11.05万套，完成农村住房建设6.5万户。历时5年的游牧民定居工程全面完成，11.3万户牧民入住新居。四是加大价格调控力度，建成平价商店23家，全面实施26家农产品交易市场建设项目，实行不间断、高密度价格检查，CPI控制在预期目标以内。五是高度重视抓好公共安全，加强食品药品监管，安全生产形势总体稳定。

（四）推进生态环境保护和治理，生态文明建设取得新进展

牢固树立生态文明建设的高度战略自觉，统筹协调，强化举措，生态保护和经济发展协调推进。一是全力抓好重点生态工程。三江源二期工程进展顺利，封山育林育草、湿地保护等子项目全面实施，完成投资6.5亿元。祁连山生态保护完成投资1.5亿元，青海湖流域、退牧还草、退耕还林等重点工程同步推进。二是积极推进生态文明制度改革。全力贯彻落实国家《加快推进生态文明建设的意见》，生态保护红线划定、国家公园体制试点、三江源区生态资产评估与价值核算等重点工作向前推进。三是深入开展环境综合治理。积极推进生态环境保护大检查中重点问题的整改工作，木里矿区环境整治取得阶段性成效。节能减排效果突出，完成减排工程98项，湟水水质达标率达77.8%，西宁市空气质量优良率达到85%。

（五）加大统筹力度，协调发展迈出新步伐

全力贯彻中央要求和国家战略部署，落实主体功能规划，在统筹发展上采取了一系列重大举措。一是统筹区域发展。召开全省藏区工作会议，制定《关于进一步推进我省藏区经济社会发展和长治久安的实施意见》，藏区发展步入新阶段。强化东部城市群辐射带动，加大对海西政策扶持力度，力促重点项目落地。二是推进精准扶贫。认真贯彻省委十二届九次全会关于加快整体脱贫步伐的决议，统筹实施整村推进、易地搬迁等项目，全年减贫任

务完成在即。三是加快城镇化进程。取消户口性质区分,全面放开建制镇和小城市落户限制,推进民生领域城乡保障机制一体化,“多规合一”试点有序推进。

(六)深化各领域改革,市场活力进一步激发释放

着力简化行政审批,实行“三证合一”登记制度,放开69%的定价项目,全省市场主体放量增长。深入推进国企改革,制定发展混合所有制经济等八项重点改革任务。加快投资体制改革步伐,前置审批大幅精简,实施《基础设施和公用事业特许经营管理办法》,推广政府和社会资本合作模式,推出85个PPP项目。出台深化对外贸易及投资体制改革措施,对外贸易逆势增长,全年全省货物进出口总额119.86亿元,比上年增长13.6%。

二、2016年工作设想

(一)全力以赴稳增长

努力抓好工业运行,力促一、三产业多做贡献。发挥好投资的关键作用,推进重点项目建设;促进工业运行平稳,支持企业技术改造,改善企业发展环境;提升服务业贡献率,落实好促进服务业发展的措施;促进农牧业增产增收。

(二)持续加力改善民生

高度重视就业,继续支持“双创”,多措并举确保城乡居民增收目标完成,坚持精准扶贫,加快“四个一批”扶贫攻坚行动,确保民生十件实事圆满完成,进一步稳控物价。抓好社会治理和公共安全。

(三)坚持不懈加强生态保护建设和环境治理

抓好三江源二期、祁连山生态治理、青海湖流域治理、新一轮退耕还林等重点生态工程,贯彻落实生态文明建设实施意见,做好国家公园体制试点实施方案,扩大草原补、奖绩效管理试点范围,开展湿地生态效益补偿和保护奖励试点。紧抓生态环保大检查发现问题的整改,加快建成减排工程项目,完成农村环境连片整治任务。

(四)统筹区域协调发展

认真贯彻落实全省藏区工作会议精神,全面实施推进藏区发展和长治久安的实施意见,细化分工,明确规划、项目、资金盘子,推动政策落地。强力推进东部城市群建设。加快推进新型城镇化。

(五)以改革开放增强经济发展动能

根据2015年改革任务台账和责任清单,全面梳理任务,加快进度,确保全面完成年度改革任务。进一步激发市场活力。把简政放权、放管结合、优化服务推向纵深,实现“三张清单、四级管理”。提高对外开放广度、深度。

——执笔人:王丽娜

第九章　宁夏回族自治区

一、2015年工作情况

（一）经济运行总体情况

2015年，面对复杂严峻的国内外经济形势和持续加大的下行压力，宁夏回族自治区党委、政府牢牢把握稳中求进工作总基调，主动适应引领经济新常态，立足于转型升级和培育新动能，着力稳增长、促改革、调结构、惠民生、防风险，全区经济运行总体平稳、稳中有进、稳中向好。2015年，宁夏全区实现地区生产总值2911.77亿元，按可比价格计算，比上年增长8.0%，比全国高1.1个百分点。分产业看，第一产业增加值238.47亿元，增长4.6%；第二产业增加值1379.04亿元，增长8.5%；第三产业增加值1294.26亿元，增长7.9%。全社会固定资产投资3530亿元，增长10.3%；地方一般公共预算收入373.7亿元，增长10%；一般公共预算支出1188.8亿元，增长18.8%；社会消费品零售总额788亿元，增长7%；城镇和农村常住居民人均可支配收入分别达25148元和9167元，增长8%和9%。

（二）农业生产再获丰收

2015年，宁夏全区农业生产继续稳定发展，粮食生产“十二连丰”，蔬菜生产持续增长，牧业生产稳中有升，渔业生产持续向好，农民收入稳定增加。农业增加值增长4.8%。农村常住居民人均可支配收入扣除物价因素实际增长7.3%。全区粮食播种面积1155.6万亩，减少0.1%。受高温干旱不利气象条件影响，全年粮食总产372.6万吨，减产5.2万吨，减少1.4%，仍是一个丰收年。瓜菜生产稳步推进，新建永久性蔬菜基地10万亩，瓜菜种植面积324万亩，增长2.3%；全年蔬菜产量574万吨，瓜果产量202万吨，分别增长6.2%、1.9%。以奶牛、肉牛、肉羊为主的草畜产业加快发展，在生鲜乳收购价格持续下降、乳制品销售不畅的严峻形势下，奶牛存栏35.4万头，下降5.2%，全年牛奶产量136.5万吨，增长0.6%。肉牛出栏64.4万头，增长9.7%，年末存栏72.12万头，增长9.7%。肉羊出栏579万头，增长5%，年末存栏587万头，下降4%。水产养殖规模和质量进一步提升，水产品产量16.9万吨，增长3.9%。农业产业化步伐明显加快。销售收入过亿元的企业过50家，进入新三板企业15家。全区集镇以上农产品市场223个，设立农产品外销窗口300个。培育“中国驰名商标”21个，认证无公害农产品841个，地理标志证书48个。新型农业经营主体不断发展壮大，农民专业合作社发展到4200家，家庭农场1230家，带动全区55.8万户参与产业化经营。农业公共服务条件不断改善。新农村建设成效显著，实现了乡乡通油路和村村通公路、通电话、通广播电视、通宽带，农村信息化走在了全国前列。通过实施生态移民、塞上农民新居、山区危窑危房改造工程，新建改建村庄1649个，改造危房、危窑20万户，100

万群众喜迁新居。在全国率先实施中小学校舍安全工程和资助普通高中贫困生工作，全面实现“两基”目标，农村义务教育走在西部前列。村村建有文化体育场所。农村三级医疗卫生体系逐步健全，城乡居民基本医疗保险制度和大病保险制度全面覆盖，新型农村社会养老保险制度全面覆盖。

(三)工业继续小幅回升

2015 年，宁夏全区规模以上工业实现增加值 972.2 亿元，比上年增长 7.8%，比全国高 1.7 个百分点。从轻重工业看，轻工业实现增加值 173.8 亿元，增长 15.7%；重工业实现增加值 798.3 亿元，增长 6.4%。从主导产业看，医药增长 28.2%、化工增长 27.7%、机械增长 23.6%、轻纺增长 15.4%、煤炭增长 11.0%、其他工业行业增长 7.3%、有色增长 3.3%；电力下降 3.7%、建材下降 9.2%、冶金下降 21.9%。从产品产量看，树脂增长 90.4%、精甲醇增长 74.0%、葡萄酒增长 42.9%、钢材增长 21.1%、铁合金增长 19.1%；石墨及碳素制品下降 19.1%、原铝下降 13.7%、水泥下降 9.2%。

(四)投资出现台阶式下滑

2015 年，宁夏全区完成全社会固定资产投资 3532.93 亿元，比上年增长 10.4%。其中，固定资产投资(不含农户)完成 3453.90 亿元，增长 10.7%，增速比全国高 0.7 个百分点；农户完成投资 79.02 亿元，下降 1.1%。分产业看，第一产业投资 166.45 亿元，增长 29.3%；第二产业投资 1662.37 亿元，增长 15.4%；第三产业投资 1704.11 亿元，增长 4.4%。亿元以上项目完成投资 2157.20 亿元，增长 14.4%。工业完成投资 1648.28 亿元，增长 15.7%。

2015 年，宁夏全区完成房地产开发投资 633.64 亿元，比上年下降 3.2%。商品房新开工面积 1391.12 万平方米，下降 32.3%。商品房销售面积 839.16 万平方米，下降 25.7%，其中，住宅销售面积 708.12 万平方米，下降 24.6%；商品房销售额 370.30 亿元，下降 20.4%，其中，住宅销售额 283.98 亿元，下降 19.3%。截至 12 月底，全区商品房待售面积 1207.15 万平方米，增长 24.8%，其中，住宅待售面积 733.43 万平方米，增长 17.0%。

(五)消费市场平稳运行

2015 年，宁夏全区实现社会消费品零售总额 789.6 亿元，比上年增长 7.1%，增速比全国低 3.6 个百分点。从经营地看，城镇消费品零售额 726.7 亿元，增长 6.6%；乡村消费品零售额 62.8 亿元，增长 13.7%。从行业看，批发业实现零售额 121.8 亿元，增长 5.1%；零售业实现零售额 539.4 亿元，增长 5.2%；住宿业实现零售额 9.0 亿元，增长 5.0%；餐饮业实现零售额 119.3 亿元，增长 19.1%。在限额以上商品销售中，22 大类商品零售额呈现“10 增 12 降”态势。其中：粮油、食品类增长 9.4%，化妆品类增长 4.5%，家用电器和音像器材类增长 1.5%，文化办公用品类增长 1.5%，金银珠宝类下降 4.6%，汽车类下降 1.1%，石油及制品类下降 2.9%。

(六)对外贸易大幅回落

2015 年，宁夏全区外贸实现进出口总额 37.91 亿美元，同比下降 30.3%。其中：出口 29.76 亿美元，下降 30.8%；进口 8.14 亿美元，下降 28.1%。累计实现贸易顺差 21.62 亿美元。

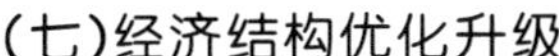

(七)经济结构优化升级

2015年,宁夏全区三次产业结构由上年的7.9∶48.7∶43.4调整为8.2∶47.4∶44.4,第三产业比重上升1.0个百分点。特色优势农业比重达到86.3%,葡萄、枸杞等优势农作物量效齐增。轻工业占规模以上工业增加值的比重为17.9%,比上年同期提高2.9个百分点;高耗能工业比重从上年同期的54.4%下降至52.6%;新能源占工业发电量的比重从上年同期的8.1%提高到10.2%。

(八)物价水平涨幅回落

2015年,宁夏全区居民消费价格同比上涨1.1%,涨幅比上年同期回落0.8个百分点,比全国低0.3个百分点。分城乡看,城市上涨1.2%,农村上涨1.0%。分类别看,食品类上涨0.4%、烟酒类上涨2.6%、衣着类上涨2.8%、家庭设备用品及维修服务类上涨1.4%、医疗保健及个人用品类上涨1.0%、娱乐教育文化用品及服务类上涨5.7%、居住类上涨0.3%,交通和通信类下降1.4%。

(九)居民收入不断提高

根据城乡一体化住户调查结果,2015年,宁夏全区全体居民人均可支配收入17329元,同比名义增长8.9%,扣除价格因素影响,实际增长7.7%。按常住地分,农村常住居民人均可支配收入9119元,同比名义增长8.4%,扣除价格因素影响,实际增长7.2%。城镇常住居民人均可支配收入25186元,同比名义增长8.2%,扣除价格因素影响,实际增长6.9%。

(十)金融信贷增势平稳

2015年,宁夏全区金融机构人民币各项存款余额4805亿元,比上年增长14.1%,比年初增加602亿元。其中,住户存款2358亿元,增长8.2%,比年初增加186亿元。人民币各项贷款余额5118亿元,增长11.8%,比年初增加539亿元。其中,短期贷款1797亿元,增长7.9%;中长期贷款3007亿元,增长10.5%;票据融资305亿元,增长66.0%。

总体看来,2015年,宁夏全区经济运行总体平稳,转型升级势头良好,人民生活不断改善,新产业、新业态和新的经济增长点正在加快孕育和发展。

二、2016年工作设想

2016年,努力实现地区生产总值增长7.5%以上,固定资产投资增长10%以上,地方一般公共预算收入增长7.5%以上,城镇常住居民人均可支配收入增长8.5%左右,农村常住居民人均可支配收入增长9.5%左右,城镇登记失业率控制在4.5%以内,节能减排降碳完成国家下达任务。

(一)加快产业转型升级

实施工业强基工程,推动煤化工产业向精细化工、高附加值方向发展,延长产业链,建成400万吨煤炭间接液化、宁东至浙江特高压直流输电工程等项目;加快建设国家新能源综合示范区,出台光伏产业发展政策,推进光伏发电装备、风机制造等上下游产业协同发展;

推进现代纺织产业向上与能源化工对接，向下发展精纺、混纺、服装服饰制造，打造全产业链。积极稳妥处置“僵尸企业”，集中培育和发展千亿产业、千亿园区、千亿企业，推动工业由价值链低端向中高端迈进。实施农业提质增效工程，围绕农民增收，推动以“一特三高”为引领的现代农业加快发展，重点抓好优质粮食、畜牧、蔬菜、枸杞、葡萄等特色产业，集中力量扶持一批产业化龙头企业，推出一批名特优精品，主要农产品转化率达到63%。实施加快发展现代服务业行动计划，大力发展金融服务、信息技术、文化旅游、现代物流等产业，加快西部云基地、银川大数据中心建设，实施“互联网＋”行动计划，强化软性服务、推进创新应用，着力打造信息经济的“宁夏品牌”；推动文化创意和设计服务产业发展，积极培育健康医疗、养老养生等新型服务业。

（二）抓好重大项目建设

围绕“十三五”规划和自治区成立60周年大庆，对照国家投资目录，加强项目策划、征集和筛选工作，争取实施一批重大基础设施、重大产业发展、重大民生项目，加快构建综合交通运输、水利工程保障、信息网络体系。实行“6＋4”重大项目、重点工作推进机制，建成河东机场三期扩建、干塘至武威南铁路二线等项目，加快建设银西高铁、海原至同心高速公路等重大项目，开工建设银川国际航空港综合交通枢纽、宁东至甜水堡段高速，以及中卫至兰州、银川至呼和浩特高铁等项目，继续推进大柳树水利枢纽工程，加快煤制油二期等项目前期工作，积极争取国家在生态环保、扶贫攻坚、城市地下综合管廊等方面的重大项目。提高投资效益，加大产业投资比重，加大技术创新、产业升级、基本公共服务投入力度，努力实现投资效益最大化；激发社会投资活力，大力发展混合所有制经济，放开投资准入领域，大力推进PPP、BOT、BT等模式。

（三）推进城乡协调发展

认真贯彻落实中央城市工作会议精神，严格执行《宁夏空间发展战略规划》，启动宁夏区域空间规划试点，推动“多规合一”，加快制定市县乡详规，以及农林水、交通、国土、环保等配套专规，加强规划执行监督，确保规划的严肃性和稳定性。推进新型城镇化建设，统筹中心城市、县城和小城镇功能布局，提高城市精细化管理水平，加快建设“智慧城市”，推进城市地下综合管廊、海绵城市试点项目建设，完善城市基础设施，重点解决排污排水、交通拥堵、停车困难、社会综合服务平台不完善等问题。深化户籍制度改革，实施居住证制度，配套完善教育、卫生、就业等基本公共服务，逐步实现转移人口享受同城同等待遇。提高新农村建设水平，加快美丽乡村建设，实施城乡环境综合整治三年行动计划，推进公共基础设施向农村延伸，基本公共服务向农村覆盖，社会事业向农村倾斜。

（四）着力推进绿色发展

加快美丽宁夏建设，实施天然林保护、水环境综合治理、主干道整治绿化等生态工程，继续推进封山禁牧、退耕还林还草，大力推进节水型社会建设，建设一批森林休闲公园。加大节能工作力度，实行能源资源消耗、建设用地等总量与强度双控行动，落实重点用能行业能效提升计划，大力发展低碳循环经济，提高资源利用水平。狠抓减排工作，加大“三废”治理力度，加快银川市燃煤锅炉淘汰步伐，全面实施燃煤电厂超低排放和节能改造，逐步将重污染企业迁出市区,加大农村面源污染治理。

(五)深化重点领域改革

把2016年作为改革攻坚年,认真抓好中央确定的各项改革任务落实,重点推进生态文明体制、司法体制、城市执法、公安等改革,制定具体的贯彻落实意见和配套措施,确保改革举措落地见效。加快行政审批制度改革,落实自治区政府部门权力清单和责任清单制度,完成市、县(区)政府部门权力清单、责任清单的制定公布,全面推行“先照后证”、“三证合一”、“一照一码”并联办理,大幅度降低企业制度性交易成本。加快国资国企改革,推进区属国有企业整合重组,加快形成以管资本为主的经营性国有资产集中统一分类监管体系,开展企业混合所有制改革试点,推动国有企业建立现代企业制度。深化农业农村改革,继续抓好平罗县农村产权流转交易市场、农村宅基地制度改革等,启动国家级湿地确权试点和农业水价综合改革,完成国有林场和供销社改革。深化社会事业改革,加快考试招生制度改革,启动实施区内高职院校分类考试招生;推进县级公立医院综合改革,全面实施一对夫妇可生育两个孩子政策。深化财税金融体制改革,继续扩大“营改增”范围,推进消费税改革,启动开展国税、地税征管体制专项改革试点,研究制定市县财政收入激励办法,壮大地方财政收入;引进和培育一批金融主体,推进农信社改制农商行,推进宁夏银行、黄河农村商业银行深化改革。完成市、县(区)、乡(镇)公务用车制度改革,启动事业单位和国有企业公务用车制度改革。

(六)加快开放发展步伐

加快推进内陆开放型经济试验区建设,着力打造内陆开放示范区、中阿合作先行区和丝绸之路经济带战略支点。积极争取国家批准宁夏建设中海自贸区地方经济合作示范区,完善银川综合保税区、阅海湾中央商务区的综合服务功能,加快中阿技术转移、中阿商事调解、中阿农业技术转移等5个中心建设,加快中阿产业园、中沙工业园等园区建设,跟踪落实第二届中阿博览会签约项目。启动中阿网上丝路宁夏枢纽工程,开通郑州、杭州、重庆等城市经停银川直飞迪拜、多哈等国际航线,加快建设银川空港物流园区。加快推动与迪拜国际贸易单一窗口平台对接,建设国际航空物流园和进口肉类、水果、苗木指定口岸。办好中美旅游领导高峰会议,举办2016中阿高新技术装备展和埃及周活动。加强与福建、天津、浙江、北京、上海等省市的合作,深化与陕甘蒙等周边省区战略合作,加强与央企、中民投等国内外知名企业的合作,加大招商引资力度,引进资金2000亿元以上。

(七)打响打好脱贫攻坚战

坚持精准识别,加大信息采集力度,明确建档立卡扶贫对象人数,搞清致贫原因和脱贫需求;建立动态化识别机制,脱贫的及时销号,返贫的重新挂号。坚持产业带动,大力推进农业产业化经营,着力破解产业发展融资难问题,培育发展增收致富产业,让贫困户从产业发展中获得更多收入。坚持综合施策,统筹考虑,因户、因人精准施策,统筹抓好易地搬迁脱贫、生态补偿脱贫、教育脱贫、社保兜底脱贫工作。坚持补齐短板,推进基础设施建设向贫困地区倾斜,实施交通、水利、电力等脱贫行动计划,完成中南部城乡安全饮水及配套连通工程,全面解决110万群众的安全饮水问题。建立自治区负总责、地级市抓推进、县一级抓落实的工作机制，签订脱贫攻坚责任书，层层压实责任。办好闽宁对口协作帮扶20周年活动，深化闽宁协作。全年完成200个重点贫困村、19万贫困人口脱贫任务。

（八）加大社会保障力度

完善创业扶持政策和服务体系，加强小微企业“双创”基地建设，实施大学生就业促进、创业引领计划和返乡人员创业行动计划，鼓励科技人员创业。实施积极的就业政策，对新生代农民、失业人员、转岗职工、退役军人开展免费培训、精准培训，加大援企稳岗工作力度，继续实行政府购买公益性岗位制度。实施全民参保登记计划，做好职工基础养老金全国统筹准备工作，提高基本医疗保险补助、大病统筹救助、城乡居民低保、企业退休人员养老金标准。统筹实施保障性安居工程，基本完成危窑危房改造和消除土坯房任务。实施好大众创业、就业优先、农民增收“三大行动”，让人民群众过上更加殷实的生活。

（九）加快社会事业发展

实施基础教育质量提升计划，在全国率先开展“基础教育质量先进县”创建活动，推进职业教育校企合作、产教融合、工学结合，集中建设高校优势特色学科和重点专业。开展省级综合医改试点，推进优质医疗资源下沉，加强基层全科医生培养，加快村卫生室、社区卫生服务中心标准化建设，推进“先诊疗后付费”模式，努力解决群众看病难、看病贵问题。深入推进文化惠民工程，建设一批市县文化馆、图书馆，扶持一批文化室、文化大院，全面落实公共文化设施免费开放。

——执笔人：王世勤

第十章　新疆维吾尔自治区

一、2015年工作情况

(一)经济总量持续增长

全年全区实现地区生产总值9324.80亿元，按可比价格计算，比上年同期增长8.8%，增速高于上半年0.6个百分点。其中：第一产业实现增加值1620亿元，增长5.5%；第二产业增加值3380亿元，增长7.4%；第三产业增加值4200亿元，增长12%。全社会固定资产投资10729.32亿元，扣除价格因素实际增长12%，增速比上半年提高1.7个百分点。社会消费品零售总额2605.96亿元，扣除价格因素实际增长7.4%，增速比上半年提高1.1个百分点。外贸进出口总额196.78亿美元，下降28.9%。一般公共预算收入1331亿元，增长3.8%。

(二)产业结构优化升级

工业平稳发展，全年全区规模以上工业实现增加值增长5.2%，有色、装备制造、电力、农副产品加工、纺织服装保持较快增长。农业综合生产能力增强，全年全区实现农林牧渔业总产值2804.42亿元，比上年同期增长6.3%，棉花、粮食、瓜果、畜牧、区域特色作物和设施农业六大产业整体水平显著提升。服务业加快发展，预计全年第三产业增加值增长12%，高于GDP增速3.2个百分点，第三产业成为拉动经济增长的重要力量。全区共接待国内游客6097万人次，比上年同期增长23.1%；接待入境游客168.36万人次，同比增长12.1%。

(三)基础设施建设扎实推进

2015年以来，自治区把投资作为应对经济下行压力的最有效动力，坚持以重点带全面、以项目促投资，全区完成基础设施投资4396.72亿元，增长25.4%，占全区固定资产投资的41%，比重提高5个百分点，拉动投资增长9.1个百分点。先后组织召开了50余次重点项目专题协调推进会，多次深入项目建设一线召开现场会，加强部门、地州间的协同联动，合力推进重点项目开工建设，一大批水利、交通、能源、产业、民生、生态环境保护等重大项目建成投产，发展条件显著改善、后劲持续增强。

(四)对外开放步伐加快

编制完成丝绸之路经济带核心区建设指导意见和2015年工作设想，加快推进“五大中心”等专项规划编制工作。筛选完成核心区建设优先推进项目清单，初步确定的优先推进项目共322个，总投资2.2万亿元。加快喀什、霍尔果斯经济开发区建设，截至2015年年末，两个开发区累计完成基础建设投资115.78亿元，招商引资到位资金229.74亿元。喀什综合保税区封关运营，乌鲁木齐综合保税区获得国家批复，中哈霍尔果斯国际边境合作中心中方配套区通过预验收，阿拉山口、霍尔果斯整车进口口岸通过国家验收并已开展进口业务。截至2015年年末，累计开行新疆西行班列135列，实现市场化、常态化运行。成功举办2015亚欧商品贸易博览会，展会完成签约项目149个，金额1259.29亿元。根据国家的安排，自治区代表中方于2015年10月15—17日同格鲁吉亚共同成功举办丝绸之路国际论坛，“一带一路”沿线30多个国家和地区，近20个国际组织的1000多名代表参加论坛活动，通过论坛进一步宣传了我国共建“一带一路”的政策主张，与有关国家形成了共建丝绸之路经济带的新共识，在经贸、人文等领域达成了合作的新意向，为下一步扩大交流合作奠定了基础。成功举办第四届中国新疆国际民族舞蹈节，“一带一路”沿线12个国家、25个演出团体、2000多名舞蹈演员为观众们带来78场精彩演出。印发核心区医疗服务中心建设方案，开放国际医疗服务床位500张，全年共接待外籍患者就诊7204人次(住院999人次，门诊6205人次)。

(五)改革活力进一步释放

按照把新疆打造成审批事项最少、审批效率最高、服务质量最优省区的要求，大力推进行政管理、投资、财税、金融、农村、社会事业等领域改革创新。进一步简政放权，取消和调减行政审批事项791项，压减590项。加快混合所有制经济发展步伐，印发《新疆维吾尔自治区央企属地注册管理暂行办法》，来疆投资的54家央企在疆共设立二级企业和三级企业191家。鼓励发展非公有制经济，出台《关于大力推进非公有制经济加快发展的意见》，提高社会资本在能源、水利、铁路等行业中的投资比例。深化价格改革，全面修订自治区定价目录，缩小政府定价范围，政府定价的商品和服务价格拟由17种(类)69项精简为9种(类)42项。

(六)生态文明建设稳步推进

严格执行新环保法，扎实推进环境保护管理制度改革。全面实施大气污染、水污染防治行动计划，编制土壤污染防治行动计划。制定跨区域大气污染联防联控考核办法，启动低碳试点社区建设，落实主体功能区政策，实施水资源“三条红线”考核，推进排污权有偿使用和交易试点，推行排污许可制度。坚持增量优化和存量改造并举，分解节能目标，完善工作机制，实施重点工程，扎实推进节能减排工作，超额完成“十二五”万家企业节能任务。批复实施自治区第四批30家企业循环经济试点，加快推进循环经济重点工程建设，推动实现绿色发展、循环发展、低碳发展。

(七)社会事业全面进步

连续六年实施“民生建设年”活动，强力推进富民安居、定居兴牧、城镇保障房、就业创业等顺民意、解民忧、暖民心项目。全年全区民生类项目完成投资1772.08亿元，增长6.2%。预计全年实现城镇新增就业46万人，超额完成全年城镇新增就业40万人的目标任务，城镇登记失业率控制在4%以内。农业富余劳动力转移就业250万人(次)，超额完成全年转移就业200万人(次)的目标任务。城镇居民人均可支配收入26274.66元，预计增长

13.2%；农村居民人均可支配收入 9425.08 元，增长 8%。

二、2016 年工作设想

（一）加快特色优势产业发展

继续强化农业基础地位，加快高效节水农业和农业产业化发展，提升农业综合生产能力。加快推进新型工业化，加大对战略性新兴产业重点项目的研发和产业化的支持力度，着力培育特色产业集群，促进产业转型升级。加快现代服务业发展，发挥独特的人文优势，推进旅游集散中心建设，深度开发旅游文化产品，将服务业打造成经济增长新引擎。

（二）提升基础设施现代化水平

加快建成水利、交通、能源等一批事关经济社会发展全局的重大基础设施，构建面向中西南亚和欧洲的交通、能源、信息大通道。鼓励和吸引民营资本进入基础设施、能源等重点领域，促进基础设施水平迈上新台阶。

（三）统筹推进区域协调发展

贯彻落实自治区党委南疆工作会议精神，加快构建南疆特色的产业体系，推动南疆经济又好又快发展。转变经济发展方式，天山北坡经济带率先实现经济结构优化升级；天山南坡加快建成国家重要的石油天然气化工基地、农产品精深加工基地、纺织工业基地。推进丝绸之路经济带沿线区域中心城市和关键节点城镇建设，稳步提高城镇化水平。

（四）扎实推进生态文明建设

落实《新疆维吾尔自治区主体功能区规划》，大力推进天山北坡谷地森林植被保护与修复、塔里木盆地周边防沙治沙、重点防护林、湿地保护、新一轮退耕还林还草工程、退牧还草等重大生态工程建设，提高可持续发展能力。

（五）进一步抓好民生建设

实施好纺织服装产业带动就业工程，加快南疆四地州“短平快”项目建设，实现南疆农村富余劳动力就地就近就业。加快城乡义务教育学校标准化建设，发展现代职业教育。加强县乡村三级医疗卫生机构基础设施建设，健全覆盖城乡居民的社会保障体系。

（六）开创核心区建设新局面

制定出台 2016 年推进核心区建设工作要点和任务分工，完善工作机制，加快落实“三基地”、“三通道”、“五大中心”和“十大进出口产业集聚区”建设任务。支持企业通过链条式转移、集群式发展、园区化经营“走出去”。加强宣传推介力度，形成全社会关心、支持、参与核心区建设的良好氛围。

——执笔人：杨　安

第十一章　内蒙古自治区

一、2015 年工作情况

(一)基础设施建设取得新进展

在铁路方面,全年铁路固定资产投资完成 365 亿元,同比增长 38.7%,完成年度任务的 104%。其中,铁路重点项目投资完成 256 亿元,建成额济纳至哈密、陶利庙至鄂托克前旗、锡林浩特至二连浩特等 9 个项目,新增运营里程 1404 公里;争取国家发展改革委批复了通辽至京沈高铁新民北站铁路、赤峰至京沈高铁喀左站铁路的可行性研究报告。城市轨道交通方面,争取国家发展改革委批复了呼和浩特市轨道交通 1、2 号线一期工程可行性研究报告;向国家上报了《包头市轨道交通建设规划》。

在公路方面,开工建设了二连浩特至广州公路集宁至阿荣旗联络线、乌兰浩特—新林北—扎兰屯、G7 北京至乌鲁木齐公路临河至青山至白疙瘩、G16 丹东至锡林浩特公路经棚至锡林浩特、G18 荣成至乌海公路棋盘井至乌海、G25 长春至深圳公路嘉民至鲁北联络线、通辽至鲁北、S24 兴和至巴拉贡公路大路巴拉贡段改建等工程,完成投资 760 亿元,比上一年增加 100 亿元,同比增长 15%。新增加建设里程 2847 公里(其中高速公路 779 公里)。

在机场建设方面,开工建设了海拉尔、包头运输机场改扩建和摸清、满归通用机场等项目,完成了二连浩特、乌兰浩特运输机场改扩建,建设了霍林郭勒、扎兰屯、乌兰察布运输机场和乌拉特中旗、新巴尔虎右旗、阿荣旗通用机场,完成投资 15.2 亿元。

在水利方面,开工建设了绰勒水利枢纽下游内蒙古灌区,开展了 8 个大型灌区配套与节水改造、尼尔基水利枢纽下游内蒙古灌区及乌拉盖等 4 座病险水库除险加固续建工作,共落实水利基础设施建设中央预算内投资 24.21 亿元。在电力通道方面,开工建设了锡林郭勒盟至山东济南、蒙西至天津南、锡林郭勒盟至泰州、上海庙至山东四条特高压电力通道。

在油气管道方面,推进中俄原油管道二线、中俄东线天然气管道、蒙西煤制气外输管道项目前期工作,长呼复线赛罕末站—呼和浩特沙尔沁新区输气管道工程项目建成,长—乌—临输气管道磴口段改线工程项目完工;满洲里进口液化石油气储运基地项目已开工建设。

(二)生态文明建设呈现新面貌

制定了《内蒙古自治区党委自治区人民政府关于加快推进生态文明建设的实施意见》。生态建设方面,继续实施天然林资源保护工程、退耕还林还草工程、三北防护林建设工程、重点区域绿化工程、公益林补偿、草原生态保护补助奖励机制、退牧还草工程、京津风沙源治理二期工程、水土保持建设工程等,争取国家投资 176 亿元(其中基本建设 23.8 亿元),完成林业生态建设面积1100.8万亩，草原建设总规模4745万亩，重点区域绿化面积210万亩，水土流失治理面积752.7万亩。继续在26个旗县开展基本草原划定工作。环境保护方面，实施了大气污染治理、水环境保护和治理、土壤污染防治、城市噪声治理、重金属污染治理、重点领域节能降耗、节约水资源、低碳试点示范等工程，单位生产总值能耗和二氧化碳排放量分别下降4.0%和5%，提前完成“十二五”节能降碳目标。同时，加大重点行业淘汰落后和过剩产能力度，完成淘汰钢铁250万吨、焦炭20万吨、铁合金50万吨、电石5万吨、铅冶炼7万吨、水泥144万吨等。

(三)优势特色产业进一步巩固

粮食产量565.4亿斤(282.7亿千克)，牧业年度牲畜存栏达到13585.57万头(只)，连续12年超过亿头只，牛奶、羊肉、细羊毛、山羊绒等主要农畜产品产量均居全国第一位，苜蓿人工草地面积达到799.2万亩，居全国第二位。乳制品方面，达到293.5万吨。煤炭方面，2015年核准了准格尔矿区麻地梁、玻璃沟、长滩露天煤矿，塔然高勒矿区泊江海子、红庆梁煤矿，神东矿区转龙湾煤矿，新街矿区马泰壕等7个煤矿项目，新增建设规划6700万吨。全区煤炭总产量9.1亿吨。冶金方面，单晶硅产量11300万吨，电解铝产量259.6万吨。煤化工方面，核准中天合创140万吨甲醇制烯烃、中电投80万吨煤制烯烃和神华呼伦贝尔褐煤综合利用多联产升级示范等项目，甲醇产量684.9万吨，聚氯乙烯产量341.2万吨。电力方面，全区电力装机总容量10391万千瓦，火电装机7260万千瓦，风电装机2425万千瓦，光伏发电装机416万千瓦，水电装机237万千瓦；全年发电量3920亿千瓦时，增长1.6%。油气方面，原油产量178.8万吨，下降5.2%，；天然气产量290亿立方米，增长3.2%。汽车方面，汽车产量10.2万辆。

(四)社会事业和人民生活进一步改善

在教育方面，推进国家“民族教育人才培养模式”改革试点和自治区“民族教育发展水平提升”工程。推进“学前教育三年行动计划”及国家、自治区相关工程项目，扩大学前教育资源覆盖，学前三年毛入园率达到87%，高出全国平均水平16.5个百分点。推进“全面改薄”、标准化建设工程等义务教育阶段工程项目，促进办学条件均衡。23所中职、3所高职院校开展了现代学徒制试点。11所高职院校与本科院校试点举办本科高职教育。

在卫生方面，全区卫生计生综合保障能力不断完善，卫生计生机构共23949个，其中，医院683个，基层医疗卫生机构22539个，专业公共卫生机构650个；全区医疗卫生机构拥有病床12.9万张，其中，医院病床10.2万张，基层医疗卫生机构病床2.3万张；全区卫生和计划生育技术人员20.3万人；呼和浩特市与北大人民医院签约开展跨省就医费用结报试点服务，成为全国首个启动实施的跨省就医费用结报服务试点。

在文化方面，内蒙古美术馆迁建工程、内蒙古自然历史博物馆、呼和浩特市历史名城及非物质文化遗产保护中心等重点项目开工建设。公共数字文化工程惠民取得新进展，“数字文化走进蒙古包”有序推进。呼伦贝尔中俄蒙文化产业园等7个项目获国家文化产业专项资金支持。内蒙古民隆文化产业园等3个项目获得国家文化产业特色项目专项资金扶持。

在体育方面，开工建设了内蒙古冰上运动训练中心、乌兰察布市十四运场馆等重点工程。推进国务院加快体育产业发展促进体育消费各项措施的落实，包头市被确定为全国体育产业联系点，在呼和浩特市建设国家（北方）足球训练基地，在城市社区建设"15分钟"健身圈，新建社区的体育设施覆盖率达到100%。推进实施农牧民体育健身工程，苏木乡镇、嘎查村公共体育健身设施覆盖率达到100%。

实施"十个全覆盖"工程。改造农村牧区危房34.94万户；解决了146.29万人饮水安全问题；完成了6312个嘎查村和农牧林场的街巷硬化工作，硬化里程28865.56公里；解决了7.99万户低标准用电户升级问题，对蒙西具备通网电条件的2037户新能源供电户改由电网供电，为具备条件的4个边防连队、54个边防哨所通网电，实施了赤峰市翁牛特旗及通辽市奈曼旗、开鲁县的低电压改造工程；新增广播电视户户通任务39.4万户，新增地面数字电视发送站点200个，新增广播村村响任务12368个；校舍建设及安全改造面积33.68万平方米；建设嘎查村标准化卫生室3940个；5165个嘎查村文化活动室完成设备采购和配发；新建便民连锁超市3841个，日用消费品配送中心15个；为206.97万符合待遇享受条件的城乡居民每人每月提高5元基础养老金，为31.66万80岁以上低保老人每人每月发放100元高龄津贴。截至目前，已完成投资681.56亿元，其中扩面工程投资263亿元。

（五）加快沿边开发开放，构建开放型经济新体制

在规划计划方面，编制并印发了《内蒙古自治区参与"丝绸之路经济带"建设实施方案》，围绕基础设施、合作平台、经贸合作、产业合作、人文交流五个领域，筛选确定了178个优先推进项目；提出了2015—2016年工作设想，确定了48项重点任务及责任部门分工；国家批复同意了《呼伦贝尔中俄蒙合作先导区建设规划》。

在五通方面，一是道路联通，额济纳—哈密铁路全线进入静态验收阶段，甘其毛都口岸—临河一级公路开工建设，满都拉口岸基础设施和查验设施已经国家验收，待两国外交换文后正式常年开放；临时开通了二连浩特—乌兰巴托国际航班。二是政策沟通，自治区领导率团访问了俄罗斯联邦外贝加尔边疆区布里亚特共和国、伊尔库茨克州和蒙古国东方省，在资源能源合作开发、基础设施互联互通、跨境旅游合作、人文交流合作、完善合作交流机制等方面达成了广泛共识。三是贸易畅通，满洲里口岸已经开通了"苏满欧"、"鄂满欧"和大连、营口、天津发往欧洲等14条陆海联运过境班列，"苏满欧"班列实现了常态化运行，经满洲里、二连浩特口岸的过境班列达到680列。四是货币流通，卢布现钞使用试点正式在满洲里启动；中国银行在二连浩特市开办了蒙图现钞兑换业务，中国农业银行对蒙跨境人民币业务中心正式运行。五是民心相通，中俄蒙三国五地旅游联席会议机制建立，中俄签署了《茶叶之路旅游合作协议》，2015年8月，"茶叶之路"中俄跨境旅游班列开行；在呼和浩特市举办了"内蒙古·蒙古国文化周"活动；在蒙古国库苏古尔省举办了"蒙古国·中国内蒙古系列文化活动"，在布里亚特共和国乌兰乌德市举办了第六届中俄蒙国际青少年运动会。

在平台建设方面，国务院正式批复设立满洲里综合保税区，目前已完成基础设施投资2.6亿元，有11家企业进驻；同蒙古国达成了推进建设二连浩特—扎门乌德中蒙跨境经济合作区意向协议，总体规划文本已提交蒙古国；在呼和浩特市成功召开了首届中蒙博览会。

（六）进一步深化重点领域改革

在完善基本经济制度方面，整合不动产登记管理职能，组建了不动产局；出台了自治区

企业国有资产转让管理办法、直属企业负责人经营业绩考核办法、直属企业工资总额预算管理办法、国资委监管企业董事会年度工资报告制度，设立铁路发展基金、产业发展基金、服务业发展基金和科技创新基金，组建了内蒙古能源建设集团、内蒙古矿业集团、内蒙古交通投资公司、内蒙古水务投资公司和内蒙古金融控股集团五大集团公司。出台了进一步扶持小型微型企业加快发展的 8 条措施。在加快完善现代市场体系方面，在呼和浩特市、赤峰市、乌兰察布市、满洲里市等地推行“三证合一”、“一照一码”改革；修订了自治区政府定价目录，制定出台了居民用水、用气阶梯价格制度；建立了地方铁路货运价格随公路价格变化的动态调整机制，该政府定价为政府指导价；制定了大豆目标价格改革试点方案和实施细则；推进了微电网改革试点和输配电价格改革试点；梳理完成了涉企收费目录清单，取消、暂停和免征各类涉企收费项目 59 项。在转变政府职能方面，积极推行权力清单制度，自治区本级 36 个部门和单位的行政权力由 7700 多项压减到 4274 项，并已向社会公布；成立了社会资本合作中心，首批向社会推出了 43 个 PPP 项目。开展了“扩权强县”试点，下放了 61 项经济社会管理权限；开展了自治区直管县财政改革试点工作。

二、2016 年工作设想

(一)扎实推进基础设施建设

在铁路方面，建设通辽至京沈高铁新民北站铁路、赤峰至京沈高铁喀左站铁路、京通铁路电气化改造、叶赤铁路扩能改造等项目。加快呼准鄂铁路和集通铁路复线电气化改造建设，做好呼包银、通辽至乌兰浩特至海拉尔等高铁前期工作。

在公路方面，建设丹锡高速大板至经棚、二广高速乌兰浩特至扎兰屯、省道 101 线武川至葛根塔拉、国道 111 线那吉屯至尼尔基等项目。

在机场方面，加快满归、莫旗通用机场项目建设，争取阿鲁科尔沁旗、陈巴尔虎旗通用机场开工建设。加快推进陈巴尔虎旗、包头市石拐区、达茂旗等通用机场前期工作。争取呼和浩特新机场获批开工建设。

在城市基础设施方面，全面开工建设呼和浩特、包头城市轨道项目，加快包头新都市区综合管廊、赤峰中心城区配水管网建设。

在水利方面，开工建设黄河内蒙古段防洪二期和嫩江干流治理工程，推进 Z866(扎罗木得)、引绰济辽、东台子水库、毕拉河口水利枢纽等重大项目开工建设。

在电力通道方面，加快实施锡林郭勒盟至山东济南、蒙西至天津南、锡林郭勒盟至江苏、上海庙至山东特高压电力通道及配套煤电项目，蒙西地区完善“五横六纵”500 千伏主网架，蒙东地区建成呼伦贝尔市、兴安盟、通辽市一体化主网架。

(二)扎实推进生态文明建设

贯彻落实《内蒙古自治区党委自治区人民政府关于加快生态文明制度建设和改革的意见》，及时修订、清理现行规章制度中与生态文明制度建设要求不一致的内容；围绕自然资源资产管理、生态保护红线、生态补偿、生态环境保护与管理等关键环节，抓紧研究制定出台生态文明建设重大制度，推进建立系统完备的生态文明制度体系，规范、引导各类开发利用自然资源、保护生态环境的行为；探索建立内蒙古党政领导干部生态环境损害责任追究实施细则。继续实施好京津风沙源治理工程，做好三北防护林工程、天然林资源保护、退耕还林还草、退牧还草工程的争取和实施工作，力争完成林业建设 1000 万亩、草原保护 2000 万亩以上。加强大气污染防治，制定实施《大气污染防治行动计划实施方案》，推进乌海及周边小三角地区、京津冀区域大气污染联防联控，开展多种污染物协同控制；重点解决人口集聚区域工业企业大气污染，推进城乡接合部大气污染综合治理；推进燃煤锅炉拆并整治，推动重点行业脱硫、脱硝、除尘改造工程建设，加快淘汰钢铁、水泥等落后产能。

（三）壮大特色优势产业

在巩固第一产业方面，重点组织实施自治区百亿斤粮食增产规划、开展新一轮“菜篮子”工程建设。实施百万头奶牛、百万头肉牛和千万只肉羊“双百千万高产创建工程”，大力推进肉羊、生猪标准化规模化养殖。积极推进农区畜牧业发展，确保在草原生态得到全面保护的基础上，牲畜头（只）数继续稳定在 1 亿头（只）以上。在壮大特色优势产业方面，加快煤炭产业转型升级，控增量、转存量，以煤电、煤化工等产业链为主线，推动煤制气、煤制油等产业化发展，提高煤炭清洁高效利用水平和就地转化率；按照基地化、规模化、集约化发展模式，发展清洁高效、大容量燃煤机组；加快发展风电、太阳能，合理发展抽水蓄能和生物质能等其他可再生能源；在伊敏、大路、上海庙工业园区集中布局建设煤制油、煤制天然气、煤制烯烃、煤制乙二醇、煤制芳烃等升级示范项目；加快聚氯乙烯、焦化、电石等的技术进步和升级换代，推进上下游企业联合重组，以乌海及周边地区为重点建设全国重要的聚氯乙烯、焦化循环产业基地；推进铜、铅、锌等有色金属探、采、选、冶、加一体化和煤电铝一体化发展，加快高铝粉煤灰提取氧化铝产业化，提高有色金属延伸加工比重和水平；大力振兴羊绒产业，保持乳业领先地位，适度扩张肉类和优质粮油加工产业，积极培育果蔬、饲草料及林下产品加工产业。在大力发展战略性新兴产业方面，以稀土、光伏、石墨等为重点，培育壮大新材料产业集群；以蒙药、玉米为重点，培育壮大生物产业集群；以运输机械、工程机械等为重点，培育壮大先进装备制造产业集群；以风电、太阳能发电为重点，培育壮大新能源产业集群；以高效节能技术装备、粉煤灰综合利用等为重点，培育壮大节能环保产业集群；以新一代平板显示、蓝宝石等为重点，培育壮大电子信息产业集群。

（四）深化社会事业领域建设

在教育方面，扩大普惠性学前教育资源覆盖面，推动义务教育学校办学条件标准化，促进普通高中与职业教育的衔接和融通，进一步增加优质高中教育资源，建设一批特色专业、新兴专业、骨干专业和产学合作实训基地。在卫生方面，巩固以旗县级医院为龙头、苏木乡镇卫生院和嘎查村卫生室为基础的农村牧区三级医疗卫生服务网络建设，加强区域医疗中心、盟市医院、专科医院建设，完善以社区卫生服务为基础的新型城市医疗卫生服务体系。在养老方面，以居家为基础、社区为依托、机构为支撑，建立功能完善、覆盖城乡的养老服务体系，加强公益性养老服务设施建设，同步规划建设大型居住区养老配套设施，增强养老服务供给能力。在体育方面，深入开展足球改革试点工作，大力发展校园足球、社区足球、职工足球、职业足球。加强公共体育设施建设，充分利用城市公园、绿地及空置场所，新增一批便民利民的公众健身活动中心、户外多功能球场、健身步道等锻炼设施，加快各类公共体育场馆向社会公众开放，打造社区“15 分钟”健身圈。在“十个全覆盖”工程方面，2016 年

“十个全覆盖”工程计划投资152.28亿元，其中，中央、自治区投资56.82亿元，盟市、旗县配套20.55亿元，农牧民自筹73.15亿元，银行贷款1.04亿元，其他0.72亿元。计划实施危房改造工程20万户；实施街巷硬化503个嘎查村、2437公里；村村通电计划对蒙西682户新能源供电户转由电网延伸供电，蒙东1883户低标准新能源供电户统一升级至600瓦(300瓦风机+300瓦光伏)；广播电视工程计划实施地面数字覆盖工程30处、广播村村响工程92个；校舍改造工程计划实施16.28万平方米；卫生室计划建设856个；文化室计划建设1187个；商品配送中心计划建设11个；计划为228万人发放农村养老金，为11.42万人发放高龄津贴。全面完成“十个全覆盖”工程。

(五)继续深化改革

强化国有资本的公共服务功能，加大国有资本对重要基础设施、重要公共产品、生态环境保护、重大科技创新等公益性领域和企业的投入。制定《内蒙古自治区大兴安岭重点国有林区改革总体方案》，制定《非公有制经济进入特许经营领域办法》，制定《关于发展混合所有制经济的指导意见》。建设自治区、盟市两级公共信用信息共享平台，支持有条件的旗县建立公共信用信息共享平台，实现各级政务信用信息有效整合与共享。完善煤电价格联动机制和标杆电价体系，制定《关于进一步深化电力体制改革的实施意见》。确立企业投资主体地位，制定出台自治区政府投资项目管理办法，大幅缩减政府核准投资项目范围，精简前置审批，规范中介服务。改革投融资体制，积极推广政府和社会资本合作(PPP)模式。

(六)进一步扩大对外开放

配合国家编制完成《建设中蒙俄经济走廊总体规划纲要》；抓紧编制审批《二连浩特重点开发开放试验区总体规划》；推动中蒙两国批复二连浩特—扎门乌德中蒙跨境经济合作区建设，甘其毛都—塔本陶勒盖(奥云陶勒盖)铁路建设，乌力吉公路口岸开放、鄂尔多斯国际口岸开放等一系列优先推动项目。

——执笔人：崔　波

第十二章　广西壮族自治区

一、2015年工作情况

(一)经济社会发展稳中向好

2015年,全区生产总值16803.12亿元,按可比价格计算,增长8.1%(同比,下同);第一产业增加值2565.97亿元,增长4.0%;第二产业增加值7694.74亿元,增长8.1%;第三产业增加值6542.41亿元,增长9.7%。财政收入2332.96亿元,增长7.9%。社会消费品零售总额6348.06亿元,增长10.0%。采取的主要措施如下。

全力稳增长。出台稳增长、促改革、调结构、惠民生、防风险工作“48条”意见,从优服务、扩投资、减负担、促工业等8个方面精准发力,效果渐显。精准对接国家推出的11个重大工程包,按月全面调度,采取针对性措施加快推进项目建设。建立PPP项目库,已储备PPP项目248个,总投资3961亿元。全年全区固定资产投资15654.95亿元,增长17.8%。

全力兴产业。一是优化现代服务业。5月召开全区服务业发展大会,实施服务业百项重点工程,组织开展10个现代服务业集聚区建设试点。二是促工业提质增效。防城港核电建成试运行,防城港钢铁取得突破性进展,全年全区规模以上工业增加值同比增长7.9%;工业增加值7694.74亿元,增长7.7%。三是提升战略性新兴产业。安排1.5亿元资金,支持19个战略性新兴产业化重大应用示范项目建设,华锡集团铟锡资源高效利用国家工程实验室获得国家批复。装备制造、“互联网+”产业加快发展。四是召开了生态经济工作会议,着力推动一批示范工程建设。

全力抓改革。一是投资体制改革。党的十八届三中全会以来,广西共出台32项重大改革方案。累计取消、下放和调整行政审批事项(含非行政许可)1283项。自治区本级政府部门权力事项精简60%。二是电力体制改革,实施降低一般工商业电价6分钱、暂停征收临时电力价格调节基金等措施;出台电力用户与发电企业直接交易实施方案(试行)。三是取消、暂停18项涉企收费,对小微企业免征45项收费,将企业失业保险总费率由3%降到2%。四是推进医改,重点加快推进第三批35个县级公立医院综合改革。五是出台便民创业“工商16条”、“三证合一”联办窗口等政策,成为全国第二个全面实施“一照一码”登记模式的省份。

全力兜底改善民生。加大民生投入力度,大力发展教育、文化、卫生等事业。召开全区精准扶贫工作会议,加快扶贫攻坚。全年全区居民人均可支配收入16873元,扣除价格因素实际增长6.9%。落实国家推进“三个1亿人”城镇化实施方案,开展百镇建设工作,加快推进新型城镇化综合试点和乡村规划建设管理制度改革试点工作。

(二)“一带一路”工作上新台阶

为落实国家战略，自治区进一步完善工作机制，成立了由自治区党委、自治区人民政府主要领导任组长的“一带一路”工作领导小组，印发实施广西参与建设“一带一路”实施方案，初步建立“一带一路”重大项目储备库（180 个项目，预算投资超万亿元），编制突破项目行动计划，积极筹建广西丝路基金、广西“一带一路”智库联盟，第十二届中国—东盟博览会、中国—东盟商务与投资峰会成功召开，中马“两国双园”创造国际合作新模式，中国—东盟信息港落户广西，南海国际邮轮母港及航线等标杆项目加快建设，广西的有机衔接、重要门户作用更加突显。

对外贸易逆势较快增长。全年全区外贸进出口总额达 3190.31 亿美元，同比增长 15%，高于全国 22 个百分点；进出口总额、增幅分别排在西部地区第 3、2 位。与“一带一路”沿线国家进出口额 1991.6 亿美元，同比增长 19.6%；其中，与东盟多边贸易额 1807.7 亿元，同比增长 19.9%；边境小额贸易进出口额 1059.7 亿元，同比增长 17.1%。

第十二届中国—东盟博览会成功召开。2015 年 9 月 18—21 日，成功举办第十二届中国—东盟博览会、中国—东盟商务与投资峰会，总展位数 4600 个，参展客商 6.5 万人，举办了 27 个分论坛，首次承办“2015 中国—东盟国际产能合作系列活动”，博览会由服务“10＋1”向服务 RCEP 及丝路沿线各国拓展。

中国—东盟信息港落户广西。第十二届中国—东盟博览会期间，中央政治局常委、国务院副总理张高丽宣布中国—东盟信息港项目落户广西，项目建设总体方案已报国务院，南宁大数据产业孵化创新基地等项目已获批成为第二批专项建设债券安排建议项目。

面向东盟国际通道建设加快。一是中南半岛方向，靖西至龙邦高速公路正在加快建设，崇左至水口高速公路前期工作进展顺利，中越北仑河二桥中方主桥完成基础及拱座混凝土浇筑，中越水口二桥批复可研。二是西南中南地区方向，湘桂铁路柳州至南宁电气化改造建成，云桂铁路南宁至百色段正线轨道进入全面精调阶段，南百二线和黎湛电化项目控制性工程全部开工；开通运行到昆明、贵阳等节点城市的铁路“五定班列”，在四川自贡建设无水港。三是其他方向，梧州至贵港高速公路建成，南宁吴圩机场第二高速公路开工建设，合浦至湛江铁路、龙滩升船机工程、落久水利枢纽、桂林两江国际机场航站楼及站坪配套设施扩建、柳州至梧州铁路、梧州机场迁建、西津二线船闸项目建议书已批复。

跨境产能合作有新突破。中马“两国双园”建设加快，逐渐探索出国际园区合作新模式，钦州园区基础设施和配套体系初步形成，中马粮油、慧宝源、国家级燕窝实验室等项目投产或速建；关丹园中方管委会正式挂牌成立，年产 350 万吨钢铁厂项目土方工程一期已完成 60%，钦州至关丹集装箱国际班轮航线 2 月 9 日开通并顺利运转。文莱—广西经济走廊建设由共识走向实际，首期“一港两园三种养”项目加快建设。中·印尼综合产业园、中泰崇左产业园等合作园区建设加快。

人文交往得到加强。新成立中国—东盟农业培训中心，面向东盟的国家级教育培训中心达到 9 个；中国—东盟联合大学加快筹建；举办第五届中国桂林国际旅游博览会，南海国际邮轮母港和航线等项目加快推进；中国—东盟技术转移中心加快建设，中国—东盟医疗保健合作中心项目获国家卫生计生委同意。承办第五届中国—东盟社会发展与减贫论坛。

(三)沿边开发开放有新突破

东兴试验区建设加快。“三证合一”、“一照一码”登记制度改革、越南籍自然人经营登记管理、个人跨境贸易人民币结算试点、人民币与越南盾特许兑换业务试点、城乡医保统筹和进境种苗(景观树)、进境粮食、海港进境水果指定口岸等先行先试成功实施,启动越南边民入境务工试点,努力打造广西乃至全国跨境劳务合作示范区。出台了游客进入互市区旅游免税购物暂行办法,拉长互市贸易产业链。

凭祥试验区申报建设加快。试验区实施方案已上报国家发展改革委,跨境经济合作区等平台及一批基础设施加快建设。2015 年以来,泰国、越南等生产的电子产品从陆路经凭祥运到苏州、上海,从过去海运 20 天缩短为 6 天。以凭祥水果进境指定口岸为依托,崇左—北京冷藏集装箱班列试运营。凭祥综合保税区日平均通关车辆从 2014 年的 400 辆次增长到目前的 800 辆次。

沿边政策创新加快。《关于进一步加强广西边境建设与管理的建议》纳入全国人大重点督办建议。开展边境新型村镇建设试点重大课题研究。

(四)统筹区域协调发展

全面贯彻实施北部湾经济区、西江经济带“双核驱动”战略,推动三区统筹发展。

北部湾经济区开发开放加快。加快船舶、汽车、飞机、能源产业布局,钦州中船修造船一期、防城港钢铁基地冷轧建成,防城港红沙核电一期并网发电,南宁首台全铝车身新能源汽车年底下线,钦州水上飞机基地、LED 外延芯片生产研发基地、防城港“北斗数谷·数字广西”等项目加快建设,一批服务业集聚区加快培育。实施“432”工程,加快防城港 40 万吨级码头及航道前期工作,建设钦州 30 万吨级进港支航道,推进钦州 20 万吨级集装箱码头前期工作。深入推进同城化。

西江经济带建设加快。2015 年,安排 7 亿元财政资金继续推动实施西江基础设施大会战。桂东国家级承接产业转移示范区发挥作用,粤桂合作特别试验区建设入驻企业达 181 家(新注册 58 家)、贺州—肇庆、百色—文山跨省经济合作园区等加快推进,规划建设河池—黔南州石漠片区扶贫开发合作区;会同广东、贵州大力推进一批高铁经济带合作园区建设。

左右江革命老区振兴规划全面实施。2015 年 4 月,联合云南、贵州召开了左右江革命老区振兴规划实施动员会。印发规划实施方案和 2015 年工作设想。实施革命老区重大工程建设三年行动计划,集中力量建设 5 大工程共 141 个项目,自治区财政每年给予 3 亿元资金支持,2015 年完成投资 94.69 亿元。积极筹建革命老区振兴基金,形成初步筹建方案。召开新闻发布会,多次开展专题培训。

(五)常规工作扎实推进

抓好巩固退耕还林等专项工作。2015 年,国家下达自治区巩退资金 36040 万元,目前任务已经全部下达到各退耕县(市、区),项目建设稳步推进中;同时国家下达全区退耕还林还草任务 35 万亩,已全部分解至各县(市、区)。多部门组成联合督查组进行检查。继续推进生态文明试点示范。深化第一批生态文明试点县建设,总结推广经验;并着力推进了第二批试点工程,重点抓好总体规划的实施。正在会同有关部门开展自治区区生态补偿机制的研究。积极探索退耕还林与扶贫开发结合，加快搭建农民就业创业平台，研究制定西江流域省际生态补偿实施方案。

二、2016 年工作设想

(一)抓“一带一路”建设

全面实施广西“一带一路”实施方案，争取设立广西丝路基金、“一带一路”智库联盟，开展专题宣传推介活动，建立实施重点项目储备库，实施突破项目行动计划，继续开展分国别合作等重大专题研究。

(二)抓左右江革命老区振兴

加快落实革命老区振兴规划，推进成立老区振兴基金，加快实施“三年行动计划”，筹建革命老区振兴重大项目储备库，研究编制革命老区振兴重点工作突破计划，加快搭建桂黔滇三省区合作平台，加大老区宣传工作力度。

(三)抓沿边开发开放

继续对接落实全国人大重点督办建议，推进一批重大项目建设，加快东兴试验区建设，争取凭祥试验区建设实施方案获批，研究推动沿边国家新型村镇示范带建设。

(四)抓好常规工作

继续抓好巩固退耕还林、农民就业创业试点、生态文明试点等工作。

——执笔人：彭中胜

第十三章　新疆生产建设兵团

一、2015 年工作情况

2015 年，兵团生产总值达到 1960 亿元，增长 12.5%；“十二五”期间年均增长 16.2%，超额完成 15%的目标。完成固定资产投资 1800 亿元左右，较上年增长 2.2%；“十二五”期间累计完成固定资产投资 6800 亿元，年均增长 39.6%，超额完成 4000 亿元目标。实现社会消费品零售总额 540 亿元，增长 17.7%；“十二五”期间年均增长 21.3%，超额完成 17%的目标。外贸进出口总额 100 亿美元，比上年下降 16.6%。城镇化率达到 65%，比上年提高 1 个百分点。城镇常住居民人均可支配收入 31430 元，比上年增长 14.1%。连队常住居民人均可支配收入 15050 元，比上年增长 8.1%。

（一）大力推进中央决策部署的落实

兵团各级以推进城镇化、工业化、农业现代化为突破口，发挥各垦区比较优势，提升兵团整体实力。一是大力推进兵团在南疆发展。认真落实党中央战略部署，成立了主要领导任组长的兵团在南疆发展工作领导小组，加强组织领导，从组织层面加强了对兵团在南疆发展工作的统筹和领导。第二次中央新疆工作座谈会后，兵团即着手编制《南疆发展规划纲要》，于 2015 年 9 月 17 日上报自治区人民政府。2014 年安排 5 亿元资金，启动了南疆重点水利设施和团场城镇基础设施建设等项目。2015 年又启动 324 个南疆师团农田水利、城镇、民生、产业、维稳等项目建设，下达各类资金 109.3 亿元。二是继续落实国家批复的《天山北坡经济带发展规划》，相关政策、资金、人才和技术进一步向优势区域集聚，天山北坡已成为兵团跨越式发展的先导和示范区域。三是大力开展丝绸之路经济带研究，促进兵团积极参与丝绸之路经济带核心区建设，与地方共同形成对外开放新格局。

（二）大力推进城镇化发展进程

兵团把城镇化建设作为“三化”建设的首要任务，坚持高起点规划、高标准建设。围绕保障性住房建设，实施了一批城市亮化、绿化工程。积极推进设市建镇工作，继 2014 年五师双河市、三师图木舒克市草湖镇成功挂牌运行后，2015 年 4 月 12 日四师可克达拉市挂牌，兵团管理的城镇达到 8 市 6 镇，城镇化率达到 65%。按照兵团党委部署，2015 年开展兵团城镇化提升年活动，重点抓好提升城镇管理水平、提升区域城镇化发展水平、提升基本公共服务水平、提升城镇规划水平、提升住房保障水平、提升基础设施建设水平、提升城镇居民文明素质水平等七个方面的工作，促进兵团城镇化发展质量进一步提升。通过一系列推进措施，兵团的团场城镇化建设进一步推进，连队撤并和功能区转型步伐加快，基础设施和服务水平进一步提升，城镇已成为聚集产业人口的有效载体和统筹城乡发展的重要支撑。

(三)持续推进新型工业化

新型工业化步伐加快,2015 年,兵团工业经济比重达到 31.1%,29 个兵团级以上园区实现工业增加值占到兵团工业增加值 70%以上,集聚、带动和辐射作用凸显。认真落实国家差别化产业政策,突出发展有色金属冶炼、煤化工、纺织服装、食品制造等优势特色产业。加强重大生产力布局优化,加快培育兵团特色现代产业体系和产业集群。对重大工业项目进行跟踪监测,支持中小企业技术改造和产业振兴项目建设,加快光伏、风电等新能源发展,促进项目投产达标,推动产业结构升级。编制完成了纺织服装产业带动就业规划,提出依托"三城七园",重点打造石河子、阿拉尔、图木舒克综合性纺织基地、服装深加工核心区的思路。建立工业重点行业、重大项目运行监测机制,加强了季度产业经济运行分析工作,促进工业经济持续稳定发展。

(四)稳步推进农业现代化

按照"稳粮、优棉、增果畜"方针,有序实施了"十二五"优质棉基地建设、畜牧业倍增和林果业提质增效工程。积极推进农业产业化,加快"三大基地"建设,推进了以"一带两区"和 20 个团场为重点的现代农业示范基地建设,加快高新节水灌溉基地信息化、智能化改造,加强农业机械化推广示范基地建设。农业现代化显著提升,"稳粮、优棉、精果、强畜"结构调整效果显著,全国节水灌溉示范基地、农业机械化推广基地、现代农业示范基地基本建成,畜牧业和果蔬园艺业产值占农业总产值比重超过 50%。

(五)服务业健康发展

开展了服务业提速工程、服务业促进年活动,在商贸流通、现代物流、旅游、金融、人力资源、科技、外贸、农业服务及服务业新业态等方面取得了新的进展。全兵团可实现服务业增加值 645 亿元,较 2014 年新增 100 亿元,三次产业结构由上年的 24：44.7：31.3 调整为 22：45.1：32.9。实现社会消费品零售总额 540 亿元,增长 17.7%;完成进出口总额 100 亿美元,其中自产品出口 23.4 亿美元;服务业招商引资额占招商引资到位资金总量的 31.2%。商贸流通业取得新进展。兵团农产品质量有效提升,新认证无公害农产品 9 个、绿色食品 37 个、有机食品 17 个、地理标志农产品 5 个,新增农产品质量追溯建设单位 5 家。"百团万店"工程 30 个试点项目 26 个已竣工,一批新的农贸市场、商业街、综合商品交易市场投入运营,拉动了商贸经济增长。电子商务取得积极进展,一师、二师列入了国家 2015 年"电子商务进农村"综合示范专项行动名单。一批物流重点项目发挥效益,二师铁门关物流园、三师三运国际物流中心、四师舰桥国际综合物流园、十师北屯公铁联运基地等项目建成并投入使用,初步形成覆盖全疆的物流网络。旅游业实现新提升。红色旅游影响日益扩大,在乌鲁木齐举办了"丝路行、军垦游"首届丝绸之路旅游产品暨高铁旅游经济论坛等营销活动。全兵团新增星级农家乐 31 家,有 6 个团场城镇入选第三批全国特色景观旅游名镇名村示范名单。旅游总收入增长 19%;城乡道路客货运输周转量分别增长 8%和 16%。金融、人力资源、科技服务亮点纷呈。创客基地、供应链金融服务等部分新业态实现"零突破"。新设立小贷公司 4 家,融资担保公司 3 家,银行业金融机构在兵团辖区新增机构网点 15 个。外贸转型升级再上新台阶。三师金恒达国际物流、四师恒信国际贸易物流等一批外向型龙头企业以承接内地外向型产业、出口基地和境外营销网络建设为重点，向贸易实业型转型。出口贸易水平不断提升。

（六）继续加大重点领域投资力度

面对国际形势错综复杂，国内经济下行压力不断增大和艰巨繁重的工作任务，兵团上下全力实施《兵团2015年促进投资及十大建设领域重点项目建设实施方案》，扎实开展“投资百日攻坚”和“强责任抓落实促投资”等专项活动，从拓宽融资渠道、狠抓重点项目的开复工和建设进度、落实专项建设基金、简政放权等方面入手，有效遏制了投资下降趋势，保持了固定资产投资增长在合理区间。十大建设领域重点项目建设拉动作用显著，86项重点项目完成投资1157亿元，占全社会投资的64%。2015年完成固定资产投资1800亿元，增长2.2%，实现了投资保持增长的良好效果。拓宽融资渠道，各类资金到位情况良好。全年落实中央预算内资金127亿元，超额完成100亿元的目标任务。“十二五”期间累计落实中央预算内资金575亿元，完成原规划任务380亿元的约1.5倍。抢抓国家发行专项建设基金机遇，会同国开行、农发行新疆分行审核确认兵团四批专项建设基金项目95个，落实专项建设基金38.74亿元，共撬动各类投资340多亿元。积极推广和运用PPP模式，吸引社会资本参与兵团建设，建立PPP项目储备库，4个项目纳入全国PPP项目推介名单。加大促进民间投资健康发展工作力度，加快推进促进民间投资行动计划，全年完成民间投资900亿元，占投资总量50%以上。实现直接融资259亿元（其中债券市场融资225亿元），增长29.7%。银行贷款余额2030亿元，增长12.2%。招商引资到位资金1236.3亿元，增长18.8%。对口援疆资金到位17.96亿元，增长7.1%。全年利用外资2.68亿美元，增长17.1%；对外投资7160万美元，与上年持平。

（七）扎实推进民生工程建设

以实施“十件实事”为抓手，以加快南疆少数民族聚居团场发展为突破口，在涉及职工群众切身利益的上学、看病、住房、就业、增收、养老等方面持续发力，百万余职工群众迁入新居，生产生活方式发生历史性变化，拴心留人环境显著改善。一是兵团连续十年为职工群众办实事。2015年的“十件实事”涵盖79项内容、总投资347.6亿元，覆盖范围和投资额创历年之最，职工群众的生产和生活条件焕然一新。二是加大职工技能培训工作，开展农业、服务业多领域，大中专毕业生、一线职工等多层次的培训工作。组织做好西部开发人才培训工作，组织各师及团场、企业人员参加了11期“东部城市对口支援西部地区人才培训班”，培训90人次，主要学习了新农村建设及农业产业化、城市管理、创新创业等专题，显著提高了兵团干部人才的管理水平。三是城乡收入差距进一步缩小，精准扶贫成效显著，三分之一贫困团场实现整体脱贫。2015年兵团城镇居民人均可支配收入和农牧工家庭人均纯收入达到28800元和18000元，基本实现与经济同步增长。

（八）加快推进重点领域改革

2015年兵团认真贯彻落实党的十八届三中、四中全会精神，全面推进兵团各方面、各领域改革。兵团党委落实中央全面深化改革决定意见出台实施，重点领域关键环节改革有序推进。一是调整充实了兵团党委全面深化改革领导小组成员，制定印发了《2015年改革工作要点》和《兵团重大改革事项审议目录》，并对43项重点改革任务进行了分解。二是加快兵师机关机构改革和事业单位分类改革步伐，完善了兵师两级行政服务中心和公共资源交易中心，推进了简政放权和行政职能转变。三是财政财务管理体制改革不断深化，制定了完善兵师团三级预算管理体制、规范政府性债务管理、企业国有资本收益收缴等方面文件。四是健全医药卫生体制改革工作机制。按照兵团统一部署，完成鼓励社会办医等政策性文件的出台，不断探索兵团在社会办医、县级公立医院改革等领域的新路径。五是兵师国资委监管企业公司制改革基本完成，一批专业化集团公司相继组建。六是简政放权力度空前，兵团本级取消和下放行政审批事项幅度超过40%。七是深化收入分配制度改革，制定兵团2015年深化收入分配制度改革工作方案。八是创新社会事业项目管理。整合资源、联合建设，继续对团场文化活动中心与社区服务中心、连队活动室与社区服务站进行试点合建，做法得到了基层普遍认可，取得了良好效果。出台了兵团体育产业、养老产业发展意见，在养老、文艺演出等领域继续实施以奖代补、服务购买等创新资金投入方式。

(九)生态环境保护和建设得到加强

2015年，兵团生态建设稳步推进，资源集约利用水平有效提高。一是大力发展循环经济，认真抓好节能减排工作，严格目标责任考核。加强了工业、建筑等重点领域及重点企业节能和能源消费监管。开展固定资产投资项目节能评估和审查，大力实施十大节能工程，推进清洁发展机制项目建设，强化资源节约和综合利用。二是抓好巩固退耕还林成果工作，加强项目管理和检查工作，进一步加强了项目管理。三是大力开展新一轮退耕还林还草工作，2015年落实10万亩退耕还林任务。编制了《兵团新一轮退耕还林还草省级实施方案》，并正在修改完善，待兵团审定后上报国家。四是认真做好退牧还草工作，着手编制兵团"十三五"退牧还草总体方案。

二、2016年工作设想

2016年主要预期目标是：生产总值增长9%左右，全社会固定资产投资增长10%，社会消费品零售总额增长11%，进出口总额增长6%。城镇常住居民人均可支配收入和连队常住居民人均纯收入与经济同步增长。

(一)认真贯彻落实好中央决策部署

一是深入贯彻落实第二次中央新疆工作座谈会精神，对政策已明确的，尤其是向南发展、纺织服装产业发展等政策，做实规划编制、项目前期等基础性工作，加大向国家各有关部委的汇报和对接力度，尽快启动实施。二是积极参与丝绸之路经济带核心区建设，制定落实国家"一带一路"规划的实施方案，明确沿线师团、园区产业布局和分工，努力打造兵团综合交通运输体系、商贸物流中心、文化交流中心、新兴加工制造业基地，形成与自治区共同推进的良好局面。三是扎实推进对口援疆工作，突出产业援疆，明确各援疆省市产业援疆重点和方向，进一步强化项目推介和对接，抓紧落实一批纺织等重点项目，助推兵团纺织服装及其配套产业、服务业等劳动密集型产业发展。在项目审批、资源配置、用地用水等方面提供便利和给予优惠，促进产业援疆项目尽快落地实施。

（二）突出加快南疆发展

举全兵团之力，支持南疆师团尤其是三师、十四师加快发展，在设市建镇、新扩建团场建设、产业发展、园区建设等方面取得突破性进展。按照兵团内部对三师、十四师所有团场帮扶全覆盖的要求，兵团机关和六师、七师、八师、十二师以及兵直一类企业要带资金、带项目、带技术、带人员，全力支持南疆师团农副产品深加工、支农工业等行业发展。进一步整合农业产业化、扶贫、农业综合开发、少数民族聚集团场发展专项等资金，集中攻坚，实现用于南疆经济社会发展的资金比重较2015年提高10个百分点以上。扎实做好兵地融合示范工程。

（三）突出抓好大众创业、万众创新

认真贯彻落实《兵团关于大力推进大众创业万众创新工作实施方案》，积极争取国家中小企业发展基金、大众创业创新扶持资金和劳动力培训资金，鼓励各类市场主体、社会成员开展众创、众包、众扶、众筹，调动各类市场主体的积极性，挖掘潜力，激发活力，为小企业"铺天盖地"发展创造条件。运用职工创业园和农业合作社的平台作用，广泛运用"互联网＋"技术，巩固提升职工多元增收成果。继续鼓励和支持农业专业合作社发展。扶持六师五家渠市清华创业园等一批创业孵化基地，依托石河子市和阿拉尔市大学生创业园，引领大学生和青年自主创业。支持科研人员、教育工作者运用各类科研成果领办、引办企业。大力培育为央企、援疆产业配套的中小微企业产业集群。

（四）突出推动产业转型升级

积极主动适应经济发展新常态，以技术进步、品牌建设、提质提效为重点，推动产业从生产低附加值产品向高附加值产品转变。农业方面，坚持"稳粮、优棉、精果、强畜"方针，加快退出次宜棉区和低产棉区，棉花种植面积控制在900万亩以内；做精果蔬园艺和畜牧业，着力建设一批精品园、示范棚和标杆养殖小区；四个国家级现代农业示范区和20个兵团级现代农业示范团场要深度发展，扩大辐射影响力；进一步提高农产品加工转化能力，力争完成农产品加工产值与农业总产值之比1∶1。工业方面，强力推进智能化、自动化，在化工、纺织服装、新能源、食品加工等领域推进数字化，实现研发设计、生产制造、经营管理、销售服务等全流程和全产业链的现代技术综合集成应用；推进园区提档升级，在国家级园区选择1～2家开展智慧园区试点；实施品牌创建专项行动，力争创建10个自治区级品牌。服务业方面，充分运行"互联网＋"，大力推进电子商务和跨境电商；利用口岸优势，努力扩大番茄酱、PVC、纺织品、家具、干鲜水果、蔬菜、食用油等自产品和农副土特产品出口规模；支持师团打造军垦文化旅游精品和节庆活动，培育郁金香节和文化冰雪旅游节等节庆品牌；持续提升现代物流和交通运输水平，打通团场物流"进社区与进城"的双向通道；加强金融业发展，推进一批村镇银行组建，探索类金融机构发展；加快文化、健康、养老等新兴服务业进展。

（五）攻坚克难扎实推进改革开放

牢牢把握兵团改革的目标方向，积极稳定推进兵团管理体制改革，突出党政军企合一

的特殊作用。在国企改革方面，推进中国新建集团投资（控股）有限责任公司筹组运作，加快矿业、制糖、肉类等产业整合，提升棉业、果业集团的综合实力。在行政职能转变方面，进一步转变职能，简政放权，建立“权力、责任、负面”三个清单。深入开展事业单位改革试点，探索建立多种形式的事业单位法人治理结构。在开放方面，健全对口援疆工作机制，创新对口支援方式，深化与援疆省市多层次、全方位合作；建立健全多层次农业开发合作机制和平台，大力推进农业“走出去”，与俄罗斯、塔吉克斯坦、吉尔吉斯斯坦、巴基斯坦等周边国家的农业合作项目有新突破；支持水泥、节水器材、纺织服装等产业开展国际产能合作。

（六）突出促进固定资产投资稳定增长

以推进去产能、去库存、去杠杆、降成本、补短板政策实施为目标，以创新投资方式为主线，以定向精准推进“双十大工程”建设为抓手，以推广政府和社会资本合作（PPP 模式）为创新投融资方式突破口，积极应对错综复杂的经济形势，扩大有效投资，实施十大建设领域重点工程，进一步创新投资方式，激发市场投资信心和活力，撬动民间资本和社会投资，提高投资的有效性和精准性，继续保持固定资产投资持续平稳较快增长。继续实施“十件实事”，加快卫生、教育、养老、就业等社会事业发展。狠抓重点项目建设，提早发挥投资效益。定向精准抓好重点项目建设，制定重点项目开（复）工方案，推动图木舒克铁路专用线、八师天富余热供热、双河市生活区一期等 100 个重点项目在 6 月底前陆续实现开复工建设，发挥示范带动作用。创新投融资方式，拓宽融资渠道。推进农业银行、建设银行、中信银行等四家银行与兵团签署框架协议工作。加大宣传力度，推广 PPP 模式，拓宽应用领域和试点范围，加快推进六师五家渠污水处理厂改扩建、十师北屯工业园区基础设施等一批 PPP 项目实施进度。加大谋划力度，推进项目前期工作。加大政府投资项目储备力度，加快推进三年滚动投资计划编制工作，并依托国家重大建设项目储备库，实行动态管理，提高项目储备的数量和质量。加强与国家发展改革委的衔接沟通，跟踪《“十三五”中央支持兵团经济社会发展重大项目规划》落实情况，力争“十三五”中央预算内资金规模高于“十二五”中央预算内资金规模。

（七）不断改善居民生活水平

继续实施“十件实事”，以解决就业，推动收入增长为核心，以“强基础，保基本，可持续”为方向，改善教育发展条件，加快卫生事业发展，加强基本公共服务基础设施建设。优先发展教育事业，继续推进中西部高校基础能力、初中校舍改造、教师周转宿舍、中等职业教育及学前教育推进工程等教育基础设施建设。加快公共服务体系建设，强化基层医疗卫生服务体系、重大卫生项目、社会养老服务体系、基层就业和社会保障服务设施等方面建设。继续实施精准扶贫，力争实现 10 个以上贫困团场、2 万左右贫困人口脱贫。扎实稳妥推进“双五千”工程，促进就业向城镇和二、三产业转移。继续组织开展东部城市对口支援西部地区人才培训工作，提高兵团人才队伍知识水平，继续做好团场职工多元增收工作，落实各项惠民富民政策，确保城镇居民收入和农牧工收入与经济同步增长。加强市场价格调控监管，加强粮棉油糖、生猪、蔬菜等重要商品的产供销衔接，切实保持辖区价格总水平基本稳定。

（八）加大生态建设和环境保护力度

深入推进《兵团主体功能区规划》实施，突出主体功能定位，强化开发管控，优化开发时序，推进构建人口、经济、资源环境相协调的国土空间开发格局。认真贯彻落实好中共中央、国务院《关于加快推进生态文明建设的意见》，坚持资源开发可持续、生态环境可持续，坚持绿色发展、循环发展、低碳发展。推进石河子、五家渠经济开发区园区循环化改造，阿拉尔生态文明先行示范区、产城融合试点建设步伐，认真落实国家节能、节地、节水、环境、技术、安全等市场准入标准，严把新建项目能耗消费准入关，严防落后产能、落后工艺技术项目落户兵团。大力实施退耕还林工作，认真完成10万亩退耕还林工程施工、验收工作。抓紧完善《兵团新一轮退耕还林还草省级实施方案》，经兵团审定后尽快上报。继续实施退牧还草工作，实施围栏建设60万亩，增强草原自我修复能力。加强水源地保护和用水总量管理，建立水资源管理责任制和考核制，推进水循环利用，建设节水型社会。

——执笔人：张守明

第十四章　北京市

一、2015年工作情况

(一)对口支援和帮扶项目顺利实施

2015年，通过全市上下、前后方的共同努力，对口支援西部地区西藏拉萨、新疆和田、青海玉树、湖北巴东，内蒙古赤峰和乌兰察布项目进展顺利，共实施民生、基础设施、公共服务、交往交流、人才智力培训、产业等各类项目307项，实际安排援助资金17.52亿元。坚持项目资金向基层、民生、困难地区倾斜，重点做好就业、教育、人才、产业等援助工作，通过支援项目的顺利实施，进一步改善了受援地基础设施条件，提高了公共服务质量，提升了当地群众生产生活水平，促进了当地经济社会快速发展，增进了民族团结和社会稳定，为受援地全面建成小康社会创造了良好的基础和条件。

(二)民生改善和民族团结不断加强

坚持民生优先原则，不断改善受援地群众生产生活条件，通过对口支援使受援地群众有更多获得感。在城乡住房方面，继续安排富民安居和棚户区改造项目，在新疆和田地区，有近18万农民和312户城市贫困户居住条件得到改善。在教育援助方面，继续加大双语教育和职业教育支持力度，改善中小学办学条件，加强师资培训，提升学校教学管理水平。在医疗卫生援助方面，进一步完善受援地医院硬件设施；加强结对帮扶和业务培训，提升医生业务能力和医院管理水平；持续开展先心病、胯关节脱位、唇腭裂儿童免费救治工作；继续选派北京医疗队开展送健康大型义诊活动。在民族交往交流交融方面，扩大“民族一家亲”活动规模，丰富各族学生“手拉手、心连心”内容，实施“母亲儿童交流”试点项目，组织文艺界艺术家开展慰问演出等活动，促进了各民族相互了解、相互学习、相互认同，增进了民族团结。积极发挥北京资源优势，在教育、卫生、文化等援助领域取得了突出成绩，打出了北京援建的特色品牌。在援建的拉萨北京实验中学探索形成“规划、建设、教学、管理”均由北京主导的“成建制”系统化教育援藏新模式，全国政协主席俞正声给予批示肯定；开展“组团式”医疗援藏工作，中央组织部和国家卫计委领导专程调研，并给予充分肯定；组织歌剧《冰山上的来客》赴新疆乌鲁木齐与和田两地成功演出，得到新疆各族群众的广泛赞誉。

(三)产业帮扶和经济合作成效显著

在加大“输血”力度的同时，不断增强当地自身“造血”能力建设，着力做好产业帮扶和经济合作工作。一是设立产业支持专项资金。在西藏拉萨和青海玉树分别设立1000万元产业引导资金，推进健康净土产业项目，帮助农牧民增收致富。在内蒙古自治区，安排贷款贴息项目资金 500 万元，引导北京产业到当地投资兴业。二是提升产业园区承载能力和服务水平。推动北京临空经济核心区与十四师皮墨北京工业园签订 1+X 深度结对帮扶协议，支持十四师皮墨北京工业园、和田县昆仑工业园、墨玉县波斯坦工业园区道路、供排水等基础设施建设，提升园区承载能力。三是搭建产业交流合作平台。成功举办拉萨市赴京招商引资项目推介会、玉树旅游文化宣传周活动，在京举办了北京市旅游与赤峰市战略合作签约仪式暨首次赤峰旅游专场推介会，组团参加了青洽会、西洽会、西博会、亚欧博览会、“硒博会”等会展，助推北京企业前往西部地区投资合作发展。四是推动受援地区招商引资工作。在西藏拉萨，促成了宁算科技、德青源、京西隆电商等企业落地投资，投资额 140 多亿元。在新疆和田，促成北京纺织控股公司、北京秋实农业、北京高能时代环境股份有限公司等企业投资兴业，预计投资 23 亿元。在内蒙古自治区，据统计，2015 年，共引进北京市投资项目 590 个，到位资金约 1083.3 亿元，占内蒙古同期引进区外到位资金的 31.9%。

（四）智力支援和规划编制工作进展顺利

2015 年，在京举办西部地区党政干部和专业技术人员培训班 87 期，培训各类干部人才 3165 人。其中，举办东部城市支持西部地区培训班 8 期，培训人员达 400 人，培训内容包括能源开发与可持续发展、新农村建设与农业产业化、非物质文化遗产保护、法制建设与依法行政、文化产业发展、社会管理与社区建设等方面，学员来自西部 12 省（区、市）（含新疆生产建设兵团）。贯彻中央关于援疆、援藏会议精神与 2015 年北京市对口支援和经济合作工作领导小组会议要求，认真总结北京“十二五”时期对口支援工作经验，援疆、援藏、援青、京蒙帮扶合作等“十三五”规划编制工作进展顺利。目前，规划编制工作已接近尾声，正按照中央会议新要求进行补充完善。

二、2016 年工作设想

（一）贯彻中央会议精神，做好对口支援工作

围绕落实中央第六次西藏工作座谈会、第二次中央新疆工作座谈会、第五次全国对口支援新疆工作会议、全国扶贫开发工作会议等重要会议精神，做好对口支援西部地区西藏拉萨、新疆和田、青海玉树、湖北巴东以及对口帮扶内蒙古工作。贯彻中央精准扶贫、精准脱贫基本方略，突出做好扶贫帮扶工作；树立长期援建、久久为功的思想，把对口支援工作的重心向改善民生、争取民心、促进民族团结、促进社会稳定倾斜，向基层和困难群众倾斜。加大产业援助力度，促进增加就业；加大教育、卫生、人才援助力度，加大对双语教育、职业培训和职业教育支持力度，总结推广“成建制”教育援助和“组团式”医疗援助经验；做好智力培训工作，拓展维稳援助领域，探索社会动员机制建设，探索开展精准医疗健康扶贫工作；深入开展民族交往交流交融活动，建立健全与受援地各族群众交流交往交融长效机制，拓展领域，扩大规模，丰富内容，让北京与受援地各族群众真情走动互动起来，促进各民族相互了解、相互帮助、相互欣赏、相互学习，增进“五个认同”，促进民族团结。助力受援地区如期全面建成小康社会。

(二)调动社会力量参与,促进合作共赢发展

一是积极鼓励全社会力量参与。研究制定调动企业、科研教育机构、产业联盟、行业协会等社会组织积极参与支持政策,提高社会参与度,形成政府推动、企业主体、市场融合、产业协同、社会参与的支援合作工作格局。二是把调整疏解非首都功能和对口支援工作有机结合起来。抓住国家实施京津冀协同发展战略和首都资源疏解机遇,引导人才、资金、技术等向北京市支援帮扶的西部地区转移,使受援地区成为北京疏解非首都功能的重要方向之一,促进受援地创新发展、转型发展、绿色发展。三是加大产业帮扶与合作力度。支持受援地区发展现代农牧业,培育壮大当地龙头企业,发挥龙头企业的带动和辐射作用,延长产业链,培育产业集群;支持民俗旅游业、传统手工业和净土健康产业发展;加强受援地与北京及其他省份的市场对接,扩大销售渠道;开展北京与受援地产业科技园区结对帮扶,提升当地产业园区承载力和服务管理水平;在受援地区加大招商引资政策扶持力度,探索建立产业发展引导基金,支持承接北京转移产业,支持有特色和有发展潜力的产业发展;加大环境保护力度,帮助受援地实现生态友好发展。

(三)做好年度重点工作,实现"十三五"良好开局

一是完成对口支援"十三五"规划发布工作。按照国家有关部门和北京市委、市政府的工作部署及时间要求,按时完成对口支援和对口帮扶"十三五"规划的编制和发布工作。二是组织实施好对口支援项目计划。编制并组织实施好2016年度对口支援项目计划,确保各项工作早启动、早实施、早完工、早见效,使援建成果惠及受援地广大人民群众。三是召开全市对口支援工作表彰大会。为调动社会各方力量关注援建、支持援建、参与援建的积极性,推动全市对口支援工作再上新台阶。拟在上半年组织召开北京市对口支援工作表彰大会,对在对口支援工作中做出突出贡献的先进集体和个人进行隆重表彰。

——执笔人:李明宗

第十五章　天津市

一、2015 年工作情况

进一步加大对新疆和田地区、新疆生产建设兵团十一师、西藏昌都市、甘肃省、青海黄南藏族自治州、重庆万州区对口支援力度，深化与丹江口库区上游地区（陕西汉中市、安康市、商洛市）协作工作，2015 年，安排财政资金 7.80 亿元，专项工作经费 1191.5 万元，专项培训资金 84 万元。实施富民安居工程、美丽乡村建设、基础设施建设、产业扶持、生态保护、人才培训等项目 191 个，培训西部地区基层干部、专业技术人才 1440 人。社会各界捐赠物资、资金 1000 余万元。天津医科大学、天津中医药大学、天津医科大学临床医学院累计招收对口帮扶甘肃藏区定向医学本科生 249 人。推进与西部地区产业互动，在天津市为西部省份召开招商推介活动 7 次，组织企业家代表团赴西部省区考察 4 次，在西部地区招商项目 165 个，到位资金 253.71 亿元。引导京津冀企业西部产业转移项目 20 个，签约额 163.82 亿元。在陕西、四川、新疆、内蒙古和云南设立天津商会，会员企业达 600 余家。西部地区在天津设立省级商会 9 家，会员企业 601 家。

（一）高度重视西部大开发工作

成立了市对口支援工作领导小组，市委、市政府多次召开东西互动和对口支援工作会议，部署服务参与西部开发各项任务。市领导多次率团赴新疆、西藏、青海、宁夏，参加“青洽会”、“中阿博览会”等展会和西藏自治区成立 50 周年、新疆维吾尔自治区成立 60 周年庆典活动，考察调研天津市服务参与西部开发和对口支援工作，提出东西互动合作新思路、新目标、新举措。

（二）完善体制机制建设

扎实落实西部开发与对口支援相关文件和会议精神，制定《天津市对口协作丹江口库区上游地区（陕西省汉中市、安康市、商洛市）规划》，签署《进一步做好对口支援三峡库区合作框架协议（2016—2020 年）》，开展天津市对口支援新疆和田地区东三县、西藏昌都市、甘肃藏区、青海黄南州经济社会发展“十三五”规划编制工作。健全完善援受双方互动协调机制、目标管理责任制、资金项目管理制，做到目标明确、任务清晰、责任到人，确保对口支援与西部开发取得实效。

（三）着力改善贫困群众生产生活条件

继续实施富民安居工程和牧民定居等农村、城镇保障性住房建设，完成 12208 户棚户区改造和农牧民住房建设任务，新建生态文明村、美丽乡村等农村改造工程 20 个。修缮、改扩

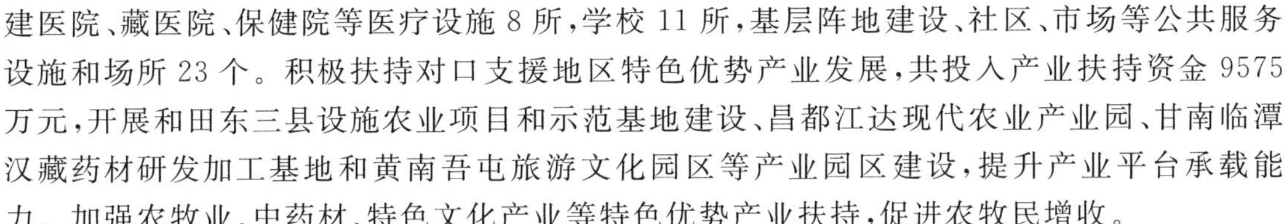

建医院、藏医院、保健院等医疗设施8所，学校11所，基层阵地建设、社区、市场等公共服务设施和场所23个。积极扶持对口支援地区特色优势产业发展，共投入产业扶持资金9575万元，开展和田东三县设施农业项目和示范基地建设、昌都江达现代农业产业园、甘南临潭汉藏药材研发加工基地和黄南吾屯旅游文化园区等产业园区建设，提升产业平台承载能力。加强农牧业、中药材、特色文化产业等特色优势产业扶持，促进农牧民增收。

(四)深化交往交流交融

开展《足球小巴郎》系列动漫剧、《拉卜楞寺文化历史彩绘艺术大观》展品等特色文化产品制作。举行津甘文化旅游发展与合作座谈会，举办"重走丝绸之路再创津商辉煌"纪念津商"赶大营"一百四十周年主题年会、"和田人民真情感恩"综合歌舞晚会、"善美大成"热贡文化主题展。组织天津美术家协会赴甘肃省甘南州、贵州省雷山县采风，开展摄影展、书画展等形式宣传、推广西部地区特色文化。天津港"8·12"事故发生后，陕西省宁强县、略阳县、青海省黄南州为牺牲消防官兵家属捐赠慰问款650万元，在津的四川、新疆、内蒙古、甘肃商会为消防烈士、受灾民众捐款捐物200余万元。

(五)促进产业互动合作

组织西藏昌都、新疆和田、甘肃、青海参会参展天津"津洽会"、"食博会"，协助陕西安康、新疆生产建设兵团、甘肃白银、甘南、内蒙古巴彦淖尔、四川广安等西部地区在津举办招商会、推介会等活动7次，推动京津冀企业与西部地区产业合作项目20个，签约投资额163.82亿元。依托天津市驻乌鲁木齐、成都和西安办事处和援疆、援藏、援甘、援青工作前方指挥部，积极向西部地区宣传推介天津自贸区建设等"五大战略"机遇叠加优势，组织外埠企业看天津等政策宣讲活动47次，在陕西、内蒙古组织开展"天津外埠行"招商活动2次，累计达成投资意向项目45个，意向资金超100亿元。鼓励引导天津企业积极参与西部产业转移，印发《天津市东西合作示范企业认定暂行办法》。

(六)强化人才培训与教育合作

开办西部地区和对口支援地区人才培训班30期，累计培训重庆、四川、吉林延边、陕西、甘肃、青海、西藏、新疆、宁夏、黑龙江等地区基层干部、专业技术人才1440人。新疆和田、西藏、青海、甘肃甘南和重庆万州共106位干部在天津相关部门、区县挂职锻炼。继续推进"对口帮扶甘肃藏区定向医学本科生项目"，天津医科大学、天津中医药大学累计招收定向医学本科生211名；新增天津医科大学临床医学院作为招生院校，完成38名甘南州定向医学本科生招生工作。加强职业教育合作，为新疆和田地区培训双语教师、为重庆万州培训职业院校管理干部与骨干教师70余名。28名万州学生在津开展职业技能大赛参赛能力提升培训。在天津机电工业学校、东丽职业技术学校开设汽车运用与维修、财会专业"黄南中职班"，招生118名。在津为新疆、西藏、青海、甘肃、内蒙古等西部地区开设内高班近20个。组织4期172名青海黄南藏族基层农牧民家庭学生参加的京津学访活动。

二、2016年工作设想

充分发挥天津"五大战略"机遇优势，以天津港为核心，以自贸区建设为着力点，以滨海新区为主体，依托天津驻西部办事处和对口支援工作前方工作机构，加强政府间交流，促进区域优势互补，推动西部地区开发开放，深入挖掘西部地区市场潜力，加强产业转移与优势产业扶持，推进产业融合，构建“一带一路”国家战略沿线城市发展共同体。

完善高层互访机制，依托商贸展会平台，加强高层交流，统一思想，明确思路，协调推进重点工作。积极推动全市各界服务参与西部开发。务实开展结对帮扶合作，加强精准扶贫，支持重庆万州实现贫困人口脱贫。

加强西部特色文化宣讲、推介，继续引入特色文化产品展览展销、歌舞展示，围绕“大山（青藏高原）、大水（长江）、大漠（塔克拉玛干大沙漠）、大省（甘肃推进文化大省建设）”，推进文化旅游融合发展。

重点扶持新疆、西藏高级职业院校建设，支持天津医药职业教育集团、天津现代职业技术学院结对帮扶青海黄南、甘肃甘南中职教育发展。推进东西部职业技术院校在学科建设、师资培训、教师选派、中高职对接等领域务实合作。以职业带动产业，提升自我发展能力。

——执笔人：王　震

第十六章　河北省

一、2015 年工作情况

(一)积极推动实施“一带一路”战略

以国家规划为引领，积极参与中蒙俄合作。按照国家发展改革委办公厅、外交部办公厅要求，对河北省与蒙古国、俄罗斯现有合作状况进行了摸底，研究提出了河北省参与中蒙俄经济走廊合作领域和重大合作项目，形成了专题报告上报国家发展改革委。河北省提出的唐山港、秦皇岛港作为中蒙俄经济走廊出海口、长城汽车 8 万辆整车及生活区项目(俄罗斯)和新天绿色能源风电项目(蒙古国)被纳入国家规划纲要中。

精心组织参加丝博会、中阿博览会等西部大型经贸洽谈会。一是以丝博会促进产业合作。2015 年丝博会期间，河北省于 5 月 21 日在西安市举办了由西部企业代表和商会会长、秘书长等 300 多人参加的京津冀协同发展机遇下河北合作说明会。会上，河北省与西部省区签署了 11 个合作项目。其中，西部省份来河北省开拓市场、投资置业项目 7 个，投资资金 78 亿元，河北省企业到西部建设产业基地和产品出口项目 3 个，投资资金 7 亿元。丝博会期间，河北省还设置了“融入‘一带一路’，协同创新发展”主题展览，组织了包括长城汽车、国锋重工、“五十四所”北斗导航在内的 42 家优秀企业以及石家庄高新区、沧州渤海新区，按装备制造、电子信息、节能环保、生物医药和园区建设等板块参加展览展示。展览期间，河北省参展企业现场销售产品 234 万余元，达成合作意向 17 项，文化创意企业百年巧匠被《人民日报》、《中国日报》等媒体广泛报道，与俄罗斯南部罗斯集团等达成合作意向，合作金额 410 万元。二是以中阿博览会促进经贸往来。9 月份，河北省经贸代表团参加了在宁夏银川市举办的中国—阿拉伯国家博览会。河北省组织了 21 家企业参加了展览。博览会期间，河北省企业共接触专业客户 2078 人次，贸易成交额达 1600 万元。在博览会组织的活动中，河北省企业与中东地区食品、农副产品等领域企业代表就开展河北企业走出去以及开展经贸合作、信息共享等事项进行了磋商和洽谈，达成一部分合作意向。

不断开拓与西部省份间的交流与合作。一是探索建立与宁夏回族自治区的合作机制。近年来，宁夏回族自治区发展本地经济愿望迫切，以丝绸之路经济带沿线重要节点和拥有中阿博览会等开放合作平台的独特优势大力开展招商引资工作；自京津冀协同发展战略实施以来，河北省产业转型升级与产业转移任务更为突出，冀宁省区合作互补优势明显。在相互考察了解的基础上，省区共同起草了《河北省人民政府宁夏回族自治区人民政府经济合作框架协议》，择机待签。二是不断密切与云南省的合作。近两年，河北省与云南省交流合作密切。2013 至 2014 年，河北企业与云南有关州市、企业共签署 23 项在滇投资合作协议，总投资额超过 1000 亿元，涉及现代农业、商贸物流、旅游文化、生物医药、新能源、新材料、矿冶及装备制造等多个领域。其中河北智同医药控股集团有限公司与云南医药产业股份有限公司投资40亿元建设的民族药产业基地项目，已投产运营，其他项目正在有序推进。2015年，河北省又派出代表团赴云南省参加南博会，加强与云南省的交流与合作。

创新工作方法，务实提高合作成效。商会是区域合作的桥梁与纽带。2015年丝博会期间，河北省依托陕西省河北商会开展客户邀请、会务准备、会务组织工作，帮助在西安市分别召开了河北省招商项目发布对接会和由300多人参加的京津冀协同发展机遇下河北合作说明会，大大提高了办会效率和办会质量；以陕西省河北商会为龙头，组织了25家外省驻陕商会会长、秘书长、会员企业代表考察团，来河北省石家庄、邯郸市考察投资环境，对接合作项目，在环保、纳米新材料等领域达成合作意向。

（二）扎实做好对口支援各项工作

2015年，河北省向对口支援的新疆巴州、新疆生产建设兵团第二师、重庆三峡库区丰都县拨付援助资金1.943亿元，签约产业合作项目8个。

贯彻中央决策部署，做好对口支援规划的编制与实施。一是根据中央第六次西藏工作座谈会和第五次全国对口支援新疆工作会议要求，及时研究提出了河北省贯彻落实意见，在省委常委（扩大）会议上，进行了专题部署。二是组织力量启动了“十三五”援藏援疆规划编制工作。目前，河北省“十三五”援疆规划已形成征求意见稿，“十三五”援藏规划正在起草过程中。三是落实《河北省对口支援丰都县合作规划》，成立了河北省对口支援三峡库区（丰都县）工作组，工作组17个成员单位赴重庆丰都县进行了工作对接，已落实丰都县10名干部来河北省挂职的计划。

及时下达年度援助计划，落实好援建项目与资金。按照河北省对口支援西藏新疆“十二五”规划安排，下达了2015年度援藏项目计划，投入援藏资金1.4亿元；下达了2015年援疆投资计划，安排援疆资金4551.87万元，其中，巴州2599.74万元，二师1952.13万元，用于富民安居、人才培训、交流交往等项目。根据国务院三峡办年度工作意见，围绕移民小区帮扶、特色产业发展、生态环保与基础设施建设等领域，确定了9个年度援助项目，协调了880万元援助与扶持资金。

大力开展产业合作，增强受援方造血功能。一是推动产业合作落实到项目上。通过多次相互沟通考察，河北省华裕家禽育种有限公司、宝丰线缆有限公司与对口支援的丰都县人民政府分别签约了在丰都县建设生产基地项目，两个合作项目总投资13.5亿元；9月份，冀中能源国际物流集团有限公司、河北旅投投资集团股份有限公司、国电投承德新能源分公司等6家企业与对口支援的新疆生产建设兵团第二师签约6个合作项目；4月下旬，在石家庄市组织召开了藏青工业园招商项目推进会，藏青工业园发布合作项目50项，冀中能源邢矿集团、河北建投新天绿色等30多家河北企业参加了推进会，其中盐化工和节能建材领域企业与藏青工业园达成初步合作意向。二是推动园区共建打造项目承接载体。河北省与巴州共同推进了河北巴州生态产业园建设，省、州就进一步加快园区建设进行了深入对接。三是充分利用援受双方举办的大型经贸活动促进产业合作与特色产品市场开拓。邀请受援方参加中国·廊坊国际经济贸易洽谈会、“9·26”廊坊农产品交易会，拓展特色农产品在内地的市场范围；组织河北建投集团、长城汽车股份有限公司等22家河北企业参加第二师举办的首届“库尔勒香梨文化节”。

密切交往、交流与交融。元月初，阿里党政代表团来河北省就贯彻落实中央对口支援西藏工作20周年电视电话会议精神和编制“十三五”援藏规划事宜进行对接；3月上旬，新疆维吾尔自治区代表团来河北省考察生态文明建设情况；3月中旬，新疆生产建设兵团代表团来河北省就贯彻落实第二次中央新疆工作座谈会精神进行对接；9月份，河北省委相关领导分别随中央代表团赴西藏、新疆参加庆祝活动，考察调研对口支援工作，看望慰问援藏、援疆干部。

二、2016年工作设想

2016年，河北省将认真贯彻落实党的十八届五中全会精神，紧紧抓住国家实施长江经济带、“一带一路”和京津冀协同发展战略的重大历史机遇，不断推动与西部丝路沿线省区的交流与合作；贯彻中央对口支援工作部署，对口支援与产业合作并重，努力开创对口支援工作新局面。

一是加强与陕西省、宁夏回族自治区、内蒙古自治区等西部省区的交流，逐步建立完善交流合作机制，争取在能源资源开发利用、港口、物流体系建设、经贸平台共享、产业、边贸与共同对外投资等领域的合作取得新突破。

二是精心组织参加西博会、乌洽会等大型西部省份经贸洽谈活动，通过平台带动作用，加深河北省与西部省份以及丝路沿线国家的了解，提高河北省对外开放水平，推动产业转移。

三是继续发挥西部省区河北商会的桥梁纽带作用，以商会为着力点，开展“请进来”与“走出去”，不断密切河北省与西部12省（区、市）的往来合作。

四是贯彻中央新疆、西藏工作座谈会和全国对口支援三峡库区合作工作座谈会精神，严格按中央要求做好“十二五”规划评估，组织实施“十三五”对口支援规划，根据受援方实际需求，及时落实年度援建项目与援助资金；把促进省内产业转型升级和产业转移相结合，发挥援受双方比较优势，与受援方一起，着力开展多种形式的产业对接，创新产业合作方式与方法，持续推进产业合作项目签约与实施。

——执笔人：王英茹

第十七章　山西省

一、2015 年工作情况

（一）确立和执行全面援疆的工作新思路

按照第二次中央新疆工作座谈会精神和习总书记强调的“对口援疆是国家战略，必须长期坚持”的要求，以及第五次全国对口支援新疆工作会议的安排部署，确立了全面援疆的新援疆工作思路，紧紧围绕社会稳定和长治久安总目标，全面实施“三位一体”（就业与产业、教育与人才、基层与基础）、两地统筹（援助地、受援地），援助方总动员、受援地全覆盖的大援疆战略，打造山西对口援疆升级版。初步形成了全方位、多层次、立体式援疆大格局和援疆热潮。

（二）着力实施项目和干部人才援疆工程，高质量完成主体援疆任务

2015 年，共安排对口援疆项目 20 项，主要涉及教育、就业促进、人才培养、基层阵地建设和其他民生工程等五类工程，安排援助资金总规模 2.64 亿元。其中，第六师五家渠市及团场 11 项，援助资金 1.76 亿元，阜康市 9 项，援助资金 0.88 亿元。目前，所有项目均已开工，投资完成率达到 80%，预计年底全部完工，持续实现当年项目开工率、任务完成率、资金到位率三个百分之百。

（三）全面推行结对援助的援疆新模式

“一对一”结对援助是师市和山西省共创的援助新模式，经过提高完善、复制推广，已全面扩展到援、受两地机关部门、企业、学校、医院、开发区之间的全领域结对援助。2015 年，共有工商、卫计委、总工会、文化厅、教育厅、发展改革委、商务厅等数十个省直机关、厅局和地市部门近 20 批次、300 余人入疆频繁对接工作。

（四）精准帮扶打造山西援疆的新亮点

紧抓“一带一路”战略机遇，以产业促就业，全力推进互利共赢式产业援疆；通过着力提升晋商工业园品质，扩大山西企业投资规模，通过发挥省属企业援疆优势，带动全疆相关产业发展；通过持续鼓励劳动密集型、吸纳就业多的产业，提高当地劳动力特别是少数民族劳动力就业率，通过加大引进农业龙头企业落户新疆，推进农业产业化的扶持工作。

全力推进普惠式教育卫生援疆。着眼最急需、最直接的民生，着力实施援医、援教惠民工程；主要做法是通过打造龙头、分层援助、辐射联动，形成“立体式”援疆新格局，增强惠民实效。医疗方面，由山西省卫生厅牵头集中山西省直 10 所三甲医院的医疗力量共同援建。

第六师医疗卫生事业的快速发展，为建设智慧城市打下坚实基础。教育方面，集中力量优先扶持五家渠市的三所中小学（五家渠一小、五家渠一中、五家渠高级中学），集中计划内援疆教师予以扶持，推动山西同学制的名校与其“一对一”结对帮扶，山西省地市对第六师各团场教育领域“一对一”帮扶，全面提高第六师的教育教学水平。

全力推进量身定制式文化援疆。第二次中央新疆工作座谈会后，山西文化援疆结合第六师屯垦戍边、扎根发展，在新时期又与山西援疆续缘、共建边疆的题材，量身打造了大型原创话剧——《生命如歌》，赴第六师团场、昌吉州各市县演出 26 场，取得轰动效应。期间，山西大型原创音画舞剧《千手观音》也一起进疆巡演 16 场，积极发挥了先进文化的引领作用。邀请全疆第一台历史题材的少数民族歌舞剧《别失八里》赴晋巡演 27 天，共在 5 个地级市演出 11 场。增进了晋疆两地的交往交流交融，促进了民族团结。

（五）抓紧做好“十二五”总结和“十三五”规划编制工作

2015 年是全面实施“十二五”援疆综合规划的收官之年，也是两个五年计划承上启下的关键之年。一是按照国家《对口支援新疆项目管理暂行办法》的要求，督促受援地抓紧“十二五”时期援疆项目的竣工验收与交付使用工作，确保援疆项目发挥应有效益。二是按照国家发展改革委《关于开展“十三五”对口支援新疆经济社会发展规划前期研究和编制工作的通知》（发改办地区〔2014〕2589 号）要求和省政府的具体安排，组织三个受援地（阜康市、第六师五家渠市、第十二师二二二团）和省直相关部门，认真做好山西省“十三五”援疆综合规划、相关专项规划的前期研究、文本编制和逐级上报工作。

二、2016 年工作设想

（一）按照长期援疆的思路，统筹推进援疆工作

把制定援疆“十三五”规划和研究制定中长期援疆战略规划紧密结合起来，与援、受两地的国民经济和社会发展“十三五”规划和中长期规划统起来，按照总体设计、分阶段实施的原则加以推进落实。

（二）按照全面援疆、统筹援疆的工作思路，全方位推进援疆工作

坚持把计划内援疆和计划外援疆统筹起来，把援助计划和受援计划统筹起来，把政府援助和社会援助统筹起来，把无偿援助与互利共赢发展统筹起来，更好地动员各种力量参与援疆。

（三）在援助重点上突出精准帮扶

重点在五方面发力：在互利共赢式产业援疆上发力，在民生民心上发力，在基层基础上发力，在增强受援地干部人才造血功能上发力，在增强中华文化认同上发力。

——执笔人：赵志民

第十八章　辽宁省

一、2015年工作情况

以维护社会稳定和长治久安为总目标，以改善民生和凝聚人心为出发点和落脚点，累计向对口支援地区（新疆塔城地区和新疆建设兵团第八师、第九师，西藏那曲地区，青海省西宁市和海东地区九个县，三峡库区重庆市的奉节县、忠县、湖北省兴山县，贵州省六盘水市）提供援助资金10.86亿元，实施援助项目258个，其中，新疆76934万元，援助项目109个，西藏那曲地区19202万元，援助项目25个，青海省5856万元，援助项目47个，三峡库区3650万元，援助项目21个，六盘水市3000万元，援助项目56个。

（一）建立科学高效的工作机制，落实主要领导负责制

在对口援疆方面，成立了由省委书记和省长任组长、省委和省政府分管领导任副组长、23家省直单位为成员的对口援疆工作领导小组；在对口支援西藏、青海、三峡库区等方面，省级成立了由省长任组长、分管副省长为副组长、13家省直单位为成员的对口支援工作领导小组。两个领导小组下设办公室，均设在省发展改革委。全省14个市均承担了对口支援工作，也成立了由市委、市政府主要领导任组长的相应的领导组织机构。同时，在新疆和西藏还分别成立了援疆工作前方指挥部和援藏工作队，形成了前后方密切配合、科学高效的工作机制。将对口支援工作纳入省政府绩效考核管理体系。

（二）明确结对支援关系，落实对口支援责任制

根据全省14个地级市综合经济实力，结合受援地实际情况，确定各市与受援地结对关系，并落实对口支援责任制。在新疆方面，除省本级外，14个市分别与“一地两师”结成对口支援关系；在西藏方面，除省本级外，还选择了经济实力较强的沈阳、大连、鞍山三市与安多、索县和巴青三个县结对；在青海方面，13个市与青海省西宁市和海东地区的9个国定贫困县结对；在三峡库区方面，省本级对奉节县、沈阳对忠县、大连对兴山县；在贵州方面，大连市与六盘水市结成对口支援关系。在明确各市结对关系的基础上，进一步明确了具体支援的目标、责任和资金额度，形成了权责明确的对口支援新的运行机制。

（三）以惠民生、聚民心为原则，积极落实经济援助

辽宁省援助资金始终坚持向基层倾斜、向民生倾斜、向贫困地区倾斜。一是大力实施安居工程。在新疆、西藏实施6279万户定居兴牧、富民安居、棚户区改造、廉租房建设、小康村建设工程，受益人群2万余人。二是大力实施基础设施建设。在新疆“一地两师”新建供热扩容工程、防洪堤工程、垃圾处理厂工程、安居富民配套工程、消防工程以及特色村队建

设;在西藏那曲实施县城街道升级和人居环境整治工程;在青海省平安县实施村庄基础设施建设等“高原美丽乡村”建设工程;在三峡库区11个重点移民小区实施硬件基础设施建设工程。三是大力实施社会公益事业项目。在西部地区新建或改扩建11所中小学校、10所医院以及兴建了青少年校外活动中心、体育中心、弱势群体集中供养收养中心、群众文化服务中心、有线电视联网、残疾人康复中心、养老院、救灾物资贮备库等近80个社会公益事业建设项目。

(四)建立健全资金的管理体制,落实援建资金规模

确定资金增长机制。在新疆、西藏方面,由于2014年辽宁省公共一般财政预算收入负增长,按照国家相关政策规定,援助资金应该按相应比例下降,但辽宁省从政治战略高度出发,2015年援疆援藏资金规模继续维持2014年水平而没有下降。在青海方面,省本级和各市援助资金额度继续按照“十二五”规划期内10%幅度增长。在三峡库区方面,省本级对口支援奉节县援助资金额度按照2013—2017五年综合规划每年增加200万元增长机制执行,增长幅度达到8%。

明确资金筹集方式和来源。省委、省政府决定,为了体现全省共同参与和支持西部大开发战略的实施,在援助资金的筹集上,在新疆和西藏方面,由省市两级共同承担,由省统一筹集、统一支配、统一管理;在青海、三峡库区和贵州方面,由省市两级分别筹集,分别支配管理。在资金的管理上,原则上采取“交支票”的管理模式。

建立健全规章制度,从源头上保障对口支援资金安全、合理、规范、高效。由省援疆办、省对口办和省财政厅联合制定了《辽宁省对口支援项目资金管理办法》、《辽宁省对口支援新疆项目资金管理办法》、《辽宁省对口支援在辽执行项目资金管理办法》。对口支援资金除少量在辽执行的项目资金外,一律由国库集中支付,执行“交支票”工程,由受援方按计划负责组织项目实施和管理。同时,对资金拨付、项目资金管理实行绩效评价,建立援疆、援藏项目资金审计制度,以保障对口支援项目资金安全、合理、规范、高效运行。

(五)积极推进产业援助,推动经济发展和促进就业

一是科学规划产业发展项目,促进受援地区产业结构调整。整合援助资金重点扶持巴克图辽塔新区等10个产业园区开发建设,为西部地区产业发展保驾护航。依托当地资源,重点培育特色旅游、特色藏药材、特色优良农牧产品等产业发展,调整产业结构,增加贫困农牧民收入,推动产业化进程。在青海省对100家扶贫龙头企业进行贷款贴息扶持,直接帮扶农户1.2万户。二是政府牵线搭桥,助推企业落地西部地区。坚持对口不唯口,打破各市对口局限,省经合局积极与各西部地区沟通联系,建立招商项目库推介给各市。在省市共同努力下,2015年新签约项目18个,已到位资金4.45亿元,涉及汽车制造、医疗、电子商务、房地产、旅游、农产品深加工等领域,还有大批项目已经签订投资意向或者处于深入洽谈中。三是坚持援受双方互动,加强两地间经贸合作。全年组织辽宁省14个市104家企业参加青海、新疆、陕西、成都等西部地区举办的5次投资贸易洽谈活动,实现现场签订销售合同530万元,意向合同4530万元,现场零售销售额193.8万元;组织西部地区赴辽宁、上海、北京、长三角、珠三角等省市和地区开展“点对点”招商推介20余次;组织70余家辽宁企业赴西部地区投资考察;大批新疆、西藏特产通过电子商务平台和实体连锁店在辽宁全省销

售;扩大八师滴灌节水技术进入辽宁规模,在阜新市应用于20万亩田地。

(六)建立西部大开发战略长效机制,突出重点开展对口支援工作

辽宁省以对口支援为载体,遵照国家西部大开发战略总体要求,分别制定援疆、援藏、援青海及援助其他西部地区的五年综合规划,综合规划注重立足当前、兼顾长远、突出重点、注重实效。通过建立长效机制,保证了对口支援工作的有序实施。2015年,90%以上的援助资金用于基层,一片片安居工程、一幢幢医院和学校、一座座基础设施工程屹立在天山脚下、雪域高原、黄土高坡、长江两岸,极大地改善了基层困难群众生产生活条件,广泛的人才培训和交往交流活动极大地增加了西部地区发展的内生动力,增进了民族间的大融合。

(七)以提高综合素质为核心,扎实推进人才智力援助

辽宁省通过“请进来”与“输出去”相结合,软件与硬件相结合,不断提高西部地区干部人才和劳动技能人员综合业务素质与就业技能,受到西部地区广大干部群众的普遍欢迎。一是“请进来”。由辽宁省委组织部、省教育厅、卫生厅、科技厅、经合局、民委、残联等相关省直部门及相关市分别组织实施西部地区各级党政基层干部、专业技术干部、骨干教师、卫生医疗人员、劳动力转移就业人员等赴辽培训,总计为5478人,比上年人数增长43.1%,其中新疆4241人,西藏747人,三峡库区440人,贵州六盘水50人。接受西部地区128名干部赴辽宁省进行短期挂职培训。分别面向新疆、西藏、青海定向录取学员到辽宁接受高等教育,举办内地新疆班、西藏班、青海班,培养优质初高中学生。二是“输出去”。辽宁省派出第七批(2013—2016年)54名援藏干部人才和第二轮(2013—2016年)234名援疆干部人才分别赴西藏那曲地区和新疆“一地两师”挂职。以“组团式”、“订单式”组织277名技术专家赴西部地区进行短期技术帮扶,涉及教育、医疗、文化宣传、水利、规划设计、反恐等10余个专业领域,累计培训人员达5600余人。在青海省当地培训贫困干部1550人次,实施“雨露计划”,培训机械驾驶、民族歌舞、拉面经济、民族刺绣等专业转移贫困劳动力5000人次。在三峡库区奉节县培训劳动力技能人员2000人次。

(八)以促团结、保稳定为目标,深入开展交往交流交融

辽宁省与受援地区继续保持高层互访机制,2015年,辽宁省先后有7位副省级领导赴受援地区调研考察,各受援地区也纷纷组成党政代表团赴辽宁省回访,频繁的高层互访,有力地推动了对口支援工作的开展。省直各部门和各市与受援地区结对县(市)也纷纷开展对接互访,建立36个“一对一”结对关系,为促进新形势下对口支援工作奠定了广泛的基础。同时,丰富多彩的交往交流交融活动也如火如荼地开展,美术名家作品展、文化艺术展、民俗展、艺术团小分队、民族特色艺术交流“手拉手”民族一家亲等一系列活动多姿多彩,增进了辽宁与受援地区各民族间感情,促进了民族团结。

二、2016年工作设想

(一)全面贯彻党中央和国务院的战略部署,把对口支援工作推向新高度

认真贯彻落实中央第五次对口支援新疆工作座谈会和中央第六次西藏工作座谈会精

神，以及习近平总书记系列讲话精神，坚持以社会稳定和长治久安为对口支援工作的总目标，以改善民生和凝聚人心为出发点和落脚点，加强各民族间交往交流交融，突出就业、教育、人才援助内容，统筹做好经济、教育、卫生、科技、文化、旅游、维稳、产业等对口支援工作，将辽宁省对口支援工作推向新高度。

（二）以民生为导向，继续做好援助项目资金管理工作

2016年，援助项目资金继续向基层倾斜、向民生倾斜、向贫困地区倾斜。在新疆、西藏着重做好维稳和民族交往交流交融工作；在青海和六盘水市重点做好精准扶贫工作，要将扶贫资金落实到村，落实到户，落实到人；在三峡库区继续做好移民综合小区治理和安稳致富工作。积极组织辽宁省优势企业参与到对口支援软硬件建设上来，重点加强对援助项目和资金的监督、检查和审计工作，确保对口支援资金科学、高效、合理、规范使用。

（三）不断加大干部人才与教育等智力援助力度

继续选派优秀援疆援藏干部赴疆赴藏任职，增加专业技术人才比例；继续加大西部地区各级各类干部人才赴辽培训力度；继续采取双向挂职、短期互访交流、指导以及支农、支教、支医等多种组织形式，帮助西部地区培养专业技术干部、人才和职业高技能人才；以支持新疆和西藏“双语”教育为重点，鼓励两地中小学校开展“一对一”结对帮扶；组织开展援疆资金资助“一地两师”在内地普通高校学习生活补助工作；探索开展远程网络教学培训试点工作。

（四）继续加大力度推进产业援助

要在政府引导、市场运作、企业主体、互利双赢的原则下，以培育受援地自我发展能力、扩大就业能力、推动经济快速发展为目的，围绕矿产资源开发、产业结构调整、产业集群建设、特色经济发展、招商引资平台搭建、边境贸易合作等方面，加快构建符合受援地实际的现代产业体系，推动受援地产业发展。

（五）组织开展形式多样的交往交流交融活动

尤其是在新疆、西藏等少数民族地区，把组织交往交流交融活动作为一项重要内容开展，并纳入新的“十三五”综合规划。注重发挥团省委、省残联、省民委、省科协等群团组织作用，通过组织旅游互换、文化艺术演出与展览、体育交流、“青少年手拉手”等开展丰富多彩的民族交往交流交融活动。同时，指导各市也相应开展丰富多彩的民族交往交流交融活动。

——执笔人：荣雪飞

第十九章　吉林省

一、2015 年工作情况

(一)积极推动延边州经济社会加快发展

2015 年,延边州地区生产总值增长 7%,公共财政预算收入增长保持在 6.1%,固定资产投资增长 15%,规模以上工业增加值增长 8.7%,社会消费品零售总额增长 9.5%,外贸进出口总额与上年持平。

抓好西部大开发政策落实。认真落实国家开发开放政策,制定出台了《吉林省加快沿边地区开发开放实施方案(2015—2020 年)》,编制完成了《吉林延吉(长白)国家重点开发开放试验区实施方案》。组织参加东部支持西部人才培训,全年安排七期培训 35 人。完成西部远程教育任务,全年培训 200 余人。

全力推进"873"项目建设计划。全年实施 3000 万元以上项目 936 个,其中,亿元以上项目 260 个,10 亿元以上项目 37 个。重点项目进展顺到,其中,安图恒大矿泉水、吉图珲快速铁路客运专线、延吉百货大楼百利城等一批重大项目竣工,吉林敖东药业集团延吉股份有限公司国药基地、图们物流集散港(二期)、敦化抽水蓄能电站、吉林四环澳康药业新厂区、珲春紫金多金属复杂金精矿综合回收扩能改造、和龙甄峰风电、汪清物流中心、安图农心矿泉水(二期)和宏雅矿泉水等一批重大项目有序推进。

加快推进城镇化建设。延吉市被列入国家新型城镇化综合试点城市,珲春市被列入国家中小城市综合改革试点。实施省级城镇化建设引导资金建设项目 23 个,到位资金 4250 万元。建成农民集中居住区 9.6 万平方米。

抓好节能减排工作。深入实施"万家企业"节能行动,共实现节约能源 10.82 万吨标准煤,累计完成节能量 74.61 万吨标准煤,超额完成"十二五"期间能耗降低 47.2 万吨标准煤的目标任务。全面推进资源综合利用"双百工程"示范基地建设,实施各类资源综合利用项目 13 个,综合利用灰渣、煤矸石、建筑垃圾等固体废弃物约 90 万吨。实施 52 个节能减排重点项目。开展节能评估审查项目 57 个,审核能源消费量 2.86 万吨标准煤。

抓好民生工程及社会事业。一是做好农村扶贫开发工作。落实各项扶贫项目 310 个、资金 28714 万元,较上年增加 12.9%,全年实现 2.3 万名农村贫困人口脱贫。二是加强民生事业项目投入。投资 1588 万元建设农村学前教育推进工程和教师周转宿舍;投资 4605 万元建设基层医疗卫生服务体系和重大疾病防治设施,投资 1533 万元建设朝语广播影视节目译制中心;投资 2970 万元建设珲春市、图们市、和龙市、汪靖县社会养老服务示范中心;新建社区服务站 1838 平方米。三是解决农村安全饮水问题。投资 5367.4 万元解决了 10.58 万农村居民及 0.09 万农村学校师生饮水安全问题;投资 648 万元购置八个县市及州级农村饮水安全工程水质检测设备。四是推进林区、垦区棚改及危房改造。投资18584.5万元对11475户危房及相应供热等配套基础设施建设进行改造；投资33.93万元对39户国有农场危房进行改造。

深化体制改革和简政放权。一是全面推进经济体制与生态文明体制改革。印发了《延边州全面深化改革实施规划(2014—2020年)》、《延边州委全面深化改革领导小组2015年工作设想》。二是重点抓好延边州林业改革。深入研究《国有林场改革方案》和《国有林区改革指导意见》，全面做好以停止天然林商业性采伐为节点的改革准备。三是进一步完善简政放权工作。下放了保障性安居工程配套基础设施和州直项目(含州林管局项目)及以工代赈项目(扶贫项目)的初步设计等审批权限。

积极争取示范试点。一是深入推进生态文明示范区建设，积极开展制度创新。编制完成《延边州深化落实主体功能区实施方案》、《延边州自然资源资产负债表体系构建与编制方法技术报告》、《延边州领导干部自然资源资产离任审计与生态环境损害责任追究制度(试行)》、《建立布尔哈通河流域水环境保护区域联防联控机制实施意见》、《布尔哈通河出界断面水质考核暂行办法》等一系列创新成果。二是积极推进和龙边境经济合作区建设。2015年3月，国务院批准设立和龙国家级边境经济合作区。吉林省正在对边境经济合作区总体规划进行调整，并制定土地征收计划及房屋征收补偿方案。三是做好“以电代燃”示范工程。编制《延边州“以电代燃”项目规划》，省级财政给予300万元资金补助；开工建设“光伏暖民”工程，涉及敦化市、和龙市、汪清县三个试点县市的四个村屯。

开发、开放不断深入。互联互通工程成效显著，珲春圈河跨境桥新建项目已施工建设，图们口岸跨境桥新建项目已进入国家立项程序的实质性操作阶段；珲春—罗先—上海内贸货物跨境运输集装箱运输航线于2015年6月正式开通，珲春—扎鲁比诺—釜山航线于2015年5月正式开通，新开辟了延吉至大阪的航空航线。对外合作平台建设取得重大进展，珲春国际合作示范区建设扎实推进，和龙边境经济合作区获得国务院批准，图们边境经济合作区建设进展顺利，中韩延边产业园在第20次中韩经贸联委会上被纳入中方中韩产业园设置区域，中朝图们—稳城跨境文化旅游合作区取得一定成效。

(二)认真做好援藏各项工作

认真贯彻落实中央西藏工作座谈会精神，理清新时期援藏工作基本思路。编制出台了《吉林省贯彻落实中央第六次西藏工作座谈会精神实施意见》。

实施项目援藏，助推受援地经济社会发展。一是全面推进项目建设。吉林省援建贡觉林湖文化旅游园区等39个项目，已竣工20个，占总项目的51%，改善了日喀则群众的生产生活条件。二是及早拨付援藏资金。2015年2月，将本年度援藏项目资金5764万元一次性拨付给西藏自治区，为项目建设提供有力保障。三是认真谋划“十三五”规划。按照要求，省援藏办会同省第五批援藏干部中心组协助受援地做好“十三五”规划前期调研和编制工作。

强化干部队伍建设，助推受援地自我发展。省内成立专门组织和协调机构，建立资金、人才、项目等保障机制，采取实实在在举措，服务西藏人民、感动西藏人民，在共同促进全面建成小康社会进程中开创援藏工作新格局。

推动多领域援藏，促进交流交往交融。一是加强农业种植产业发展。积极为受援地提供农业技术和品种支持，派技术人员深入实地指导，特别是马铃薯加工技术的培训，做大受援地马铃薯产业，种植马铃薯已经成为当地农牧民增加收入的重要途径。二是加强经贸交流。选派省内两户知名医药企业参加西藏旅游文化博览会，与西藏相关企业交流医药产业合作发展事宜。三是积极组织赴藏人才招聘工作。按照《吉林省异地安置西藏百名高校毕业生就业实施方案》，吸收西藏籍大学毕业生来吉林省就业。四是继续加大精神文化领域援藏力度。扎实推进文化援藏“五项工程”、“十件实事”，深入挖掘西藏优秀文化遗产，加强文化产业与相关产业融合，助推文化事业和文化产业发展，建设各民族共有精神家园。

2015 年 4 月 25 日，尼泊尔发生强烈地震波及吉林省援藏地区，灾情引起吉林省人民的高度关注，第一时间发去慰问电并向灾区捐赠 200 万元。目前为灾区共计捐赠 540 万元。2015 年 9 月，西藏自治区成立 50 周年之际，吉林省代表团到受援地日喀则对接考察慰问，同时为日喀则市吉林路升级改造项目带去捐赠资金 2000 万元。

(三)扎实推进援疆各项工作

2015 年，吉林省拨付援疆资金 1.7424 亿元，建设 7 大类 37 个援疆项目。

立足新型城镇化，切实改善受援地居住条件。援建“吉林村”，积极构建从“‘两居’工程、双语幼儿园到福利园区”的系统化民生民利工程。2015 年，投入援疆资金 5497 万元，用于“两居”工程和保障性住房项目建设。

围绕转变发展方式，积极推进产业援疆。一是建立试点示范。建设集良种引育、鉴评、试验、示范、推广于一体的现代农牧业引育科技示范基地，推进实现“良种良法”产业化。2015 年，试种了 25 类 105 个作物新品种，并对当地种牛进行选育改良，无偿援助“吉林红牛”种群，培育适合当地养殖发展的后备种牛群。二是推进产业对接。将哈萨克医药产业纳入《吉林省中药现代化发展纲要》，利用吉林省创新医药公共服务平台，开展创新药物和院内制剂研发，支持哈萨克医药产品开发。已完成中药 6 类新药痛经颗粒经 GLP 安全性评价研究，已形成扁平疣口服方等 5 个院内制剂开发研究的申报准备。在布尔津县建设哈萨克医药健康产业园，已完成 18 种哈萨克药材的试种，使其成为受援地转换农牧业发展方式的“种子工程”。三是加强产业合作。建立旅游资源共享机制，签署了喀纳斯—长白山旅游业全面合作框架协议。组织地质勘探队在哈巴河、吉木乃、布尔津 3 县的 8 个矿点开展矿场资源普查勘察。积极邀请受援地相关部门参加招商招展活动。省政府确定长春市经济技术开发区对口支援吉林吉木乃边境经济合作区建设，正在按照园区规划，加快推进基础设施建设和互动招商引资，哈萨克斯坦油气资源已经引入边境经济合作区。

着力保障和改善民生，全面推进受援地社会事业发展。一是大力促进就业。实施“长白计划”。2015 年 9 月 2 日，在长春组织“吉林省—新疆阿勒泰地区产业援疆项目推介会”，并与中国电力投资集团、吉林新能源投资有限公司、新吉国际贸易有限公司、内蒙古金海新能源科技股份有限公司举行项目签约仪式。二是积极开展教育援疆。加大教育基础设施投入和师资力量培养，重点支持“吉林学校”建设，着力构建涵盖幼儿园到高中各阶段，以“吉林学校、双语中心、实践营地”为特色的教育教学示范平台。同时组织省内重点名校互联共建，通过“数字惠远”工程，实现受援地各类教育资源的远程全程覆盖和无缝衔接。三是全力推进卫生援疆。借助吉林大学附属医院的优势，帮助受援地建设先进远程诊疗平台，使阿勒泰地区各族群众同步享受到吉林省优势的医疗资源。吉林大学阿勒泰地方远程医疗会诊系统正式启动，标志着吉林大学第一、第二和第三人民医院同受援地“一市三县”人民医院医疗会诊系统全面开通。四是大力实施科技援疆。帮助受援地研究和完善“定居兴牧”和“安居富民”计划，研究制定了民生工程的技术规范及环境改善的指导意见，选派业务骨干现场指导“吉林村”规划设计。充分借鉴长春地理所湿地开发经验，发展湿地生态农业。成功引进吉林省“双膜双拱”技术，帮助受援地发展设施农业，支持“菜篮子”工程建设。五是深入开展文化援疆。深入开展文化产业合作、文化人才培养和新闻舆论支持等4大类15项文化援疆项目，列专项资金支持群众性阿肯艺术中心和布尔津县新闻广电中心建设，全面推进阿尔泰山地草原国家重点生态功能区的生态文化建设。抓好文化产业援助“五个一”工程（编制一部规划、培养一批人才、开发一批产品、打造一个交流合作平台、建设一批基础设施）。2015年，使用规划外援疆资金1500万元拍摄反映哈萨克民族团结题材的故事片，目前正在进行后期制作。

加强援受两地往来，促进各民族交往交流交融。一是强化高层会商，建立了援疆工作的高层会商机制。二是扩大两地互访。通过建立频繁的互访交往关系，加深援受双方相互了解。三是组织群团对口帮扶。四是加强媒体互动。2015年8月份，省委组团赴新疆阿勒泰地区考察调研。

强化援疆队伍建设，为受援地大力提供智力支持。启动“十百千万”人才培养工程，计划外选派的50名支教支医人员已入疆，开展为期三年的援疆工作。109名援疆干部人才与当地群众结成手拉手帮扶对子，开展慰问25人次，捐助慰问金24万元。辽源市援疆工作队对哈巴河县初级中学和高级中学进行爱心捐助活动，捐赠价值16万元的棉袜。

二、2016年工作设想

（一）对内强化工作落实，推动延边州经济社会健康快速发展

狠抓项目建设，推动经济社会发展。延边州力争实现投资和项目建设“973”奋斗目标，即投资总量突破900亿元，增速保持15%以上，实施3000万元以上项目700项、亿元以上项目300项。围绕基础设施、产业跃升、服务业跨越发展、民生保障等方面，推动一批亿元以上重大项目建设，计划年内完成投资966亿元。同时，加大对重大项目谋划的指导力度，积极谋划包装一批能够支撑延边州“十三五”发展的重大项目，为制定“十三五”规划提供项目支撑和投资支撑。

加快产业结构调整，推进新一轮振兴东北老工业基地工作。依托资源优势，改造提升矿泉水、人参、生态食品、医药等传统产业。以长白山资源为依托，引导优势资源向重点园区、重点企业集中，着力打造延吉人参产业园、安图矿泉水产业园、汪清科创健康产业园等百亿级特色产业园区。重点发展电子信息、新能源、新材料和节能环保等战略性新兴产业。加快建设方向电子LED生产基地、汪清生物质发电、和龙风电等项目，积极建设被纳入全省首批战略性新兴产业集聚区的延吉新兴工业区人参产业集聚区、敦化医药产业集聚区和珲春国际合作示范区，促进延边州战略性新兴产业的快速发展。

突出重点产业，推动服务业加快发展。一是充分发挥区位和口岸优势，加快交通等基础设施建设，延伸俄、朝毗邻地区港口功能，积极培育物流市场中介组织和物流企业，发展现代物流业。二是借助“假日经济”、传统节日和重要商务活动平台，组织企业开展好扩销

活动;加强景区景点开发,注重旅游配套设施与服务建设,发展旅游业。三是以延吉高新区服务外包基地等产业集群为依托,培育和引进一批具有产业规模和国际竞争力的数据服务和电子产品加工企业群体。四是巩固和扩大延边州批发零售和住宿餐饮的消费优势,提升专业市场,培育企业集团,加快发展现代商贸业。五是加快文化娱乐、教育培训、体育健身等行业发展,积极培育动漫、电子竞技等新兴文化行业,发展文化服务业。

加大农村基层设施建设,做好扶贫开发工作。以敦化香水、汪清西大坡、安图长兴、图们石头河、龙井元东等水利枢纽项目为重点,加大重点农林水利项目建设投入,全面提高延边州农村基础设施建设水平。做好"生态移民"相关工作。开展精准扶贫,实施整村推进,确保完成3.5万农村贫困人口脱贫任务。

发展社会事业,确保成果惠及百姓。在教育方面,重点推进延边职业技术教育园区、农村学前教育、边远艰苦地区农村学校教师周转宿舍等项目。在卫生方面,重点推进延边第二人民医院扩建、延边妇幼保健院扩建与县(市)医院、镇卫生院及村卫生室建设项目。在文化方面,重点推进延边群众文化艺术中心项目和县(市)"三馆"建设。在旅游方面,加强旅游公共服务体系建设,全方位开展民俗、边境、生态、冰雪旅游和特色节庆等多种形式的旅游,充分利用图们江地区独特的旅游资源,建设中、俄、朝边境国际观光旅游合作区。在人口、民政方面,重点推进部分县(市)社区服务中心、社会养老服务示范中心以及儿童福利院等项目,实现延边州公办福利机构全覆盖。

全力抓好城镇化示范试点建设,引领新型城镇化。继续扎实推进朝阳川、江南、英安三个省级示范城镇建设;促进产城融合,加快"三区"联动发展,完善城镇功能,稳步推进农业转移人口市民化。

扎实推进节能减排,建设生态文明先行示范区。从节能、循环经济等方面,贯彻落实《延边州生态文明先行示范区建设实施方案》及《延边州全面推进生态文明先行示范区建设工作方案》中的目标任务、职责分工,规范有序地推进示范区建设工作。围绕国家六部委确定的资源有偿使用制度、生态环境损害责任终身追究制度以及流域内区域联动机制等领域,深入开展探索研究工作。

突出重点,深化经济体制改革。一是进一步推进林业改革。二是继续深化行政审批制度改革。三是全面推进公共资源交易市场化改革。

着力深化开发开放。抓好平台建设,推进珲春国际合作示范区建设,推动中朝罗先经贸区建设,拓展中俄互市贸易区功能,加快建设和龙国家级边境经济合作区。加快通道建设,继续抓好吉珲铁路客运专线、图们至朝鲜罗津港铁路扩能改造、珲马铁路常态化运营、珲春甩湾子至朝鲜训戎里等4条铁路建设;继续抓好珲春经俄罗斯扎鲁比诺港至韩国束草、釜山和日本新潟国际陆海联运、珲春经朝鲜罗津港至我国东南沿海的内贸货物跨境运输、延吉至俄罗斯符拉迪沃斯托克等5条航线建设,继续抓好圈河、图们、三合、南坪、开山屯、沙坨子、古城里等7座国境桥建设。

继续落实好西部政策。做好延吉(长白)重点开发开放试验区实施方案和规划的编制及批复工作,争取当年完成;贯彻落实《延边州国家生态文明先行示范区建设实施方案》,完成相关专项规划,组织参加东部支持西部人才培训,全年完成六期培训35人。完成西部远程教育任务,全年计划培训200余人。

(二)对外强化工作创新,推动援藏援疆工作取得实效

援藏工作方面,一是加强项目援藏,助推受援地民生改善。“十三五”期间,吉林省对口援藏的项目资金要按照国家核定的资金基数和增长比例足额安排,并于2016年3月前,一次拨付到位。二是进一步加强干部援藏,做好人才队伍建设。2016年上半年完成第五批和第六批援藏干部的轮换工作,有计划地做好第六批援藏干部赴藏前的教育培训和第五批援藏干部退回后的安置工作。着重做好“组团式”教育人才援藏工作,加强技术人才援藏,适当增加选派卫生、科技、农牧业等方面的技术人员赴藏工作。加强技术人才交流培训,有计划地选派优秀专业技术人员到受援地区开展短期送教、医疗援助、传授技术、提供咨询等活动,组织受援地的专业技术人员来吉林省接受短期专项业务培训。三是拓宽援藏领域,推动交流、交往、交融。四是加强宣传报道,营造良好氛围。

援疆工作方面,2016年计划安排援疆资金1.78亿元。一是着力扶持就业创业。以产业发展带动当地就业,继续支持哈巴河现代农牧业引育科技示范基地等产业援疆项目建设;加强吉木乃县草原石城景区和吉林吉木乃边境经济合作区基础设施建设;推进哈巴河县创业实训基地、地区职业教育园区建设,积极为当地群众就业创造条件。二是着力提高教育水平。加大教育基础设施投入和师资力量培养;建设阿勒泰市南区及布尔津县窝依莫克乡喀克牧民定居点双语幼儿园;继续选派吉林名师、基础教育专家开展教育帮扶,提高教育均等化水平。三是着力改善民生福祉。继续开展“两居”工程、“吉林村”配套设施等基础建设及城市公共服务设施建设;改造乡镇卫生院和村屯卫生所,购置医疗设备;补助内地就学贫困家庭大学生。四是着力加强人才培养。全面实施“十百千万”人才培养工程,组织受援地各类人才到吉林省高等院校、科研单位或专业部门开展专题培训,培养受援地经济社会发展所需的各类人才。同时,做好第三批援疆干部人才批次轮换工作。五是着力促进交流互动。落实援受双方定期会商、两地互访、干部人才交流等工作机制,加强交往,深化交流,促进交融。突出文化交融互动,继续开展“青少年融情教育夏令营”活动;全面推进吉林文化援疆“五个一”工程。六是着力提升维稳能力。支持基层组织政权和维稳能力建设,改善基层组织办公条件和工作环境;购置警用技术及信息化和维稳装备;建设村级组织阵地、乡镇(街道)综治工作中心和社区警务室等基础设施,提升基层维护稳定能力。

——执笔人:史翰霖

第二十章　黑龙江省

一、2015 年工作情况

（一）基础设施建设不断推进

将中央预算内投资 16.81 亿元用于基础设施建设。大兴安岭地区将 11 亿元国家投资用于垃圾处理、农田水利等项目建设，先后建设了大兴安岭松岭区、呼中区等生活垃圾处理工程和大兴安岭地区公安局业务用房、市级农产品质量安全检验检测中心等项目。伊春市将 2.12 亿元国家投资用于中心城区污水处理、生活垃圾处理及中转设施等项目建设。北安市将 1.58 亿元国家投资用于道路新建、改扩建和维修，城市亮化、绿化等工程，改善了群众生活条件。黑河市爱辉区将中央专项资金 1430 万元用于大中型水库移民、供水管网等项目建设。

（二）产业发展取得新进展

将中央预算内投资 3.11 亿元用于支持产业发展。一是专项领域支持效果明显。大兴安岭地区将国家资源型城市专项资金 3433 万元，用于塔河林业局固奇谷湿地鄂伦春民旋风情景区基础设施、漠河县北极镇景区生态文化旅游基础设施项目建设，加快了大兴安岭地区替代产业的发展。二是优势产业也得到较快发展。穆棱市发挥当地优势，积极培育发展特色经济和优势产业。精品农业加快发展，烟草、肉牛养殖、食用菌栽培等发展较快，实现农村经济总收入 80.4 亿元。三是工业稳步运行，规模以上工业企业实现增加值 59.1 亿元，同比增长 13%。北安市大力发展绿色食品等替代产业，投资 15.5 亿元兴建北安象屿金谷生化科技有限公司玉米深加工项目，年加工玉米 60 万吨，已完成征地等前期工作；投资 9 亿元建设谷神大豆精深加工项目，年加工非转基因大豆 15 万吨、年产色拉油 2.7 万吨，已完成都分基础设施建设。

（三）生态建设不断加强

将中央预算内投资 3.8 亿元用于加强生态建设。一是生态示范工程建设积极推进。大兴安岭地区、黑河市爱辉区、绥芬河市依据规划继续开展国家西部地区生态文明示范工程试点建设，产业结构进一步优化，商贸、旅游、信息服务和服务外包等现代服务业发展较快，主要污染物减排成效明显，居民生产生活环境得到改善。二是生态项目建设稳步推进。将国家投资的 2.7 亿元用于 2015 年度巩固退耕还林成果项目建设，项目已全面实施，完成投资达 67%。三是生态补偿投入加大。绥滨县将中央森林生态效益补偿资金和生态功能区转移支付资金 3625.4 万元用于国家公益林补偿和生态保护项目建设。嫩江县、北安市分别将大小兴安岭生态保护与经济转型规划生态补偿资金6325万元和7055万元用于林区生态管护及民生工程建设。同江市将生态功能区转移支付资金3843万元，用于生态环境保护。

(四)民生事业发展较快

将中央预算内6.05亿元资金用于支持民生事业发展。一是社会保障覆盖范围不断扩大，水平不断提高。穆棱市社会保障水平稳步提升，其中城镇一般居民、低保人员政策范围内住院费用报销比例分别提高10%和15%，大额补助金报销比例提升至60%。城镇居民低保标准由320元/月提高到380元/月，农村居民低保标准由1720元/年提高到2200元/年。二是民生工程投入加大，项目建设进展顺利。海伦市将国家投资1974万元用于14个乡镇卫生院项目建设。嘉荫县将国家投资445万元用于兴建学校体育场、基层卫生院周转宿舍项目。大兴安岭地区将国家投资5601.6万元用于全科医生临床培养基地、残疾人托养中心等项目建设。北安市将国家投资7100余万元用于新建中医院综合楼、妇幼保健院综合楼、学校异地新建、学校综合楼及食堂等项目。

(五)扶贫开发工作取得进展

将中央预算内投资1.67亿元用于扶贫开发工作。孙吴县、富裕县分别将国家投入资金3588万元和1339万元用于完成11个村和7个村的整村推进扶贫工程。龙江县将国家投资2200万元用于实施6个村的整村推进扶贫工作和龙江县现代化牧业示范场建设。兰西县将国家投资2650万元用于兴建棚室食用菌、棚室蔬菜两个扶贫产业项目，完成了河口水电站橡胶坝水毁修复工程。

(六)对口支援新疆和西藏经济社会发展

安排对口支援资金2.86亿元援助新疆和西藏受援地经济建设。积极推进对口支援新疆工作，全面落实第五次中央新疆工作座谈会精神，全年共安排援疆资金2.18亿元，援疆项目53项。扎实做好对口支援西藏工作，认真贯彻落实中央对口支援西藏工作20周年电视电话会议和中央第六次西藏工作座谈会精神，大力推进援藏规划实施，全年投入援藏资金6800万元，实施项目30个。

二、2016年工作设想

(一)继续贯彻落实国家西部大开发政策

指导全省享受西部开发政策地区深入落实《大小兴安岭林区生态保护与经济转型规划(2010—2020年)》、《国务院关于加快沿边地区开发开放的若干意见》和《中国农村扶贫开发纲要(2011—2020年)》，争取在投资、金融、产业、土地、价格、生态补偿、人才开发、帮扶和社会事业等方面享受相关政策。

(二)积极开展绥芬河(东宁)重点开发开放试验区相关工作

按照国家发展改革委有关要求，完善《绥芬河(东宁)重点开发开放试验区建设总体方案》，争取尽快批复，按照方案组织实施。

(三)继续推进生态文明示范工程试点建设工作

组织指导黑河市爱辉区、绥芬河市和大兴安岭地区按照试点市(县)实施规划要求稳步推进试点工程建设。

(四)深入实施巩固退耕还林成果项目和退牧还草试点工程项目建设

根据国家要求,全力做好全省巩固退耕还林成果项目建设收尾工作。继续实施退牧还草工程,探索扩大退牧还草试点工程试点。

(五)继续做好对口支援工作

积极做好对口支援新疆2016年度建设项目的计划下达工作,组织编制全省对口援疆"十三五"规划。组织做好"十三五"援藏规划编制工作,全力做好黑龙江省第五批援藏工作队与第六批援藏工作队轮换协调服务工作。

——执笔人:肖兴民

第二十一章　上海市

一、2015 年工作情况

（一）突出“抓总”，市领导小组办公室职能作用发挥明显

一是统筹推进年度任务。按照市领导小组全体会议、专题会议精神，及时部署推动对口支援项目资金计划和合作交流专项工作，加强与对口地区和本市相关部门、区县沟通协调，抓好督促指导和跟踪问效，全年安排对口支援资金 30 亿余元，实施各类项目 700 余个，目前资金全部拨付到位，项目建设进展顺利，总体进入收官、收尾阶段。二是凝心聚力搞好合作。积极同西部相关省份开展交流往来，上海相关委办、单位、院校、机构、社会团体等凝心聚力、协同参与，各项工作再上台阶。在举办长江流域园区与产业合作对接会等重大活动过程中，上海注重发挥市领导小组成员单位作用，为长江流域西部各省（区、市）搭建开放平台，上海市经济信息化委、市旅游局、相关区县及中国（上海）自贸试验区、张江自主创新区、复旦大学等参与，形成工作共谋、资源共享、项目共推的好氛围、好机制；针对援派干部保障面临的新情况新课题，制定了本市援派干部人才体检、医疗保障、临时调整、干部家访、交通与驻地安全保障和突发应急事件处置“5＋1”制度，为援派干部人才在外更好履职尽责解除后顾之忧。三是谋篇布局“十三五”。成立了由副市长为组长、18 家市领导小组成员单位参加的规划编制领导小组，赴长江沿线省市、京津冀城市群及对口地区调研对接，召开周边城市规划衔接讨论会，开展大量走访调研，集聚专家智慧和各方力量，编制形成本市国内合作交流“十三五”规划。

（二）聚焦“精准”，对口支援扶贫工作任务落实效益显现

一是强化分层推动。利用高层互访契机，会同两地相关部门召开援藏、援滇、援青、援三峡、援黔工作联席会议和上海—都江堰长效合作联席会议，落实、落细对口支援目标任务。本市各区县、部门发挥各自优势，密切走访交流，协商落实结对任务，增强援建工作精准性。除了计划项目、规定动作外，还拿出资金帮助解决对口地区群众生产生活实际困难，促进交往交流交融常态化。二是坚持需求对接。坚持“两个倾斜”，在当地党委、政府领导下因地制宜开展援建工作，民生保障项目投入占到 80％以上。坚持以需求为导向，重点支持对口地区“安居富民”、“定居兴牧”、“美丽乡村”和移民小区建设，完善水、电、路、气、房等基础设施，改善生活环境，打造社会主义新农村、新城镇；把培育可持续发展能力作为根本，千方百计支持高原农牧业、民族手工业和民族文化旅游产业发展，根据资源禀赋，引入市场机制，壮大市场主体，拓展农特产销售渠道和做强全产业链，多途径带动当地产业发展，实现惠农富农目标。在对口地区遭遇突发事件和自然灾害当口，会同民政部门及时启动应急

响应，并协调社会各界和援派干部联络组雪中送炭、施以援手，向尼泊尔“4.25”强烈地震波及的日喀则灾区捐赠超过1000万元和一批救灾物资；向火灾受损的迪庆州独克宗古城恢复重建提供了约1.2亿元的重建资金。三是用足比较优势。把规划援建作为重点，帮助新疆喀什、西藏日喀则、青海果洛及其他对口地区编制经济社会发展、口岸、城镇建设和园区、产业布局等一系列规划，为当地长远发展勾勒蓝图，也为衔接两地合作提供引领；把教育卫生帮扶作为亮点，引导两地医院、学校建立结对关系，开展远程医疗、远程教学，组织本市卫生、教育专业人才赴对口地区支医支教、轮岗挂职、业务交流，重点帮助基层乡镇卫生院、学校改善设施设备，搭建地、县、乡三级教育、卫生服务体系。启动“组团式”医疗援藏工作，开展了农牧民巡回医疗、定期体检、地方病防治等项目，推进“异地办学”、双语教育、学前教育、职业教育等工作；把旅游文化资源开发作为增长点，依托当地独特的资源禀赋，开发创新文化旅游产品，完善旅游配套设施，打造旅游精品线路，推动当地将文化旅游资源优势转化为发展优势。落实市领导指示，会同文广局、浦东新区等支持日喀则精心打造大型原生态实景剧《江孜印迹》并提升其品质，促进了珠穆朗玛峰、果洛州黄河源、三峡坝区和世界文化遗产元阳梯田等一批文化旅游保护开发项目，协调上海广播电视台与遵义市联合拍摄人文纪录片《黔之北》，实现了景观保护、民族文化与扶贫开发的有机结合。

（三）寻求“双赢”，区域合作有新进展新跨越

一是及时接轨大战略。上海积极响应“一带一路”、长江经济带建设国家战略，及时拓展区域合作思路，先后赴国家发展改革委、京津冀、珠三角和长江流域省市搞好对接，通过梳理沿江城市共同需求，在重庆、武汉、南京、合肥等中心城市支持下，以长江流域城市经济协调会为平台，牵头举办“长江流域园区与产业合作对接会”。2015年10月11日至12日，以“共建长江经济带、共享发展新机遇”为主题的对接会系列活动，汇聚了长江流域九省二市的48个城市、59个省级以上园区参加，约3000家国内外优势企业和投资机构观展对接，促成一批合作项目集中签约。二是加强与西部各地区经贸合作。继续实施本市参加各地经贸会展项目申报机制，积极引导和鼓励本市区县、委办和企业充分利用西部各地区经贸展会平台。全年，上海共组团参加喀交会、渝洽会、西洽会、青洽会、南博会、喀交会、兰洽会等9个西部地区大型经贸展会，进一步增进了上海与西部各省（区、市）间的产业交流和经贸合作。在上海市国资委、百联集团、光明集团等与云南省方面的共同努力下，“云品入沪”工作扎实推进，“云品中心”正式揭牌。三是积极落实与兄弟省（区）市战略合作协议。以推动战略合作协议为抓手，积极落实上海市政府与湖南、广西、内蒙古、山西等省区政府框架协议，积极配合各兄弟省（区、市）来沪开展经贸洽谈、招商引资等活动。同时对“十二五”时期上海与兄弟省（区、市）重点合作领域、项目进行梳理分析，聚焦重点、难点和热点，以互利双赢为目标，会同两地相关部门落实责任分工，一项项抓好相关协议内容的落实，做到做一件、成一件，逐步积累成果，深化合作发展。

二、2016年工作设想

（一）对口支援方面

一要坚持“中央要求、当地所需、上海所能”相结合，抓好中央第六次西藏工作座谈会、

第五次全国对口支援新疆工作会议精神和扶贫开发方针政策的具体贯彻落实，推进本市分地区对口支援“十三五”规划的颁布实施，切实对准对口地区贫困群众关心关切的实际问题，为当地扶贫开发和经济社会协调发展做出新贡献。二要坚持高位推进，做好市党政代表团、市代表团到对口地区学习考察服务保障，会同对口地区分别召开联席会议，传达贯彻中央及两地领导的指示要求，研究商定和精准把握对口支援重大事项。三要积极履行市对口支援与合作交流领导小组办公室统筹协调职能，会同市领导小组相关成员单位和对口地区党委、政府因地制宜地编制好2016年对口支援项目资金安排计划，依据市领导小组专题会议精神，抓早抓好年度援建工作。四要继续完善对口支援项目管理制度，修订对口支援项目管理办法及实施细则，基本建成项目库信息化管理系统，完善和推广对口支援项目绩效评价工作，形成依靠制度约束项目和资金运行的良性援建模式。

(二)区域合作方面

一要积极参与“一带一路”和长江经济带建设国家战略，加强与长江流域重要节点城市的合作，继续在综合交通运输、产业转型升级、城镇化发展、对外开放、生态环境等五个领域开展合作。二要促进东西部合作交流，立足于上海促进区域协调发展与“四个中心”建设和科创中心建设目标，以自贸区改革创新为引领，充分发挥上海服务功能，加强与西部重点地区的交流与互动，突出在现代农业、能源资源、先进制造业、现代服务业、战略性新兴产业、金融业、旅游业以及教育、人力资源、旅游、志愿者、其他公共服务等方面的全面深入合作，支持西部地区加快社会事业发展。三是落实政府间框架协议，加强与牵头部门协调，切实促进上海与西部兄弟省(区、市)共同发展。继续为兄弟省(区、市)和对口地区来沪开展经贸推介、拓展特色产品销售渠道提供服务，有计划地组织参加全国性、区域性重要经贸会展。

(三)企业服务方面

一要继续打造主题活动品牌，以服务上海科创中心建设为主题，组织各地优势高新技术企业、园区和研发中心来沪参展对接，吸引各省(区、市)优势科技型企业、人才来沪创业发展。二要深化长江流域园区和产业对接平台成果转化，推进长江流域园区合作联盟建设，支持长江经济带大数据研究中心、长江经济带发展研究院运作，做好上海产业合作交流平台建设和运用。三要搭建服务各地来沪企业平台，探索企业“走出去、引进来”工商数据应用，加强内资统计分析。组织上海的企业、园区赴兄弟省(区、市)投资考察。

——执笔人：程建新

第二十二章　江苏省

一、2015 年工作情况

(一)抢抓"一带一路"战略机遇,扩大对内对外开放优势

2015 年 8 月 31 日,与哈国铁公司签署了《哈萨克斯坦国有铁路股份公司与江苏省人民政府共同发展哈萨克新坦"霍尔果斯—东门"经济特区和中国连云港上合组织国际物流园区项目战略合作框架协议》,就继续加强中哈(连云港)物流合作开发、共同支持发展连云港国际货运班列、连云港港口集团有限公司投资建设和发展"霍尔果斯—东门"经济特区物流区、拓展产业合作等问题,达成了共识。目前,一期工程已经实现稳定运营,基地铁路专用线顺利开通,二期工程正在加快推进,三期工程完成可行性研究。2015 年 2 月,开通了连新亚出口班列,突出海铁联运、海河联运、过境运输、出口国际班列的综合优势,吸引陆桥沿线地区货源向连云港集聚。截至 9 月,国际班列累计完成 419 列、4.2 万标箱,其中东行班列 121 列、1.2 万标箱,西行班列 298 列、3 万标箱。江苏省以物流合作为突破口,把上合组织国际物流园作为关键抓手,加快打造沟通丝绸之路经济带和海上丝绸之路的综合交通枢纽和物流中心。

(二)推动东西合作,促进区域协调发展

东西合作,共谋发展。2015 年 5 月 22 日至 28 日,组团参加了第十九届中国东西部合作与投资贸易洽谈会暨丝绸之路国际博览会,江苏省代表团以及 13 个市的分团共 500 多家企业、1000 多人参展参会。在洽谈会上共达成合作项目 150 个,总签约金额达 321.8 亿元。其中,内联合作项目 109 个,签约金额 209.98 亿元;贸易成交项目 41 个,签约金额 111.82 亿元,投资和贸易成交额位居参会的各省(区、市)代表团前列。

创新平台,服务企业。江苏处在"一带一路"的交汇点,在国家东中西部区域合作中具有重要的战略意义。2015 年 10 月 9 日,江苏省组织了第二届西部优秀企业家江苏行暨"一带一路"建设高端峰会活动,搭建东西合作平台,为江苏与中西部市场的联动发展、产业融合提供契机。西部地区 13 个省(区、市)优秀企业家 150 余人参加活动,参会总人数达 450 多人,现场签约 20 个产业合作项目,投资总额达到 115.27 亿元。

(三)对口支援各项工作取得显著成效

全面完成对口支援年度工作计划。2015 年,江苏省共安排援藏、援疆、援青资金 28.3 亿元,实施援建项目 322 个。其中,安排援助新疆伊犁州资金 16.7787 亿元,援建项目 171 个;安排援助新疆克州资金 4.4954 亿元,援建项目 83 个;安排援助西藏拉萨市资金 4.2548

亿元，援建项目33个；安排援助青海海南州资金2.7714亿元，援建项目35个。目前，援助资金全部拨付到位，援建项目按期顺利完成。

2015年，按照精准扶贫的工作要求，扎实推进东西扶贫协作。苏陕扶贫援助资金下达援助计划3380万元，实际援助资金4145万元，落实与整村推进、易地搬迁关系密切的民生项目、公益项目和产业扶贫项目112项。江苏省苏州市对口帮扶贵州省铜仁市，实际援助帮扶资金5000万元，重点在农业观光、旅游开发、农村电商和人才培训方面开展帮扶。对口支援三峡库区移民援助资金2199万元，其中云阳县933万元，秭归县816万元，万州区450万元，实施援建项目15个，按照国家要求，编制完成了《江苏省对口支援三峡库区重庆万州区、云阳县和湖北秭归县合作规划(2015—2020年)》，围绕促进移民安稳致富，实施城镇移民综合帮扶，培训农村移民致富带头人，积极推进产业合作。

产业援疆取得新进展、新突破。连续五年五次组织了包括"江苏百企千亿项目签约仪式"在内的大型苏新产业合作活动，共签约项目281个，签约总额为2351亿元。截至目前，已经投入或开工建设的项目突破100个，到位资金突破300亿元。

江苏省通过政府引导，先后组织了20余批次江苏企业考察团、500余家企业赴疆进行产业合作项目对接考察，积极组织企业在新疆和江苏举办了数次产业合作座谈会，接待10余批次新疆产业合作考察团来江苏开展产业合作对接和推介，另一方面，坚持市场化运作，产业援疆项目力求符合当地的产业发展需要，符合当地的环保要求，符合投资企业的可持续发展。其中，红豆集团在霍尔果斯投资落地的服装加工项目、常州亚邦集团在伊宁投资的生物医药项目等实际效果十分明显，进一步提升了苏新产业合作水平。

二、2016年工作设想

(一)积极参与"一带一路"建设

一是抓住连云港国家东中西区域合作示范区、长三角区域一体化和江苏沿海大开发战略带来的新机遇，做足与长江中上游、中西部地区合作以及国际经济合作的文章，在更大范围内吸纳集聚发展资源。二是根据连云港独特的区位优势和国家赋予的战略定位，紧紧围绕"一带一路"重大战略部署，按照"以点带面，从线到片逐步形成区域大合作"的要求，以港口为龙头，以产业为支撑，以城市为载体，依托大陆桥，推动连云港市与"一带一路"沿线国家和我国中西部地区在更宽领域、更高层次开展交流合作，进一步放大国家东中西区域合作示范区和江苏沿海开发的综合效应，全面提升连云港对外开放水平。

(二)创新机制、探索合作新途径

2016年，要以促进区域协调发展为目的，进一步深化省际交流，更加重视运用市场手段推动省际合作，努力形成多元化、多层次、宽领域、纵深化、全方位的省际合作新格局。围绕结构调整和产业升级，加强规划引导，促进产业融合和有序转移。推动东西部合作向更深层次发展，创新机制、搭建平台、完善鼓励政策，注重发挥政府的推动作用，为企业走出去创造必要条件，努力探索合作新途径。

(三)推动对口支援再上新台阶

一是着力保障和改善民生。优先安排民生项目、社会公益项目、基础设施项目建设,着重解决农牧民最直接、最现实、最紧迫的民生问题。二是着力推动当地优势特色产业发展壮大。积极帮助招商引资、招商选资,提高当地优势特色产业发展水平,广泛集聚和吸纳生产要素参与,不断增强当地发展的内生动力。三是着力加强科教和人才援助。发挥江苏的科教和人才优势,通过交流培训、专家现场授课、挂职锻炼等方式,有计划地帮助加强各类人才队伍建设,进一步提高科技对当地经济社会发展的支撑能力。

——执笔人:张建明

第二十三章　浙江省

一、2015 年工作情况

(一)政府推动,在互动交流上有新高度

浙江省注重遵循市场经济发展规律,既发挥民营经济优势,又强调政府的推动作用,继续有计划、有组织地做好西部大开发工作。一是继续推进省际交流合作。2015 年以来,浙江省领导先后赴新疆、宁夏、贵州、青海、西藏、四川等省(区、市)学习考察,组织经贸交流合作活动。通过互访交流,进一步加强了与西部地区的深度合作关系。二是重点推进与丝绸之路经济带省份的经贸活动。按照国家“一带一路”战略决策部署,充分发挥浙江省的优势和特色,2015 年,重点组织参加了丝绸之路经济带沿线西部省份的经贸活动,先后组织参加了“西洽会暨丝博会”、“渝洽会”、“青洽会”、“兰洽会”、“东盟博览会”、“亚欧博览会”、“中阿博览会”和“西部进口展”等大型经贸活动,参与企业达 917 家,产品达 1100 多种,并组织企业开展对接洽谈。同时,各级政府组织企业赴西部省份考察、开展友好城市交往等活动,推动各层次合作交流的不断深入。三是完善政府服务机制。一方面,推进政府协调机制。完善省际政府层面联合协调会议制度,共同商讨产业合作事宜,通报重大合作项目进展情况,提高合作成效。另一方面,完善政策激励机制。为进一步调动企业参与西部开发的积极性,鼓励到西部地区投资兴办工业企业、专业市场、资源开发和原材料基地建设,以及投资兴办高效生态农业、农产品加工等,省市二级财政安排 800 万元,对参与西部开发的 40 个项目进行贷款贴息的政策扶持。

(二)对口支援,在精准帮扶上有新力度

经过多年的实践,浙江省已形成了“政府主导、市场驱动、各界参与、前后联动”的对口支援工作格局。工作理念不断深化、体制机制不断完善、工作合力不断增强、工作成效不断显现,形成了富有浙江特色的工作亮点。2015 年,浙江累计安排对口支援(帮扶)新疆阿克苏地区(含兵团一师)、西藏那曲地区、青海海西州,贵州省黔东南州、黔西南州,四川阿坝州、凉山州木里县和广元市青川县财政资金 25 亿元,外派到西部地区干部人才 600 余人。一是民生工程成为民心工程。大力实施安居富民、定居兴牧、健康普惠、关爱温暖、城乡饮水等十大民生工程,受援地区基本公共服务能力有了较大提升,群众的生产生活条件得到极大改善。二是产业就业联动成效显著。共建产业园区,搭建银企合作平台,阿克苏、海西州已初步构建起地域性产业框架体系,那曲产业合作实现零的突破。纺织服装产业援疆取得突破性进展,形成年产能毛巾 2 万吨、袜子 2 亿双、服装 600 万套,占阿克苏三分之二强。阿克苏纺织业产值增长达 36%,就业增长 68%。海西柴达木浙江工业园建设全面提速,到

目前签约项目 109 个，签约金额达 900 多亿元。三是智力人才援助成果丰硕。注重本土人才培养，通过"派进去、请出来、结对子"的方式，突出抓好"双语"师资培训、职教师资培养、来浙培训挂职等项目，培训各类干部、专技人员 1 万多人次。以"柔性支持、专家面授、远程互动"方式，建立远程教学、教研、医疗网络平台，实现各类优质资源实时共享。帮助受援地编制各类专项规划 10 多个。四是"文化走亲"成为知名品牌。坚持交往、交流、交融政策导向，依托援、受两地深厚文化积淀，广泛开展大众化、人文化、实体化的交流交往活动，以"文化走亲"为载体，"送文化"与"种文化"、"走进去"与"请出来"相结合，先后举办大型"文化走亲"活动 30 多场次。举办援、受两地文化周活动，与新疆、西藏、青海举办中秋电视连线晚会。同时，在阿克苏开展"农村文化礼堂"建设，新华社、中组部专门编发了浙江省的做法和经验。

(三)企业主体，在产业合作上打造新模式

浙商是浙江最宝贵的资源和财富，是浙江发展最为倚重的力量，是浙江的金字招牌，也是浙江参与西部大开发的主力军。一是发展电子商务。阿里巴巴联姻西部各省(区、市)，帮助建立网络体系，培训人才，打造西部农村电商服务试点，将电子商务的产、销、购服务渗透到乡村百姓，推动西部特色特产网上销售，提升产品知名度，有力促进西部地区电子商务的快速发展。阿里巴巴与宁夏就电子商务、云计算和大数据等领域开展合作，共同将宁夏建设成中阿互联网经济试验区和丝绸之路经济带的重要战略节点；与新疆建设"数字互联网新疆"，围绕电子商务、物流、云计算和互联网金融四大板块展开；与甘肃推进"智慧甘肃"建设，重点在云计算、电子商务、智慧城市、互联网产业、智能物流等五个方面深化合作，建设促进线上线下融合发展的银泰 O2O 体验中心项目。二是投资建设实体产业。充分发挥西部地区的特色资源禀赋，积极支持新疆、宁夏、四川、云南等地来浙江省开展项目推介活动，据不完全统计，经过对接洽谈，2015 年签订合作项目 83 个，金额达 210 余亿元，有力推动了经贸合作发展。浙商已从过去的基础设施建设、房地产、商贸、服装等为主，逐步向汽车制造、电子信息及新一代信息技术、装备制造、电子商务、养老健康等领域渗透，并延伸产业链。三是帮助西部地区农民致富。新疆的苹果、红枣、核桃，西藏的虫草、黄蘑菇，青海的枸杞、牛羊肉等有机农特产品，通过浙江省 30 多家超市，走进了浙江千家万户。阿克苏有三成多的农特产品在浙销售，浙江纺织企业 2015 年使用阿克苏优质棉纱达 50 万吨以上。

二、2016 年工作设想

(一)深化合作交流

一是重点围绕积极参与"一带一路"和长江经济带国家战略，在新的起点上推进新的合作。二是着力拓展合作领域，以基础设施建设、传统产业拓展、资源能源开发、市场网络构建等为重点，释放经贸投资合作潜力。三是进一步探索建立有组织、可操作的专项议事制度，着力创新合作模式，推动各类经贸活动的开展。

(二)支持浙商开发建设

通过浙江商会大力引导浙商参与"一带一路"、长江经济带建设和京津冀一体化发展战

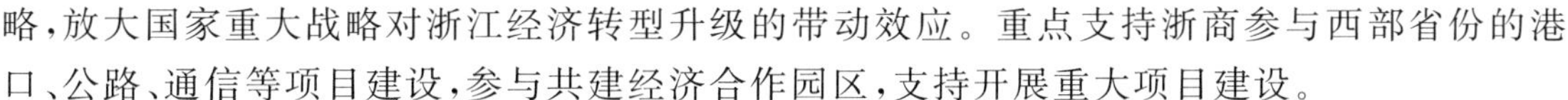

略，放大国家重大战略对浙江经济转型升级的带动效应。重点支持浙商参与西部省份的港口、公路、通信等项目建设，参与共建经济合作园区，支持开展重大项目建设。

(三)巩固战略资源合作

探索“产业换资源”和“煤电联合开发”等多种合作模式，抓好与新疆、宁夏的能源合作，推进宁夏至浙江特高压输电工程建设。广泛落实省际经贸合作协议。

(四)加强商贸流通合作

加强与新疆、陕西、重庆、四川、甘肃等地合作，巩固提升传统市场，着力拓展新兴市场，完善市场营销体系。积极组织企业参加“西洽会暨丝博会”、“中阿博览会”、“西部博览会”、“渝洽会”、“兰洽会”等重点区域经贸活动。

(五)提升对口支援工作

推进浙江省对口支援“十三五”规划编制工作，落实好援助资金。大力推进产业合作带动就业，把产业合作作为改善民生和促进稳定的重要手段。扎实推进阿克苏浙江产业园和海西浙江工业园建设，不断增强园区的产业集聚能力。注重人才培养，深化专技人才培育、党政干部挂职培训，提高当地人才素质和能力。

——执笔人：刘金良

第二十四章　安徽省

一、2015 年工作情况

(一)深入推进援藏工作

9 月中旬，省委负责人率省对口援建调研组深入西藏山南地区，实地考察援建项目，并召开座谈会，研究谋划项目等工作。一是援藏项目顺利推进。2015 年，计划实施 20 个项目，总投资 9374 万元，已全部建成。目前，安徽省第五批援藏项目实际完成总投资约 3.1 亿元，实施的 27 个工程类项目已全部竣工并投入使用。二是编制“十三五”援藏规划。按照中央关于向基层倾斜、向农牧区倾斜的总体要求，组织专家深入山南地区，开展援藏规划编制调研，广泛听取受援地意见建议，目前已完成“十三五”援藏规划初稿。三是组织制定《关于进一步做好对口援藏工作的实施意见》。四是积极做好医疗人才“组团式”援藏工作。根据中央关于医疗人才“组团式”援藏工作部署，安徽省结对帮扶山南地区人民医院，20 名医疗专家已于 8 月 20 日进驻山南地区人民医院，开展为期 3 年的援藏任务。同时，将山南地区 3 县儿童先心病救治工作纳入安徽省援藏工作范畴。五是为山南地区和浪卡子县计划外安排援藏资金 2100 多万元。

(二)扎实做好援疆工作

认真贯彻落实第二次中央新疆工作座谈会精神，突出抓好产业就业援疆等各项工作。一是加快项目建设。完善援建机制，强化目标责任，加强监督检查，实施年度援建项目 26 个，安排资金 30762 万元，因抗震救灾实际完成 37428 万元。二是抓好智力援疆。扩大柔性引才，优化人才结构，创新工作方式，充分发挥传帮带作用。支教老师共承担 140 多个班级教学任务，援疆医生完成了 750 多台次示教性及疑难手术。三是推动产业就业援疆。支持皮山建成中小企业孵化园，帮助开展招商推介，组织开展 6 次招商活动，认真做好尚亿服饰等落户企业的服务工作。巢湖新恒生纺织公司接纳 44 名和田地区维吾尔族群众来皖就业。四是加强交往交流。安徽省 38 批次 260 多名各界人士先后赴和田地区考察、讲课和慰问，皮山县 145 名干部人才来皖参训和挂职，在皖学习的和田地区学生达到 620 人。五是全力抗震救灾。“7.3”皮山地震后，安徽省第一时间捐赠 1000 万元资金，派出地震和建设专家深入灾区，及时开展技术服务。六是组织编制援疆“十三五”规划。多次深入皮山调研，加强规划对接，目前规划初稿已编制完成。

(三)大力支援三峡库区建设

进一步创新对口支援三峡库区工作，加大对口支援工作力度，促进三峡库区经济社会发展和移民安稳致富。一是加强规划引领，省政府印发《安徽省对口支援重庆市渝北区三峡库区合作规划(2014—2020年)》，安排建设项目21个，财政性援助资金7090万元。二是注重民生改善，制定移民安置小区建设和帮扶方案，着力改善移民生产生活条件。三是深化皖渝合作，充分发挥重庆安徽商会等作用，促进两地企业合作，目前安徽在渝企业450余家，累计投资超千亿元。

(四)进一步扩大合作交流

充分发挥安徽商会作用，推动省内各类企业到西部地区考察投资、洽谈项目，促进企业开拓市场。目前，西部11省(区、市)均已成立了各级安徽商会，11家省级安徽商会共有会员企业3000多家，累计投资额超过2500亿元。2015年5月，四川省安徽商会组织会员企业应邀参加“松潘县安徽日”暨招商引资推介座谈会，达成了多个投资意向。积极组团参加“渝洽会”、“青洽会”、“松潘安徽日”等经贸活动，参加和田玉石文化节、和田旅游推介会等，组织省建工集团、金智控股有限公司、忆江肥业有限公司等一批企业赴山南地区参加西藏雅砻文化节暨招商引资推介会。通过深化与藏、疆、川、陕、甘、渝等西部省区的合作交流，有力促进了西部大开发的持续推进。

二、2016年工作设想

(一)启动实施“十三五”对口支援规划

以中央第六次西藏工作座谈会和第五次全国对口支援新疆工作会议精神为指导，认真组织实施“十三五”援藏、援疆规划，全面抓好对口支援各项工作。继续抓好《安徽省对口支援三峡库区合作规划纲要(2014—2020年)》实施工作，扎实做好对口支援重庆渝北三峡库区有关工作。

(二)加大产业援助工作力度

支持安徽省开发区和企业加强与西部地区开发区的合作，重点对口帮扶和田地区皮山县安徽综合经济技术开发区建设，支持在山南地区建设安徽产业园区。扎实推进援藏、援疆、援渝产业援助工作，充分发挥新疆安徽商会、兵团安徽商会、重庆安徽商会和西藏安徽商会平台作用，鼓励引导皖籍企业家到受援地投资兴业，创造更多就业机会。

(三)促进援、受两地人员交往交流交融

建立健全与西部省(区、市)之间的互动合作和互助机制，鼓励全省各级机关、企事业单位深化与受援地开展交流合作，扩大两地人员互访规模。积极围绕“一带一路”、长江经济带等国家战略的实施，推动安徽省企业加强互联互通，实现区域经济合作共赢发展。发挥工青妇等群团组织优势，组织动员社会力量参与对口支援工作。认真组织各类参展参会工作。继续办好内地西藏班和新疆班。

——执笔人：刘　锐

第二十五章　福建省

一、2015 年工作情况

(一)推进与西部地区的经贸合作取得新进展

搭建经贸交流合作平台。利用在福建举行的 2015 厦门国际投资贸易洽谈会，举办“新丝绸之路发展交流会”、“亚投行与海丝国家投资机遇”、“海丝国家企业家峰会暨项目对接会”等活动，力邀巴林、马来西亚等 20 多个“一带一路”沿线国家参会，也广泛邀请西部省(区、市)参会，为西部地区扩大招商引资、拓展对外贸易提供舞台；通过第十三届中国海峡项目成果交易会及日常对接工作机制，开展了与西部地区科研机构和高等院校的合作，促进了西部地区科研技术成果在福建的推广应用。同时，组织企业到西部地区举办或参与各种形式的经贸洽谈会，如参加“东博会”、“西博会”、“西洽会”、亚欧博览会、中阿论坛等综合性展会，宣传推介福建进一步加快科学发展跨越发展有关情况，推出福建对外招商项目，开展招商引资活动。

建立战略合作关系。2015 年 9 月，福建省人民政府与陕西省人民政府签署了《关于共同推进“一带一路”建设框架合作协议》；与海南省人民政府签署了《关于闽琼两省深化合作协议》，闽琼两省的旅游、海洋渔业、教育、农垦农科四个部门(单位)又签订了具体的合作协议，务实推进闽琼两省合作。福建省旅游局与宁夏回族自治区旅游局也签订了《闽宁旅游战略协议》。

加大产业投资合作力度。闽商在西部的投资已涉及房地产开发、矿山开采、能源、化工、冶金、建材、服装鞋帽、食品、医疗卫生、旅游开发、现代农业、装备制造业、生物、茶叶、石材、融资担保等 30 多个领域。福建还与青海、贵州、广西、内蒙古等西部资源省份签订了合作协议和城市友好联盟协议，加强稀土、煤、铁等矿产资源开发合作，组织福建矿产开采和矿产品加工企业通过购买经营权形式参与当地资源开发，建设矿产资源基地。

(二)推进对口支援工作取得新成效

援藏工作。认真贯彻落实中央第六次西藏工作座谈会精神，遵照省政府要求并根据援藏结对关系调整的需要做好援藏工作。一是努力推进项目建设。工作队实施了本批 51 个援藏项目，总投资约 3.42 亿元，已竣工或完成项目 29 个。其中，2015 年实施援藏项目续建、新开工项目 25 个，完成投资 1.033 亿元。二是做好对口帮扶工作从林芝往昌都转移的衔接工作。省里组成考察组于 6 月中下旬赴西藏，深入即将由福建省结对援助的昌都市卡洛区、八宿、左贡、洛隆、边坝县进行实地考察调研。8 月底 9 月初，省政府主要领导率党政代表团进藏，看望慰问福建省第七批援藏干部，落实支援林芝后续工作，启动对接援助昌都工作，进一步推进闽藏对口协作。三是进一步延续闽林两地深厚友谊，拟定了《闽林长期合作框架协议》，将在招商引资、企业支援、市场引导、人才交流旅游合作等方面继续支持林芝。四是着手编制“十三五”援藏规划。将按照国家“援藏资金和项目安排要确保80%以上用于县及县以下基层，80%以上用于保障和改善民生”的要求，做好“十三五”援藏规划前期准备工作。

援疆工作。一是建好项目，编好规划。援疆项目建设总体进展顺利，77个项目已开（复）工73个，开（复）工率94.8%，完成投资25.6亿元，占计划的93.7%；到位援疆资金4.83亿元，资金到位率100%。其中，2015年完成项目39个，完成投资1.95亿元。同时，积极开展“十三五”援疆规划编制工作，目前，规划的征求意见稿已完成。二是突出就业，抓好招商。围绕昌吉州重点产业发展规划强化专项对接，着力开展招商引资工作。为新疆引进产业对接项目504个，总投资1343.5亿元，实际到位资金423.7亿元，排在内地省份向新疆投资第8位。协助昌吉州引进产业项目140个，总投资357.34亿元，实际到资153.46亿元。三是人才教育，双管齐下。累计选派1993名干部人才进疆工作，其中属中组部选派计划共6批594人，组织福建专家在昌吉州培训各类人才6.7万人次，招收3000多名新疆学生赴闽学习，促进了当地人才素质进一步提高。接收昌吉州各类干部人才8984名来闽培训和挂职锻炼。四是加强交流，促进团结。开展“访民情、惠民生、聚民心”活动，179名援疆干部人才共挂钩贫困家庭、贫困学生394户，对每个贫困户每年帮扶资金不少于2000元。组织援疆医生利用节假日开展送医送药下乡活动，共开展义诊143次，下乡医生449人次，服务群众1833人次，赠送药品8.7万元。

援宁工作。2015年度福建省省级财政安排援宁资金3500万元，重点实施菌草产业扶贫工程，支持10个闽宁示范村、闽宁产业园区建设，扶持发展马铃薯、中药材等特色产业，这些项目覆盖福建中南部10个县区近5万农户，取得了良好的经济效益和社会效益。一是结对帮扶向纵深发展。在闽宁两省区对口市县和福建省援宁挂职干部的共同努力下，对口帮扶市县共投入资金3700多万元，落实对口帮扶项目109个，并动员社会各界捐款356.15万元，资助贫困学生1383名。二是部门协作深入开展。福建省教育厅选派的第16批37名优秀教师已到宁夏南部山区9县和闽宁镇开展为期1年的支教工作。福建省妇联实施的西海固地区“母亲水窖”项目、贫困回族女童助学活动、妇女人才培训等协作项目顺利实施。兴业银行向中国银监会上报了《在宁夏设卫分支机构申请》，已获得批准。此外，福建省有关部门和对口市县积极为宁夏培训各类专业技术人才39批1930名，组织劳务输出14批535人。三是企业合作继续拓展。一年来，帮助宁夏招商引资签约项目19个，总投资165.1亿元。厦门小孔民教育集团总投资、福建亚通创新水科技有限公司、福建青川管业有限公司总投资、德美斯能源股份有限公司总投资等投资项目已陆续落地。四是闽宁产业园区建设进展顺利。闽宁镇闽宁扶贫产业园已有5家企业入园，2015年先后引进西吉县诚吉农牧投资有限公司、宁夏积善农业科技有限公司、西吉伊香德清真食品有限公司等8家企业进驻园区，入园企业累计达到20家，建成投产12家。

援助重庆万州三峡库区工作。认真贯彻落实《全国对口支援三峡库区合作规划（2014—2020年）》和《三峡后续工作规范优化完善意见》精神，以产业扶持、智力支持、招商引资为重点开展对口支援工作。一是圆满完成国务院三峡办2015年度下达无偿援助万州库区社会公益类项目资金1000万元任务。二是明确对口支援帮扶移民小区。将万州区周家坝片区的救兵城社区、天生城社区和沙河街道片区的凤仙路社区确定为福建省移民小区帮扶示范点，以促进移民安稳致富为中心，以移民小区综合帮扶为重点，以坚持“缺什么、补什么”的原则，制定有针对性的小区帮扶方案。三是编制规划。有效推动《福建省对口支援三峡库区合作规划(2015—2020)》编制工作，在2015年年内可完成规划编制工作。四是推进经贸产业合作。2015年5月，福建省组团参加了第十八届中国(重庆)国际投资暨全球采购会(简称“渝洽会”)；10月，组团参加了第十届全国对口支援三峡工程重庆库区经贸洽谈会。

二、2016年工作设想

(一)援藏方面

圆满完成第七批援藏任务。保持与援藏工作队的密切联系，继续提供必要的支持和帮助，确保全队思想不乱、队伍不散、工作不断，指导督促他们在最后阶段圆满完成对口援助林芝各项任务。

落实闽林合作机制。持续支持林芝发展，深化闽林对口支援成果，巩固延续两地干部深厚友谊，牵头研究两地长期合作协议。

启动对接援助昌都市工作。落实中央要求，加强与昌都市沟通联系，安排好援藏规划制定和第八批援藏前期工作，为开展第八批援藏工作做充分的准备。

(二)援疆方面

更加突出融入“一带一路”国家战略。充分发挥两地优势，实施更加密切协作、更加积极主动的大开放大合作战略，促进两地科学发展跨越发展。利用中央支持新疆发展纺织服装产业等优惠政策，加大两地纺织等产业合作，共建产业园区和展销基地，联手开拓国际市场。

更加突出就业第一。把促进就业作为对口支援工作的优先目标，积极创造条件，帮助昌吉各族群众扩大当地就业和在闽就业。继续做好接受昌吉州劳动力转移就业、昌吉州少数民族学生在福建就业工作。

更加突出教育优先。深入开展“一对一”教育结对帮扶工作，安排省内高校、重点职业院校、优质中小学与昌吉相关学校建立对口帮扶关系，继续选派优秀教师援疆支教，接收昌吉州100名教师来闽交流培训，继续实施昌吉州普通高校少数民族未就业毕业生赴闽培养计划，开设内地新疆高中班。

更加突出产业扶持。深化产业对接合作，推动双方已签订的纺织、食品、机械等产业合作框架协议落实，促成一批具体合作项目尽快生成落地。加快推进“昌吉高新区福建工业区”建设，打造闽企、闽商聚集区和产业升级示范区。

更加突出民生改善。继续做好农村安居、游牧民定居工程等工作，统筹推进与群众生活密切相关的水、电、路、气等配套设施建设以及学校、卫生院、养老院、文化站等公共服务设施建设。

更加突出人才培养培训。继续实施“三个双一百”工程，培养教育、医疗、农业实用人才。实施党政干部、行业专业技术人才和青年科技英才赴闽培养培训工程；落实中央三部委安排的新疆干部到福建挂职工作。聘请专家、教师、技术人员到昌吉州办班和讲学。

(三)援宁方面

以“一带一路”建设为契机,发挥福建21世纪海上丝绸之路核心区和宁夏丝绸之路经济带重要节点的比较优势,推动两省区合作向纵深发展。打造全国异地扶贫搬迁样板,共同推进闽宁镇建设。继续开展百村结对帮扶和千名致富带头人培训工作,精准扶贫,培育壮大区域特色产业。拓宽教育卫生扶贫合作领域,实现产学研合作共赢。

(四)援助重庆万州三峡库区工作设想

按照全国对口支援三峡库区有关规划部署和工作要求,积极开展对口支援万州区的移民小区综合帮扶工作。积极配合支持万州区2016年年底完成扶贫攻坚任务。深入探索对口支援合作的新目标、新内涵、新方法,力求标准不降、力度不减,切实增强新形势下对口支援工作的使命感、责任感和紧迫感。

——执笔人:范火娣

第二十六章　江西省

一、2015 年工作情况

(一)认真贯彻落实西部大开发的比照政策

《国务院关于支持赣南等原中央苏区振兴发展的若干意见》(国发〔2012〕21 号)明确指出赣州市执行西部大开发政策。江西省按照要求,狠抓比照政策落实。

系统梳理了西部大开发比照政策享受情况。截至目前,共梳理西部大开发政策及标准 163 项,其中已经落实 162 项,正在争取 1 项(《赣州市执行西部大开发政策差别化产业目录》)。

认真贯彻执行西部大开发政策。一是财政政策方面。教育领域,自 2012 年以来,争取农村学前教育项目、边远艰苦地区教师周转宿舍项目、中西部农村初中校舍改造工程项目共 398 个,中央资金 46611 万元。医疗领域,2012 年以来,争取重大疾病防控项目、儿科医院项目、农村急救体系项目、县(乡)级医院项目共 236 个,中央资金 32599 万元。民生保障领域,2012 年以来,争取医疗保险上级补助资金 15.14 亿元,基础养老金补助资金 2.75 亿元,城乡居民养老保险资金 6.27 亿元。扶贫开发方面,2012 年以来共争取中央预算内资金 16103 万元。二是税收政策方面。自 2013 年 1 月执行西部大开发税收优惠政策以来,为符合条件的 551 户企业减免企业所得税 11.04 亿元。三是投资政策方面。民生工程领域,2012 年以来,共争取中央用于农村危房改造补助资金 27.81 亿元;2013 年以来,农村饮水安全项目争取中央项目资金 50258.03 万元,农村电网改造升级工程争取中央预算内投资 6.02 亿元;2015 年为部分优抚对象争取生活补助 16082 万元。基础设施领域,2012 年以来,国省道建设争取上级补助 32.8 亿元,农村公路建设争取上级补助 22 亿元,高速公路建设争取上级补助 40.4 亿元。四是金融政策方面。2015 年,赣州新设立股份制银行分行机构 1 家,新设立支行 1 家。另外,国家开发银行对赣州执行西部大开发信贷政策,目前已在赣州市签订项目借款合同 162.95 亿元,投放贷款 89.55 亿元。五是生态补偿政策。目前对赣州市实现了国家水保重点治理项目的全覆盖,项目资金逐年增加。2015 年已争取中央资金 16625 万元,治理水土流失面积 475 平方公里。

(二)密切加强与西部地区的经济合作

组织 100 多家企业参加了西洽会、渝洽会、青洽会、兰洽会等重要经贸合作活动,江西特色产品现场交易额超过 1700 万元,开展了旅游产业合作(西安)推介会、发展升级合作(重庆)推介会,成功引进了西部省份 54 个项目落户江西,合同总投资 213.14 亿元,代表性项目有重庆长安汽车股份有限公司在江西投资 21.6 亿元的新能源汽车生产基地项目。

充分发挥商会的桥梁、纽带作用，组织四川、重庆等省（市）江西商会50多位企业家到武隆县、石柱县工业园区实地考察调研，在医疗器械、生态农业领域展开了实质性投资合作工作。

积极参与西部地区地质调查和矿产远景调查。投入经费2800万元，共实施项目12个，为西藏、青海、新疆等省（区）发展地方矿业经济提供了科学依据。

大力推广"江西风景独好"的旅游品牌。精选了江西省35条特惠旅游线路产品，面向陕西、甘肃、宁夏、青海四地居民提供5折起门票优惠，用实实在在的优惠吸引西部地区游客到江西旅游。

（三）促进与西部文化双向交流

开展了群众文化交流两地行活动。2015年6月，"瓷乐中国—景德镇女子瓷乐队青海行"在青海省巡演3场。7月，"江西·万安县农民画展"在内蒙古巴彦淖尔市民族美术馆展出4天。

组织了赣新两地文艺院团互访互演。8月，江西省歌舞团赴阿克陶县等地巡回演出大型风情歌舞《赣风》。11月，国家大剧院在江西省演出歌剧《冰山上的来客》；阿克陶文艺院团来赣多场演出柯尔克孜英雄史诗《玛纳斯》歌舞节目。

开展了和阿克陶县中小学生"手拉手"冬夏令营活动，促进赣新两地学生交流互访。

（四）扎实推进对口支援工作

大力推进援疆工作。一是加大就业工程建设力度。支持开展各种就业技能培训6000余人次，帮扶4295名富余劳动力实现转移就业。二是扎实推进"三居工程"建设。安排4.05亿元援建了安居富民工程和阿克陶县定居兴牧工程，3.12万户低收入城镇居民和农牧民家庭住上了新房或改造房。三是加快医疗卫生援疆步伐。安排了6790万元援建阿克陶县人民医院综合楼、维吾尔医院综合楼等一批卫生事业项目，选派了30多名专家援助阿克陶县人民医院重点学科建设，多次组织外科、内科、小儿科等科室援疆医生下基层义诊，免费接诊农牧民2700余人次，受到当地群众好评。四是重点加强了教育援疆。实施了一批教育援助项目，夯实了教育硬件基础；选派两批42名优秀教师赴阿克陶县支教，在克州二中开办江西班，加大"双语"教育支持力度。继续实施了教育"双百工程"，配齐配强莲塘一中"内高班"师资，近四年高考中，80%以上的学生分数超过二本线，并在四年内培育出两届克州文理科状元。五是实施人才援疆。重点实施了"515"人才培养工程、医疗队伍培训及医疗重点科室"带教"、援疆干部人才服务中心等项目，组织克州阿克陶县党政、教学、医务、科技等方面人才到江西培训，提升服务当地经济的能力水平。六是加强旅游援疆力度。与新疆旅游局互动交流与经济合作，帮助推出2000张新疆旅游"千元旅游卡"，带动近万人到新疆旅游。

有序推进对口支援三峡库区。4月，出台了《江西省对口支援三峡库区合作规划（2014—2020年）》。先后组团20多批、300多人到三峡库区开展对口支援工作，无偿援助武隆县、石柱县资金、物资总值近260万元，组织培训相关专业人员500人等。

稳步开展教育援藏。配强南昌市十七中学西藏内地初中班及进贤县一中、安义县中学西藏内地高中班师资，结合学生实际单独与混合编班；单独编制专门的人才培养方案培养升入江西省高等院校深造的西藏学生;采取订单式模式培养西藏学生,帮扶西藏政府等有关部门解决实习就业问题,仅 2015 年内地中职班毕业生回乡就业率达 90%以上。

二、2016 年工作设想

(一)争取全面落实赣州市执行西部大开发政策

加强与国家有关部委对接汇报,对已经执行到位的具体政策或西部政策执行标准继续做好跟踪落实,切实把政策转化为现实生产力,并不断完善相关工作制度和机制,提升服务水平。积极争取全面参与国家层面西部大开发有关活动,全方位融入执行西部大开发政策。

(二)完善并落实好“十三五”援疆综合规划

紧紧抓住就业、教育援疆、产业援疆、扶贫开发、民族交往交流交融等方面,加大扶持力度,促进区域协调发展和受援地全面脱贫同步建成小康。

(三)稳步推进对口支援工作

支援与合作并重,突出经济合作重点,提高对口支援的质量和效益,促进受援地区加快发展、协调发展。

(四)加强与西部地区的区域合作

发挥江西的优势,重点围绕产业发展、经贸合作、生态保护、矿产资源等方面与“丝绸之路经济带”沿线省份开展对接交流,促进与西部的共同发展;利用 2016 年第四届世界低碳经济大会在江西召开的良好契机,深化与“丝绸之路经济带”沿线西部省份经贸交流合作;鼓励西部赣商回乡创业,引导赣商企业前往西部考察投资,助推西部大开发加快发展。

——执笔人:袁幕华

第二十七章　山东省

一、2015 年工作情况

(一)进一步加强合作交流，增强合作实效

2015 年，与西部地区省际合作交流频繁，特别是高层互访进一步加强。省领导带队的山东党政和经贸代表团先后参加了西部地区多个经贸展览和合作交流活动。西藏、新疆、重庆、宁夏等省(区、市)先后派出领导带队的党政代表团，来山东省访问交流。由沿黄九省区十一方参加的黄河经济协作区第 26 次联席会议在青海省西宁市成功召开。山东有关部门多次组团到重庆、贵州、广西、青海、甘肃等地考察交流。陕西、甘肃、广西、内蒙古、宁夏、青海等地有关部门也分别到山东举办经贸洽谈和合作交流活动，取得了一批合作成果，增强了合作实效。

(二)广泛开展投资经贸合作，实现合作共赢

充分利用西部地区各类洽谈会平台，积极组织企业参加西部地区的各类投资经贸活动。先后组团参加了“西洽会”、“渝洽会”、“青洽会”、“喀交会”等重要经贸洽谈活动，组织山东大批企业参会参展、对接洽谈，签约合作项目 273 个，总投资额 361.2 亿元。同时，协调安排新疆生产建设兵团在济南市召开产业合作推介交流会，并赴济南、潍坊、青岛、烟台等市开展招商考察活动；协调安排喀什经贸代表团在济南市召开招商引资说明会，并赴临沂市、日照市开展招商考察活动，签订投资协议及意向 16 个，签约金额达 20.4 亿元；协助喀什地区在东营、济宁、泰安、日照、临沂等市设立了招商联络处，推动喀什、日照达成“一带一路”战略合作协议。先后 3 次组织青海省海北州企业家来山东交流对接，4 次组织协调海北州现代农业考察团到山东省寿光市考察现代农业设施。

(三)大力实施产业转移，促进结构优化

与西部地区开展多种形式的产业合作促进活动，组织“山东企业新疆行”、“百家鲁商新疆行”、“农业龙头企业新疆行”等促进活动。遵循政府引导、市场运作的原则，从实际出发，坚持以经济合作为基础，以东西部合作共赢为目的，通过收购、兼并、联合、参股、控股、技术入股等多种形式，大量项目与西部成功合作，一批企业在西部落户发展。合作领域主要涉及现代农业、煤电开发、家用电器、新能源、轻工化工、机械制造、建筑材料等。

(四)加大对口支援力度，丰富支援形式

2015 年，共安排对口支援协作资金 16.1593 亿元(数据未含青岛，下同)，实施援建项目

289个。其中,安排援疆资金10.952亿元,实施援建项目120个;安排援藏资金2.7591亿元,实施援建项目77个;安排援青资金1.79亿元,实施援建项目30个;安排对口支援三峡库区重庆忠县资金1500万元,实施援建项目6个;安排扶贫协作重庆资金5082万元,实施援建项目56个。共选派599名教育、卫生、农技人员、志愿者赴受援地开展支教、支医、支农和志愿服务,为受援地培训基层干部和各类专业技术人才达22000余人次;人员互访180余批次,2500余人次。对口支援形式不断丰富,工作取得积极成效。

二、2016年工作设想

(一)全面贯彻各项战略部署,加强重点领域合作

积极参与深入实施西部大开发,既是一项重要的政治任务,也是促进山东省经济保持平稳较快发展的战略选择。2016年突出做好以下五个领域的工作:一是加强农业开发与合作。鼓励和引导山东农业产业化龙头企业、协会组织等到西部进行土地资源深度开发,发展特色种植,建立特色农业种养殖基地,带动农产品精深加工企业发展。鼓励和引导山东省企业从发展特色农业入手,推进西部地区农业标准化、规模化、信息化、产业化建设,延长产业链。合作建设农业科技示范基地。二是加强基础设施建设合作。国家提出要继续把西部交通、水利等基础设施建设放在优先地位。要紧紧抓住这一机遇,支持和鼓励山东省技术力量雄厚、竞争实力强的企业通过各种方式积极参与西部地区交通、水利、通信等基础设施建设。支持和鼓励山东省企业参与西部地区城市市政项目建设。鼓励山东企业、社会团体和个人通过租赁、承包等方式参与西部地区生态建设及后续产业开发。三是加强先进制造业和战略性新兴产业合作。西部地区集聚了国家一批重点高校、科研院所、军工企业,尤其是重庆、成都、西安、兰州等西部城市,优势更为突出。要依托山东省现有优势,推进与西部地区在突破核心技术、关键共性技术上的合作,提高自主创新能力。鼓励山东省企业在航空航天、新能源、新材料、生物医药、集成电路、软件、通信设备、数字音频视频、节能减排、环境保护等领域与西部开展广泛合作。四是加强服务业发展与合作。鼓励双方企业扩大金融、保险、商贸、物流、房地产等领域的合作。重点加强旅游合作,联合推出旅游线路,为双方人员旅游提供便利。鼓励双方企业和社会资本参与旅游线路、旅游市场、旅游产品等旅游资源的联合开发,构建跨区域、"无障碍"的旅游体系。五是加强人力资源合作。按照"突出重点、整合资源、注重质量"的要求,加强领导,超前规划,认真组织和落实好对口支持西部地区人才培训计划。

(二)采取多项措施,全面参与西部大开发

一是加强宣传引导。积极引导社会各界关注、支持、参与西部大开发,特别是鼓励有实力的企业积极到西部投资兴业,参与西部大开发。以落实山东省与西部省区签订的全面战略合作协议为切入点,全面推动山东省与西部省份的合作纵向深入。二是充分利用好各类平台。黄河经济协作区自1988年成立以来,经历了27年的历程,为各方开展经济、文化、技术、人才等多层次、多领域的合作搭建了很好的平台。国家提出的"一带一路"战略构想,为协作区各省区经济转型升级、可持续发展带来重大机遇。山东将继续充分利用协作区平台,探索更多合作形式,提升合作水平,积极融入丝绸之路经济带建设。积极组织企业参加

“西洽会”、“西博会”、“兰洽会”、“渝洽会”等西部地区举办的大型展会，寻求合作机遇。举办针对西部企业的投资兴业推介会，为西部企业到东部发展牵线搭桥，搞好服务。

(三)推动对口支援工作再上新水平，促进援区经济社会跨越发展

2016年，将全面贯彻落实中央关于对口支援新疆、西藏、青海、三峡库区及扶贫开发等一系列新指示、新要求，继续按照“用政府援助资金保民生、聚社会资本扶产业、靠真情互动促融合”的总体原则，紧紧围绕维护社会稳定和实现长治久安总目标，以扩大交往、推动交流、促进交融为主线，以扩大就业、促进教育发展、强化人才智力支持、加强产业合作为抓手，着力在惠及民生、凝聚人心、助推稳定、促进和谐、增进团结上下工夫、求实效，围绕打造新品牌、培育新亮点、再造新优势，推动山东省对口支援工作开创新局面、再上新台阶。

——执笔人：刘朝辉

第二十八章　河南省

一、2015 年工作情况

(一)加强与西部地区基础设施对接

加强铁路西向联系。宁西铁路复线电气化工程于 2015 年年底建成通车。郑万铁路河南省先期开工段 2015 年 10 月底已开工建设。郑太铁路前期工作加快推进,目前项目可行性研究报告已上报国家发展改革委,正在加快办理审批前置要件。依托郑州铁路一类口岸,郑欧铁路货运班列目前已累计开行 256 班,其中 2015 年开行 156 班,实现每周去程 3 班、回程 2 班常态化运行。

加强与西部地区空中联系。目前,河南省郑州、洛阳、南阳 3 个民用机场航线通达重庆、昆明、乌鲁木齐、哈密等 21 个西部城市。

加快推进连接西部地区的高速公路建设。呼和浩特至北海高速公路卢氏至豫鄂省界段 2015 年年底建成通车。菏泽至宝鸡高速公路长垣段将于 2016 年复工,与山东省建设的东明黄河大桥同步通车,连霍高速改扩建工程河南境除商丘至豫皖界正在抓紧实施外,其余路段已全部完工。

(二)加强与西部地区产业项目合作

积极响应西部大开发战略部署,鼓励省内企业尤其是国有大型企业充分利用资金、技术、管理、人才优势,与西部资源、市场等优势相结合,推动产业项目建设与合作。

在工业方面,河南能源化工集团有限公司规划建设了总投资 238.43 亿元的奇台 40 亿立方米/年煤制气项目和总投资 58.8 亿元的拜城县众泰煤焦化项目。河南神火集团有限公司投资 136 亿元,在新疆建设年产 80 万吨高精度铝合金项目,配套年产 40 万吨碳素和 4×350 兆瓦间接空冷超临界自备发电机组。河南焦作多氟多化工股份有限公司对白银中天化工有限责任公司进行了资产重组,建成年产 8 万吨高性能无水氟化铝项目并配套建设 5 万吨氢氟酸项目。

在能源方面,一是积极支持新疆加快建设哈密—郑州±800 千伏特高压直流输电工程,按照到网电价不高于同期河南省脱硫燃煤机组标杆上网电价接纳该工程外送电力。2015 年,通过哈密—郑州±800 千伏特高压直流输电工程向河南省送电 240 亿千瓦时。二是积极协调河南能源化工集团有限公司、河南神火集团有限公司等骨干煤炭企业在新疆、内蒙古、青海、贵州、陕西等省区投资建设煤炭、煤化工、电力、电解铝等产业项目。

(三)完善与西部地区合作交流机制

依托新亚欧大陆桥经济走廊,主动加强与西部地区的沟通交流,促进区域经济协调发展。不断深化与黄河经济协作区的合作与交流,进一步促进协作区互动合作和经济发展,先后组团参加了中国东西部合作与投资贸易洽谈会、中国兰州投资贸易洽谈会、中国青海结构调整暨投资贸易洽谈会等,进一步深化了与陕西、内蒙古、新疆、甘肃、宁夏、青海、西藏、四川、云南、广西等省(区)的经济合作。积极推进晋陕豫黄河金三角地区国家承接产业转移示范区建设,加强与山西、陕西两省区域合作,举办了三门峡黄河旅游节。积极参加三峡库区对口支援暨经贸洽谈会、中国重庆国际投资暨全球采购会,加强与重庆市的经贸合作与交流。

(四)扎实做好对口支援各项工作

充分发挥河南省作为承接东部产业转移和西部资源输出枢纽的区位优势,开展了对口支援新疆哈密地区和农十三师、三峡库区重庆巴南区工作。

对口支援新疆哈密地区和十三师方面,累计实施援疆项目159个,安排援助资金17.64亿元,一批住房、教育、卫生等民生项目顺利实施,当地群众初步享受到援疆成果。产业援疆加快实施,通过开展海内外豫商支持哈密建设等活动,推动一批大型企业参与哈密地区优势资源开发,促成各类产业合作项目近100个,总投资1300亿元。

对口支援重庆市巴南区方面,按照《全国对口支援三峡库区合作规划(2014—2020年)》要求,会同重庆市有关方面编制完成了《河南省对口支援重庆市巴南区合作规划》,明确了移民小区综合帮扶、库区小型基础设施建设等10个方面重点任务。

二、2016年工作设想

(一)加强与西部经济区的战略合作

发挥河南省市场规模优势和产业基础优势,提升郑州、洛阳等新亚欧大陆桥经济走廊主要节点城市辐射带动作用,加快中原城市群一体化进程,加强与东部沿海城市群、西部沿线城市群协同互动,提升对内对外开放水平。加快建立中原经济区与成渝、关中—天水、广西北部湾等重点经济区的合作机制,搭建区域经济论坛、投资贸易洽谈会、博览会等交流平台,建立政府间交流互访机制和联系制度,加强工作沟通和信息交流,积极谋划合作项目,推进合作项目实施。积极参与并深化黄河经济协作区务实合作,推动晋陕豫黄河金三角承接产业转移示范区建设。

(二)继续做好对口支援工作

全力做好支援新疆哈密地区及农十三师工作。全面落实对口援疆规划和年度工作计划,坚持"统筹兼顾、突出重点,全面支持、民生优先,科学规划、有序推进,加强协作、促进互利"的原则。以实施十大援疆工程为抓手,着力完善全方位援疆格局,着力改善民生,着力增强受援方自我发展能力。

继续抓好支援三峡库区移民工作。紧紧围绕全国对口支援三峡库区移民工作会议要求，按照优势互补、互惠互利、长期合作、共同发展的原则，鼓励和引导河南省机械装备类工业企业和名优农产品加工企业落户重庆市巴南区，支持巴南区对河南省开展劳务输出。

（三）大力推进与连接西部地区的基础设施建设

进一步加大铁路、公路等基础设施投入力度，加快推进连接西部地区的运煤通道、客运专线等铁路建设，积极参与新欧亚大陆桥国际贸易大通道建设，以高速公路、干线公路为重点，积极与相邻省份、国家有关部委沟通对接，争取太焦铁路、菏泽至宝鸡高速公路长垣段等项目 2016 年开工建设。加快推动连霍高速商丘至豫皖界段改扩建工程等项目早日启动前期工作。积极打造郑欧班列品牌，加密现有出境班列，开辟经霍尔果斯、满洲里和凭祥等出境线路。加快郑州国际陆港建设，全面开工郑万铁路，加快蒙西至华中铁路建设进度。

（四）加强与西部地区产业合作

推进省内装备制造、能源资源等优势企业与西部省份加强合作，促进互利共赢发展。加快推进河南省骨干煤炭企业在新疆的合作项目建设，扩大合作规模。鼓励扶持资源开采和精深加工优势企业通过新建项目、股权收购、兼并重组等方式，在西部资源丰富地区拓展发展空间。积极支持省内企业与新疆、陕西、山西、内蒙古等地区煤炭企业合作。

——执笔人：刘一兵

第二十九章　湖北省

一、2015 年工作情况

(一)援藏工作

湖北省委、省政府高度重视援藏工作，把西藏山南地区当作湖北省的一个市(州)对待，在政策上倾斜、资金上支持、感情上投入。编制了《湖北省对口支援西藏山南地区总体规划》，先后印发了《关于调整湖北省援藏援疆干部人才生活补助标准的通知》、《对口支援西藏项目管理暂行办法》、《湖北省援藏工作统计制度》等政策文件，通过规范制度、精心组织、密切配合，创造性地完成中央赋予的新时期援藏工作任务。21 年来，湖北省共派出党政干部 7 批 321 人，专业技术人才 414 人到山南工作，提供无偿援助资金 16 亿元，建设项目 431 个，为山南地区培训、培养的各级各类干部和技术人员近万人，他们成为山南各行各业的骨干和中坚力量。

(二)援疆工作

根据中央新一轮对口援疆工作的总体部署，创造性地开展对口援疆工作，规定动作高质量完成，自选动作精彩纷呈，取得了"三超、三高、三促进"的丰硕成果("三超"：援疆项目、援助资金、援疆干部人才超中央计划；"三高"：高层次打造湖北援疆特色、高站位开展智力援疆、高质量推进项目建设；"三促进"：促进受援地民生改善、经济社会发展和民族团结)。五年来，对口援助到位资金共 17.42 亿元，共完成援建项目 270 个，援助资金和项目全部到位，均超额完成中央计划。先后组织 200 多名企业家到受援地考察洽谈，开展产业合作项目 36 个，总投资 200 多亿元。按照严格标准、严格把关、按需选人的原则，新一轮对口援疆湖北省累计选派援疆干部人才 779 人，是前四批人数总和的 3.64 倍，是中央计划的 2.19 倍。完成对新疆干部人才培训 193 期(次)，培训各类人才 5367 人次，选派挂职锻炼 988 人次，培养未就业大学毕业生 690 人。

(三)比照执行西部大开发政策的落实情况

县域经济综合实力明显加强。自比照实施西部大开发有关政策以来，全省各地认真贯彻实施西部大开发有关政策，比照县(市)的经济发展活力进一步增强，县域经济发展水平显著提高，发展速度明显加快。2015 年，恩施州地区生产总值 670.81.65 亿元，同比增长 9.1%；全社会固定资产投资 726 亿元(不含农村私人投资)，同比增长 18.3%；地方公共财政预算收入 67.23 亿元，同比增长 16.3%；社会消费品零售总额 446 亿元，同比增长 12%。2015 年，除恩施州以外的 28 个比照县(市)地区生产总值为 3349.32 亿元，增长 8.3%，固定投资、社会消费品零售额、财政总收入分别达到了4768.5亿元、1635.81亿元、432.4亿元，均保持了较大幅度的增长。

经济结构转型明显。根据《国家主体功能区规划》，湖北省大部分比照实施西部大开发政策县(市)属于禁止或限制开发区域，各县(市)严格按照国家有关要求，立足自身实际，积极实现经济结构转变，大力发展国家支持的特色农业、畜牧业、养殖业和新能源、生物制药、旅游业等新兴产业。恩施州生态文化旅游业实现了从小到大、从弱到强的历史性突破，全州4A级以上景区达到16家(2家5A级景区+14家4A级景区)，高A级景区密集程度全国少有。2015年接待游客3701万人次，同比增长19.4%；旅游综合收入247.72亿元，同比增长24.9%。鹤峰县现已基本形成了以烟叶、茶叶、畜牧、林果、中药材、特色蔬菜为主的六大支柱产业，农业产业化龙头企业发展到27家，绿色产业集群实现产值10.15亿元。形成以卷烟、水电、药化、富硒绿色食品、建材为主的骨干企业64家，实现产值23.1亿元。

生态文明建设成绩显著。按照省委确立的抓好经济工作的“三维纲要”(市场决定取舍、绿色决定生死、民生决定目的)，始终把生态文明建设摆在突出位置。恩施州制定了《推进生态文明 建设美丽恩施》的决定，启动实施了“山更青”、“水更绿”、“天更蓝”、“土更净”、“城乡更美”五大专项治理，美丽恩施建设迈出坚实步伐。实施了封山育林、退耕还林和天然林保护等工程，全州森林植被覆盖率达到70%，领先全国52个百分点、全省31个百分点。兴建了一批城市污水处理厂、乡镇垃圾处理场，进一步改善了城乡生活环境。大力推进以沼气池为重点的生态家园文明新村建设，2011—2015年累计建设沼气池53万口，农业部将这种生态家园文明新村建设模式称为“恩施模式”，并把恩施州列为全国十个农业循环经济示范区之一。

精准扶贫效果突出。为进一步改善民族及贫困地区生产生活条件，提高贫困群众收入水平，推动民族及贫困地区经济社会全面发展，2015年，中央和湖北省下达恩施土家族苗族自治州财政专项扶贫资金22798万元，其中财政扶贫发展资金12099万元，少数民族发展资金6765万元，以工代赈资金1434万元，中央专项彩票公益金支持革命老区扶贫开发资金2500万元。下达黄冈7个比照县(市)扶贫专项资金达1.46亿元。其中，老区建设资金占12.81%，财政扶贫资金占50.53%，以工代赈资金占21.66%，比上年均有明显增长，贫困地区居民收入大幅提高。据2014年全省县域经济考核结果显示，36个比照县(市)的地方公共财政预算收入和农民人均纯收入都比上年有较大幅度增长。其中，麻城市公共财政预算收入增速48%，增速位居第一位；36个比照县(市)的农民人均纯收入增速均超过10%，增速最高的丹江口市达到15.38%。

二、2016年工作设想

(一)加大投资力度

继续实施项目带动战略，以大项目带大投资，以大投资促大发展。加强对重大项目的谋划和筛选，对可行项目及时启动前期工作，对已成熟项目及时开工。争取建成一批打基础、管长远的大项目、好项目，不断增强发展后劲。

(二)加强产业建设

把特色产业发展作为扩大比照县(市)经济总量的重要抓手,以现代烟草、茶叶、畜牧、清洁能源、生态文化旅游、信息六大产业为重点,进一步延伸产业链条,推动特色产业提档升级。

(三)坚持绿色发展

按照党的十八大五中全会确立的绿色发展理念,坚持在发展中保护、在保护中发展。实施好长江防护林工程、水土保持工程、退耕还林和生态公益林以及天然林保护工程等重点生态项目建设,不断改善生态环境。大力发展生态经济,把生态优势转化为现实生产力,不断释放“生态红利”。

(四)加快扶贫攻坚

深入推进产业扶贫、扶贫搬迁、驻村扶贫、连片开发扶贫等专项扶贫,充分发挥行业扶贫作用,大力动员社会扶贫。进一步优化财政支出结构,大力发展教育、卫生、文化等社会事业。加快保障性安居工程、农村危房改造、农村安全饮水和农村公路建设,让农网改造提档升级,切实解决住房难、饮水难、行路难等事关群众切身利益的重大民生问题。

——执笔人:陈　军

第三十章　湖南省

一、2015 年工作情况

2015 年来，湖南省积极推进西部大开发各项工作，努力促进湘西自治州加快发展，取得了明显成效。2015 年，湘西自治州 GDP 增长 9.2%，增速比全省高 0.5 个百分点；固定资产投资增长 19.4%；社会消费品零售总额增长 10%；金融机构贷款余额增长 32.2%；财政收入增长 21.3%；城乡居民收入分别增长 7.7%、12.9%。

(一)狠抓产业发展

坚持把产业发展作为推进湖南省西部大开发的主要着力点，切实增强湘西自治州自我发展能力，逐步缩小与其他市的发展差距。充分发挥湘西自治州旅游、矿产、农产品等资源优势，依靠科技进步，瞄准市场需求，做大做强优势产业，不断提升产业发展水平。一是生态文化旅游迅猛发展。坚持把文化旅游产业作为湘西自治州战略性支柱产业来抓，突出景区景点建设，基础设施配套，环境整治，品牌营销和乡村游发展，启动了湘西自治州两条旅游精品线路建设，老司城遗址申遗成功并顺利开园，实现了湖南省世界文化遗产零的突破，形成了凤凰古城、里耶古城、老司城、矮寨大桥四块金字招牌。全年接待游客 3565 万人次、收入 235 亿元，分别增长 24.4%和 28.3%。二是工业提速转型。2015 年湘西自治州实现规模工业增加值 93.1 亿元，增长 8.1%。矿产品精深加工稳步发展，东方矿业、丰达合金、太丰集田等骨干企业保持良好发展态势，金天铝业、湖南众鑫、保靖新中合在新三板成功挂牌，边城生物、凤飞传媒等 10 家企业在湖南股权交易所成功挂牌，恒裕科技等一批高新技术企业快速成长。吉首大学杜仲综合利用国家地方联合工程实验室通过国家发展改革委批复，填补了湘西自治州无国家级产业研发平台的空白。三是特色农业提质增效。示范园、标准园和精品园建设加快推进，目前每个县市初步建成 2～3 个万亩以上标准示范园，大湘西茶叶公共品牌建设正武启动，完成了 1 万亩标准化茶园基地建设和改造。湘西国家农业科技园区成功获批，湘西黄牛、湘西黑猪等养殖规模进一步扩大。农业产业化步伐加快，加工企业达到 652 家，其中规模以上农业企业 59 家。新型农业经营主体不断壮大，农民专业合作社达 2222 个，带动农户 15 万人以上。四是服务业换挡升级。电子商务发展迅速，积极实施"互联网＋湘西"专项工程，与腾讯公司、长虹集团签订了战略合作框架协议，苏宁易购"中华特色・湘西馆"正式上线运营，淘宝"特色中国・湘西馆"正加快建设。

(二)狠抓精准扶贫

省委第十届委员会第十三次全体(扩大)会议对实施精准扶贫、加快推进扶贫开发工作进行了专题研究部署，通过了《中共湖南省委关于实施精准扶贫加快推进扶贫开发工作的

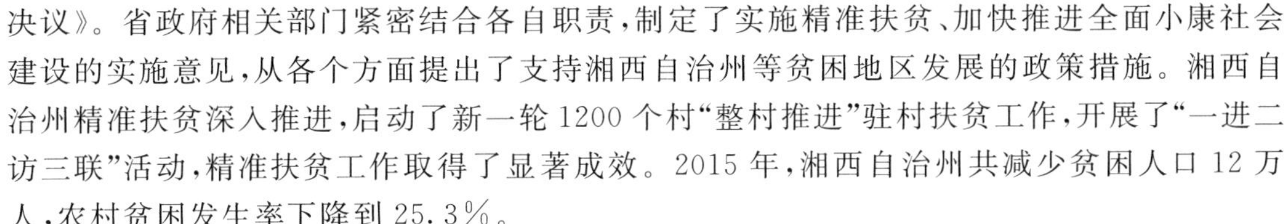

决议》。省政府相关部门紧密结合各自职责,制定了实施精准扶贫、加快推进全面小康社会建设的实施意见,从各个方面提出了支持湘西自治州等贫困地区发展的政策措施。湘西自治州精准扶贫深入推进,启动了新一轮1200个村“整村推进”驻村扶贫工作,开展了“一进二访三联”活动,精准扶贫工作取得了显著成效。2015年,湘西自治州共减少贫困人口12万人,农村贫困发生率下降到25.3%。

(三)狠抓基础设施建设

湘西机场预可研顺利通过评估,省财政下拨机场建设资金2亿元;张吉怀客运专线预可研编制通过审查;龙永高速部分路段通车;永吉高速完成90%路基;黔张常铁路湘西段正式施工。围绕水、电、路、气、房和环境整治“六到农家”,整合投入资金12.5亿元,实施了乡村道路和机耕道、农田水利及安全饮水、危房改造等8项基本公共服务保障工程,解决了80多万人的安全饮水困难,实现了乡乡通油路或水泥路,98.3%的行政村通公路,100%的行政村通电、通广播电视、通电话,10万农户入住新居。

(四)狠抓民生改善

坚持把改善民生作为西部开发的落脚点,努力提高西部地区公共服务保障能力。2015年,湘西自治州在教育、社保、医疗卫生等民生事业方面支出161.89亿元,占一般公共预算支出的66.1%。新解决20万人饮水安全问题。新增城镇就业2.59万人,新增农村劳动力转移就业3.32万人。新农保、城镇低保、农村五保等覆盖面逐步扩宽,农村合作医疗筹资和参合率稳步提升,城乡公共服务保障水平有所提高。

(五)狠抓州庆前期工作

为扎实做好湘西自治州60周年州庆工作,启动实施了一批重点建设项目。围绕2017年湘西自治州建州60周年,确定了300个州庆项目,总投资2300多亿元,目前已全面启动实施。如围绕“11大工程包”等国家战略及省里提出的10项重大行动45项工程,初步提出了重点规划项目400余个,总投资7500亿元以上,动态项目储备保持在1200亿元以上。同时,年度重点建设项目稳步推进,部分项目已竣工;重点支持湘西自治州全面小康社会建设的省定34个重点项目加速推进;《大湘西地区全面建成小康社会推进工作三年行动计划》中的交通通达、特色产业、流通产业、生态保护、重点城镇建设、农村公共服务等“八大工程”28个专项建设稳步推进,成效明显。

二、2016年工作设想

(一)突出政策扶持

进一步加大对湘西自治州经济社会发展的政策支持,全面落实西部大开发、武陵山片区试点、民族区域自治、革命老区、湘西地区开发等现有扶持政策,充分发挥政策的叠加效应。出台差异化扶持政策,研究制定操作性强、含金量高、力度更大的支持大湘西地区全面建成小康社会的政策措施,拟出台《中共湖南省委湖南省人民政府关于继续深入实施湘西地区开发战略促进全面建成小康社会的意见》,在财税、金融、土地、投资、产业、生态、人才、扶贫等方面制定力度更大、操作性更强的支持政策。同时，把扶贫攻坚作为全省“十三五”规划的重要内容和主要任务，扎实推进精准扶贫，为实现2020年全面脱贫摘帽打下坚实基础。

（二）突出项目建设

坚持把项目建设作为推进西部大开发的主要抓手，通过大项目带动湘西自治州经济社会大发展。一是强化项目储备。围绕国家“一带一路”、长江经济带、新型城镇化、“七大工程包”等国家战略，及时策划和上报一批大项目、好项目。二是大力推进项目建设。结合湘西自治州60周年州庆，组织实施好一批带动力强、效果明显的大项目。继续深入推进交通通达、特色产业、流通产业、生态保护、重点城镇建设、农村公共服务、教育均衡发展、精准扶贫“八大工程”28个专项建设。三是加强资金筹措。做大做强融资平台，进一步跟踪落实签约项目的落实，通过筹备公司上市、发行企业债券筹办法，加大资本市场融资力度。进一步整合各类财政专项资金，用于重大项目建设。进一步加大招商引资力度，加强与央企对接，大胆创新招商工作机制。

（三）突出产业转型

大力推进工业园区建设，重点支持湘西经开区“飞地经济”试点和8县市园区建设，加快标准厂房建设，提升园区集聚发展能力。推进特色农业开发，加强农业特色产业园建设，加强农产品品牌创建，积极培育和壮大一批新型农业经营主体。积极发展现代服务业，激活城乡消费市场。大力发展文化旅游产业，以创建国内外知名生态文化公园为目标，推进旅游提质改造，提升旅游核心竞争力。

（四）突出民生保障

一是扎实推进精准扶贫。全面落实习近平总书记“实事求是、因地制宜、分类指导、精准扶贫”的重要指示精神，着力抓好发展生产、基本公共服务、农村教育三件大事。按照“四个切实”、“六个精准”、“四个一批”的要求，推进精准识贫、精准扶贫、精准脱贫。二是着力办好民生实事。围绕群众关心的实际问题，集中力量办好一批群众看得见、摸得着、得实惠的实事。三是完善社会保障体系，推进机关事业单位养老保险制度改革，全面落实居民大病保险制度，进一步提高企业退休人员基本养老金、城乡居民基础养老金、基本医疗保险财政补贴标准和个人缴费水平。四是加快社会事业发展。统筹推进教育、医疗卫生、文化、科技等社会事业发展，创新社会管理，促进社会和谐稳定。

——执笔人：李健明

第三十一章　广东省

一、2015 年工作情况

2015 年，广东省进一步加强对口支援西藏、新疆和四川工作，做好东西协作扶贫、对口帮扶和三峡库区移民工作，加快推进跨省区交通等基础设施建设，加强经贸合作，积极引导广东企业到西部省区开拓市场等工作，切实做好西部大开发工作。据不完全统计，全年支援西部省区直接投入财政资金 38.32 亿元，安排和实施项目 404 个。其中，对口支援西藏林芝资金（含深圳）9.62 亿元，安排和实施项目 95 个；对口支援新疆喀什（含深圳）资金 25.22 亿元，安排和实施项目 121 个；对口支援四川甘孜资金 1.89 亿元，安排和实施项目 39 个；对口帮扶贵州毕节、黔南资金 0.77 亿元，安排和实施项目 85 个；东西协助扶贫援助四川凉山和广西百色、河池资金 0.53 亿元，安排和实施项目 34 个；对口支援三峡库区资金 0.29 亿元，安排和实施项目 30 个。

（一）加强领导，完善机制，推动西部大开发工作上新台阶

坚持从落实"两个大局"战略的高度，把推进西部大开发工作作为全省工作的重要组成部分，加强领导，动员各方面力量参与。省领导多次带队赴西藏、新疆和四川考察指导工作，2015 年以来，省领导带队 10 多批次赴西藏、新疆和四川等地实地考察对接工作。推动《促进泛珠三角区域经济合作发展的指导意见》和《泛珠三角区域合作机制》制定工作，签署了《广东省人民政府四川省人民政府深化粤川合作框架协议》，印发了《广东省对口支援四川甘孜藏族自治州经济社会发展工作实施方案》，与四川省建立了对口支援甘孜藏族自治州联席会议制度。

（二）继续深化"一个龙头，两翼齐飞"援藏工作格局

坚持"改善民生"和"凝聚人心"相结合，着力加快社会保障项目建设，大力推进公共服务事业发展，持续开展精准扶贫工作，使援藏成果更多、更广地惠及受援地群众。2015 年，安排民生项目资金 4.24 亿元，占计划盘子的 86%，重点实施小康示范镇、小康示范村、农牧民安居房等项目；引导农牧民群众广泛参与旅游产业，直接从事旅游服务的农牧民群众已达到 5000 余人，林芝市旅游直接从业人员突破 1 万人，带动社会就业近 4 万人；加大教育优先发展，重视医疗卫生事业；安排 1000 万元专项资金用于林芝扶贫工作，救济特困、贫困家庭及五保户，解决特困家庭子女上大学问题等。

坚持"输血"与"造血"相结合，立足林芝资源优势，大力发展生态旅游产业，稳步推进农牧藏医药业，重点建设鲁朗小镇项目，带动林芝产业经济提升。支持建设林芝国际生态旅游区，投入 30 多亿元打造以鲁朗国际旅游小镇为龙头的藏东南旅游精品线路，帮助农牧民

开设家庭旅馆378家，扶持农牧民群众参与旅游增收致富；大力推进科技示范村和藏药材种植示范园建设，通过天麻产业化发展，带动当地30%的农户发家致富，户年均增收1.5万到2万元。

坚持“引进来”与“走出去”相结合，结合林芝人才需求实际，不断加大智力援藏的力度，引领林芝教育教学发展，增强当地卫生服务能力，推进两地交往交流合作，为林芝长远发展提供智力支持。启动“百名医师援助西藏林芝”计划，选派94名医疗专家指导并参与林芝市创卫工作和创三乙工作；组织广东16所学校与林芝14所学校签订“结对子”帮扶协议，派遣50名教师赴林芝支教。

坚持“健全模式”与“创新方式”相结合，继续完善项目资金管理，不断构建立体援藏格局，积极搭建合作共赢平台，倾力支持稳疆固边工作，调动援受双方的积极性，将援藏效益最大化。按照粤藏两省区共同确立的“四双”项目资金管理新模式，构建“政府为主、社会为辅、企业参与”的立体援藏模式，逐步形成全省各级党政机关、企事业单位、人民团体和个人采取捐赠、结对帮扶等形式参与对口支援的工作格局，建立了交往交流交融的援藏工作新机制。2015年，省领导带队4批次到林芝实地考察指导工作，在总盘子外安排4.7亿元专项资金，广东社会各界捐赠资金1882万元。

(三)务实创新，努力推动援疆工作上新台阶

援疆工作重视改善民生。以改善各族群众生产生活条件为切入点，加大安居富民、双语教育、医疗卫生、扶贫助农以及水电路暖等民生项目的投入。2015年，安排民生类项目援疆资金22.68亿元，占年度援疆总资金的89.93%。其中，安排就业援疆资金3.16亿元，安排教育援疆资金5.61亿元，安排人才援疆资金5915万元，安排精准扶贫资金3.43亿元。支持建设安居富民房和牧民安居房共24540套、医院4个、学校20所、社区服务中心10个、村级服务中心285个、粮库7个。

全力推进就业援疆，坚持就业第一。以产业援疆带动就业。2015年，安排产业发展扶持资金4.04亿元，重点推进兵团草湖200万锭广东纺织服装产业园、喀什国际经济合作区、广州新城、喀什深圳城和喀什深圳产业园建设，并带动企业新增投资约37亿元。其中，兵团草湖200万锭广东纺织服装产业园项目总投资106亿元，实现产值249亿元，解决就业47760人。2015年，安排就业专项资金1.95亿元，创造就业岗位11000多个，带动当地就业4万余人。在广东建立劳务输出基地，建立长效合作机制，协助受援地组织劳务输出到广东就业5000余人次。

大力实施智力援疆，夯实医疗教育人才基础。充分借助广东人才资源等优势，大力推进干部、人才、医疗、教育、文化、反恐等全方位援疆对接。2015年，共安排干部、人才支援及培养培训资金7620万元，举办各类培训班252个，累计培训当地干部和人才3.2万人。选派245名医务人员入疆开展医疗援助，全面启动广东省15家三甲医院对口支持喀什地区第一人民医院18个重点专科项目建设，帮助喀什市人民医院通过二甲医院评审。启动实施当地100名职业教育骨干教师培养计划，接收35名职业教育骨干教师来广东培训，选派151名教师到喀什各类学校任教。接收新疆籍学生在广东就读内地民族班，目前在校新疆籍学生5203人(其中:高中班4171人，中职班1032人)。深圳市援建的喀什大学新校区全面开工。选派2批30人次公安特警到喀什参加实战交流，喀什地区公安局选派7批120人次公

安一线领导干部和业务骨干到广东学习考察，组织乡（镇）、村干部和基层干警进行应急管理、维稳培训520人次。

以文化为引领，促粤喀两地交流交往。发挥统筹协调作用，积极推进粤新两地经贸合作与交流。全力做好“喀交会”各项工作，达成经贸合作项目21个，项目金额合计9.79亿元。加强新疆旅游推介，协调广东省旅行业界代表团到新疆喀什、乌鲁木齐开展业界同行交流、旅游线路考察，深喀两地签署“旅游合作框架协议”，帮助喀什市和塔县双双通过国家5A景区景观评审。举办广东省文化志愿者边疆行“春雨工程”活动，搭建内地与边疆民族地区文化帮扶与交流平台，促进粤新两地文化交流和增进民族团结。

（四）全面启动对口支援四川甘孜各项工作

召开了川粤对口支援第一次联席会议，印发了《广东省对口支援四川省甘孜藏族自治州经济社会发展工作的实施方案》，下达了《广东省2014—2015年对口支援四川省甘孜藏族自治州项目投资计划》，组织编制对口支援甘孜“十三五”规划，选派第一批援川前方工作组进驻甘孜，搭建交流平台促进粤甘经济、人才、文化的全面交流。

（五）做好东西协作扶贫及三峡库区移民工作

积极推进东西协作扶贫工作。2015年，援助广西3500万元、四川1816万元，社会捐款及捐物合计2610万元。开工建设23条整村推进示范村，覆盖贫困群众2680户12002人。帮助广西举办各类培训班48期，培训人员5200人次，其中培训干部300人次。吸收广西务工人员450万人次，劳务输出纯收入近20亿元。

切实做好对口帮扶贵州工作。2015年，对口帮扶毕节市和黔南州7700万元，其中援助毕节市4300万元，援助黔南州3400万元。合作推进“黔电送深”大型煤电合作项目，在毕节市织金县建设总投资100亿元的4×66万千瓦燃煤机组。实施贫困村道路硬底化等基础设施建设，整村打造7个“美丽乡村”示范点，13个自然村2.4万名村民受惠。培训贵州各类干部及专业人员2200余人次。

扎实推进对口支援三峡库区移民工作。2015年，落实援助三峡库区资金2850万元，实施项目30个。项目安排按照“民生项目优先、集中资金办大事”的原则，优先向教育、文化、水利、交通、环保等民生领域倾斜，进一步补齐与完善重庆市巫山县因移民搬迁和社会经济发展遗留下来的“短板”，并在计划外培训巫山县干部和中小学教师120人，送教上门300人。

（六）加快推进跨省区基础设施建设

加快打通连接西部地区的高速公路。重点推进包茂高速公路、广佛肇高速公路、玉林至湛江高速公路广东段、罗定至信宜（粤桂界）高速公路等建设及前期立项工作。

加快建设通往大西南地区的西江黄金水道。开工建设西江界首至肇庆段航道整治工程，项目全长约171公里，按通航3000吨级船舶标准建设，工程估算总投资10.2亿元。

加快推进广西大藤峡水利枢纽工程建设。根据水利部要求，明确广东省承担大藤峡工程公益性出资12.64亿元，已落实投资2.15亿元。

(七)提升西部大开发经贸合作深度和广度

依托重点经贸活动开展项目合作对接。组织300余家企业约1000人的广东经贸代表团,参加第十九届中国东西部合作与投资贸易洽谈会暨第二届丝绸之路国际博览会省际经济合作交流大会、2015中国·青海绿色经济投资贸易洽谈会、第二十一届中国兰州投资贸易洽谈会、第十一届中国新疆喀什·中亚南亚商品交易会、2015亚欧商品贸易博览会、2015中国西部(四川)进口展暨国际投资大会等6场重点经贸活动。

积极推进西部地区广东商会建设,发挥商会人缘地理优势。在西部地区成立了云南、贵州、陕西、青海、甘肃、内蒙古、新疆、广西、四川、重庆、宁夏等11家广东商会,会员企业近3500家,注册资本近800亿元,协助政府及有关部门开展经贸合作近500次。

(八)加强与泛珠三角区域西部省份的合作

推动泛珠三角区域合作机制的创新和完善。推动《促进泛珠三角区域经济合作发展的指导意见》的起草制定,争取国家支持将泛珠合作上升为国家战略。研究起草《泛珠三角区域合作机制》,进一步推进落实《泛珠三角区域深化合作共同宣言(2015—2025年)》。

推进高铁经济带、珠江—西江经济带和粤桂合作区等合作平台的建设。编制《粤桂黔高铁经济带合作试验区(广东园)发展总体规划(2015—2030年)》,与广西壮族自治区签署了《关于建设南广高铁经济带合作框架协议》,与广西壮族自治区、贵州省签署了《关于建设贵广高铁经济带合作框架协议》、《珠江—西江经济带发展规划》,确定重点合作项目111个,总投资约3015亿元。粤桂合作特别试验区入驻企业已达68家,完成投资38.46亿元,实现工业总产值133.85亿元。

加强农业、信息化、旅游和科技等合作,推动各方协同发展。举办荔枝龙眼交易会,签约项目2个,合同总额达1.8亿元;组织企业参加贵州铜仁在广州的农业招商推介会,现场签约项目22个,签约资金17.44亿元。组织召开泛珠三角九省(区)工业和信息化合作联席会议第二次会议。在泛珠区域内逐步取消旅游壁垒和进入障碍,为游客跨省区旅游及旅游企业跨区域经营提供便利;与贵州、广西共同签署了《旅游合作协议》。

加强工商、质监、知识产权、通关、反走私合作,进一步优化区域市场环境。成功举办了第十届泛珠三角区域知识产权合作联席会议暨知识产权交流活动,推进国家知识产权局区域专利信息服务(广州)中心建设。与广西签订了《反走私情报联动合作备忘书》。

加强环境保护、人口计生、教育、劳务等领域的合作,促进和谐社会建设。召开了泛珠三角区域环境保护合作联席会议第十次会议。推进跨省异地就医合作,加快实现异地就医联网结算。组织各地市技工院校,大力开展"一对一"、"一对多"技工教育援助。建立建设在粤务工人员服务协会,创新完善异地务工人员入户制度,推动实现养老保险关系跨省顺畅转移。2015年,外省籍在粤务工人员总量达1600多万人。

二、2016年工作设想

(一)继续推动对口援藏援疆援川工作取得更大成效

一是扎实推进"十三五"规划开局工作,抓好援建项目建设。二是做好援藏关系调整应

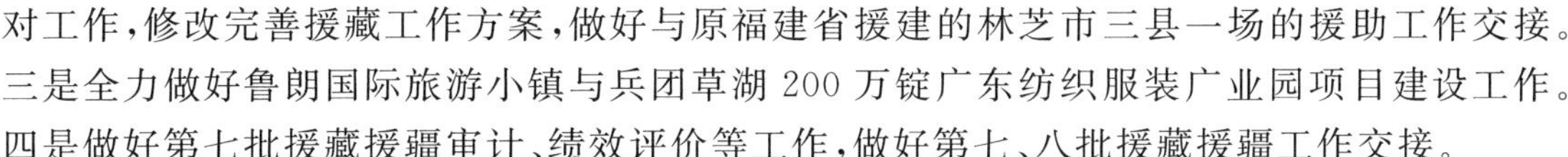
对工作，修改完善援藏工作方案，做好与原福建省援建的林芝市三县一场的援助工作交接。三是全力做好鲁朗国际旅游小镇与兵团草湖200万锭广东纺织服装广业园项目建设工作。四是做好第七批援藏援疆审计、绩效评价等工作，做好第七、八批援藏援疆工作交接。

(二)继续做好东西协作扶贫、对口帮扶及三峡库区发展和移民安稳致富

一是继续抓好帮扶整村推进示范村建设、“两广”对口帮扶职业教育协作、谋划“十三五”时期两广扶贫协作计划纲要等，落实精准扶贫要求，帮助贫困地区脱贫。二是继续加大对口帮扶贵州毕节市和黔南州工作力度。三是在巫山县移民小区实施综合帮扶任务，与巫山县政府建立旅游合作长效协调机制。

(三)继续加强与西部省份间的经贸合作交流

以区域经济合作为手段，坚持市场开拓和商务交流相结合，积极推进广东省和西部地区经贸合作，实现互利共赢。支持配合西部省(区、市)在广东省召开招商推介、展销展示等专项活动。充分发挥各类商会、协会联系协调企业的独特优势，鼓励和引导广东省企业赴西部考察和寻求投资机遇，开拓西部市场。

(四)继续加强与泛珠三角区域西部省份合作

一是推动将泛珠三角区域合作上升国家战略。二是进一步完善泛珠三角区域合作机制。三是继续推进广东省与西部地区出省通道建设以及水利等基础设施合作。

——执笔人：由洪文

第四篇/企事业篇

第一章　中国铁路总公司

一、2015 年工作情况

(一)加快推进铁路建设

抓好开通项目投产。2015 年,西部铁路完成基建投资 2436 亿元,开通运营了沪昆高铁怀化至贵阳段、兰州至中川机场段、成都至重庆、云桂铁路南宁至百色段、锡林浩特至乌兰浩特、宁西铁路复线等西部重大工程,全年新增营业里程 4400 公里。

推进在建项目建设。一是加快西部对外干线通道建设,抓好在建的成都至贵阳、呼和浩特至张家口、兰州至重庆等重大项目,争取尽快建成投产发挥效益。二是积极推进敦煌至格尔木、织金至纳雍、织金至毕节等区域开发性铁路项目建设,扩大路网覆盖面。三是推进在建的乌鲁木齐新客站、昆明铁路枢纽扩能等项目建设,并实施既有线扩能和主要客货枢纽改造,完善枢纽场站结构和现代物流系统,强化点线能力配套发展,系统提高铁路运输能力。

加快推进新开工项目建设准备。2015 年,开工吴忠至中卫铁路、郑州至万州、大理至临沧、弥勒至蒙自、合浦至湛江、玉溪至磨憨、叙水至毕节、青藏铁路格拉段扩能等重大项目。

做好规划项目前期工作。积极推进重庆至昆明、西宁至成都、贵阳至南宁、南昆铁路扩能等项目前期工作,为早日开工建设创造条件。推进既有线和枢纽配套改造,以及现代物流场站等前期工作,逐步形成现代化综合客货运中心。

(二)优化运输组织,强化铁路对西部地区运输保障作用

旅客运输。2015 年以来,西部地区多条新线开通,相关省份首次开通高铁动车组列车,客运能力进一步提升,人民群众出行更加便捷。铁路总公司继续加大对西部客运能力的倾斜力度,增加中长途旅客列车开行数量,西部地区共增开旅客列车 135 对,占全路总增量的 44%,进一步强化西部与其他地区的交通联系。

2015 年,西部 12 省(区、市)铁路旅客发送量完成 4.95 亿人,较上年增加 6272 万人,同比增长 14.5%。

货物运输。铁路部门认真贯彻落实国家发展战略,积极适应国家经济结构调整和产业结构升级带来的新情况新变化,大力深化货运改革,加快推进向现代物流转型发展,全力保障西部地区铁路物资运输。根据西部资源分布特点,充分利用新线和既有线能力,加强重点区域和重点物资运输组织,抓好煤炭、石油、冶炼、粮食等重点物资运输。2015 年,西部 12 省(区、市)货物发送量完成 13.5 亿吨;其中"白货"发送量约 1 亿吨,同比增长 10%。强化"中欧班列"开行组织力度,2015 年,全路"中欧班列"开行 815 列,同比增加 507 列,同比增长 165%。

二、2016 年工作设想

(一)推进铁路网建设,尽快构建完善的铁路运输体系

加快推进在建项目建设。进一步加强组织领导和建设管理,强化施工组织,争取 2016 年建成投产沪昆高铁贵阳至昆明段、重庆至万州、云贵铁路云南段等重大工程;抓好西安至成都、成都至贵阳、成昆铁路扩能、银川至西安、吴忠至中卫、兰州至合作、丽江至香格里拉、库尔勒至格尔木、拉萨至林芝等重大铁路项目建设。

推进新开工和规划项目前期工作。积极推进贵阳至南宁、重庆至昆明、西宁至成都、南昆铁路扩能等项目前期工作,争取早日开工建设;做好川藏铁路雅安至林芝段前期研究。

(二)强化运输组织,提高运输效率

全面深化铁路运输组织改革,充分利用新投产铁路能力,创新运输组织,提高运输效率,优化运力配置,加大对西部地区的运力支持。一是继续实施运力倾斜,充分发挥新线的作用,在客流需求较大的区段增开旅客列车,进一步优化旅客列车开行方案,更好地满足区域旅客出行需要。二是进一步完善铁路部门与地方政府间的协调沟通机制。三是对西部地区季节性、临时性的重点物资建立应急保障机制。四是加强“中欧班列”建设发展,打造“中欧班列”统一品牌,扩大班列开行数量。五是加大西部地区铁路运力支持力度。强化西北、西南区域内及区域间的运输组织,优化循环运输方案。

——执笔人:赵长江

第二章　中国石油天然气集团公司

一、2015 年工作情况

2015 年，中国石油在西部地区完成投资 1030 亿元，重点突出主营业务发展，稳步推进重点项目建设，努力带动和促进西部经济社会发展。

（一）资源基础进一步夯实，油气产量继续保持稳定

勘探方面，油气储量持续增长，资源基础进一步夯实。2015 年，西部地区探明石油地质储量 6.1 亿吨，探明天然气地质储量 4589 亿立方米。

开发方面，原油产量继续保持稳定。天然气产量实现稳中有升。2015 年，在西部地区生产原油 4885 万吨，生产天然气 869.4 亿立方米，油气产量当量 11812 万吨。

（二）炼化产品结构进一步优化

一是有序推进重大项目建设。按照国家能源战略通道的总体部署，按计划推进云南炼油项目建设，计划 2016 年完成建设。二是稳步推进油品质量升级。按照国务院对油品质量升级的要求，在西部炼厂完成了广西石化轻汽油醚化、乌鲁木齐石化柴油加氢改质等质量升级项目，提前满足国Ⅴ油品质量升级要求。

（三）油气储运项目进展顺利

一是完成马惠宁原油管道安全及扩能改造、宁夏石化成品油外输管道、钦州—南宁—柳州成品油管道建设。二是西气东输三线西段压气站、中缅原油管道一期工程、云南成品油管道及配套油库项目建设稳步推进。三是陕京四线、西气东输四线、西气东输五线及中亚天然气管道 D 线等战略管道项目前期工作积极推进。

（四）油品供应保障能力进一步提高

一是保障民生、重点行业和重大项目油品供应。针对独山子石化等多家西部炼厂检修实际，提前调配川渝、云贵广地区资源，保证西部市场油品稳定供应。面对甘肃、内蒙古、西藏等地震灾害，组织地区销售公司全力抗灾抢险，保证救灾及灾后重建用油需要。二是完善云贵广油品销售网络，新投运加油站 292 座，新增库容 32 万方，服务“一带一路”重大战略。三是为西部“蓝天绿水”工程添砖加瓦，组织实施了一批油库、加油站油气回收装置建设和改造项目。

(五)装备制造水平进一步提升

加大产品结构调整及科技创新力度,在保障油气核心业务发展的基础上,积极开拓社会市场及国际市场。实施好三个跨年续建项目,其中济柴动力总厂成都大功率压缩机制造及成撬项目建成投产,宝鸡石油钢管厂国家石油天然气管材工程技术研究中心、宝鸡石油机械公司国家油气钻井装备工程技术研究中心 2 个项目基本建成。

(六)工程技术服务能力进一步增强

综合一体化服务能力显著增强,特别是复杂深井、超深井钻井和油气储层改造能力进一步提升,满足了长庆、塔里木、克拉玛依、川渝等重点油气区勘探开发工程技术服务需要。西部企业新增出国工程技术服务队伍 6 支,累计已有 192 支队伍从事国际业务,创效能力进一步增强。

(七)金融信贷业务快速发展

昆仑银行目前在西部地区拥有营业网点 62 家,覆盖新疆、陕西、四川等西部 3 省 10 地(州、市),2015 年投放贷款 256 亿元,重点支持西部能源产业、民生工程、基础设施等重点项目,以及小微企业、三农等融资需求,为当地经济发展做出了重要贡献。中石油专属财产保险股份有限公司作为国家首家自保公司,2013 年 12 月在克拉玛依成立,风险应对能力不断提升。

(八)扶贫工作扎实推进

持续加大西部扶贫和支援力度,2015 年,在新疆、西藏、青海、贵州、甘肃、宁夏、重庆等 7 省(区、市)投入资金 10700 万元,援建综合市场、道路拓展硬化、幼儿园、职工周转房、卫生服务中心、安全饮水工程和蔬菜种植基地等民生项目 11 个,举办各类培训班 14 期,培训青年基层干部、农牧民、乡村医护人员、教师、校长和致富带头人等近 1300 多人。

二、2016 年工作设想

2016 年,中国石油继续贯彻落实国家西部大开发战略,计划投资 993 亿元,保持对西部地区实施优势资源转换战略的支持力度,为国内油气供应和促进西部经济社会发展做出新的贡献。

(一)继续把油气勘探放在重中之重,努力实现油气产量稳定

加强油气勘探,提高资源保障能力。立足西部重点盆地,深化富油气凹陷和区带立体勘探、精细勘探,努力寻找和落实优质规模可动用储量。强化规模勘探和效益勘探,积极准备后备接替领域。2016 年,在西部地区计划新增探明石油地质储量 5.65 亿吨,新增探明天然气地质储量 3500 亿方。

在原油开发方面,统筹协调上产、稳产和产量有序调整,优化产量结构,突出整体效益,保持原油产量基本稳定。2016 年,在西部地区计划生产原油 4608 万吨。在天然气开发方面,根据天然气产运销平衡发展目标,合理确定产量规模,保持产量稳定增长。重点突出四

大气区，优化产能建设节奏。2016 年，在西部地区计划生产天然气 918.1 亿立方米。

（二）稳步有序推进重大炼化项目和成品油质量升级工程

重点建设和运营好云南炼油项目，提升项目适应性和竞争力，落实好新建加油站布局，满足当地成品油市场需求，实现成品油就地销售。全面完成国Ⅴ油品质量升级工程，建设长庆石化、兰州石化、庆阳石化、玉门炼化、四川石化、乌鲁木齐石化、独山子石化、宁夏石化、格尔木炼厂、泽普炼厂等企业的国Ⅴ标准成品油质量升级项目，确保 2016 年年底前西部炼厂车用汽柴油全部达到国Ⅴ标准。

（三）加快推进管道项目建设，保障西部产炼运销同步协调发展

一是建成中缅原油管道一期工程、云南成品油管道及配套油库项目；二是继续建设西气东输三线西段压气站，开工建设陕京四线和西三线中卫—靖边联络线；三是继续推进西气东输四线、西气东输五线及中亚天然气管道 D 线等战略管道项目前期工作。

（四）继续完善成品油销售网络建设，保障西部经济发展

继续完善销售网络建设，确保油品调配顺畅经济，推进云南石化外输成品油管道及其配套油库、加油站建设；拓展加油站特色经营，发展互联网，建设涵盖油品、非油品销售的互联网营销平台，实现“智能化销售、数字化运营”，使老百姓消费更加便利和快捷。

（五）推进产品改造升级，提高石油装备服务保障能力

继续以陕西、四川为重点，以钻井装备、采油装备、石油钢管等为重点，加快新技术、新材料、新工艺应用，推进生产线工艺改造和产品升级换代，提升产品质量、性能和可靠性，推动产品从低附加值向高附加值、从产业链低端向高端升级，提高产品市场竞争力，为满足西部地区油气勘探开发装备需求提供有力保障。

（六）增强工程技术服务保障能力，努力开拓国外高端市场

2016 年，继续坚定不移地走技术型发展道路，落实市场化、业务高端化、技术优特化、人员精干化、资产轻量化、管理专业化的“六化”举措，坚持保障与竞争并举，积极应对工程技术服务市场的系统性风险，推动企业转型升级。依靠高技术装备增加高附加值业务，利用社会资源实现低端业务外包，发挥一体化优势，推动国际业务稳中有增。

（七）积极落实“一带一路”发展战略，服务西部经济社会快速发展

围绕国家“一带一路”发展战略，一是扎实做好保障西部能源战略通道的油气资源供应；二是与西部沿线省（区、市）共同维护油气管网的安全平稳运行，共建防控体系；三是服务西部经济社会发展。昆仑银行继续加大西部地区金融服务基础设施和渠道建设，规划在新疆、陕西、四川、宁夏、甘肃、云南等西部省（区、市）新设分支机构和村镇银行，为支持西部发展搭建综合化金融服务平台。专属财产保险公司稳妥推进服务模式，创新保险产品，拓展保险范围，努力做强做优保险业务。

(八)加强精准帮扶,推动受援地持续发展

2016年,坚决贯彻落实党中央国务院关于扶贫工作的部署要求,计划投入1亿元用于西部地区援助建设。坚持把改善受援地群众生产生活条件、帮助脱贫致富作为主要任务,把改善民生、扶持产业和增强能力作为主要途径,以帮扶项目为主要抓手,继续援建安全饮水、通村公路、医疗卫生和学校等项目,着力解决群众最急需、最迫切的实际问题;扩大智力帮扶范围,持续提升培训效果,努力促进受援地经济社会发展。

——执笔人:魏正学

第三章　中国石油化工集团公司

一、2015 年工作情况

2015 年，全年在西部完成投资 431 亿元（占总投资比例与去年基本持平），生产原油 965 万吨，天然气 185 亿立方米，其中页岩气 31.7 亿立方米，加工原油 915 万吨，供应油品 2937 万吨。

（一）实施“资源”战略，深入开展油气勘探开发工作

在勘探方面，加快西部探区油气储量探明速度。分别在鄂尔多斯盆地、川西中浅层、准噶尔北缘、塔里木盆地中部地区等领域取得重大突破，培育了五个规模增储新阵地。

在开发方面，落实了西部 4 个新的油气上产阵地。一是准噶尔西缘初步形成了规模上产的条件，储量、产量增长形势喜人。二是继普光气田后，川东北地区另一个海相气田——元坝气田试采工程建成投产，滚动建产工程顺利推进。三是积极探索致密气田配套开发技术，鄂尔多斯盆地大牛地边际气田平稳生产。四是四川盆地西部低渗气田持续上产稳产，实现了低渗气田的持续规模开发。

（二）实施炼油结构优化调整，完善成品油管输系统，发展销售网络，保障西部发展油品供应

为满足西部地区汽柴油产品质量升级要求，有序推进了北海炼化油品质量升级改造工程，建成并投用北海炼化石化码头工程。开展了塔河炼化国Ⅴ标准车用柴油质量升级前期工作。建成了贵阳—桐梓、重庆—綦江管道，续建了昆明—玉溪、玉溪—富宁等成品油管道，开工建设了綦江—荣昌、隆昌—简阳成品油管道；续建了甘肃武威油库、青海湟源油库、四川简阳油库等。至 2015 年年底，西部地区建有加油（气）站约 5000 座，年供应油品 2937 万吨，有力地保障了西部油品供应。

（三）加快西部地区产业升级步伐，积极发展煤化工、页岩气、LNG、煤层气等新能源产业

西部地区煤炭资源十分丰富，中国石化积极发展西部地区煤炭资源深加工产业。新疆准东煤制天然气项目，设计能力 80 亿立方米/年，配套建设 3000 万吨/年煤炭产能。项目已获国家“路条”，可研报告已通过了专家评审，进行持续优化。项目环评、水资源论证、能评、土地预审等专题报告基本完成，能评、水资源论证已上报国家有关部门审批。配套两座煤矿可研报告国际咨询公司已组织专家进行了评估。

鄂尔多斯煤化工项目。设计建设煤炭产能 2500 万吨/年、甲醇 360 万吨/年以及下游化工产品。项目一期工程全面启动建设。

宁东煤电化一体化项目。2010 年开工，2014 年 9 月一次开车成功。2015 年实现营业

收入9.8亿元。

贵州毕节煤化项目。设计建设180万吨/年甲醇制烯烃及聚烯烃等装置，配套煤矿。煤化工项目获国家“路条”，并通过了国家发展改革委组织的评估。土地预审、社会风险评价、能评、水资源论证等获得批复，环评拟于11月上报国家有关部门审批。配套建设肥田煤矿、戴家田煤矿进展顺利。

页岩气方面。一是勘探成果继续扩大。继焦页2井突破后，在四川盆地东南部渝、贵、川交界地区的焦石坝、彭水、丁山、南川等区块又取得一系列重大发现，一批新探井获得高产工业气流，页岩气累计探明储量超过3800亿立方米。二是涪陵页岩气国家示范区顺利实施，建成国内第一个规模开发的页岩气田。在气田主体建成50亿立方米/年的页岩气生产能力和国家级示范区，并配套建设相应的地面集输及外输供气设施，2015年页岩气产量31.7亿立方米。

LNG工程。为促进西部地区经济社会发展，优化能源结构，建立多气源、多方向供应格局，正在建设广西LNG项目。一期设计规模300万吨/年，2015年年底基本建成。同时，还在四川、重庆等地结合资源及市场情况，推进建设小型LNG项目。

煤层气方面。鄂尔多斯盆地南部延川南煤层气产能建设有序推进。建成公司第一个煤层气产能建设项目——延川南区块5亿立方米煤层气产能项目。

(四)加快发展西部能源外输通道，抓好重点管道运营管理，将西部资源优势转化为经济优势

新疆煤制天然气外输管道工程顺利推进。积极筹备建设新疆至广东、浙江煤制天然气外输管道(新粤浙管道)。管道一干五支，全长8400公里，自大西北贯穿至东南沿海，总投资1300亿元以上。2015年10月获得国家核准，正在加快优化项目建设方案。

鄂尔多斯—安平—沧州输气管道加快推进。该管道包括一干四支，全长2400公里。途经宁夏、内蒙古、陕西、山西、河北、河南5个省区。项目已纳入国家《天然气发展“十二五”规划》，2014年3月获得国家“路条”。目前正在编制可研报告，开展项目核准所需的各项评价工作。

涪陵—王场输气管道加快建设，将页岩气资源接入川气东送管道输送至长三角及管道沿线等经济发达地区。管道全长141公里，2015年4月建成投产，全年累计输气约14.8亿立方米。

川气东送工程，预计全年向川、渝、鄂、皖、赣、苏、浙、沪等六省二市供气79.3亿立方米(含页岩气)。榆林—济南天然气管道2015年向山东、河南、内蒙古等地输气31.3亿立方米。

二、2016年工作设想

2016年，中国石化将继续贯彻落实西部大开发战略，初步计划在西部地区投资427亿元，生产原油950万吨，天然气222亿立方米，其中页岩气50亿立方米，煤层气2亿立方米，加工原油990万吨，供应油品2850万吨。

(一)继续加强油气勘探开发工作

强化西部石油勘探,扩大战略接替新阵地。立足塔里木、准噶尔、鄂尔多斯三大盆地,加大塔中、准中、准北、玉北等重点区带勘探力度,培育规模增储阵地;深化塔河、准西等重点增储区带勘探,确保实现西部持续增储上产;积极探索寒武系盐下、石炭系等领域,努力实现新突破。计划新增探明石油储量5000万吨。

加大西部天然气勘探,进一步扩大储量规模。立足四川、鄂尔多斯两大盆地,加快川东北、川西、鄂北的整体探明,确保储量规模增长;加强川东南及下组合勘探,实现战略突破;评价南方海相,积极准备后备战场。计划新增探明天然气地质储量500亿立方米。

加快储量评价和动用,实现西部油气持续上产。计划生产原油950万吨,常规天然气170亿立方米。以优化产能部署为重点,加快准西、塔北、塔中的开发,改善碳酸盐岩油藏水驱效果,控制缝洞型油藏递减。天然气开发以生产安全和供气安全为前提,统筹做好产能建设、市场开发与管网建设,精心组织元坝气田建产工程等重点气田产能建设;以长井段水平井技术为主导,抓好大牛地和川西中浅层气田增储上产。

加快开发西部非常规油气资源。全面贯彻落实国家页岩气发展战略,立足四川盆地东南部地区建设涪陵大型页岩气田。按照整体评价、好中选优、分期实施、规模建产的原则,在总结一期50亿立方米/年建设经验的基础上,计划2016年启动二期页岩气产能建设。全年计划生产页岩气50亿立方米。生产煤层气2亿立方米。

(二)加快重点炼化项目建设

加快推进北海炼化油品质量升级改造工程,计划2016年一季度建成投产。积极推进塔河炼化国Ⅴ标准车用柴油质量升级项目,力争2016年10月建成投产。

(三)完善成品油销售网络

2016年,进一步完善西部地区销售终端网络,计划为西部地区供应油品2850万吨。重点建成昆明—玉溪、玉溪—富宁、綦江—荣昌、隆昌—简阳等成品油管道,建成甘肃武威和兰州、青海湟源、四川简阳和蓬溪等油库。

(四)加大新能源开发力度,推进西部煤化工、地热能项目建设进程

推进新疆煤制天然气项目核准工作,尽早启动建设。进一步优化项目技术方案,开展项目总体设计工作;配套煤矿启动初步设计,适时启动建设。

加快鄂尔多斯煤化一体化项目建设。配套葫芦素和门客庆煤矿已建成投产。煤化工装置加快建设,2016年6月建成投产。

做好宁东煤电化一体化项目商业化运行。抓好运行管理,做好装置"填平补齐"工作和环保消缺。

推进贵州毕节煤化工项目建设。抓好项目核准工作,加快支持性文件报批,尽早开工建设。加快配套煤矿建设。

(五)加快推进天然气长输管道前期工作

充分依托西部资源优势,统筹常规天然气、煤制气、页岩气、煤层气等资源,多渠道开拓

气源,加快推进管道前期工作,力争项目尽早核准并开工建设。

一是继续推进新疆煤制天然气外输管道前期工作。结合新疆煤制天然气产业发展和管道沿线天然气资源情况,推进新粤浙管道分段建设。

二是深化细化鄂尔多斯—安平—沧州输气管道可研方案。开展各项评价,完成后尽快上报国家核准。

三是推进川气东送一线增压和二线工程,开展各项评价,尽快完成核准。

——执笔人:王凤龙

第四章　国家电网公司

一、2015年工作情况

(一)落实西部大开发战略,服务西部省区发展

2015年,公司先后与四川、湖北、湖南、甘肃、青海、新疆、内蒙古等省(区)政府举行会谈,就进一步加强战略合作,加快西部电网发展等战略问题达成了共识;落实支持西藏、新疆及四川、甘肃、青海三省藏区电力发展和重大项目的若干意见,加快电网建设;推动西部电网"十二五"规划的顺利实施,促进西部地区经济发展。

(二)加大电网投资力度,加快西部地区电网建设

公司不断加大西部地区的电网投资力度,2015年,在西部地区完成电网投资1123亿元,投产110(66)千伏及以上交流线路1.4万公里、变电容量6363万千伏安,西部地区主网送电能力和安全稳定水平进一步提高,供电能力不断加强,满足了经济社会发展需要。

(三)加快重点工程建设,推动西部地区资源转化

一是建设锡林郭勒盟—山东交流、宁东—绍兴直流特高压工程,总投资415亿元,全面推动锡林郭勒盟、宁东大型能源基地开发和电力外送。二是开工建设蒙西—天津南、榆横—潍坊交流和酒泉—湖南、锡林郭勒盟—泰州、上海庙—山东、准东—皖南直流特高压工程,总投资1560亿元,落实大气污染防治行动计划,促进内蒙古、陕西、甘肃、新疆资源优势向经济优势转化,提高电网接纳清洁能源能力,促进风电等新能源发展。三是推进蒙西—湘南、荆门—武汉、长沙—南昌、胜利—锡林郭勒盟—张北—赣州、南阳—驻马店、晋东南—东明—枣庄、湘南—赣州、巴塘—雅安—重庆—绵阳—德格、雅安—阿坝交流和扎鲁特—山东、雅中—江西、准东—四川、陕北—湖北、蒙西—湖南、蒙古—天津直流特高压工程前期工作,力争早日开工建设,满足西部能源基地电力外送需要。

(四)支持新能源开发及消纳,促进清洁能源发展

一是全力支持风电、光伏发电等新能源并网。2015年,国家电网西部地区调度范围内风电和光伏发电并网容量分别达到4903万千瓦和2195万千瓦,促进了西部地区清洁资源优势转化为经济优势。二是加快风电送出工程建设。主动与风电业主协调配合,滚动优化配套电网工程建设时序,积极创造条件,千方百计加快并网工程建设。三是充分利用抽水蓄能电站提高低谷风电消纳空间。严格按照国家能源局《抽水蓄能电站调度运行导则(试行)》的要求,在系统调峰容量不足发生弃风时,合理调用抽水蓄能机组运行。

（五）加快农村电网建设和改造，改善农牧区民生

公司高度重视农村电网建设改造和无电地区电力建设，全面推进农村电网改造升级工程，加快项目前期工作，增加项目储备，加强工程管理，完善制度标准，强化安全、质量和施工进度的有效衔接。全面实施户户通电工程，加快无电地区电力建设，2006 年以来，累计投资 381 亿元，解决了 192 万户、750 万无电人口通电问题，完成国家电网延伸范围内“户户通电”任务。

（六）开展“东西帮扶”，加强资金和人才对西部援助

西部地区地域面积广，负荷密度低，电网建设投资需求大、效益低，自我发展能力不足。为支持西部地区跨越式发展和长治久安，公司发挥集团优势，实施“东西帮扶”，2015 年，安排帮扶投资 13.9 亿元，推进西部地区 750 千伏及以下输变电工程建设。选派第三批 22 名青年干部赴西部地区电力公司挂职工作，提高干部队伍素质和管理水平。

（七）积极开展对口援藏，切实履行社会责任

公司继续对西藏自治区阿里地区措勤县和青海省果洛州玛多县开展对口援助工作，2015 年，共无偿援助 3980 万元。按照国家对口援藏工作有关要求，公司援藏、援青工作优先安排改善农牧民生产生活条件、增强基层公共服务能力、加强生态建设和环境保护等的援助项目。一是援助西藏措勤县 2900 万元，安排光伏电站扩建、10 千伏电网改造等电力建设项目，安排农牧民安居房、幼儿园和中小学附属工程、电影院、电子商务开拓、电视台和村委会改造等民生工程。二是援助青海玛多县 1080 万元，安排花石峡供电营业所业务用房、中学配套设施、生态养殖、蔬菜种植、特色旅游产品加工及残疾人就业扶贫基地等项目。援助项目促进了措勤县、玛多县经济发展和社会进步，提高了人民生活水平，促进了民族团结，为民族地区经济社会发展和社会安定做出了积极贡献。

二、2016 年工作设想

（一）加快电网建设，服务经济社会发展

继续贯彻落实国家西部大开发战略部署，加大投资对西部地区的倾斜力度，进一步促进西部地区各级电网协调发展。2016 年，计划安排投资 966 亿元，优先解决主网架安全问题，消除薄弱环节和安全隐患，解决电网结构性缺陷，加强省间联络，提高交换能力和安全运行水平，为特高压和跨区外送电网提供坚强支撑。优化城市配电网结构，加强县域电网、中心城镇和产业园区配电网建设，提高供电质量。

（二）继续推进重点工程建设，提高资源转化能力

加快建设锡林郭勒盟—山东、蒙西—天津南、榆横—潍坊交流及宁东—绍兴、酒泉—湖南、锡林郭勒盟—泰州、上海庙—山东、准东—皖南直流特高压工程，促进能源结构优化和雾霾治理，实现能源清洁高效利用和可持续发展；积极推动蒙西—湘南、荆门—武汉、长沙—南昌、胜利—锡林郭勒盟—张北—赣州、南阳—驻马店、晋东南—东明—枣庄、湘南—

赣州、巴塘—雅安—重庆—绵阳—德格、雅安—阿坝交流和扎鲁特—山东、雅中—江西、准东—四川、陕北—湖北、蒙西—湖南、蒙古—天津直流等特高压跨区输电通道前期工作,满足西部地区能源基地电力外送,促进资源在全国范围内的优化配置;推进渝鄂直流背靠背联网工程建设,形成川渝电网与华中东四省异步联网格局;实施藏中与昌都联网、西藏拉林铁路配套等500千伏工程,加快西藏统一电网建设,提高藏中电网供电能力,解决西藏电网"大机小网"安全问题,满足铁路供电需要,为西藏水电开发和外送提供支撑。

(三)扎实推进新一轮农村电网改造升级和城镇配电网改造,积极服务民生

推进新一轮农网改造升级工程建设,大力实施"井井通电"工程,加快小城镇(中心村)电网改造升级,实现村村动力电,促进西部及贫困地区农网供电服务均等化,推动东中部地区城乡电网建设一体化。贯彻落实中央"稳增长、防风险"有关部署,加大城镇配电网的投入力度,进一步提升城镇配电网供电可靠性和供电能力。

(四)深入实施对口援助,促进民族地区和谐发展

加大西藏自治区阿里地区措勤县和青海省果洛州玛多县对口援助力度,确保援助资金及时到位,重点实施民生工程,提高和改善农牧民群众生活水平,推动地方教育事业发展,支持振兴县域经济,加强民族团结,促进科、教、文、卫等社会事业协调进步。加强人才帮扶,继续选派优秀干部参加对口援藏、援青工作,选派技术管理骨干进藏开展人才援助,选派国网西藏电力有限公司青年骨干赴内地单位实践锻炼,同时对西部地区电力公司在毕业生招聘工作上予以倾斜和指导。

——执笔人:史雪飞

第五章　中国联通

一、2015年工作情况

(一)业务发展情况

2015年,中国联通西部地区累计实现主营业务收入400.2亿元,其中移动业务累计实现收入292.5亿元,固网业务累计实现收入107.7亿元。截至2015年年底,中国联通西部地区移动用户到达5214万户,互联网宽带用户达到939万户。

移动业务方面,结合提速降费要求,中国联通在业务需求和营销政策上对西部地区给予了重点保障。第一,针对西部省份分公司,公司配备了专属对口的市场服务经理,专项负责西部各省分公司业务上报和优化工作,对西部省份分公司提出的业务需求给予特殊批复。第二,结合西部各省的实际消费情况,对部分西部省份分公司批准了流量包促销政策(如新疆、四川、重庆、西藏、广西、贵州等分公司),确保西部地区的用户能够用得起、放心用。第三,针对西部地区用户的特殊需求还推出了定向流量包优惠。例如,为满足少数民族群众对主流新闻资讯的阅读需求,特批新疆分公司推出关于"新华社维吾尔文新闻客户端"流量包产品。

固网业务方面,鉴于当前西部地区宽带普及率与东部发达地区相比差距仍较大,第一,公司加大了宽带光改速度,在西部重点地区做好精准投入,做好网络资源保障。一是2015年计划全面完成一期光改,对10M以下的低速用户主动实施提速,提升用户感知。截至2015年年底,西部各省已累计提速宽带用户422万户。二是普遍下调20M及以上速率固网宽带资费,宽带资费降幅比例在20%以上。三是在西部地区选取了236个重点乡镇加大宽带建设发展。第二,从传统的面向个人客户销售宽带、手机号卡的简单产品营销模式,全面导向面向家庭客户提供整体家庭全业务信息服务解决方案,以家庭客户为目标客户,结合日趋强劲的信息及娱乐消费需求,以IPTV/OTT及视频流量产品作为销售亮点和切入点,在西部地区同时大力推广智慧沃家套餐。

IDC和云计算业务方面,中国联通云数据中心为国家西部大开发战略提供支撑,为西部省份的"互联网+"提供泛在承载,为互联网与传统行业、企业融合提供安全稳定实时便捷的物理基础,为云计算、物联网、智慧城市、智慧产业提供存储与互联,提供"云+管+端"的基础设施。通过架构在云数据中心资源池的沃云平台,中国联通将客户、合作伙伴、信息化应用、商业模式创新、产业链重塑等要素有机整合,形成了全国最大云计算资源池能力,面向西部省份承载电子政务系统、行业信息化系统、个人和家庭云计算应用以及大数据服务等。

(二)投资及网络建设

2015年,中国联通继续加强西部地区电信网络基础设施建设,持续扩大西部省份的移动网络和宽带网络覆盖范围，提高网络能力和网络质量，有力支撑了西部社会、经济信息化发展的需要。2015年，中国联通西部省分公司共计完成固定资产投资299亿元。

在移动网络方面，中国联通继续大力支持西部地区的信息化发展，加强西部地区的移动网络建设，持续推进移动网络的优化、升级与演进，不断拓展4G网络的广度和深度覆盖。全力推进4G网络建设，打造移动宽带精品网络，截至2015年年底，中国联通西部地区4G基站达到9.2万个，开通3G基站18.1万个，总计开通移动宽带基站27.3万个，初步实现4G网络在市、县主城区、人口聚集区的连续覆盖和乡镇标志性覆盖。

在宽带网络建设方面，按照工信部要求，继续加快光纤网络建设，不断扩大重点区域宽带网络覆盖，截至2015年年底，中国联通西部地区宽带接入端口达到2287万个，其中FTTH端口达到949万个，FTTH覆盖家庭达到1873万户。城市20M及以上端口1402万个，占比达到74%，农村4M及以上端口397万个，占比达到98%。

在IDC和云计算基础设施方面，2015年，中国联通在西部地区共建设呼和浩特、贵安、中卫、重庆、西安、成都等6个大型数据中心，共新增投产数据机架4809架。建设陕西、青海、贵州、四川、广西、重庆、内蒙古等7个云计算资源池，共形成云计算资源能力达到13952核VCPU和877TB存储。

(三)普遍服务和社会责任

2015年，中国联通积极践行社会责任，为西部地区人民生活、社会发展以及环境建设做出了积极贡献。一是面对西部地区自然灾害、突发事件，全力以赴恢复和保障通信畅通。例如新疆维吾尔自治区成立60周年活动保障，西藏自治区成立50周年活动保障，西藏地震通信保障，广西、贵州、云南、四川、陕西、甘肃、青海、重庆、新疆等9个西部省份的防汛通信保障工作等。二是加强西部地区的信息安全体系建设，大力开展“黑卡”和垃圾短信专项整治，为用户营造安全绿色的通信环境。三是着力消除数字鸿沟，在西部地区推出惠农计划，搭建残疾人信息平台，开发多个少数民族语种应用，例如在宁夏推出“雨露计划APP”，为四川省残联搭建“智慧量服”信息平台，在内蒙古推出蒙汉双语智能手机业务，在新疆推出新华社维吾尔文新闻客户端等，让不同人群享受优质的信息生活。四是推进智慧西部建设，推出多种信息化应用新产品，例如在银川以“一云一网一图”为架构完成智慧城市基础网络建设，在青海为政府搭建信息化管理平台，在内蒙古打造“班班通、人人通”平台，在重庆建设“一点通”智能居家养老服务，在延安乾坤湾进行“智慧旅游”建设，在广西打造的“互联网+创业平台”等，丰富人们的工作生活。五是大力实施节能技术、开展循环利用，积极绿化环境，为绿色西部贡献力量。2015年，为西部省份投资4700万元，开展通信机房、基站等节能改造工作，推广了风光电混合使用，积极落实国家发展改革委、国家能源局《关于改善电力运行调节促进清洁能源多发满发的指导意见》、《关于进一步落实分布式光伏发电有关政策的通知》，发展清洁能源，降低电能消耗，取得了较好的社会效益。六是持续关注西部地区民生，通过对口帮扶、访惠聚(访民情、惠民生、聚民心)、志愿服务等方式，助力西部地区经济社会发展。

(四)资金支持

为积极有效推进西部大开发战略实施，2015年，中国联通按照公司总体投资建设计划和业务发展工作进度，强化资金项目支持，为全面助推西部电信业发展提供了有力的资金保障。

公司依托“零余额”资金收支两条线管理体系，借助银行虚拟账户等新型手段，有效保证收入资金及时归集，成本费用和投资建设所需资金按时拨付，满足生产经营资金需求，提高资金运转效率。截至2015年年底，中国联通向西部地区省份分公司共拨付成本费用及投资建设资金超过546亿元，有力保障了4G和宽带网络在西部省份的快速建设和投入运营，提高了西部省份各行业的现代通信水平，与当地群众共同分享了通信技术进步给生产、生活带来的便利。

（五）客户服务

一是细化客户服务措施，强化责任意识，推进西部地区客户服务攻坚并取得较好成果。截至2015年年底，中国联通西部地区申诉量2628件，申诉率38.5件/百万用户，申诉量行业占比19.9%，行业最低。二是通过数据挖掘，开发对应产品，并制定出分类精细化规范化的维系动作加以适当的资源倾斜，服务维系工作初见成效。2015年，中国联通西部地区省份分公司全年共计完成客服热线对老客户4G套餐迁转58.7万户。三是借力互联网新媒体，深化互联网服务创新。截至2015年年底，中国联通西部地区省份分公司共计开通双微账号20个，发展498万粉丝用户。四是重视人才培养，增强可持续发展能力。在组织业务培训工作中，对西部地区重点倾斜，2015年全年对西部12省（区、市）全部地市客服部经理、维系中心主任级别以上人员进行了全覆盖的培训工作，累计培训近200人。在组织的轮岗交流中，对西藏、新疆、陕西、重庆等西部地区倾斜，有计划和目的地帮扶西部地区。

二、2016年工作设想

在业务领域，2016年，中国联通将着力推动区域协调发展，制定分区域差异化策略，重视对西部省份分公司的资源匹配和市场拓展策略指引，加快推动西部分公司规模发展。鼓励西部各省分公司结合自身资源禀赋及竞争对手业务发展状况，聚焦4G和光纤宽带，聚焦乡镇农村、行业等增量市场找到重点突破口。根据西部省份提出的相应专属政策，给予特殊审批，如促销折扣、合约门槛、终端补贴等，继续加大力度推出定向流量合作，提升西部地区用户使用体验。在营销资源方面，在提升成本使用效率的前提下，对于西部省份加大营销成本的投入，针对增量收入匹配营销成本，充分保障规模经济性地区市场需求，适度倾斜战略细分市场，大力拉动用户、收入规模增长，促进西部省份整体业务发展。

在投资领域，2016年，中国联通将继续完善在西部地区网络的布局，提高移动和宽带网络普及水平和接入能力。2016年，继续全力推进4G网络建设，打造移动宽带精品网络。落实国家“宽带中国战略”，重点加大宽带网络光纤化改造，继续扩大重点区域宽带覆盖，较好地满足客户市场需要。

在客户服务领域，打造以客户体验友好、便捷、连续一致为衡量标准的行业领先的客户服务体系。聚焦4G和宽带业务，建立行业及跨行业对标的客户感知评价提升机制，实现客户口碑（NPS客户净推荐值）的持续提升。建立“互联网＋”服务运营，实现服务渠道的升级转型。

——执笔人：李海波

第六章　中国移动

一、2015 年工作情况

(一)持续加大投资力度,增强通信能力

面对通信行业发展的新形势,中国移动在各项政策上继续对西部地区有所倾斜,着力完善和建设重点地区的通信基础设施,有力保障了西部地区日益增长的通信业务需求,促进了西部地区信息化发展水平。截至 2015 年年底,中国移动在西部地区完成资本开支 538.6 亿元,移动电话用户数达到 2.1 亿户,移动电话基站数(包括 2G、3G 和 4C 基站)新增 15.6 万个,总数累计达到 73.5 万个,比上年同期增长约 29%,通信基础设施能力进一步大幅提升。

(二)持续提供资金支持,保障西部公司发展

为了支持西部公司发展,提升其盈利能力和价值创造能力,公司持续对西部公司提供资金支持与保障。根据公司内部规定,各省公司每年需将提取各项储备(约占净利润的 20%)后的净利润按照一定比例(目前最低比例为 60%)上缴总部;若各省公司出现资金短缺,可按照优惠的贷款利率政策借入总部委托贷款。为改善西部公司资金情况,满足西部公司业务发展需要,2015 年,公司对内蒙古、甘肃、宁夏、青海、新疆、西藏公司执行免缴利润资金政策,同时,2015 年,公司给予新疆、青海、西藏等公司 66 亿元内部贷款额度,截至 2015 年 9 月底,新疆、青海、西藏公司账面持有贷款余额 41 亿元。

(三)积极落实国家“提速降费”要求,切实改善客户感知

为了落实国家有关加快建设高速宽带网络、促进提速降费的有关要求,大力推动“互联网+”发展,壮大信息消费,中国移动自 2015 年 5—7 月陆续推出八项降费举措,并在 10 月 1 日起推出普惠制的“流量不清零”降费举措,推动流量资费不断下降,促进流量转赠等服务模式不断创新。截至 2015 年年底,八项降费举措已经全部落实并进行推广,覆盖接近 9600 万用户。西部各省份以提速降费为契机,积极落实相关举措,例如贵州公司大力推广夜间流量包;云南公司积极发展 4G 流量卡业务和语音短信不限量套餐。

(四)积极开展对口支援和扶贫工作

2015 年,公司积极贯彻落实党中央、国务院关于援藏、援青、援疆以及扶贫开发工作的一系列指示精神和决策部署,积极落实帮扶计划,并立足自身在信息通信领域的优势,积极参与当地经济建设,有效促进了当地教育、文化、卫生等公益事业以及通信和道路交通等基

础设施水平的提高。

2015年，公司认真落实前期制定的《中国移动2013—2015年对口支援及扶贫整体规划》，以保障和改善民生为出发点和落脚点，以增强受援地区自我发展能力为主线，积极促进受援地区经济快速发展和长治久安。援助工作坚持向农牧区倾斜，向基层倾斜，结合当地特点及实际发展情况，有针对性地选准帮扶重点，积极落实帮扶计划，确保资金及时到位，项目按时保质完成。2015年，累计拨付资金4063万元，其中援疆资金450万元，援藏资金2120万元，援青资金945万元，扶贫资金548万元。相关资金用于当地文教、卫生、市政、农牧区等基础设施建设，有效改善了当地民生。

（五）全力开展抢险救灾，扎实推进灾后重建工作

2015年，贵州、西藏等省区陆续出现较严重灾情。灾情发生后，中国移动迅速启动通信保障应急预案，抗震应急领导小组立即调动各单位力量，调集应急通信车，组建抢险队伍，携带油机等应急设备和物资增援受灾地区，快速抢通中断的通信设备及线路，全力保障抗震救灾工作。

同时，中国移动积极响应和配合各级政府开展安抚灾区民众的工作。在灾区主要街道紧急设立临时服务网点，为民众提供免费热水供应，向灾区民众和救援人员提供免停机及费用减免、紧急开机、10086寻亲热线、免费天气预报、免费手机充电、免费打电话报平安、免费特殊补卡、沉默客户救援协助、联合政府进行灾情信息告知、提供新闻记者上网保障等保障服务，有力地保障了灾区人民和救灾人员的通信需求，密切协助当地政府安定人心、做好社会维稳工作。

在做好救灾工作的同时，中国移动加快推动灾后重建工作。2015年，追加贵州公司灾后重建资金1.0407亿元，重建受损架空光缆1596皮长公里，本地网直埋光缆587公里，本地网通信杆路10643根。追加西藏公司灾后重建资金0.58亿元，在日喀则的定日、定结、吉隆、聂拉木、萨嘎等受灾县新建115座基站，182公里光缆，整修改造亚来乡—樟木35公里杆路等。

（六）统筹谋划，科学制定“十三五”网络发展规划

2015年是“十三五”的谋划之年。公司将西部区域发展现状与贯彻落实政府关于西部发展的相关政策及总体规划相结合，在充分研究通信技术和业务发展需求的基础上，研究编制西部区域的“十三五”网络发展规划，制订了未来五年西部地区通信网络和信息服务的整体发展蓝图。

（七）坚持自主创新，加快推进4G网络建设

在国家发展改革委等有关主管部门的指导和大力帮助下，中国移动始终将推动产业创新与发展作为自身的责任，积极推进我国自主知识产权的4G技术的应用。

2015年，中国移动全力推进西部地区4G网络建设，截至2015年年底，公司在西部地区共投资222.5亿元建设4G网络，建设基站达到30万个，全面完成4G网络一期、二期、三期工程建设，除新疆和西藏外已实现全国所有城市、县城的连续覆盖，发达乡镇、农村地区的数据业务热点覆盖。

(八)加强专业化运营,推动物联网在各行业的应用

2010年7月,中国移动在重庆建立了中国移动物联网基地,2012年9月29日,物联网基地转型为有限公司,成为服务全国的物联网领域专业化运营公司。为了服务西部企业信息化需求,助力西部大开发,2015年,中国移动物联网公司融合开放平台、物联网专网、通信模组的核心优势,聚焦公共事业、节能环保、交通物流三大重点领域推出行业解决方案。

在公共事业领域,公司基于物联网专网推出了水电气无线远程抄表解决方案,可以实现对表具终端的远程数据读取、终端管理、故障告警等功能,目前已在甘肃、重庆等西部地区广泛应用。此外,公司自主研发推出了物联网开放平台——设备云OneNet,为中小企业提供公共型PAAS层服务,能够有效降低中小企业物联网应用的部署成本,其应用效果已得到重庆市政府肯定,并成为大渡口互联网产业园区中小企业信息化服务公共平台,为入驻园区的企业免费提供支撑服务。

在节能环保领域,公司打造了"能效云综合管理平台",具备能源监测、能源预测管理以及用能设备维护管理等功能,实现对高耗能企业的能耗管理。该项目已在新疆、重庆等地进行应用试点,高能耗企业不再需要重复建设能耗管理平台,可大大节省节能成本。

在交通物流领域,公司针对西部地区城乡摩托车拥有量大、管理不便的特点,推出了"行车卫士"产品,提供车辆异常报警、定位跟踪、轨迹查询、车辆管理等服务。目前已在广西柳州、内蒙古包头、重庆合川等西部多个省市广泛应用。

(九)持续推进村通工程建设,提升农村信息化水平

多年来,中国移动一直致力于发挥自身规模优势和技术特长,建设遍及城乡的信息通信基础设施,创新信息化服务与解决方案,促进城乡共享信息化成果。

西部地区村通工程,对于西部大开发战略的推进具有重要意义,对于解决"三农"问题也起到了重要的推动作用。2015年,工信部未下达村通任务,为积极承担企业社会责任,公司西部地区2015年村通工程投资约10亿元,建设基站1252个,实现1754个自然村通电话、4666个行政村通宽带和400个农村学校通宽带。村通工程的建设进一步加大了西部农村移动通信网络覆盖的密度和深度,改善了网络质量,切实增强了农村移动通信能力。

2015年,中国移动12582"农信通"平台继续拓展服务功能,提升服务水平,形成了农信通、万村千乡、大学生就业三大信息服务平台,主要包括以政务易为基础,搭建"社会管理信息平台";以商贸易、农特产商城、田园生活汇为基础,描建"农产品购销对接信息平台";以热线服务、百事易、农情气象、法律专家为基础,搭建"生产生活信息平台";以务工易、动感求职为基础,搭建公共就业信息服务平台;以移动通信网络,符合全国统一规范的信息机、电脑等多种终端为基础,搭建"万村千乡"信息服务平台。

(十)深入开展共建共享工作,促进行业良性发展

2015年,中国移动全力推动电信基础设施共建共享工作,加强行业合作,采取有力措施,全面完成了工信部和国资委下达的2015年度共建共享各项考核指标。西部地区杆路、管道和室内分布系统的共建率分别达到41%、60%和85%,共享率分别达到89%、70%和96%;共建共享杆路31407公里,管道4001公里,室内分布系统1851套。网络资源的共建

共享为西部地区通信产业的发展争取了宝贵资源、节省了大量投资，并为提高行业整体资源效章、促进行业良性发展做出了积极的贡献。

(十一)全力推动绿色行动计划，节能减排成效显著

在西部地区，中国移动因地制宜推广节能措施，全力推动绿色行动计划，实现节能减排。截至2015年年底，中国移动在西部地区实现单位信息流量综合能耗同比下降39%，累计在8.3万个基站应用自然冷源，17.1万套开关电源开启冗余模块休眠功能，建设新能源基站8801座，实现企业与当地环境社会和谐发展。

二、2016年工作设想

(一)持续开展提速降费工作

2016年，中国移动将在继续扩大前期提速降费八项优惠举措覆盖范围基础上，进一步推出更多资费优惠举措，包括降低4G套餐资费门槛、结合“一带一路”战略扩大国际漫游优惠资费覆盖地区和国家、推出流量快餐等更加灵活的资费模式。同时，提供网站资费专区等更加便利的办理渠道，着力扩大提速降费受惠用户规模。

(二)大力推进4G网络建设

2016年，公司将加快推进4G网络四期工程建设，实现4G网络“更深、更广、更厚、更快”，打造西部区域的TD-LTE精品网络，迅速提升西部地区无线宽带接入能力。进一步提升市区、县城、乡镇区域的连续覆盖质量，拓展农村区域的4G覆盖水平。大力加强4G室内分布系统建设，有效解决深度覆盖问题。基本实现已运营高速铁路、高速公路、地铁的全覆盖。在完成3A级以上景区全覆盖的基础上，优先覆盖其他热门、客流量高的景区。

(三)继续深入推进电信普通服务工程和农村信息化

2016年，中国移动将按照工信部等国家相关部门的总体部署，积极实施“高速宽带网络”等电信普遍服务工程，努力提高西部地区的村通电话及宽带接入比率。继续积极务实推进农村信息化建设，推动互联网等各类信息平台向农村延伸，进一步加强信息技术在农村的推广应用。继续秉承“服务三农，为国分忧”的宗旨，不断优化产品体系，加强精细化深度运营力度，深入推进基层政务信息化平台应用实施，加大对公共就业信息服务平台的资源投入，助力缓解就业难和招工难问题。

(四)进一步加强西部地区节能减排工作

2016年，中国移动将在西部地区继续加强节能减排工作。加强对设备供应商节能分级标准持续引导，通过集中采购持续降低4G、IT等新入网设备能耗；大力推广成熟产品和技术应用，加强4G与2G、3G、WLAN无线网络节能研究，持续建设绿色通信网络，加强能源管理系统应用，不断提升管理水平，降低运营成本。

(五)认真贯彻落实国家对口支援和扶贫政策,积极履行企业社会责任

2016年,中国移动将以中央第六次西藏工作座谈会、国家发展改革委《中央西藏工作协调小组经济社会发展组2015年工作设想》、中央企业暨19省市援青工作座谈会、《关于落实中央企业定点帮扶贫困革命老区百县万村活动的要求》等会议和文件精神为指导,在认真总结对口支援和扶贫前期工作经验、深入了解受援地区实际需求的基础上,科学制订和落实2016—2018年对口支援和扶贫计划。继续发挥中央企业的表率作用,充分结合自身优势,不断探索新方法、新思路,将对口支援工作向纵深推进,与受援方密切配合,努力开拓对口援藏、援青、援疆、扶贫工作的新局面,推动受援地区经济的快速发展。

——执笔人:魏　强

第七章　浙江大学中国西部发展研究院

一、2015 年工作情况

(一)明确发展目标,争取各方支持,加快推进国家高端智库建设

2015 年,西部院根据《关于加强中国特色新型智库建设的意见》、《中国特色新型高校智库建设推进计划》、《国家高端智库建设试点工作方案》和《浙江大学关于加强中国特色新型智库建设的若干意见(征求意见稿)》等文件精神,提出务实发展思路,着手编制了《浙江大学中国西部发展研究院创建国家高端智库五年规划思路(2016—2020)》、《浙江大学中国西部发展研究院"十三五"发展规划》,使得西部院智库建设思路进一步具体化,更具指导性、针对性和可操作性。

充分发挥委校共建优势,争取各方支持,加快推进国家高端智库建设步伐。11 月 17 日,国家发展改革委西部开发司与西部院签署了《国家发展改革委西部开发司与浙江大学中国西部发展研究院进一步加强对接合作协议》。根据协议,双方将进一步加强紧密联系,通过联合研究、课题委托、业务参与、政策支持等多种务实有效的合作方式,探索形成沟通紧密、优势互补、合作共赢的工作新格局,为西部院建设国家高端智库,实现政府决策与智库研究的良性互动提供助力。

(二)提交多份高水平咨询报告和研究报告,获国家领导人重要批示,一批成果被国家部委采纳

2015 年,西部院充分发挥智库咨政建言的功能,提供了一批高水准的决策咨询报告。10 月,西部院受国家发展改革委西部开发司委托,承担"当前东中西和东北地区经济发展分化情况分析及应对措施"专题研究报告以及"防止西部地区经济出现惯性下滑、保持平稳健康发展的思路和重点任务"专题研究报告编制工作。这两个报告分析研判了当前地区经济形势及 2016 年发展环境与走势,有针对性地提出促进西部地区经济平稳健康发展的政策措施。国家发展改革委和西部开发司在采纳西部院研究报告的基础上,凝练各方研究成果,做好向党中央、国务院汇报前三季度经济形势和 2016 年经济工作思路建设有关工作,为 2016 年国家经济政策制定提供了智力支持。在服务国家战略的同时,西部院也为地方政府提供了 10 多份高质量研究报告和咨询建议。

(三)围绕服务国家战略定位,积极承担国家层面的重大战略规划和应用研究

2015 年,西部院以西部大开发战略和"一带一路"建设重大任务与课题为抓手,通过承担一批重大战略规划和应用研究课题,服务国家"一带一路"和西部大开发相关重大战略决策的制定与实施。包括承担了《广西凭祥国家重点开发开放试验区建设总体规划及相关专题规划》。广西凭祥是国家"一带一路"战略提到的中国—中南半岛经济走廊的重要节点城

市,也是面向东南亚特别是越南开放合作的重要战略门户。该项规划的编制将有效推进和深化同东盟的开放合作,拓展与"一带一路"沿线国家和地区合作,构筑全方位对外开放平台。

此外,西部院充分发挥多学科优势,拓展自然科学领域研究项目,以硬科学为支撑,更好地推动软实力发展。由西部院副院长牵头承担的国家863重大专项子课题"高速列车永磁牵引电机关键技术研究与样机研制"2015年已结题并通过了项目验收。研发的世界首列时速350公里商业运营永磁高速列车永磁牵引目前已装车运行,该列车已在大西线投入试验。该项成果对推动西部地区基础设施建设,推动高铁向"一带一路"沿线国家输出,助推"一带一路"互联互通具有重要意义。

(四)保质保量地做好常规性研究工作,通过稳定的产出和成果品牌化,发挥智库舆论引导、启迪民智的功能

西部院承编的两本报告——由国家发展改革委主任担任主编的《国家西部开发报告》和教育部哲学社会科学发展报告建设项目《中国西部大开发发展报告》2015年度出版工作完成,2016年度编撰工作进展顺利。两本报告的编写和出版日渐成熟,在战略研究领域的影响力逐步扩大,形成了良好口碑。"西部大开发研究丛书"系列最新出版《资源型地区可持续发展战略研究——以呼包银榆经济区为例》、《中国二氧化碳减排的潜力与成本——基于分省数据的研究》,另有《生态文明实现路径》已编撰完成,待出版。

继续推进院地合作模式,四川、宁夏、贵州、广西等分中心运行情况良好,与乌鲁木齐市发展改革委的合作深入推进。自贡创新中心发展战略研究中心已形成一支独立运作、协同研究的稳定的专兼职研究队伍,在西部院的指导下承担自贡"十三五"相关规划3项。针对"一带一路"建设和西部经济社会发展需求,西部院先后承担西部城市相关规划和其他具有重要社会意义的规划,为各级地方政府提供高水准的智力支持,如服务"治藏兴藏"国家战略、推进对口援藏工作的《浙江省对口支援四川省阿坝藏族羌族自治州和凉山州木里藏族自治县"十三五"规划》、支援三峡库区建设的《浙江省对口支援重庆市涪陵区"十三五"规划》等。

此外,西部院持续参与每季度发布的西部地区经济形势分析等国家发展改革委西部开发司常规性研究工作;做好《宁夏内陆开放型经济试验区建设规划》等重大项目的跟踪对接工作。2015年8月,西部院常务副院长应邀参加在榆林举行的呼包银榆经济区第三届市长联席会议,课题组持续跟踪呼包银榆、关中—天水等经济区后续研究工作,努力发掘区域协同开发开放新课题。

(五)注重研究能力建设,将前瞻研究与决策咨询有机结合,科研成果质量齐升

2015年,西部院主动开展"一带一路"和西部大开发全局性、前瞻性、系统性的重大理论问题研究,对于前沿问题和热点问题进行定向性、针对性、储备性研究,科研成果稳中有升,科研项目数量和质量齐头并进,截至2015年12月31日,西部院各类科研总数超过35项,其中省部级课题7项,总经费700余万元,其中社科院科研经费总量达到580余万元,科研院科研经费总量达到120余万元。共有10多篇高水平论文被SCI、SSCI收录。多项西部大开发相关研究项目中标重要课题,多项研究成果获奖。如围绕西部文化旅游合作申报的项目"'一带一路'战略视角下云南文化旅游合作机制创新研究"入选云南省政府重大项

目——“2015年云南省省院省校教育合作人文社会科学研究项目”；围绕西部能源问题，“节能减排目标下中国西部地区能源政策的经济成效研究”中标省教育厅项目等。

(六)学科建设实现新突破，努力实现招才引智与科学研究相互交叉与反哺

2015年，西部院学科建设实现了新突破。由西部院、浙江大学经济学院申报的区域经济学博士点获批。该学科点获批实现了西部院基础理论研究、应用理论研究和战略决策的有机衔接，弥补了西部院学科发展和学术研究的短板问题，进一步增强了西部院智库建设的学科支撑能力。通过学科导向与问题导向相结合的学科建设，西部院努力实现科学研究、学科建设、人才培养与人才队伍建设的交叉与反哺。

(七)积极拓展对外合作交流，以高端论坛为载体，提升智库话语权和社会影响力

2015年西部院通过组织代表团出国访问和海外调研，举办高端研讨会、论坛、学术报告会等方式，开展全方位对外交流，积极拓展合作新渠道。如西部院作为学术支持单位，参加在贵州荔波召开的以“西部发展与全面小康”为主题的“首届中国西部全面小康论坛”。

同时积极发挥引导功能，让学生社团成为对外交流和承担智库社会责任的重要载体。由西部院指导的浙江大学学生“心系西部”协会暑期支教活动已开展到第九年，2015年分别赴贵州、云南、陕西举行支教活动，由西部院联合研究生工作部开展的“研究生西部行”分别赴四川和内蒙古服务对接地方需求。

(八)深入推进人才培养和培训基地建设，进一步强化办学特色，深化品牌建设

西部院持续推进人才培养培训基地建设，2015年，共开办了62个继续教育培训项目，培训3744人次，较上一年度有了大幅提升。在内容建设上，西部院结合自身学科及研究优势，促进“研培”互动，围绕“一带一路”、西部大开发和区域协调发展等开发培训项目，目前已形成四大品牌：西部基层干部能力提升培训、“一带一路”相关培训、“长江经济带”相关培训、国企央企示范轮训和跨境电商系列培训，充分体现了培训专业化、学术化的特色。

二、2016年工作设想

2016年是“十三五”规划和全面建成小康社会决胜阶段的开局之年，是推进结构性改革的攻坚之年。2016年，西部院将迎来建院十周年。立足新起点，追求新高度，西部院将把握历史机遇，在2016年全面推进国家高端智库试点单位的申报工作。以申报工作为契机，按照习近平、马凯同志对西部院重要指示和殷切期望，紧紧围绕“一带一路”建设和西部大开发战略，从科学研究基地、科技服务基地、人才培养和培训基地、国际合作与交流基地建设出发，总结经验，巩固成果，进一步加强智库建设整体规划和科学布局，统筹整合人才、科研、学科、资金等资源要素，通过内外兼修，实现智库建设与申报工作齐步走。

继续围绕“一带一路”建设和西部大开发战略，继续开展前瞻性、定向性、针对性、储备性研究，努力形成一批对接国家重点战略需求、在国内外具有重要影响力的科研成果，为“一带一路”建设和西部大开发战略建言献策。同时，进一步加强智库传播能力、组织能力建设，推动智库建设向更高层次迈进。

——执笔人：陈　健　陈奕洁

附：

浙江大学中国西部发展研究院 2015 年大事记

1 月 教育部哲学社会科学发展报告资助的项目成果《中国西部大开发发展报告(2014)》由中国人民大学出版社出版发行。浙江大学中国西部发展研究院依托自身跨学科的研究力量，历时一年完成报告的编制任务。

2 月 西部院周丽萍教授荣获浙江省巾帼建功标兵荣誉称号。

3 月 由浙江大学党委副书记、西部院院长周谷平教授与浙江大学经济学院院长史晋川教授共同领衔，西部院常务副院长董雪兵教授、经济学院院长黄先海教授负责带队应标的跨学科研究团队，成功中标《广西凭祥国家重点开发开放试验区建设总体规划及相关专题规划》研究项目。

4 月 8 日 由五十多家智库和研究机构联合成立的"一带一路"智库合作联盟，在北京召开了理事会成立会议暨专题研讨会。西部院由国家发展改革委西部开发司推荐，受邀成为联盟理事单位之一，西部院常务副院长董雪兵教授受邀成为理事之一。

4 月 21 日 西部院承办"2015 年浙江省海外中青年侨领'一带一路'专题研习班"研习活动的重头戏——"助推'一带一路'，共建和谐社会：浙江华侨与'一带一路'专题论坛"。

5 月 8 日 由浙江工业大学和西部院联合主办的国际产能合作研讨会在杭州举办，国家发展改革委西部开发司副司长翟东升、社会发展处处长唐明龙赴杭参加并专程赴浙西部院调研座谈。

5 月 12 日 中国科学院地理科学与资源研究所党委书记、副所长刘毅，所长助理刘卫东等一行来浙江大学深度洽谈"一带一路"合作与发展协同创新中心培育建设事宜，并与西部院师生交流座谈。

5 月 22 日 由浙江大学宁波理工学院和西部院联合共建的丝绸之路研究院成立仪式暨宁波深度参与国家"一带一路"发展战略学术论坛在浙江大学宁波理工学院举行。

5 月 30 日 以"西部发展与全面小康"为主题的"首届中国西部全面小康论坛"在贵州荔波隆重开幕。西部院应邀作为本次论坛的学术支持单位。

6 月 19 日 浙江大学学生"一带一路"研究会成立暨浙江大学丹青学园暑期社会实践启动仪式在紫金港校区举行。浙江大学学生"一带一路"研究会是由西部院和求是学院丹青学园共同指导成立、全国首个研究"一带一路"的学生社团。

6 月 为了充分调查研究"一带一路"战略规划提到的"中国—中亚—西亚"经济走廊沿线国家的发展情况，促进与"一带一路"沿线国家有关产业与高校的合作，浙江大学党委副书记、西部院院长周谷平教授率团出访以色列与土耳其，分别访问了以色列希伯来大学、特拉维夫大学以及土耳其伊斯坦布尔工业协会、土耳其中国工商总会，拜访了中国驻伊斯坦布尔总领事馆丁小红副总领事等。西部院常务副院长董雪兵教授随团出访。

6 月 由西部院承担编撰的国家层面关于中国西部开发工作最权威的政府报告——《2014 国家西部开发报告》正式由浙江大学出版社出版发行。本书由国家发展改革委主任徐绍史担任主编，国家发展改革委副主任何立峰、浙江大学党委书记金德水担任副主编。

6 月 国家发展改革委西部开发司 2015 年研究课题评选结果揭晓。由西部院常务副院长董雪兵教授领衔的《推进“一带一路”建设实施路径研究》课题成功入选资助项目。

9 月 11—12 日 由西部院联合德国国际合作机构共同主办的全球性区域基础设施投资计划国际圆桌会议，在浙江大学紫金港校区举行。本次大会得到了国内外政府官员、专家学者和全球主要金融投资开发机构的积极响应。包括亚洲开发银行、欧亚经济联盟、欧亚开发银行、亚洲基础设施投资银行、韩国财政部、蒙古财政部、欧盟委员会、欧洲投资银行、日本国际协力机构等诸多国际重要金融机构或组织的代表积极参会。

9 月 16 日 由西部院主办的“在浙央企如何融入‘一带一路’战略”论坛在紫金港校区举行。本次论坛是在浙央企首次共同思考“一带一路”建设使命和路径问题，旨在为在浙央企乃至浙江经济转型升级、实现“走出去”发展战略出谋划策。

9 月 25—28 日 第十三届世界华商大会在印度尼西亚巴厘岛登巴萨市努萨杜瓦会议会展中心举行。浙江大学作为中国大陆高校首次应邀参加世界华商大会，校党委副书记、西部院院长周谷平教授在“海上新丝路，合作创未来——海洋合作发展论坛”上做了题为《“一带一路”·政产学研合作·华商新机遇》的演讲。西部院副院长陈健等应邀参加会议。

9 月 25 日 由西部院承担编撰的国家层面关于中国西部开发工作最权威的政府报告——《2015 国家西部开发报告》正式出版发行。本书由国家发展改革委主任徐绍史担任主编，国家发展改革委副主任何立峰、浙江大学党委书记金德水担任副主编。

11 月 17 日 国家推进“一带一路”建设工作领导小组办公室综合组组长、国家发展改革委西部开发司司长田锦尘赴浙江大学调研，并与中国西部发展研究院签署进一步对接合作协议。

12 月 由浙江大学党委副书记、西部院院长周谷平教授，西部院常务副院长董雪兵教授提交的咨询报告《发展跨境电子商务，共建“网上丝绸之路”》，同时被国家发展改革委和教育部采纳，分别刊登在推进“一带一路”建设工作领导小组办公室的《工作简报》2015 年第 33 期和教育部的《高校智库专刊》2015 年第 35 期。

第五篇 / 专家视角篇

西部大开发战略深化的问题探讨与发展思路研究

西部大开发战略实施已15周年，“十三五”时期存在着如何实现战略深化的迫切问题。西部地区发展面临新的形势、阶段特征与实现目标，有必要进一步审视西部大开发的战略深化问题，直面困扰西部地区发展的难题，拓宽开发思路，寻求破解之道。

一、西部大开发趋势特征的判断

（一）西部地区仍将处于经济较快增长的时期

西部大开发战略实施以来，西部地区保持了经济快速发展的增长趋势。自2007年以来，不管是处于经济周期的上行阶段还是下行阶段，西部地区经济增长率始终高于全国其他地区（见图1）。2005—2014年，西部地区年均经济增长率为12.81%，分别比东、中部和东北地区高1.68个、0.78个、1.17个百分点，比各地区加总高1.14个百分点。从趋势上分析，“十三五”期间西部地区仍将会保持快于全国其他地区的增长态势。尽管全国经济普遍存在周期性和结构性的问题，但西部地区经济增长保持在较高水平的中期趋势仍未改变。在经济发展新常态下，在东部地区即将进入工业化后期的情况下，西部地区将成为推动中国经济维持中高速增长的重要区域。

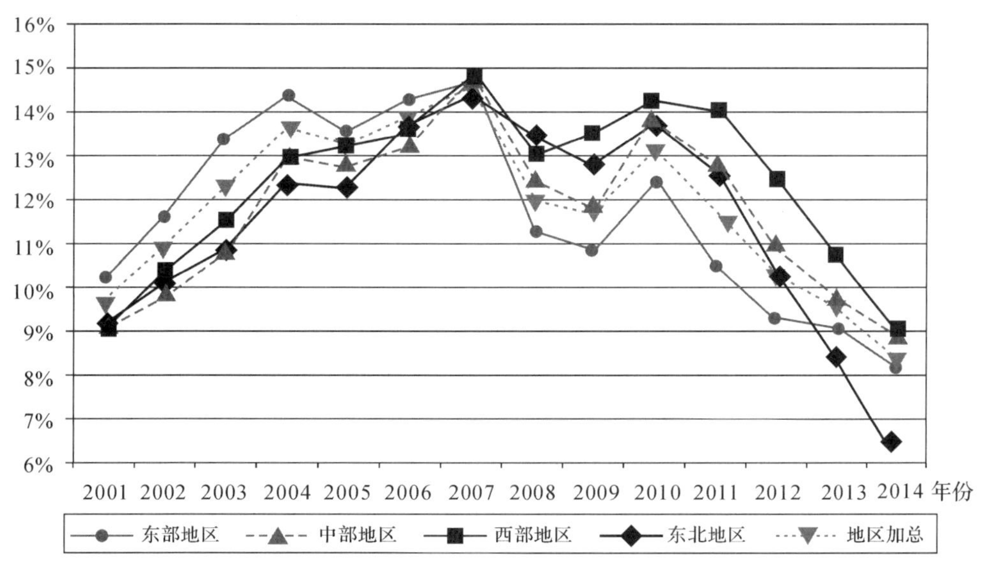

图1　西部地区与全国及其他地区经济增长率对比

(二)西部地区已进入实现全面小康社会的攻坚阶段

实现全面小康社会目标是西部地区"十三五"最紧迫的任务。尽管西部地区经济社会取得了长足的发展,为实现全面建成小康社会目标奠定了基础,但到2020年达到相应的指标仍存在巨大的困难。根据国家信息中心经济预测部《西部地区全面建成小康社会进程分析研究》,2012年西部地区全面建成小康社会的实现程度为78.16%,距离全面建成小康社会还有很大一段距离。其中,人均国内生产总值(47.88%)、农村居民人均纯收入(47.08%)、城镇居民人均可支配收入(50.1%)、基本养老保障覆盖率(42.96%)、孕产妇死亡率(50%)等关键指标的实现程度还在50.1%或以下。[①] 更重要的是,西部地区要全面建成小康社会,就必须要解决区域性贫困问题。全国划定的14个连片特困地区,西部地区有10个;在其中所包括的680个县中,西部地区占512个。"十三五"将是西部地区建成全面小康社会的攻坚期,实现全面小康社会的各项目标任务十分艰巨。

(三)西部大开发的战略地位将更加凸显

随着区域协调发展战略以及"一带一路"、长江经济带建设等重大战略举措的深入推进,西部地区在我国区域发展空间格局中的战略地位将更加突出。首先,在中国经济步入增长放缓的新常态下,西部地区对于中国经济增长的贡献逐渐显现,进一步激发西部地区的增长潜力,成为支撑中国经济增长的新空间,必然会被国家放到更高的战略高度。其次,"十三五"将是西部地区建成全面小康社会、缩小区域发展差距的关键时期,强化西部大开发的优先地位将是未来国家区域发展战略中最重要的一环。第三,"一带一路"战略的具体实施,使西部地区首先成为丝绸之路经济带的核心区域和关键节点,在我国向西开放战略中的前沿地位更加突出。

二、西部大开发战略深化的问题探讨

西部大开发的进一步深入,需要在开发路径、方式和政策等方面,直面有关战略深化的几个主要问题。

(一)传统的区域开发路径能否解决东西部发展的差距问题

西部地区经济发展存在诸多的劣势,但能源、矿产资源丰富,具有明显的资源优势。按照区域经济的比较利益原则,西部地区能源工业和资源加工业理所应当地成为特色优势产业中两个最重要的产业重点。这种开发模式在此前西部大开发战略中发挥了显著的作用,对西部地区经济发展起到了重要的支撑作用。同时,这种开发路径也促进了全国区域产业分工格局的形成,有力地推动了东部地区的经济发展。但是,这种产业分工体系的不断加强和固化,使西部地区的产业发展始终处于产业链的低端和利益分配中的低附加值环节。即使随着东部地区产业的转型升级,东部向西部地区进行产业转移的步伐在加快,但所转移的产业也多为东部地区所淘汰和限制发展的产业部门。如果固守传统比较优势的产业发展路径,西部地区将始终无法摆脱产业分工中的弱势地位,进而也就无法根本改变东西

① 国家信息中心经济预测部:《西部地区全面建成小康社会进程分析研究》,2013年。

部经济发展的差距问题。

因此，未来西部地区经济发展需要突破传统产业分工的劣势，突破单纯依靠资源性产品输出的产业束缚。区域开发路径在基于产业链条纵向、线性分工的产业开发的基础上，还需进行产业的多元化发展，逐步摆脱对资源的过度依赖，形成具有内生发展能力的综合性区域开发。

(二)以大项目为主的开发方式能否解决西部的内生发展问题

在开发方式上，西部大开发以政府投资、大项目带动的开发特征明显。西部地区的经济增长主要依赖于投资的快速增长。除2003年外，西部地区全社会固定资产投资的增长率始终高于全国平均水平(见图2)，这推动了西部地区经济的快速增长。其中，政府主导的重点工程和项目投资发挥了重要作用。以2000—2012年为例，中央预算内投资安排西部地区累计超过1万亿元，占全国总量的40%左右；先后开工建设187项西部大开发重点工程，投资总规模约3.7万亿元。[①] 投资领域主要集中在铁路、公路、民航、水运、水利、能源通道等基础设施，以及能源和资源加工等领域，投资主体主要为各级政府和大型国有企业。与全国其他地区相比，西部地区国有资本投入大，民间资本和外资投入相对较少。以2013年为例，西部地区民间投资占固定资产投资的51.1%，东、中部地区则分别达64.6%、68.5%[②]；而西部地区纯国有投资占到35.2%，其中西藏、青海、甘肃、贵州等省区纯国有投资均在40%以上，新疆、陕西等省区也近40%；与此相比较，东、中部地区仅为18.2%、

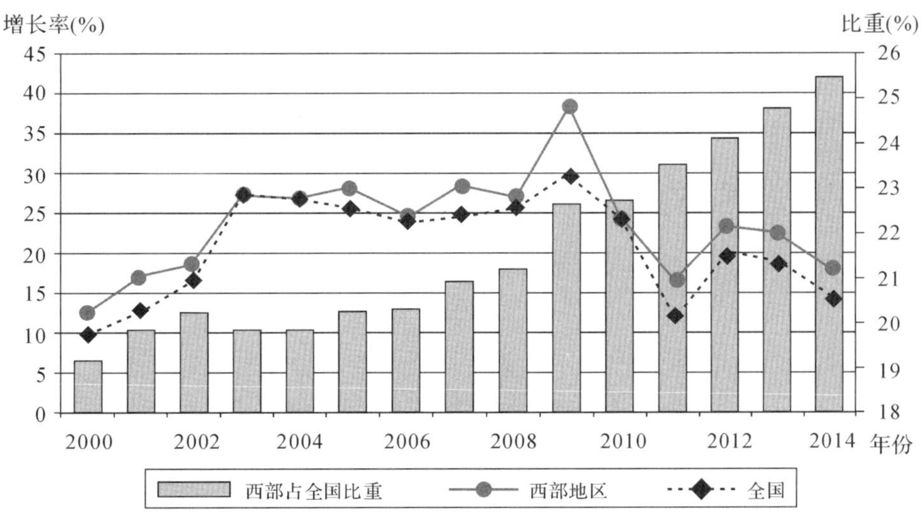

图2　西部地区与全国全社会固定资产投资增长率及所占比重

① 徐绍史:《国务院关于深入实施西部大开发战略情况的报告》,《全国人民代表大会常务委员会公报》,2013年6期,第807页。

② 根据国家统计局网站公布数据计算。按国家统计局对民间固定资产投资的地区划分,东部地区包括北京、天津、河北、辽宁、上海、江苏、浙江、福建、山东、广东、海南11个省(市);中部地区包括山西、吉林、黑龙江、安徽、江西、河南、湖北、湖南8个省。其中未单独统计东北地区,东、中部地区包含省(区、市)与四大经济板块划分有所不同,西部地区则一致。

22.4%[①]。西部多数省份的经济发展过度依赖于基础设施投资和能源矿产开发，而能源矿产项目多为大型国有企业的“嵌入式”开发，未能融入当地的产业发展之中，基本上是为东部地区服务的资源性输出，对当地的产业发展缺乏有效的带动，没有在当地形成产业关联度高的产业集群。

所以，未来国家还需要采取有效的政策扶持措施，在国家直接投资、大项目带动的基础上，吸引更多的外部资本，有效激活民间资本流向西部地区，扶持中小企业发展，增强微观经济的活力，形成更加有利于内生发展的产业开发模式。

（三）以经济增长为核心的开发思路能否如期实现全面建成小康社会目标

经济发展是西部大开发的核心环节，其中以国内生产总值（GDP）为标准的经济增长是衡量西部大开发成效的关键指标。通过经济增长带动社会发展，是人类社会发展的普遍规律。西部大开发实质上也是按照这一规律，通过增加要素投入，发展特色优势产业，促进经济增长，借此带动劳动力就业增加，提高人民生活水平。从长期和整体来看，这一开发思路符合区域开发的普遍特征。在不同机构和学者提出的全面小康社会指标体系中，人均国内生产总值都被作为基本标志和权重最大的指标。但是，对于西部地区，特别是西部特殊地区（如集中连片特困地区、生态功能区、农产品主产区、民族地区、边境地区等）而言，以 GDP 增长为核心，以达到某一标准人均 GDP 为全面小康社会的核心指标并不合理。本文认为，西部大开发以“经济梯度开发、社会平衡发展”的思路推进，更为合理和现实。相应地，政策重心应当以如何提高人民生活水平为核心，特别是对于生态功能区中的禁止开发区和限制开发区，应当把工作重点放到生活保障、文化教育、医疗卫生、社会保险等人文方面的发展上。

（四）普惠性的政策扶持能否解决西部地区内部的协调发展问题

西部地区面积广阔，区域内部发展条件迥异，经济基础差异明显，不同地区受益于西部大开发政策的程度不一。经济基础条件较好的重点经济区和具有比较优势的资源富集区经济发展明显较快，而经济基础差、位置偏远、资源不具产业优势的地区发展相对较慢，省域之间经济发展和人民生活水平的两极差距明显扩大（见表 1），而重点经济区与集中连片贫困地区之间的差距则更趋扩大。

表 1　西部地区内部两极经济发展差距情况

指　标	年均经济增速（%）	人均地区生产总值（万元）		农村居民人均纯收入（元）		城镇居民人均可支配收入（元）	
年　份	2000—2014	2000	2014	2002	2013	2002	2013
前两位地区	15.39（内蒙古） 13.08（重庆）	0.74（新疆） 0.65（内蒙古）	7.1（内蒙古） 4.79（重庆）	2108（四川） 2098（重庆）	8596（内蒙古） 8332（重庆）	8079（西藏） 7315（广西）	25497（内蒙古） 25216（重庆）

① 根据《中国统计年鉴 2014》相关数据计算。

续表

指标		年均经济增速(%)	人均地区生产总值(万元)		农村居民人均纯收入(元)		城镇居民人均可支配收入(元)	
年份		2000—2014	2000	2014	2002	2013	2002	2013
后两位地区		10.58 (新疆) 10.73 (云南)	0.27 (贵州) 0.42 (甘肃)	2.64 (贵州) 2.64 (甘肃)	1462 (西藏) 1490 (贵州)	5108 (甘肃) 5434 (贵州)	5944 (贵州) 6051 (内蒙古)	18965 (甘肃) 19499 (青海)
西部地区		12.3	0.48	3.75	1855	6834	6675	22710
全国		11.77	0.79	4.67	2476	8896	7703	26955
差距	首位与末位	4.81	0.47	4.46	646	3488	2135	6532
	首位与西部	3.09	0.26	3.35	253	1762	1404	2787
	末位与西部	−1.72	−0.21	−1.11	−393	−1726	−731	−3745
	首位与全国	3.62	−0.05	2.43	−368	−300	376	−1458
	末位与全国	−1.19	−0.52	−2.03	−1014	−3788	−1759	−7990

注:①经济增长速度按可比价格计算,人均地区生产总值、城乡居民收入按当年价计算。②全国年均经济增速为各地区加总计算数。③城镇和农村住户调查2013年起有所变化,表中2013年城乡居民收入为可与之前对比的原口径数。

资料来源:《中国统计年鉴2014》,中国国家统计局国家数据库。

在西部地区实行统一的政策优惠,忽视了西部地区内部发展的差距问题。以对企业扶持力度最大的税收优惠政策为例,由于产业发展层次的差异,越是经济落后的地区,能够享受15%所得税优惠的企业越少,同时也越难以获得企业投资的青睐。所以,西部大开发需重新审视西部地区内部的区域差距与协调发展问题。在对西部地区实现普遍的政策优惠扶持的同时,还应对西部的特殊地区定点实施特殊的政策安排。

三、西部大开发战略深化的总体思路

(一)西部大开发战略深化的推进主线

“十三五”是西部大开发的关键时期,是检验西部大开发成果的重要节点。到2020年,西部地区必须在缩小与全国其他地区经济发展差距的同时,实现全面建成小康社会的目标。为确保西部乃至国家全面小康社会目标的实现,西部大开发应当围绕“内生发展、全面小康”这一发展主线,针对其内部不同区域的发展问题,深化西部大开发的政策措施,推动西部地区走上内生式发展的道路,在缩小经济发展差距上取得阶段性进展,在均衡社会发展上取得实质性突破。这一发展主线有两个方面的着眼点。

一是西部地区要走内生式发展的道路。要进一步调整政策扶持的方式,激发自身发展的内在活力。重点在于培育西部地区的内生发展机制,将国家资金、政策投入和当地资源禀赋,转化为经济内生发展的动力。这包括:深化体制改革和机制创新;鼓励民间投资,促进当地中小企业成长;推动技术进步和科技创新,提高科技在经济增长中的贡献;加大教育和社会投入,提高人文发展水平。

二是西部地区发展要以全面建成小康社会为导向。针对实现全面小康社会的各项目发展问题,重点在于特殊地区(如集中连片特困地区、生态保护区、民族地区、边境地区等)

和贫困人口的民生保障，核心在于提高城乡居民收入和社会保障水平。

(二)西部大开发的战略深化需拓展发展思路

当前西部地区存在着诸如开发利益流失、政策效应弱化、内生发展动力不足、区域性贫困难以消除等棘手问题，进一步深化西部大开发战略，还需在政策、路径和手段上拓展发展思路。

1. 在依托资源优势的同时，重视发挥制度优势

西部大开发要依托资源优势，但又不能完全依赖资源开发。国内外发展的历史经验表明，如果一个国家或地区的经济增长过度依赖于资源开发，就不可避免地会对经济增长的其他要素产生“挤出效应”，损害经济增长的潜能，从而陷入经济学所说的“资源诅咒”的陷阱。西部地区要实现长期的发展，必须打破过度依赖资源优势的开发路径，重新审视西部地区未来长期发展的优势所在。除一般意义上的资源优势、劳动力优势，西部地区由于自然条件、地理区位等因素的制约，具有天然的发展劣势。在区域之间的竞争中，天然的竞争劣势需要通过特殊的制度设计予以弥补。本文认为，西部地区未来发展最大的优势还是在于国家的政策投入，在于中央给予西部大开发的“优先地位”。只有通过政策倾斜和相应的制度安排，形成一定的政策梯度优势，改变西部地区在资金、技术、人才和物流成本等方面的不足，才可能转化为特定领域的市场竞争优势，产生长期的经济繁荣。

2. 在加大外部援助的同时，融入内生发展道路

西部大开发要把外部援助融入当地的产业发展之中，形成内生发展的动力。在西部地区现实的基础条件下，多数区域尚不具备完全的内生发展能力，仍需要国家财政的转移支付和直接投入，需要国有大资本主导下的资源开发项目。没有外部资本的大规模投资，完全依靠自身资本和财富的积累，西部多数地区难以打破低水平均衡的发展状态。但依赖外部投资不断增长的经济开发路径不可能长期维持。西部地区要实现长期的发展，必须拓展经济开发路径，走内生式发展道路。这需要协调外部援助与内生发展的关系，将国家直接投资、国有大项目融入当地的产业发展中，增强当地的内生发展能力，形成有利于西部长期、持续发展的开发模式；需要鼓励民间投资，促进扎根当地发展的中小企业成长；需要加大科技研发和技术进步的投入，提高科技在经济增长中的贡献，摆脱单纯依靠资源的区域开发模式。

3. 在经济增长带动的同时，强化社会发展优先思路

西部大开发要在努力保持较高经济增长速度的同时，强化社会发展优先的开发思路。从世界各国的情况看，区域之间的经济发展差距是长期存在的，即使在发达国家也难以例外；社会之所以能保持长期的稳定，在于社会发展的均衡。西部大开发要在以改善民生为核心的指导思想下，进一步强化社会发展优先的开发思路。在经济发展差距逐步缩小的背景下，首先实现社会的均衡发展。西部地区财政实力有限，依靠自身财力难以满足社会事业的发展，需要国家加大财政转移支付的力度，以缩小在教育、文化、医疗、卫生、社会保障等方面的差距。针对西部地区内部社会发展不平衡的问题，对于贫困地区应实行特殊的扶持政策，使西部人民均能享有平等的社会服务和社会保障，社会发展水平与全国其他地区大体处于差别不大的层次上。

4.在普遍政策优惠的同时,创新差别政策设计

西部大开发既要给予西部地区普遍的优惠政策,也应针对特殊区域和特定领域设计特殊的扶持政策,以支持西部落后地区、薄弱领域的发展。落实国家区域发展战略中的优先地位,国家需要给予西部地区区别于其他地区的扶持政策,与其他地区之间形成一定的政策梯度优势。但西部统一的优惠政策安排,无法给予经济落后地区足够的政策支持;同时,由于西部地区面积广大、差异显著,统一的政策设计不可避免地会增加新政策出台的难度,同时也会降低政策扶持的力度。未来西部大开发应推行基于目标导向的政策安排,分解政策目标,细化政策区域,对承担不同政策目标的区域,定向实施更具差异性的政策措施。

(三)西部大开发的战略深化需转化开发模式

深化西部大开发战略,应进一步充实开发内涵,强化内生开发、深度开发、反向开发、扶贫开发、合作开发等重点开发模式。

1.内生开发:创新开发机制,增强内生发展活力

西部大开发应在加大外部援助的同时,进一步强化内生式开发模式。(1)注意西部地区资本和财富的积累,改善利益分配结构,减少利益流失。加快推进资源税改革试点和资源性产品价格改革,扩大资源税征税范围,适当提高资源税税率,税额分配更多向资源产地基层政府倾斜等。① 建立健全生态补偿机制,使西部禁止开发区和限制开发区分享其他地区发展的利益。(2)给予地方更多的发展自主权,下放项目审批权限,放宽产业准入条件,发挥地方政府和当地居民自主发展的积极性和创造性。(3)采取有效的政策措施,鼓励和引导各类民间资本投资西部,大力发展民营经济;结合混合所有制改革,支持当地民间资本进入垄断性行业,实现资本投入和所有制结构的多元化。(4)建立西部地区产业扶持基金,完善针对中小企业的金融服务政策,制定更加优惠的税收政策,积极扶持西部地区中小企业的发展。(5)加大技术进步和科技研发的投入,通过特殊的经济激励政策(如技术升级的财政政策等)和人才政策(如西部人才特殊津贴等),使创新成为推进西部地区内生发展的重要动力。

2.深度开发:推行精准管理,定点扶持精细开发

西部大开发在前期面上开发的基础上,应进一步强化深度开发模式,推进地方层面的精细化深度开发。(1)在区域政策方面,以目标为导向细化政策区域(而非地理区划的经济区),实行分类管理和定点扶持。对承担不同政策目标的区域,定向实施更具差异性的政策措施,以支持特殊地区(如集中连片特困地区、生态功能区、农产品主产区、民族地区、边境地区等)的发展。(2)在部门政策方面,在特定领域采取特别的定向支持政策,有针对性地解决影响西部地区发展的关键问题。(3)在继续推进基础设施重大项目建设的同时,支持地方性基础设施的建设,包括地方性交通网络、中小型水利设施、城镇市政基础设施、社会服务设施等。(4)深化产业开发层次,以资源、能源优势为依托,以技术进步为核心,延伸和拓展产业链条,形成产业关联度高、相互配套的地方性产业集聚区,实现产业的深度开发。

3.反向开发:突破发展短板,激发长期增长潜能

西部大开发在利用资源优势的基础上,应进一步强化政策优势以弥补发展短板。与强

---

① 陈丽平:《将立法促进西部大开发战略实施》,《法制日报》,2014年5月23日第3版。

化比较优势的正向开发思路不同，反向开发是按照弥补发展短板的思路展开，即通过特别的定向支持政策和制度设计，在特定领域形成一定的制度优势，以弥补其在资金、技术、人才和物流成本等方面的劣势。(1)采取针对性的优惠政策降低西部企业的物流费用，如取消西部地区政府还贷的公路收费、针对西部物流企业实行特别的税收优惠政策等，缓解西部地区产业发展中物流成本过高的问题。(2)采取特殊的金融扶持政策，如降低西部地区银行的存款准备金、制定西部金融企业的特别税收优惠政策等，形成资金流入的“洼地效应”，解决限制西部发展的资金缺乏、资本外流的问题。(3)制定产业布局政策，用行政手段限制在东部发达地区新建某些类别的工业企业，解决西部地区产业资本进入不足的问题。(4)实行保育性开发，对生态功能区和某些地区的资源开发进行限制，保存一定的战略储备以待今后的开发利用。

4.扶贫开发：聚焦贫困地区，共同实现全面小康

为共同实现全面小康的目标，西部大开发应进一步强化扶贫开发模式。(1)西部大开发政策扶持的重心应该放在贫困地区的发展上，对集中连片特困地区实行更加优惠的特殊扶持政策，如财政转移支付、税收优惠、投资倾斜、金融服务、产业扶持、教育培训等。(2)引导发达地区开展对口帮扶性质的产业合作，鼓励大型企业积极承担社会责任，采取产业投资、技术支援、招工就业、产品采购、农产品销售等形式，支持西部贫困地区发展。(3)在符合产业政策和主体功能区要求下，不限规模和行业，对贫困地区企业普遍实施比15%更低的企业所得税优惠。(4)积极推进生态移民、扶贫移民，逐步引导禁止开发区和限制开发区人口向重点经济区转移就业。结合户籍制度改革，东部地区和西部重点经济区要承担起吸纳西部地区农业转移劳动力的重任，使西部地区的人口分布与经济发展条件和产业布局相一致。

5.合作开发：深化开放合作，促进区域协同发展

西部大开发在扩大对内对外开放的基础上，应进一步强化合作开发模式，以合作共赢促区域开发。(1)将西部地区发展与承接产业转移、发挥向西开放的地缘优势结合起来，依托长江经济带、珠江—西江经济带以及“一带一路”、中国—东盟自由贸易区建设，深化西部地区与东中部地区和周边国家的经济合作。(2)借助东部地区人才、资金、技术、管理等方面的优势，以及招商引资和园区建设方面的经验，探索东西合作共建产业园区。规划建设一批承接产业转移示范区，鼓励东部发达地区发展“飞地经济”。创新产业园区的开发模式和管理机制，鼓励东部地区直接参与合作园区的开发建设和运营管理，实现共同建设、利益分享。(3)抓住“一带一路”建设的历史机遇，积极拓展与沿线国家在产业、投资、技术、贸易和基础设施建设等领域的深度合作。依托国际大通道，积极发展面向俄蒙、中亚、东南亚乃至欧洲的出口加工基地和商贸物流中心。加快推进边境(跨境)经济合作区建设，在有条件的地区探索建立边境自由贸易区。

(作者：盛广耀，中国社会科学院城市发展与环境研究所。本文转载自《开发研究》2015年第5期。)

西部大开发政策演进分析与调整策略

一、西部大开发主要政策回顾

西部大开发战略提出至今，在国家层面已经制定和出台了一系列的支撑战略推进的开发政策，在不同阶段和不同领域对西部地区的经济社会发展发挥着重要作用，回顾这些主要政策，其大致经历了西部大开发战略适时提出、有序推进、深入细化三个阶段。按照时间上的先后顺序归纳如表1所示。

表1 西部大开发主要政策回顾

主要阶段	政策/重大意见名称	年 份
适时提出阶段	“两个大局”战略构想	1988
	十年规划和“八五”计划的建议	1990
	“九五”计划和2010年远景目标的建议	1995
	十五大报告	1997
	党的十五届四中全会正式提出西部大开发战略	1999
有序推进阶段	关于实施西部大开发若干政策措施的通知	2000
	关于西部大开发若干政策措施的实施意见	2001
	“十五”西部开发总体规划	2002
	关于进一步完善退耕还林政策措施的若干意见	2002
	关于进一步推进西部大开发的若干意见	2004
	关于促进西部地区特色优势产业发展的意见	2006
	西部大开发“十一五”规划	2007
	成渝经济区获批	2007
	关于加强东西互动深入推进西部大开发的意见	2007
	中西部地区外商投资优势产业目录(2008年修订)	2008
	关中—天水经济区发展规划	2009
	关于应对国际金融危机保持西部地区经济平稳较快发展的意见	2009

续表

主要阶段	政策/重大意见名称	年　份
深入细化阶段	关于深入实施西部大开发战略的若干意见	2010
	关于中西部地区承接产业转移的指导意见	2010
	关于深入实施西部大开发战略有关税收政策问题的通知	2011
	西部大开发"十二五"规划	2012
	科技助推西部地区转型发展行动计划(2013—2020年)	2013
	中西部地区外商投资优势产业目录(2013年修订)	2013
	西部地区鼓励类产业目录	2014

二、西部大开发政策演进路径分析

区域政策的制定和实施必须基于客观实际,并且要根据现实条件的变化做出调整和完善,以期实现政策目标。西部大开发战略出台至今,相关开发政策不断调整、扩展和完善,总体上呈现出持续推进、深入细化的演进趋势。回顾西部大开发的主要政策,可以发现其演进路径呈现如下特点。

(一)从总体的、基础的初步开发向点线结合的区域重点开发演进

西部大开发战略是一个长期的系统工程,也是一项艰巨的历史任务。开发初期,《关于实施西部大开发若干政策措施的通知》明确提出:"力争用5到10年时间,使西部地区基础设施和生态环境建设取得突破性进展,西部开发有一个良好的开局。"可以看到,前期开发是一种总体的、基础的初步开发,这对于改善西部地区交通环境等基础设施起到了积极作用,成为西部地区深入开发的重要前提。这样的开发决策是在当时国家有限财力和西部具体实际情况的基础上提出的。随着国家财力的进一步增强和西部地区基础设施建设的加快,西部开发的政策思路开始有所转向,非均衡发展思路下的"点轴开发"和增长极开发逐渐呈现。《关于进一步推进西部大开发的若干意见》明确提出:"积极推进重点地带开发,加快培育区域经济增长极。"《西部大开发"十一五"规划》中进一步明确要"坚持以线串点、以点带面,依托交通枢纽和中心城市,充分发挥资源富集、现有发展基础较好等优势,加快培育和形成区域增长极,带动周边地区发展"。目前,西部地区已经培育出成渝经济区、关中—天水经济区、广西北部湾经济区、黔中经济区、兰州新区、四川天府新区等重要增长极,这些增长极为西部地区的整体发展起到了带动和辐射作用,成为西部大开发进一步推进的重要战略高地。

从区域开发的布局模式和产业选择来看,西部大开发政策呈现从总体的、基础的初步开发向点线结合的区域重点开发的演进路径。实际上,这是非均衡区域发展理念的具体实践,其政策思路反映了增长极理论的基本观点,即在区域分工非均衡和区域要素流动非均衡的状态下,区域经济发展不"摊大饼",而把有限资源集中投到发展潜力大、规模经济和投资效益明显的少数部门或个别区域,使之成为经济增长的主导产业和主导地区,并通过扩散效应或渗透效应带动其他产业和其他地区发展,从而实现整个地区经济的发展。

(二)从外延式开发向内涵式开发演进

在开发初期,西部地区基础设施建设大部分都是依靠政府直接投资支持的,国家财政的直接“输血”对于改善西部地区基础设施条件发挥了重大作用,为西部地区的经济发展打下了坚实基础。2000—2005年,中央在西部地区累计投入财政性建设资金5500亿元、财政转移支付资金7500亿元、长期建设国债资金3100亿元,总计1.61万亿元。在大规模直接投资支持下,西部地区建成了青藏铁路、西电东送、西气东输等一批标志性的重大项目。但是,西部大开发是一项系统工程,并非是简单地投入资金、建成几个重大项目就能够完成的任务。要改变西部地区的落后面貌,实现又好又快的发展,要求西部地区各种资源要素合理配置。相对于国家直接投资上重大项目的外延式开发,西部地区的发展更应积极借助于各项优惠政策,走出“等、靠、要”思维定式,依靠自身特色和优势,充分发挥市场配置资源的决定性作用,努力走开放、合作、创新的内涵式开发之路。

在经过了初期财政直接投入开发之后,国家逐渐调整了对西部地区资金投入方式,通过出台相关优惠的金融信贷政策,拓宽了西部地区企业融资渠道,也吸引了大量的外部投资,产生了较好的政策效应。同时,国家在产业合理布局、合理安排产业结构、扶持特色优势产业等方面出台了一系列富于内涵式开发特点的政策,使得西部大开发政策逐步由“输血型”的外延式开发向“造血型”的内涵式开发演进。

(三)从提供外部规划向引导建立内部机制演进

西部大开发战略是我国新世纪以来提出的第一个重大的区域发展战略,中央政府高度重视。开发初期推出的《关于实施西部大开发若干政策措施的通知》、《关于西部大开发若干政策措施的实施意见》、《“十五”西部开发总体规划》、《关于进一步推进西部大开发的若干意见》等政策规划为初期开发提供了框架结构,有效保证了西部大开发的展开和稳步推进。但是,这些政策意见大都是从外部总体上对西部开发的指导和规划,而对政策的具体实施缺乏指导,尤其缺乏相应的法制层面的政策协调和机制保障,影响了政策的执行效率。

随着开发的深入,单纯的外部指导性的规划已经不能够满足西部地区发展的政策需要,急需加强政策间的协调和政策执行的机制保障。要实现西部大开发各项政策真正落到实处,就必须加强地方政府间的合作和沟通,切实从体制机制建设上协调好西部地区地方政府间的关系。建立健全机制保障有助于将原来相对独立静态的一些规划政策有机地联系起来,使其具备相对的稳定性和连续性,并以动态的形式协调政策、组织实施,提高政策的执行效率。基于这种认识,《西部大开发“十一五”规划》、《关于加强东西互动深入推进西部大开发的意见》等政策都强调坚持机制创新,积极引导西部地区建立内部协调机制。近年出台的一些政策也从制度设计上不断完善地区利益获得机制和地区间利益协调机制,一定程度上消除和缓和了地区间的利益冲突,拓展了区域合作空间,降低了交易成本,提升了政策绩效。因此,西部大开发政策也呈现出从提供外部政策规划向引导建立内部机制的演进特征。

(四)从整体性的一般化政策向有针对性的差别化政策演进

西部大开发各项政策的制定和实施与认识西部地区为问题区域到解决西部地区的具

体区域问题的过程紧密关联。在开发初期，国家从整体上认识到东西部发展不平衡，地区差距巨大，确定了西部地区的问题区域属性。为此，在政策制定上也是从西部地区整体出发制定和出台了一系列规划。如《关于实施西部大开发若干政策措施的通知》、《关于西部大开发若干政策措施的实施意见》、《“十五”西部开发总体规划》、《关于进一步推进西部大开发的若干意见》等。随着开发的推进，一些重大基础设施工程初步建成，整体性的一般化政策规划已经不能满足西部地区发展的现实需要，同时，西部各省（市、区）之间发展状况也不同，区域内地区差距也十分明显，“一刀切”的政策规划已经不适合西部地区的协调发展，甚至造成西部地区内部的利益冲突。有鉴于此，针对问题区域的具体区域问题，制定差别化的政策势在必行。可以看到，在近些年的西部开发政策中，已经有很多针对性较强、差别化明显的规划出台。如有针对性地批复了关中—天水经济区、成渝经济区、广西北部湾经济区、四川天府新区、陕甘宁革命老区、兰州新区、黔中经济区等多个区域建设规划；在产业规划上，2014 年修订的《西部地区鼓励类产业目录》分省（市、区）做了鼓励类产业发展指导；在一些其他的政策通知中，各种规划和优惠政策更加具体、更加有指向性。因此，西部大开发政策也呈现出从整体性的一般化政策向有针对性的差别化政策演进的特点。

三、新阶段西部大开发政策调整策略

自开展西部大开发至今，西部地区的发展取得了长足的进步，但是东西部差距依然很大，西部地区还存在诸多发展中的实际问题。同时，国际、国内形势也发生了深刻变化，金融危机后主要发达国家经济增长缓慢，新兴经济体经济增速放缓，我国经济发展进入新常态，国家发展战略开启新篇章。在此时代背景下，面对新形势、新问题和新要求，新一轮的西部大开发必须在把握政策演进趋势的基础上做出相应的调整，在策略上要积极适应新常态，有效融入新战略，设计科学合理的政策体系，充分发挥西部自身优势，努力实现西部地区快速可持续发展，深入推进西部大开发的战略进程。

（一）厘清战略关系，从政策协调的视角谋划政策

新中国成立以来，我国的区域发展战略变化可以分为五个阶段：内地建设战略阶段、三线建设战略阶段、战略调整阶段、沿海发展战略阶段和区域协调发展战略阶段。当前我国正处于区域协调发展战略阶段，这一阶段实施了西部大开发、东北振兴、中部崛起、东部率先、主体功能区、“一带一路”、长江经济带、京津冀协同发展等多个子战略。与西部大开发战略关系最为密切的当属“一带一路”战略。为此，我们要明白，无论是首先提出的西部大开发战略，还是近来提出的“一带一路”战略，都是构成总体区域协调发展战略的子战略，它们之间不是谁领导谁的从属关系，而是同等重要的并列关系，彼此在不同的战略层面各自发挥作用。区别以前的着眼于国内协调的战略部署，“一带一路”战略把视野扩展到国际，一定程度上突破了狭隘的国家行政区域限制，在更加广泛的范围上构筑我国区域协调发展战略体系，其本质是我国总体区域协调发展战略的当前重点子战略。

西部大开发战略与“一带一路”战略同属我国区域协调发展的子战略，由于二者的作用、对象存在着很大的重叠部分，二者之间的关系变得极为密切。对于西部地区而言，两个战略都作用于此，在政策谋划上为了避免出现政策重复或是政策相互掣肘的情况发生，决策者应该站在国家区域经济协调发展的战略高度谋划政策，最好设立高级别的决策主体，

统筹安排各项施于西部地区的政策，努力做到政策间的互补互促。其实，“一带一路”战略的实施将给西部大开发战略带来前所未有的推进契机，依其“五通”合作内容将会进一步扩大西部地区的对内和对外开放，拓展西部地区经济社会发展的活动空间。因此，要整合和完善西部大开发各项政策，积极融入“一带一路”战略的区域合作和开放格局中，使战略之间的政策能够协调一致，共同促进西部地区发展。

(二)因地因时制宜，科学制定区域政策

西部大开发战略涉及范围广、历时长，政策制定和实施不可能一劳永逸、一蹴而就，必须适时调整。因地因时做出政策调整是区域政策制定和实施的应有过程和必然选择。因地调整政策依据于政策作用对象的特殊性和差别性。西部大开发涉及西部12个省、市、自治区，各省(区、市)经济社会发展水平存在差距，影响经济发展的区位条件、资源禀赋以及文化观念等都各有差别。区域政策的制定必须考虑这种政策作用对象内部的差别性，根据实际情况做出相应调整。同时，西部地区的城市与农村、重点区域与一般区域也存在着不同的经济社会发展基础和条件，在财力有限的条件下，不可能对西部地区所有区域平均用力、同步发展，而应该选择重点地区、重点城市和重点领域进行增长极的培育，通过发挥增长极的集聚和扩散效应，带动整体区域经济的发展。

因时调整政策依据于政策实施的阶段性评价和政策作用对象的实际发展变化。区域政策评价是区域政策效率提高的保证，它能对区域政策的制定者、实施者与援助接受者起到监督作用，同时也是改善区域政策的主要依据。西部大开发战略已经实施十多年，一些政策目标已经实现或正在实现，一些政策目标没有实现或难以实现，阶段性的政策评价不仅是区域政策实施的重要环节，也是政策调整的重要依据。同时，西部大开发政策的作用对象在不断发展变化，国内国际环境也在深刻变化，金融危机后主要发达国家增长乏力，我国经济发展进入“新常态”。以往的政策很多都缺少对当前实际的准确预测，政策制定局限于当时的信息，继续实施这样的政策可能会偏离政策目标甚至与其背道而驰。因此，根据阶段性的政策评价与政策作用对象当前的实际，做出科学的政策调整，是深入推进西部大开发战略的重要策略。

(三)加强政策立法，保持政策稳定性和连续性

保持区域政策的稳定性和连续性是获得良好政策绩效的重要保证。制约西部地区发展的两个重要因素是资金缺乏和市场机制不健全，因此，引进投资和建立健全市场机制就显得尤为重要，而加强政策立法、优化西部大开发的法治环境则是前提和保障。区域政策本质上是政府对区域经济发展的干预和调控，在市场对资源配置起决定性作用的经济体制下，市场经济主体参与竞争要有法律保障，政府的干预和调控行为也必须有法律依据和监督机制。把援助西部地区经济社会发展置于严格的立法、执法和司法过程中，将在很大程度上避免地方政府不受中央制约盲目开发、滥用优惠政策、各级政府之间权限和责任不明晰的弊端，保障西部大开发的法律地位和整个开发活动的有序性、规范性和稳定性，切实保障开发计划的实施、各项政策到位、具体措施得到落实，并达到预期目标。

到目前为止，我国已经制定出台了一系列的西部大开发政策和规划，但都缺乏法律保障，政策的行政命令色彩浓重，稳定性、规范性和民主性欠缺，针对西部大开发的专项立法

需要尽快制定和完善。虽然《西部开发促进法》已被列入立法议程，但是还没有正式出台，《生态补偿条例》草案已经成型，但仍未正式发布，面对西部地区生态环境保护的压力，这些法律法规亟须尽快出台。同时，除了基本的、框架性的西部大开发专项立法外，西部地区也应该根据全国性的法律法规和国家开发西部的战略部署，结合本地实际，制定切实可行、有利于吸引外部投资、培育自我发展能力、保护生态环境的政策法规，使投资者获益有法律保障、地区的自我能力发展合法合规、西部可持续发展有法可依。

（四）加大开放力度，吸引和整合更多优质资源

新增长理论认为，技术进步和制度变迁是经济增长的重要源泉。对于后发国家或地区而言，从外部引入技术和加快制度创新是其重要的赶超战略，而这在很大程度上依赖于这些国家或地区的开放程度。在开放条件下，后进国家和地区就可以引进、学习国外的先进技术和管理制度；就可以利用国内和国外两种资源，克服瓶颈制约；就可以利用国内和国际两个市场，提高资源使用效率。大量研究表明，区域经济增长与区域开放度之间呈现明显的正相关关系，我国的经济发展实践也印证了这一结论。在新阶段，西部地区必须与时俱进，加大开放，实施区域大开放战略。

具体来讲，西部地区既要对外开放也要对内开放，既要重视硬性的产业开放也要重视软性的文化观念开放。首先，在对外开放上，一是要认真落实好国家扶持边贸的各项政策，加快建设外向型产业园区，大力拓展国外市场；二是要继续加强基础设施建设，营造良好的投资软环境，大力吸引外资，提高外资的利用质量；三是要加快实施“走出去”战略，深化与周边国家在资源、能源与制造业领域的合作，引导优势企业到境外投资发展，稳步推进对外工程承包和劳务合作，把西部对外开放提高到一个新水平。其次，在对内开放上，要加强东西部互动，深化区域合作、产业合作，促进资源互补和要素交流。在国家区域协调发展的战略部署下，要充分利用承接产业转移的重大历史机遇，加大西部地区开放力度，增强承接产业转移的能力，在接受东部资金和项目援助的基础上，开展多种形式的区域经济协作和技术、人才合作，吸引东部生产要素和产业向西部转移，提高西部地区的自我发展能力。最后，西部地区还要做到思想观念和文化领域的开放。西部地区受传统体制和历史文化影响较深，在思想观念和文化氛围上还存在与现代经济发展不协调的因素，表现为思想保守、观念落后和市场意识淡薄，一定程度上影响了经济的发展。为此，西部地区要进一步解放思想、开放搞活、鼓励创新，形成与现代经济发展相适应的思想观念和文化氛围。

（作者：宋海洋，吉林大学东北亚研究院。本文节选自《开发研究》2015年第5期。）

西部地区如何推进生态产业化

部分西部省(区、市)在“十三五”规划中明确提出生态产业化的概念,引起相关专家学者的质疑,发出“慎提生态产业化”的呼吁。笔者认为生态服务和公共产品理论的现代扩展,分别为生态产业化提供了生态学、经济学依据,生态产业化从理论可能性提升到实践可能性。生态产业化的实质是将生态环境作为一种特殊的资本——生态资本来运营,实现其保值增值,促进生态与经济良性循环发展。要实现这一目标,关键在于将生态服务由无偿享用的资源转变为需要支付购买的商品,按照社会化大生产、市场化经营的方式来实现生态服务和生态产品的价值。但是,生态产业化更应遵循自身的发展规律,具备必要的前提条件,切不可大胆冒进,也不能因噎废食。

一、西部地区生态资源的现状和问题

(一)资源丰富,潜力巨大

西部地区疆域辽阔,环境条件复杂,气候类型多样,生态资源丰富,是中国水源涵养地和生态环境安全屏障;资源丰富、潜力巨大,是中国重要战略资源储备库和国家安全、可持续发展的重要保障;动、植物种类丰富多样,是中国重要的生物多样性保护区;聚居地有48个少数民族,是中国绚丽多姿、魅力四射民族文化、民俗风情的“聚宝盆”。

(二)投入有限,保护乏力

比照国际经验,在CCICED(中国环境与发展国际合作委员会)成员国中,我国环境保护支出中财政支出部分还有差距,环保投资需求与实际投入的资金缺口仍较大。西部地区由于财政支持能力存在差异,特别是欠发达地区环境保护工作无力维持地方财政环保投资的持续增长。

(三)开发保护,破解矛盾

生态保护与经济发展之间存在双向相关性,互为需求,互为供给。一方面,经济发展需要大量生态环境资源的投入,这可能带来生态环境污染与生态破坏,而恶化的生态环境又会制约经济社会的可持续发展;另一方面,国民经济的发展可以为生态环境保护和污染治理提供大量的资金和设备,从而有利于生态环境质量的改善和提高。破解开发与保护的矛盾,适度发展生态产业化,有利于西部地区将生态优势向产业优势提升,有利于生态产业反哺生态保护,使生态资源在开发中得到更好的保护,有利于西部地区开展精准扶贫,实现全面小康。

二、西部地区生态产业化的政策建议

生态产业化、产业生态化是经济生态化的两条发展路径，生态要从保护和治理的角度来思考，绿色发展还是要发展，要将生态作为一种产业，让"绿水青山就是金山银山，更让绿水青山变出更多的金山银山"。

(一)划定生态红线，规范监督管理

生态产业化依然要遵守生态环境保护第一的原则，划定生态保护红线是我国环境保护的重要制度创新，是生态环境安全的底线。在自然生态服务功能、环境质量安全、自然资源利用等方面，实行严格保护的空间边界与管理限值，可划分为生态功能保障基线、环境质量安全底线、自然资源利用上线，以维护人口资源环境相均衡、经济社会生态效益相统一。

加强规范监督管理，就是要加强生态资源综合调查、统计监测、决策评价和法制制度建设。其中，编制自然资源资产负债表是生态文明建设和生态文明体制改革的一项重要基础性制度建设。通过构建土地资源、森林资源、水资源等主要自然资源资产的实物量账户，摸清自然资源资产的存量、质量的家底及变动情况，与资源环境生态红线管控、自然资源资产产权和用途管制、领导干部自然资源资产离任审计、生态环境损害责任追究等重大制度相衔接，可以更好地监测地区发展战略、产业优化布局，衡量经济发展的资源消耗、环境损害、生态效益，为推进生态文明建设、有效保护和永续利用自然资源提供信息支撑、监测预警和决策支持。目前，自然资源资产负债表编制已经在多个市县开展试点。

(二)加强政府引导，激发市场引力

目前生态产业化缺乏系统的政策、制度、法律方面统一的顶层设计，导致生态产业化缺乏市场吸引力，进展缓慢或者盲目发展导致掠夺式经营。以国务院颁布的《整合建立统一的公共资源交易平台工作方案》(以下简称《工作方案》)、《关于推行环境污染第三方治理的意见》作为支撑，通过下面"四个统一"可有效加强政府引导，激发市场引力。

1. 统一制度规则

《工作方案》提出了"1+4"的制度框架。一个总体方案：全国统一的公共资源交易平台的管理办法；四类全国统一的交易规则：在工程建设项目招投标、土地使用权和矿产权出让、国有产权交易、政府采购中形成全国公共资源交易制度规则的"一盘棋"。

2. 统一信息资源

交易公告、资格审查、成交信息、立约信息、变更信息、信用信息、监管信息等全过程的交易信息和公共信息实现集中统一、公开共享。

3. 统一专家资源

在统一专业分类标准的基础上，推动实现全国范围内的专家资源共享，推广专家远程异地评标和评审，从而为工程建设项目招投标和政府采购提供优质的专家智力服务。

4. 统一服务平台

打造一个在全国范围内互联互通的公共资源交易生态系统，最终实现"平台之外无交易"。

此外，应进一步加大改革措施及实施，激发市场引力和企业活力，保障企业的合法权

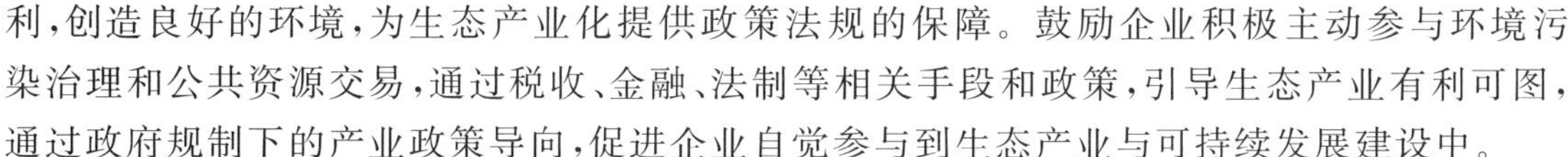

利，创造良好的环境，为生态产业化提供政策法规的保障。鼓励企业积极主动参与环境污染治理和公共资源交易，通过税收、金融、法制等相关手段和政策，引导生态产业有利可图，通过政府规制下的产业政策导向，促进企业自觉参与到生态产业与可持续发展建设中。

(三)借鉴成功经验，深化制度研究

江西省在“生态资源市场化运作，提升林权价值”方面做了有意义的探索，率先开展了以“明晰产权、减轻税费、放活经营、规范流转”为主要内容的集体林权制度改革，推进了以林权流转交易平台建设为中心、南方林业产权交易所为龙头的各项配套改革，探索生态资本市场化运作，近五年来，开展林地、林木等林权交易3000余宗，成交200多万亩，成交金额43亿多元，初步辐射到了湖北、安徽、云南和湖南等20多个省市。

此外还有，余姚·慈溪水权交易、铜仁市充分利用水生态的优势引入农夫山泉等优质公司、六盘水市利用竹林生态开发竹根水等案例。实践证明，以市场化为核心的生态产业化道路，一是可以弥补生态建设的资金缺口，形成生态资源扩大再生产的自我循环；二是可以提高竞争优势，既避免了传统政府行为导致的效率低下，又能克服生态规模小、建设成本高的弊端；三是可以提高农民的积极性，实现普通农民到生态工人的转变，使农民从生态资源开发中得到更多的就业机会和收益；四是有助于地方政府自主探索“造血型”道路，增强贫困地区内生发展能力。显然生态产业化比单纯的生态补偿、财政转移支付等方案具备现实可行性。

(四)加大宣传力度，鼓励民间参与

生态产业化的发展是一个复杂和长期的过程，其在很大程度上依赖于社会与民众的认知与监督是否充分。首先要加大宣传力度，提高公众的环境意识和对生态服务的认知，让生态服务和生态产品的受益者愿意并且能够支付所得的服务，让生态产业化有深厚的社会基础；其次要鼓励民间组织和个人更多地参与其中，要建立有政府、企业和群众的有效的监督管理机制，促进三个主体相互协调与良性互动，为生态产业化的顺利发展打下良好的群众基础。

综上所述，生态产业化的前提是提高公众的环境意识和对生态服务的认知，让生态服务的受益者愿意并且能够支付所得的服务。生态产业化的关键是生态服务市场健全完善，市场交易成本的降低要依靠制度创新。生态产业化的发展路径是：明晰产权，建立公开透明、公正公平的生态资源产业化交易市场，走以企业化、市场化为核心的发展道路。

生态产业化是有效解决生态环境保护投入不足的关键手段之一，其有自身的发展规律和前提条件。政府要制定完善的政策、法律、监管、平台等制度作为引导。企业要找准市场，利用税收、金融等方面的优惠政策，在生态红线范围外开展适度产业化生产，提供优质的生态服务产品，实现利益最大化。社会和群众作为消费者和监督者是生态产业化的重要参与者，应提高对环境保护的意识和对生态服务的认知。目前，以生态保护红线的科学划定、自然资产负债表的完善编制作为必要条件，以西部地区精准扶贫作为切入点，生态产业化可在欠发达的贫困地区开展示范试点和应用推广。

（作者：孟东军，浙江大学中国西部发展研究院生态文明建设研究中心；张清宇，浙江大学环境资源学院。）

“十二五”时期西部大开发财税政策效果评估及“十三五”时期政策建议

“十二五”时期是我国西部大开发战略实施新十年的起点，也是西部大开发战略新旧十年衔接的关键时期。本文在对2013年前财税政策的效果进行评估的基础上，结合西部大开发面临的新任务和新形势，提出相关政策建议。

一、“十二五”时期西部大开发财税政策及其实施情况

2010年中共中央、国务院出台了《国务院关于深入实施西部大开发战略的若干意见》（中发〔2010〕11号），提出新一轮西部大开发中的财税、投资、金融、产业等政策，为未来十年西部地区实现大发展奠定了政策基础和发展基调。与前十年相比，新一轮财税政策有了新的变化。

（一）“十二五”时期西部大开发财税政策的主要特点

为了与西部大开发战略的需求相适应，“十二五”时期西部大开发的财税政策在保持稳定性的基础上，政策目标更加明确，政策着力点更加突出，政策针对性也随之增强。

1.政策目标更加明确

为了适应西部地区新十年的发展需求，新一轮西部大开发财税政策的目标更加明确。

一是更加注重推进地区间基本公共服务的均等化。在新一轮西部大开发战略实施之际，中央提出要实现2020年西部地区基本公共服务能力与东部地区差距明显缩小的目标。为此，“十二五”期间国家进一步加大了对西部均衡性转移支付的力度，并将教育、人才、医疗、社会保障、扶贫开发等方面的专项转移支付重点向西部倾斜，以逐步增强西部地区地方财力和公共服务提供能力，使西部地区居民能够与中、东部地区居民一样共享改革开放成果。

二是更加突出对生态环境保护与建设的支持。从“五位一体”的要求看，生态文明建设与经济、政治、文化和社会建设并重。西部是我国生态环境保护和生态安全保障的重点地区、关键地区，“十二五”期间国家专门组织编制了《西部地区重点生态区综合治理规划纲要（2012—2020年）》，将西部重点生态区划分为西北草原荒漠化防治区、黄土高原水土保持区、青藏高原江河水源涵养区、西南石漠化防治区、重要森林生态功能区，并从中央财政转移支付的角度进一步加大对西部地区重点功能区转移支付和生态补偿资金的拨付力度。同时，不断完善其投入机制，包括建立健全生态补偿机制和重点生态功能区转移支付机制等。

三是更加突出对西部重点产业、特色产业的支持。在新一轮西部大开发战略中，税收优惠政策得以延续十年，即以企业所得税和关税为切入点，对符合条件的企业进行税收减免的优惠。为了提高政策受益对象的针对性，从2014年10月1日起正式实施了《西部地区鼓励类产业目录》，目录突出了西部各省份的产业发展现状和特点。

2.政策着力点更加突出

新一轮西部大开发财税政策的着力点集中在：一是加大中央财政向西部地区，特别是少数民族和边境地区的转移支付力度，同时强调地方专项资金补助向西部倾斜。二是加大建设资金投入力度，支持西部地区基础设施建设。三是制定《西部地区鼓励类产业目录》，

对符合要求的企业减按15%的税率征收企业所得税，电力、水利等企业享受企业所得税"两免三减半"优惠，对鼓励类产业及优势产业的项目在投资总额内进口的自用设备，在规定范围内免征关税等(见表1)。

表1 前一轮(2000—2010年)与新一轮(2011—2020年)我国西部大开发财税政策要点对比

	2000—2010年	2011—2020年
财政政策	《国务院西部开发办关于西部大开发若干政策措施实施意见的通知》(国办发〔2001〕73号)	《国务院关于深入实施西部大开发战略的若干意见》(中发〔2010〕11号)
	加大建设资金投入力度 提高中央财政性建设资金用于西部的比例。 对国家新安排的西部地区重大基础设施建设项目，其投资主要由中央财政性建设资金、其他专项建设资金、银行贷款和利用外资及企业自筹资金解决，不留资金缺口。 筹集西部开发专项资金，支持西部开发的重点项目。	加大建设资金投入力度 通过多种方式筹集资金，加大中央财政资金支持西部大开发的投入力度。 中央财政加大对西部地区国家级经济技术开发区、高新技术产业开发区和边境经济合作区基础设施建设项目贷款的贴息支持力度。
	加大财政转移支付力度 加大对西部特别是民族地区(指民族自治区、享受民族自治区同等待遇的省和非民族省份的民族自治州)一般性转移支付力度。 中央对地方专项资金补助向西部地区倾斜。 中央财政扶贫资金重点用于西部贫困地区。 实施天然林保护工程，国家在安排基建投资、财政专项补助资金和对地方财政减收补助资金等方面给予支持。 开展退耕还林还草试点工作。对在实施农村税费改革试点过程中，因改革而造成乡镇财政困难，自身无法克服的，中央财政将按照规范的转移支付办法，适当给予补助。	加大财政转移支付力度 加大中央财政对西部地区均衡性转移支付力度，逐步缩小西部地区地方标准财政收支缺口，推进地区间基本公共服务均等化。 中央财政用于节能环保、新能源、教育、人才、医疗、社会保障、扶贫开发等方面已有的专项转移支付，重点向西部地区倾斜。

	2000—2010年	2011—2020年
财税政策	《财政部国家税务总局海关总署关于西部大开发税收优惠政策问题的通知》(财税〔2001〕202号)	《财政部国家税务总局海关总署关于深入实施西部大开发战略有关税收政策问题的通知》(财税〔2011〕58号)
	对西部地区国家鼓励类产业的内资企业和外商投资企业，在2001—2010年期间，按15%的税率征收企业所得税。 经省级人民政府批准，民族自治地方的内资企业可以定期减征或免征企业所得税，外商投资企业可以减征或免征地方所得税。 对在西部地区新办交通、电力、水利、邮政、广播电视的企业，业务收入占企业总收入70%以上的，可享受所得税"两免三减半"优惠。 对为保护生态环境，退耕还林(生态林应在80%以上)、还草产出的农业特产收入，自取得收入年份起10年内免征农业特产税。 对西部地区公路国道、省道建设用地，比照铁路、民航建设用地免征耕地占用税。对西部地区内资鼓励类产业、外商投资鼓励类产业及优势产业的项目在投资总额内进口的自用设备，免征关税和进口增值税。	自2011年1月1日至2020年12月31日，对设在西部地区的鼓励类产业企业(以《西部地区鼓励类产业目录》为准)减按15%的税率征收企业所得税。 对西部地区2010年12月31日前新办的、根据《财政部国家税务总局海关总署关于西部大开发税收优惠政策问题的通知》(财税〔2001〕202号)第二条第三款规定可以享受企业所得税"两免三减半"优惠的交通、电力、水利、邮政、广播电视企业，其享受企业所得税"两免三减半"优惠可继续享受到期满为止。 对西部地区内资鼓励类产业、外商投资鼓励类产业及优势产业的项目在投资总额内进口的自用设备，在政策规定范围内免征关税。

3.政策针对性更强

除了西部大开发的综合性政策外，针对西部各省发展差异和各自特点，国务院批复了对西部地区各省份的发展战略、规划，规划中也包含了对各省份的特殊政策。如针对贵州的支出成本差异，强调进一步加大中央财政均衡性转移支付力度；对于内蒙古自治区来说，中央提出要推进资源税改革，研究完善内蒙古煤炭等矿产资源领域收费基金政策；支持宁夏内陆开放型经济试验区建设；为支持广西加强与东盟、港澳地区的贸易往来，中央扩大了对广西边贸转移支付资金的规模等。

（二）转移支付政策的实施情况

转移支付政策是中央支持西部大开发的重要手段。“十二五”时期以来，中央加大了对西部地区的转移支付规模，2011—2012 年中央对西部地区的财政转移支付总规模达到 3.2 万亿元，占西部大开发以来中央对西部转移支付总规模的 37.64%，占同期西部地区总财力的 57.57%，即在西部地区的财力中，每 10 元中有近 6 元是来自中央财政转移支付。在中央财政转移支付的直接影响下，西部地区地方财政收入从“十一五”期末（2010 年）的 0.787 万亿元增长到 2012 年的 1.276 万亿元，平均年增速达到 27.7%，地方财政支出从 2.14 万亿元增长到 2012 年的 3.227 万亿元，平均年增速达到 22.9%，均超过东、中部地区的年均增速（见图 1）。

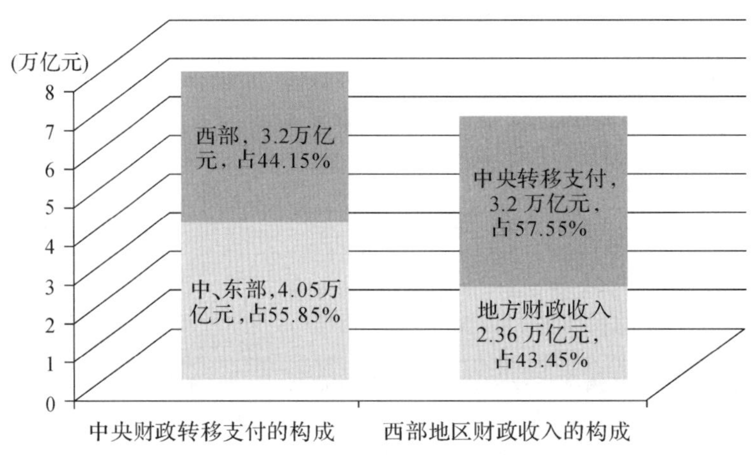

图 1　2011—2012 年西部地区享受的转移支付占中央财政转移支付的比重和占西部地区财政收入的比重情况

从转移支付政策的实施来看，“十二五”时期呈现出以下新特点。

1.强化均衡性转移支付

2011—2012 年，中央财政对西部地区均衡性转移支付规模累计达 7026 亿元，占西部大开发以来中央对西部均衡性转移支付总额的 43%。其中，2011 年中央财政对西部地区均衡性转移支付 3006 亿元，占全国的 48.6%，同比增长 37.5%，增速高于全国 0.5 个百分点；2012 年增长到 4020 亿元，同比增长 33.7%（见图 2、图 3）。

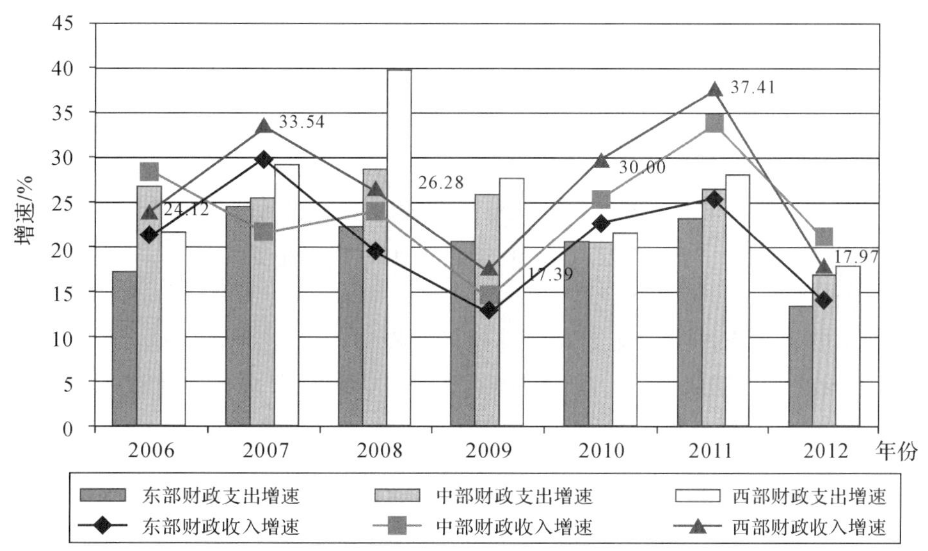

图 2　2006—2012 年东、中、西部地方财政收入和支出年均增速比较

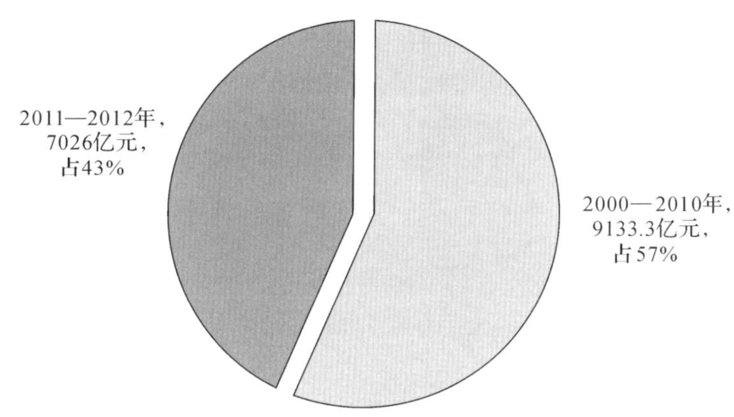

图 3　2000—2010 年与 2011—2012 年两个阶段中央财政对西部地区的均衡性转移支付比较

2. 注重民族和贫困地区协调发展

“十二五”期间，中央财政进一步加大对民族地区的转移支付力度，2011—2013 年累计安排民族地区转移支付 1218 亿元，其中 2013 年 464 亿元，是 2009 年的 1.76 倍。随着国家“十二五”时期扶持人口较少民族发展、兴边富民行动和少数民族事业三个国家级专项规划的陆续落实，2013 年中央财政安排扶持人口较少民族发展专项资金 14.5 亿元、兴边富民行动专项资金 27.9 亿元、少数民族特色村寨保护专项资金 4 亿元，分别比 2012 年增长 13.1％、50％和 53.8％。

在支持贫困地区发展方面，2011—2013 年中央财政加大投入力度，累计安排财政专项扶贫资金 998 亿元，新增部分主要用于连片特困地区。大力支持开发式扶贫，着力增强扶贫对象自我发展能力。其中 2013 年，国家对内蒙古、广西、西藏、宁夏、新疆五个自治区和贵州、云南、青海三个少数民族人口较多省份的扶贫投入大幅提高，中央财政扶贫资金投入 166.05 亿元，占全国总投入的 43.76％，资金总量比 2012 年增加了 16.8％。

3. 强调生态环境治理与保护

据统计，中央财政安排的生态补偿资金总额从2001年的23亿元增加到2012年的约780亿元，累计约2500亿元。其中，2011年中央财政安排森林生态效益补偿基金63亿元，安排草原生态保护补助奖励资金136亿元；2012年中央财政安排西部重点生态功能区转移支付371亿元，安排草原生态保护补助奖励资金139亿元。与此同时，中央财政还增加了对西部地区生态环境建设的投入，2012年安排中央林业投资440.2亿元，继续实施天然林资源保护、京津风沙源治理、石漠化综合治理、湿地保护等重点生态工程。

4. 突出基础设施和重大工程建设

“十二五”期间，国家进一步加大对西部地区的投资力度，坚持优先安排重点工程项目，支持西部地区基础设施建设。“十二五”期间，西部地区全社会固定资产投资从“十一五”末期(2010年)的6.19万亿元增长到2012年的8.9万亿元，增幅超过43%。其中，国家预算内资金从0.604万亿元增长到2012年的0.754万亿元，增幅达24.9%；预算内资金占社会固定资产投资总量中的比重从2006年的7%增长到2012年的8.47%，增加了近1.5个百分点。在国家财政资金的支持下，2011—2012年，西部地区新开工重点工程项目44项，投资总规模为7857亿元，占2000—2012年西部地区总投资规模的21.35%(见图4)。

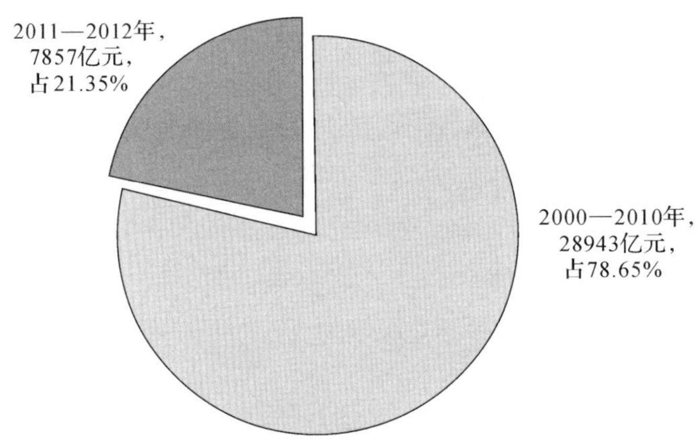

图4　2000—2010年与2011—2012年两个阶段西部地区重点工程的投资情况比较

5. 注重提高基本公共服务水平

在新一轮的西部大开发战略中，中央提出了到2020年西部地区基本公共服务能力与东部地区差距明显缩小的发展目标，为此，中央财政进一步加大了对西部地区科教文卫等社会事业的一般性转移支付和专项转移支付力度，加快推进西部地区以改善民生为重点的社会建设，大力发展科技、教育、医疗卫生、文化体育、社区服务等事业。其中，2011年中央财政安排就业专项资金144亿元，推动落实更加积极的就业政策。2012年中央安排590多亿元资金，实施农村初中校舍改造、农村义务教育薄弱学校改造、农村义务教育学生营养改善计划等项目，并投入149亿元用于支持西部公共卫生和医改工作。

(三)税收优惠政策的实施情况

为了测度税收优惠政策的实施情况，我们选取了企业所得税占税收收入的比重、宏观经济税负和企业所得税税收负担率等指标的变化情况进行分析，从侧面反映“十二五”期间税收优惠政策的实施情况。

1. 企业所得税占税收比重逐步提高

西部大开发税收优惠政策主要涉及企业所得税和有关设备的进口关税，由于后者的覆盖面相对较窄，且比重偏低，因此，本文主要分析企业所得税的实施情况。进入"十二五"时期以来，除了青海、西藏外，西部其他省份的企业所得税收入在税收收入中的比重呈现出不同程度的上升(见图 5)，其中 2012 年内蒙古企业所得税在税收收入中的比重较 2010 年增幅最大，达到 2.6 个百分点。从东、中、西部地区的横向比较来看，与东部经济相对发达地区的企业所得税比重稳中有降的趋势相比，西部地区 2011 年、2012 年的比重较 2010 年增幅显著。企业所得税在税收收入中的比重不断增加从侧面反映了"十二五"时期以来，以企业所得税减免为主的税收优惠政策的减税效应逐步减弱。

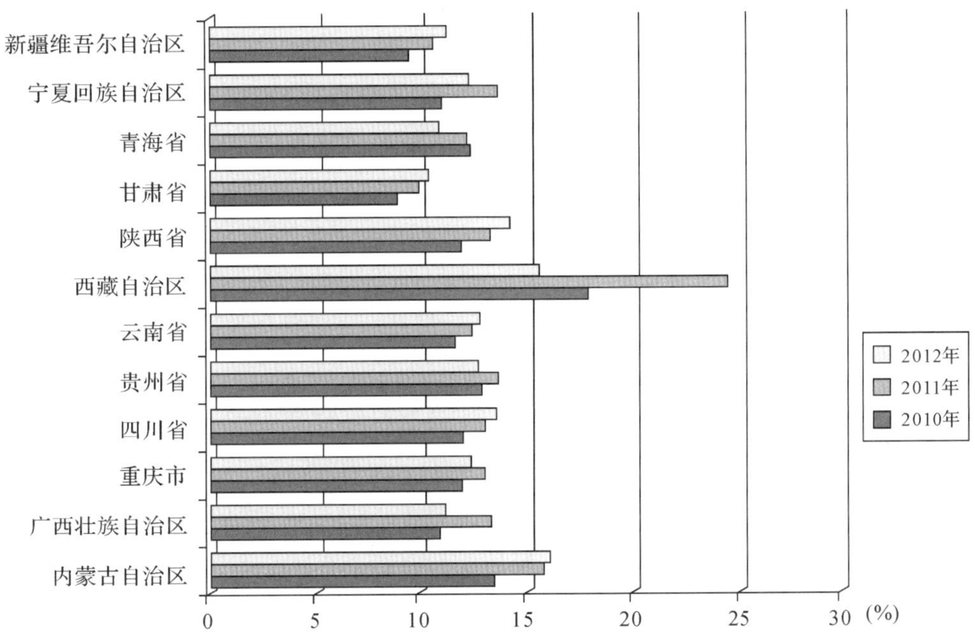

图 5　2010—2012 年西部各省(区、市)企业所得税收入占税收收入比重变化情况

2. 宏观经济税负增长幅度快于东、中地区

从宏观经济的税负变化情况看，为了衡量税收优惠政策对西部地区宏观经济的影响，选取宏观经济税负率(=税收收入÷地区经济总量)作为指标进行计算，结果显示 2011 年、2012 年东、中、西部地区的宏观税负较 2010 年分别增长 0.41、0.38、0.5 个百分点和 0.7、0.83、0.84 个百分点，西部地区宏观经济税负的增长幅度明显快于其他两个地区，这从侧面反映出税收优惠政策力度有所减弱(见图 6、图 7)。

3. 企业所得税税收负担率不断加重

从企业的税收负担率看，2011 年以来西部地区多数省份的企业所得税税收负担率呈现明显提高趋势，其中，新疆的企业所得税税负增长最多，2012 年较 2010 年增长了 2.7 个百分点。从各省份的情况看，四川、重庆、内蒙古、陕西等经济水平相对较高的地区企业所得税税负增加相对缓慢，而贵州、云南、宁夏等经济欠发达地区所得税税负反而增加迅速，进一步加重了当地企业发展压力，反映出新一轮税收优惠政策对减轻企业税负的功能逐步减弱(见图 8)。

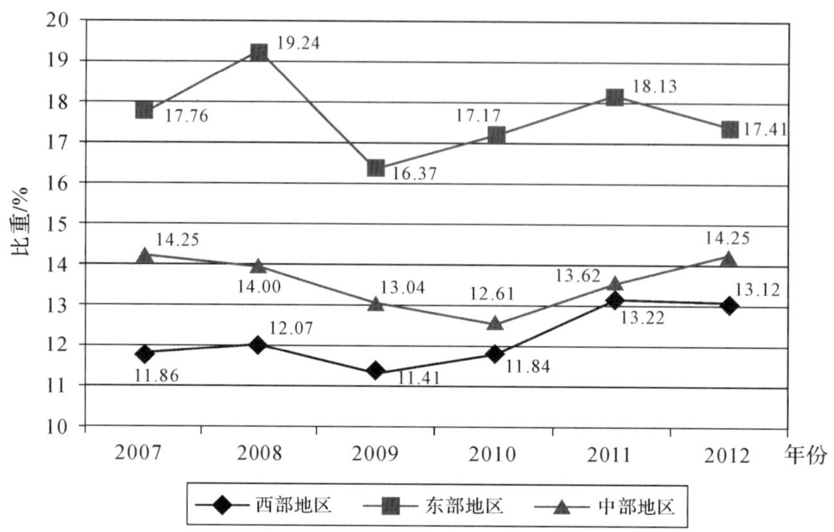

图 6　2007—2012 年东、中、西部地区企业所得税收入占税收收入的平均比重变化情况

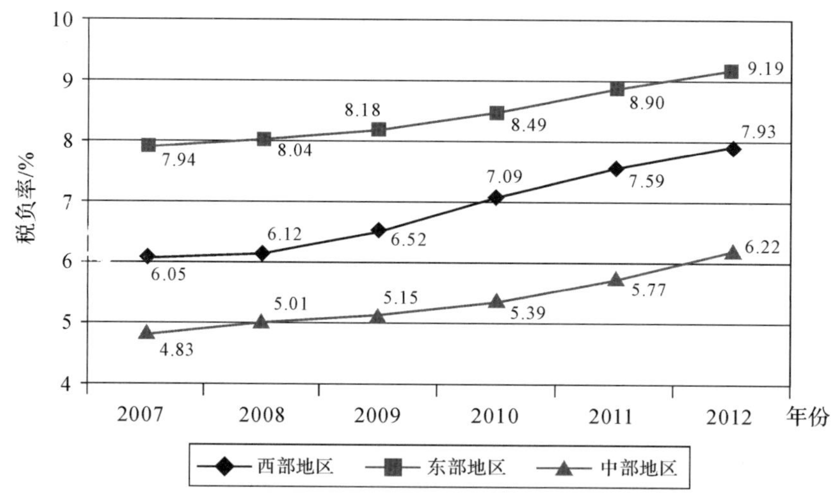

图 7　2007—2012 年东、中、西部地区宏观经济税负率变化情况

考虑到企业所得税税收负担率受企业盈利状况的影响较大,我们选取西部地区企业盈余总额的增长情况与企业所得税总额的增长情况进行对比分析(见图 9)。结果显示,与 2010 年相比,2012 年除广西、重庆、青海外,其余西部省份企业盈余的增长速度低于企业所得税的增长速度,其中宁夏和新疆两地 2012 年的企业盈余在出现负增长的情况下,两地企业所得税仍保持 5.05%和 26.11%的增长速度,说明在企业经营状况未出现显著改善时,企业所得税却始终保持较快增长。

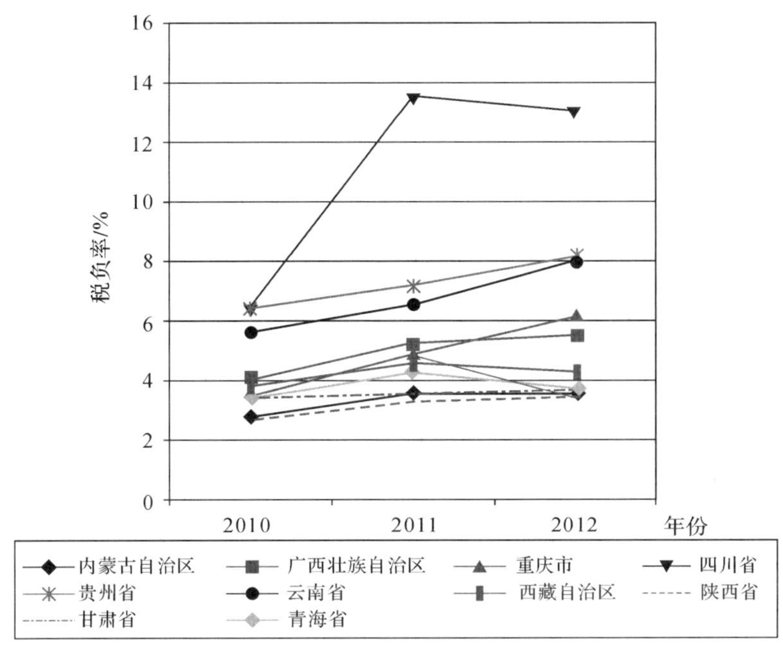

图8　2010—2012年西部部分省(区、市)税收负担率变化情况

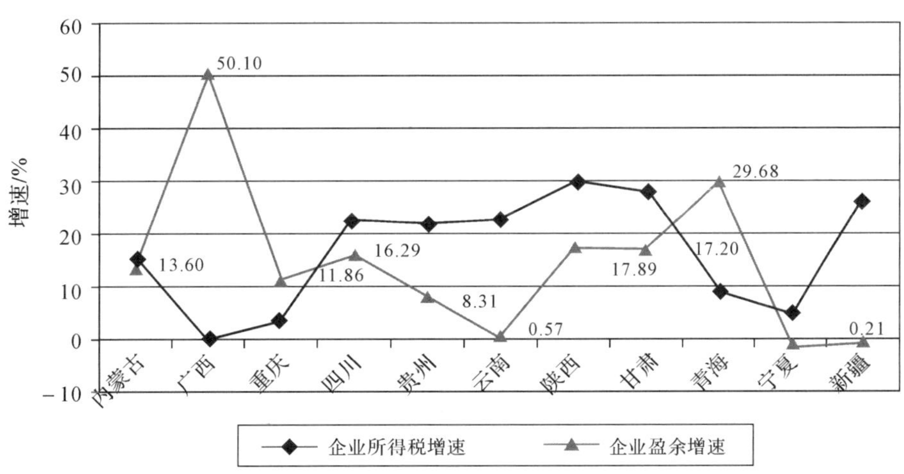

图9　2012年西部部分省(区、市)企业所得税和营业盈余年均增速(与2010年相比)的比较

二、“十二五”时期西部大开发财税政策实施效果分析

随着新一轮西部大开发政策的逐步实施,“十二五”期间西部地区经济发展速度进一步加快,综合实力显著增强。其中,与“十一五”末(2010年)相比,西部地区生产总值从8.14万亿元增长到2012年的11.39万亿元,年均增长速度(2006—2012年)达到19%,超过东部(15.34%)和中部(17.36%),占全国的比重达到22%,成为我国经济快速增长的地区;人均生产总值从2.257万元增长到2012年的3.13万元,增幅达到38.5%;西部地区城镇居民和农村居民的人均收入水平不断增加,分别从2010年的15804元、4415元增长到2012年

的 20600 元、6027 元，增幅超过 30%，经济发展的红利实现了全民共享。可以说，西部大开发政策对西部地区的影响是综合的，包括经济、社会、生态等多个方面。为了明确新一轮西部大开发财税政策在推动西部地区发展方面的作用，以下将运用实证方法进行逐一分析。在数据选取上，考虑到数据的可比性和可获取性，主要与“十一五”时期进行比较。在方法选取上，主要采用回归预测、二次指数平滑预测等，模拟在实施财税政策和未实施财税政策两种情景下，西部地区的主要经济社会发展数据，以考察其效果。

(一)财税政策效果的实证分析

实施西部大开发战略是一个系统工程，单纯一项政策的实施效果，较难测度且其科学性也会受到影响。考虑到财税政策在西部大开发综合政策中占有重要地位，所以，我们测度综合政策的实施效果，以此分析财税政策的效果。

1. 西部大开发综合政策的实施效果分析

我们选取 1993—2010 年西部地区经济发展情况(三次产业的产值)为基数，利用二次指数平滑法，对 2011—2015 年西部地经济的发展情况进行预测，并与实际值进行比较(见表 2)。结果显示，在新一轮优惠政策的带动下，西部地区经济发展总量(三次产业产值之和)要比假如延续上一轮政策的经济发展总量，平均高出 8.7 个百分点(2011—2013 年平均值)，说明了新一轮的西部开发政策对经济发展的促进作用要大于第一轮。

表 2　利用二次指数平滑法基于 1993—2010 年的发展情况对 2011—2015 年西部地区经济发展的预测与实际的比较

单位:亿元

年　份	在第一轮西部大开发政策力度下的产业增加值(以新一轮为基数的预测值)			在新一轮西部大开发政策力度下的产业增加值(实际值)		
	第一产业	第二产业	第三产业	第一产业	第二产业	第三产业
2011	11631.64	46974.25	34032.73	12771.16	51039.27	36424.54
2012	12652.69	53583.68	38052.19	14332.55	57104.21	42468.04
2013	13673.73	60193.11	42071.65	15700.82	62356.54	47945.42
2014	14694.78	66802.55	46091.10	—	—	—
2015	15715.83	73411.98	50110.56	—	—	—

为了进一步明确新一轮西部开发政策的作用，这里定义新一轮西部大开发政策对经济发展的贡献率为

贡献率=[实际值－模拟值(基于第一轮的发展速度)]÷模拟值

计算可得到表 3。计算结果表明：新一轮西部大开发综合政策对经济发展的带动作用更加明显，贡献率达到 8.70%，特别是对第一、第三产业的拉动作用更加突出，平均贡献率达到 12.63%和 10.86%。

表3 2011—2013年新一轮西部大开发综合政策对经济发展的贡献率

年　份	2011	2012	2013	平均贡献率
GDP				
GDP模拟值(万元)	92638.62	104288.56	115938.49	—
GDP实际值(万元)	100234.97	113904.8	126002.78	—
政策贡献率(%)	8.20	9.22	8.68	8.70
第一产业				
第一产业模拟值(万元)	11631.64	12652.69	13673.73	—
第一产业实际值(万元)	12771.16	14332.55	15700.82	—
政策贡献率(%)	9.80	13.28	14.82	12.63
第二产业				
第二产业模拟值(万元)	46974.25	53583.68	60193.11	—
第二产业实际值(万元)	51039.27	57104.21	62356.54	—
政策贡献率(%)	8.65	6.57	3.59	6.27
第三产业				
第三产业模拟值(万元)	34032.73	38052.19	42071.65	—
第三产业实际值(万元)	36424.54	42468.04	47945.42	—
政策贡献率(%)	7.03	11.60	13.96	10.86

2.转移支付政策的实施效果实证分析

为明确中央财政转移支付对地方财政支出的带动作用，以下选取陕西省作为个案进行分析。结果表明，2008—2012年间，中央对陕西转移支付与陕西地方财政支出的相关系数为2.08，说明中央财政转移支付与地方财政支出间存在较高的相关性。

通过进一步比较弹性系数可以看出(见表4)，2012年陕西财政支出相对于中央财政转移支付的弹性系数为2.60，相对于地方财政收入的弹性系数为2.00，也即中央财政转移支付和地方财政收入每增加1个单位，分别带动财政支出增加2.60个和2.00个单位，表明中央财政转移支付对地方财政支出规模的带动作用更强。

表4 2009—2012年陕西省地方财政支出相对于中央财政转移支付、地方财政收入的弹性系数

年　份	地方财政支出相对于中央财政转移支付的弹性系数	地方财政支出相对于地方财政收入的弹性系数
2009	1.14	1.19
2010	1.90	0.68
2011	0.80	0.57
2012	2.60	2.00

3.税收政策的实施效果实证分析

从企业所得税的预测看，以1999—2010年西部地区企业所得税的发展趋势为基础，利用二次指数平滑法，对2011—2015年的企业所得税收入进行拟合分析。结果显示，在新一轮税收政策下，西部地区企业所得税总额要高于假如延续第一轮税收政策的总额。以2012年为例，在新一轮税收政策下西部地区企业所得税的总额要比假如延续第一轮税收政策的总额高出265亿多元，从侧面反映出企业税负有所增加，由此说明，税收优惠的幅度和力度均有所减弱。

(二)财税政策实施中凸显的问题

1.中、东、西部经济社会发展差距仍然呈扩大之势

西部大开发财税政策的重要目标之一是促进地区基本服务的均等化，但从发展实际来看，在经济总量、结构以及人均量等多方面，西部与中、东部仍存在较大差距，推进地区基本服务均等化的任务仍十分艰巨。

一是与中、东部经济发展的差距逐步增大。"十二五"时期以来，西部地区经济发展在年均增长速度上超过了中部和东部，成为我国经济增长最快的地区，但总量仍然相对落后，并且与中、东部的差距正逐年加大。2010年以来，西部地区与东部的经济总量差距从2010年的16.9万亿元增加到2013年的22.3万亿元，地方财政收入差距从2010年的1.7万亿元增加到2012年的2.3万亿元，地方财政支出差距从2010年的1.2万亿元增加到2012年的1.4万亿元，即使是东部最低的海南省，其人均GDP也要高于西部地区的大多数省份。此外，从经济总量的构成来看，2013年东部地区三次产业产值比重为6.36∶47.3∶46.34，其中第三产业的产值比重与第二产业相当，比西部地区第三产业的产值比重(38.05)高出了8.3个百分点。这进一步说明西部地区经济结构转型升级的需求更加迫切(见图10)。

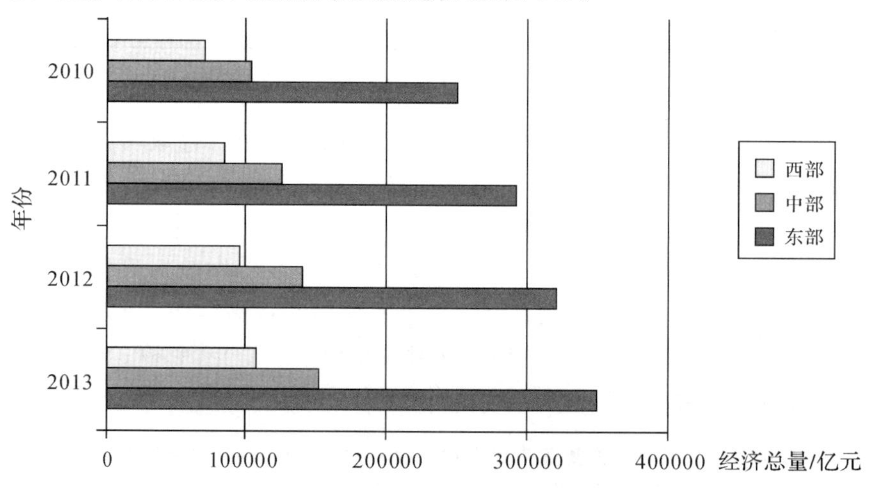

图10　2010—2013年中、东、西部经济总量的比较

二是西部地区内部经济发展差距显著。从西部地区各省份间的横向比较来看，由于自身发展基础的不同，其发展水平的差距也十分显著。2013年人均GDP位列第一位的内蒙古(67383元)是最末一位贵州(22863元)的约3倍之多，说明未来西部均衡发展的任务依然繁重。

三是基本公共服务保障水平仍在全国平均水平之下。从教育、医疗、社保等公共服务领域来看，西部地区提供基本公共服务的保障水平仍位于全国平均水平之下。以2012年为例，尽管西部大部分地区接受九年义务教育(小学及初中)的在校人数高于全国水平，但每10万人中接受高等教育(包括普通高等学校和成人高等学校)的人数，除重庆、陕西外，其他省份均低于全国平均水平，其中青海最低，仅为1130人，尚不足全国平均水平的一半，说明西部地区的高

等人才培养工作相对滞后(见图 11);从每 10 万人配备的卫生技术人员和医疗机构床位数来看,西部绝大多数省份普遍低于全国水平,其中贵州、广西分别最低,仅达到全国平均水平的 5 成和 8 成,从侧面反映出西部地区医疗设施和技术水平偏低(见图 12);从城镇单位就业人员的年平均工资水平来看,除西藏外西部 11 个省份均低于全国平均水平,其中广西最低,与全国平均水平(4.67 万元)相差 1 万多元,反映出西部地区就业人员工资水平偏低(见图 13)。

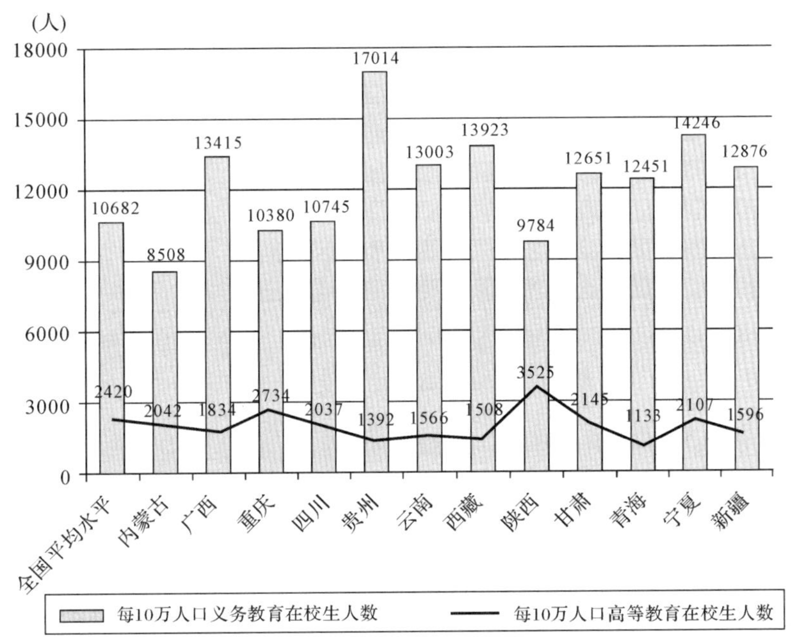

图 11　2012 年全国和西部地区每 10 万人中接受义务教育和高等教育的人数比较

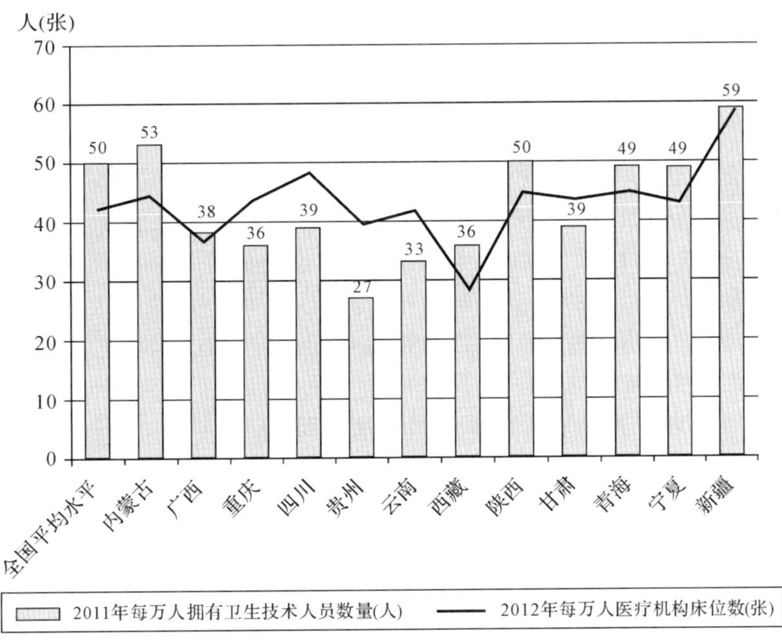

图 12　全国和西部地区 2011 年卫生技术人员和 2012 年医疗机构床位情况

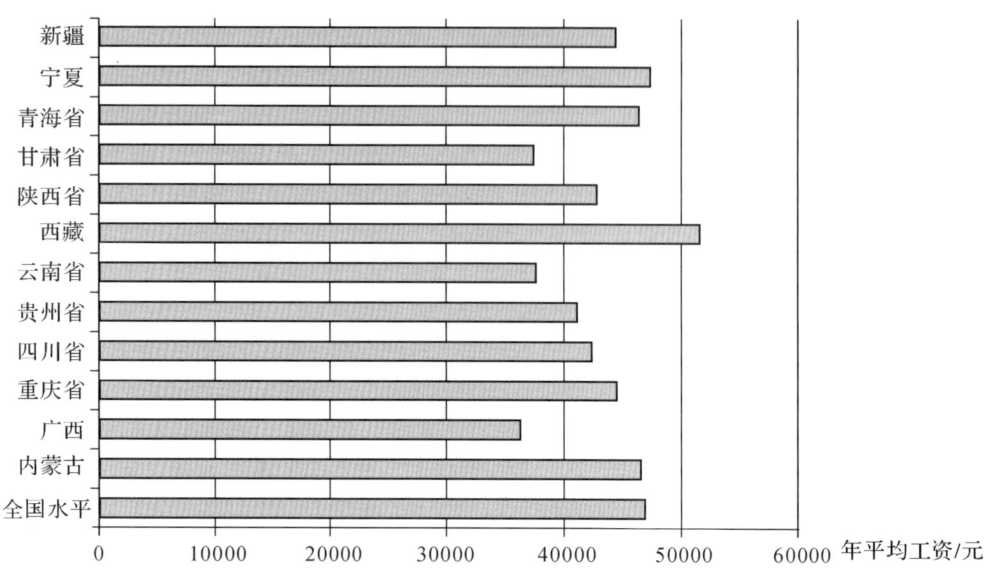

图13　全国和西部地区2012年城镇单位就业人员年平均工资水平比较

2. 转移支付政策问题逐渐凸显

一是财政转移支付政策凸显了西部地区对财政资金的依赖。总体来看,转移支付政策增强了西部地区的地方财力,保障了经济和社会发展所必需的财政支出。但是从西部地区地方财政和中央财政转移支付的比例来看,中央财政转移支付资金在地方财政总收入中的比重超过了一半,一些少数民族地区和经济发展相对落后的边境地区的比重更高。近年来,随着经济的发展,在地方税源得以扩大和巩固的情况下,地方财政自我创收能力虽然有所增强,但仍然改变不了西部地区财政自给率偏低、对中央财政资金依赖程度过高的现状,一旦转移支付政策出现变动,将对西部地区财政收支的稳定性产生不利影响。

二是转移支付政策自身存在缺陷,影响效果发挥。在我国现行的转移支付政策中,主要包括税收返还、一般性转移支付和专项转移支付。税收返还所使用的分配办法是以1993年为基数,每年维持1∶0.3的增量返还,属于"基数"返还,东、中、西部地区的返还比例并不存在差别。由于西部地区税收基数相对偏低,因此其在税收返还中所获得的优惠力度相对不足,实际获得数额最多的仍是东部发达地区。在一般性转移支付中,包括了均衡性转移支付以及公共安全、教育、社保、医疗卫生、农林水等各种名目的转移支付,属于"撒胡椒面"式的做法,平均到每个项目上的资金规模较小,难以实现集中力量办大事的效果。目前,在一些财力困难的地区,专项转移支付存在被挤占挪用问题。这些转移支付政策自身存在的问题,影响了其效果的发挥。

3. 税收优惠政策的实施效果欠佳且助推力度减弱

一是优惠范围缩减。新一轮西部大开发税收优惠政策中,取消了原有的耕地占用税、农业特产税、进口增值税等优惠措施,并没有增加新的政策优惠内容,应该说优惠力度是降低的。

二是享受税收政策的门槛相对较高。在新一轮税收政策中,税收优惠的着力点主要是企业所得税。要享受所得税优惠必须具备两个前提,符合《西部地区鼓励发展产业目录》以及其主营业务收入占企业收入总额70%以上,无形中提高了享受企业所得税减免的门槛,将一些新办企业以及盈利周期较长的企业排除在外,不利于广泛吸引资金、改善生产技术、提高科研创新能力以及培育扶持适合本地区的优势与特色产业,使得税收优惠政策的作用受到较大的限制。如截至"十一五"期末,陕西、宁夏享受西部大开发企业所得税减免的企业比例均不超过4%,进入"十二五"时期以来该比例变化情况不大,说明税收政策的惠及面依然较窄。

三是税收优惠形式单一且优惠期短。现行西部大开发税收优惠政策主要是税率、税额式的直接减免,税前扣除、加速折旧、延期纳税、再投资退税等间接优惠运用较少,税收优惠形式比较单一。随着西部地区市场经济体制的不断完善和经济的快速发展,单纯以直接优惠的方式已不足以吸引长期资本投入西部地区,必须适时调整税收优惠方式。尽管新一轮西部大开发税收优惠政策已明确将现行所得税优惠政策再延期10年,但无论从世界各国对不发达地区开发的实践,还是从我国东、西部存在的差距来看,西部大开发财税政策优惠期短,不利于西部地区可持续发展。

三、未来我国西部大开发财税政策的改革思路与建议

(一)整体思路

1. 政策目标

在新一轮西部大开发战略实施之初,中央提出了要实现2020年西部地区基本公共服务能力与东部地区差距明显缩小的目标。为了实现这一目标,不仅需要进一步加大中央对西部发展的资金和政策支持,更要在中央的支持下,调动一切有利因素,形成西部地区内在的发展动力,从增强经济发展活力、壮大地方财力、完善公共服务能力和提高人民生活水平等角度来实现推进地区基本公共服务均等化的目标。

为此,未来西部财税政策的重点将立足结合西部各地自身发展特点和优势,推动各地区经济结构实现转型升级,积极培育优势产业集群,并在此基础上承接东、中部产业转移和吸纳内外商投资,形成西部地区经济可持续发展的内在动力,进而增强地方财力、扩大财政支持,稳步推进基本公共服务均等化的发展任务。

2. 基本原则

西部大开发中,财税政策的着力点是促进西部地区实现基本公共服务均等化,这应坚持以下原则:

一是顶层设计与问题导向相结合。西部大开发具有长期性、战略性和多样性。运用财税政策支持西部大开发,应有整体思路和目标,在此基础上,强调西部的特殊性,包括丰富的生态资源与贫困地区并存、少数民族聚集地、较长的边境线等,这些特征在区域经济发展中,属于问题区域,也是财税政策支持的重点。

二是协调发挥好政府与市场的关系。在支持西部培育经济发展动力、发展社会事业、加强生态环境保护三大任务中,应明确政府与市场的界限,避免陷入优惠力度越大、效果越好的认识误区,在强调市场发挥决定性作用的前提下,发挥政府财政资金的引导作用,吸纳民间资金进入经济建设和社会事业发展亟须的各个领域,实现推动经济社会发展的合力。

三是中央地方事权与支出责任划分也应强调西部的特殊性。中央地方事权与支出责任划分是未来财政改革的重点任务之一。从全国范围看,除了相对明确的中央和地方事权

外，还存在大量的中央与地方共担事权，或是中央委托地方事权。在与共担事权相对应的支出责任的确定上，应考虑到西部地区的客观差异及财力基础，适当降低西部地区的支出责任。

（二）加大均衡性转移支付力度，完善转移支付制度

1.继续加大中央财政对西部的转移支付支持力度

在地理位置、自然环境以及历史问题的限制下，未来很长一段时间内西部地区经济发展基础薄弱，财政自我创收能力较差的现实困难将持续存在，特别是部分少数民族地区和边境地区，除了面临经济和社会发展的压力之外，还面临着保持民族团结、维护边境安全等任务，地方财政支出的压力巨大。中央财政对西部地区的转移支付，直接关系着西部地区地方财政实力、政府提供公共服务的能力以及维持经济和社会发展所必需的财政支出等。为此，应当继续加大中央财政对西部的转移支付力度，确保中央财政转移支付对西部地区的长久支持，以弥补西部地区自身财政实力的不足，推动西部地区经济和社会发展，逐步缩减与东、中部的差距。

2.科学调整转移支付政策

除了保持中央财政转移支付力度不变之外，还应结合转移支付政策的实施效果以及西部各省份发展的实际需要，对转移支付制度本身进行重新设计。如在统一测算标准收入与标准支出的基础上，归并一般性转移支付项目；公开均衡性转移支付所依据的标准收入与标准支出的测算公式以及检测程序；加强专项转移支付的决策程序、使用方式、资金使用的监督，保证均等化目标的实现。

（三）进一步调整落实税收优惠政策

1.深入贯彻新一轮西部大开发税收优惠政策

企业所得税优惠是新一轮西部大开发税收优惠政策的核心内容，新出台的《西部地区鼓励类产业目录》，突出了税收政策对于西部各省产业发展的差别化引导，是因地制宜地推动西部地区产业优化升级的重要措施，对西部地区产业结构转型升级起重要的引导作用。西部各地应对照《西部地区鼓励类产业目录》，对各地符合要求的企业实施税收优惠，同时加大政府引导力度，积极培育和发展地方优势产业，以满足西部地区产业转型升级、经济实现可持续发展的现实要求。

2.研究调整税收优惠实施细则

结合西部企业发展需要，适度调整税收政策的优惠力度，让更多的企业享受优惠。如降低税收优惠的准入门槛。目前税收政策要求企业不但要符合鼓励类产业目录，并且其主营收入必须达到企业总收入的70%以上，这一门槛相对较高，为此应根据西部地区企业的实际情况，对这一比例进行调整，使更多的企业能够享受优惠。再如，适当调整税收优惠政策的税率。目前税收政策主要是对符合条件的企业其所得税按照15%收取，新企业所得税办法实施后，总体税率由原来的33%降为25%，在此情况下，如果税收优惠政策仍然执行15%的税率，政策扶持力度相对降低。应适当调低企业所得税的优惠税率，充分发挥西部税收的优势。

(四)进一步改革完善生态保护与补偿政策

1.继续加大对重点生态功能区的转移支付力度

在现有转移支付框架下,增加中央财政对于重点生态功能区的转移支付力度,确保重点生态功能区的建设与维护。与此同时,进一步完善生态功能区转移支付分配办法,加大对重点生态功能区转移支付资金事业的考核监管力度,引导地方政府转变经济发展方式,切实加强生态环境保护。

2.进一步建立健全生态补偿制度

我国生态补偿机制建设已取得了一定进展,但由于起步较晚,目前还存在补偿范围窄、补偿资金渠道单一以及相关产权制度不够健全等问题。应进一步扩展生态补偿制度的覆盖范围,在补偿资金筹集渠道方面,除了依靠中央财政转移支付之外,应积极扩展地方政府和企事业单位投入、优惠贷款、社会捐助等多种渠道;除了资金补助外,探索产业扶植、技术援助、人才支持以及就业培训等补偿方式。与此同时,积极完善生态补偿制度的配套政策,包括生态补偿标准体系、生态服务价值评估核算体系、生态环境监测评估体系等,建立统一的、全面的指标体系和测算方法,便于实际操作使用。

3.探索多元化的生态补偿方式

通过搭建协商平台,完善支持政策,引导和鼓励开发地区、受益地区与生态保护地区、流域上游与下游通过自愿协商,建立横向补偿关系,采取资金补助、对口协作、产业转移、人才培训、共建园区等方式实施横向生态补偿。积极运用碳汇交易、排污权交易、水权交易、生态产品服务标志等补偿方式,探索市场化补偿模式,拓宽资金渠道。此外,还可利用税收手段,通过逐步深化资源税改革、适时合理地开征资源费或建立生态保护可持续发展基金等形式,丰富生态补偿制度的内容和方式。

(作者:苏明、韩凤芹、付阳,财政部财政科学研究所。本文转载自《经济研究参考》2015年第13期。)

我国区域经济格局将继续深刻调整

基于对新常态下结构调整及转型的进程存在过快的预期，经济增长的速度可能继续减缓，2016年我对增长率的估计在6.8%左右。

2016年推进供给侧结构性改革至关重要。此项改革就是要实现三个转换，即通过采取“三去一降一补”及后续相关措施，把以往的“无效供给”转换为“有效供给”，把“短缺供给”转换为“平衡供给”，把“错位供给”转换为“匹配供给”。总体上看，“三去”任务明确，但推进难度有别，淘汰落后过剩产能，减少商品房库存，已形成共识，相对容易推进，而“去杠杆”在当前经济下行压力下与“稳增长”有抵触，尤其在地方层面难度要大些，要在控制地方债务风险下，加大地方融资机制的创新。那么“补短板”遇到的问题是，对何为“短板”需要有明确指向，最大的短板应该是扶贫脱贫，还应把战略性新兴产业加上。最需要讨论的是“降成本”。从企业的呼声来看，降低融资成本很重要，但还有更重要的就是属于供给侧改革工具的“减税”。企业税负过高，有不少企业在考虑外迁，要切实引起重视。

2016年，我国区域经济格局将在“四大板块”总体战略基础上，在三大建设（“一带一路”建设、京津冀协同发展、长江经济带建设）引领下继续深刻调整，经济增长将从“东慢西快”转变为“东稳西缓”，也就是东部地区经济增长下滑局势得到控制并趋于稳定，而中西部地区增长速度放缓，省区增长率超过两位数的情形有可能在2016年终结。最值得关注的是经济陷于困局的东北老工业基地以及山西、河北两省，其以重化工为主体的产业结构还将继续影响到这些地区的发展，建议国家将这五省列为严重的“问题区域”，重点推进其结构转型、改革创新以及民生建设，帮助这些地区尽快走出困局。中央直辖市和沿海经济强省要加大创新驱动力度，争取在“十三五”开局之年结出硕果，在转型升级上真正走在前列。

（作者：陈耀，中国社会科学院工业经济研究所研究员、中国区域经济学会秘书长。本文摘自“新局之光·百名学者前瞻大势（三）十人谈”，智库头条，2016年3月13日。）

"一带一路"是帮助西部地区从低水平小康向中高水平小康迈进的康庄之路

西部地区是我国区域发展的最短板，也是全面建成小康社会的重点和难点所在，"一带一路"是帮助西部地区从低水平小康向中高水平小康迈进的康庄之路。

《说文》记载，康，谷皮也；《尔雅》提到，康，通达也；《礼记》指出，康，安定也。三个不同出处分别体现了小康的基本内涵，即人的自身需要以及对自然环境、社会环境的需求。因此，全面建成小康社会离不开三个方面的要素，即丰富的物质基础、良好的生活环境和公正的价值评判。党的十八大提出，全面建成小康社会：一是经济持续健康发展；二是人民民主不断扩大；三是文化软实力显著增强；四是人民生活水平全面提高；五是资源节约型、环境友好型社会建设取得重大进展。通俗地讲，就是"环境优美，设施齐全，衣食不愁，生活优雅，社会安定，评判合理"。

改革开放以来，我国大致经历了3个战略发展阶段：梯度发展战略（三步走战略）、板块发展战略（四大区域版块战略）、"一带一路"战略（陆海统筹战略），分别对应"竞争"、"帮扶"、"合作"3个主题，着力解决"温饱"、"小康"、"强国"3大目标。因此，"一带一路"战略是从小康向"后小康"发展阶段迈进的重要路径设计。从"一带一路"建设和新常态视角看，"开放合作"是基础，"转型发展"是主题，"科技"、"文化"是动力，"互联网"、"金融"是工具。西部地区唯有努力在这些方面创造差异化竞争优势，才能真正变末梢为前沿，真正迎来新一轮发展机遇。

（作者：陈健，浙江大学中国西部发展研究院。本文摘自"首届中国西部全面小康论坛"，2015年5月30日。）

上海市参与新一轮西部大开发的战略思考与策略选择

1999 年 9 月，党的十五届四中全会正式提出了"国家要实施西部大开发战略"，如何促进地区经济协调发展，尤其是西部地区经济、社会和生态良性发展成为中国区域发展最为重要的战略。自国家提出西部大开发战略以来，上海响应中央号召，积极参与西部大开发战略，制定了一系列的政策文件。10 多年来，上海在对口支援地区无偿投入资金共计 78.07 亿元，援建对口支援项目 5204 项。上海与西部省（市、区）共签订重大合作项目 3634 个，注册资金 9539.74 亿元，投资的主要领域涉及汽车、工程机械、矿业开发及冶炼加工、建材水泥、生物医药、新材料、轻工、食品、房地产开发、旅游、金融等行业。上海市人民政府积极引导资源对接，如上海市经信委确定了"西部为主、聚焦喀什"的战略，牵头上海 7 区 11 个工业园区与新疆喀什四县的相关工业园区实现园区共建；上海市科委依托市科技创业中心和技术交易所，分别在新疆和云南建立科技企业孵化基地和创新服务驿站，开展科技交流、对接服务等多项工作。

如何更好地实施中央提出的西部大开发战略，学术界进行了热烈的讨论，研究成果众多，主要聚集于中国西部地区发展存在的主要问题、实施西部大开发的难点和总体思路，以及实施西部大开发的战略目标、战略阶段、战略重点和战略布局。

一、上海参与新一轮西部大开发的基本原则

（一）坚持对口支援与共同合作相结合

按照党中央、国务院关于做好对口支援工作的统一部署，上海以改善贫困农牧民的基本生产、生活、教育、卫生条件和增强对口支援地区自我合作能力为目标，结合实际，坚持输血与造血并举、软件与硬件配套、当前需要与长远合作结合，扎实推进上海市对口支援各项工作。同时，利用西部开发的优惠政策、丰富的自然资源和劳动力资源以及市场优势，上海充分发挥作为国际化大都市的综合服务功能、平台优势、人才优势、要素优势和市场优势，依托各地经济社会合作基础与诉求，通过产业合作、技术合作等方式，实现优势互补，合作双赢，促进共同发展。

（二）坚持目标定性化与定量化相结合

西部大开发是一项长期而艰巨的工作，上海要深刻认识并准确把握经济社会合作面临的新形势，面对自身参与国家实施西部大开发战略所处的历史阶段、面临的新挑战以及在国家现代化全局中承担的使命和责任，明确上海参与西部大开发的指导思路、目标、任务、举措和重点领域，科学地确定未来五年的目标任务和重大举措。为了全面推进这些重大战略部署，要求上海坚持宽视野、高标准，科学、系统地提出阶段性的目标任务、实现路径、保障手段、具体项目、工作安排等，这就形成了具操作性的年度工作计划、阶段性计划，这些规划和计划对参与工作起到了扎实有力的支撑和保障作用。

(三)坚持政府推动与市场主导相结合

国家实施西部大开发战略,很容易令人联想到这是政府,特别是中央政府充当了开发的主体,以政策大优惠、资金大投入、资源大开发为基本特征。如果真是这样,就成了传统计划经济体制下的"政府主导型"开发模式。而面向21世纪的西部大开发,是在社会主义市场经济体制背景下进行的,这就决定了西部大开发不能走"政府主导型"的老路,而要靠"市场"与"政府"双轮驱动,通过体制创新和机制创新,努力构建"市场主导型"的开发模式。但是,与西部的合作面临起点低、任务重、市场不成熟的现状,这使得上海在参与开发的过程中还需要"政府"起到积极的推动作用。

(四)坚持输血式与内生型合作相结合

值得注意的是,2010年7月中共中央、国务院召开的西部大开发工作会议强调,今后十年西部大开发必须以增强西部地区自我合作能力为主线,以保障和改善民生为核心,以科技进步和人才开发为支撑,进一步完善政策、加大投入、强化支持,坚定不移地深入实施西部大开发战略。突出西部自生能力的培养,这是西部新十年政策的一个非常鲜明的特点,标志着中央寄望西部在新十年走上由输血式转向内生型合作的道路。

二、上海参与新一轮西部大开发应理顺的几个关系

(一)"对口支援"和"区域合作"的关系

当前,上海既要支持西部地区市场环境、基础设施条件较好的地方与东部地区增强合作、协调合作,又要帮助西部地区自然环境、基础设施条件相对恶劣的地方改善现状,提高人民群众的生产生活条件。具体来说,对于不同区域,对口支援和区域合作的目标和任务应不同。对于落后地区,对口支援的目标是要缩小西部地区内部次区域之间的合作差距问题,也就是先解决老少边穷地区的温饱问题。对于像重庆、西安和成都这种已经和上海有可以对接基础的西部区域,区域合作的基础应该是互惠双赢,目标是在整体上缩小西部与东部之间的合作差距,任务是放大西部地区增长极的作用来推动西部地区和上海自身的合作。

(二)合作帮扶中的"点"和"面"的关系

西部大开发是一项复杂的系统工程,不可能在同一时间内全面铺开,只能重点突破、分步实施。目前,我国主要的经济、文化、人力资源都集中在城市,尤其是大中城市,西部地区尤为明显。西部城市是西部大开发战略的聚焦点和突破口,是西部抓住机遇、加快合作的排头兵,始终处于西部大开发的最前沿。搞好西部地区的城市开发,就抓住了西部大开发的关键。因此,要积极发挥城市在开发中以点带面、辐射全局的作用。而在对口支援工作中,帮扶的对象遍及山村乡野,要根据当地的合作规划,按照整乡规划、资源整合、整村推进、连片开发的原则,连点成片,更好发挥上海援建项目可引领、可示范的作用。

(三)"生态保护"和"经济合作"的关系

新一轮西部开发战略的国家目标依次是"生态环境建设—基础设施建设—产业结构调

整—扩大对外开放—加强科技教育”,所以上海在参与西部大开发的过程中,不仅要帮助西部地区实现经济增长,更重要的是要关注西部地区民生、环境和走可持续合作之路,将“简单卖资源”与提高就地加工转化的资源比重,以及延长产业链条有机地结合起来,合作与帮扶都要因地制宜,发挥好、利用好资源,同时,在开发过程中要积极保护好当地生态环境。

三、上海参与新一轮西部大开发的战略选择

从战略选择方面,实现区域经济的合理布局与协调发展是国民经济和社会发展的终极目标,但就其实现途径来看,却有均衡发展战略和非均衡发展战略两种不同的选择。均衡是指各地区在全国经济总格局中合作机会的均等和合作后果的相对均衡。借鉴这一战略思想,上海与西部地区的各项合作有三种可能的战略选择:均衡合作战略、非均衡合作战略和非均衡协调合作战略。

均衡合作战略,就是不分地域、区位、资源、市场等各种因素差异,大家一起合作来建设,来发展。西部地区地域极广,情况也不相同,在市场主导、有限的合作资金和对口支援资金的前提下,“广撒胡椒面”的合作模式难度很大,且它注重了整体的平衡,却忽视了效率。非均衡合作战略,就是重视效率原则,将合作的机会以及资金流向西部地区中地理条件、人口集聚度、市场环境、资本要素都相对较具优势的城市。这种战略既是经济合作的基础,又符合市场竞争的原则。但也会产生两个问题:一个是忽视了西部地区整体的协调合作;二是导致西部地区内部区域间的差距会进一步扩大。非均衡协调合作战略,是指将有限的资源应用到一部分相对条件比较好的地区,也就是所谓的增长极,与它们开展合作,带动周边地区的合作。同时,兼顾西部地区内部次区域之间的协调合作,比如说进一步开展对口支援工作,解决相对贫困的问题,改善贫困人口的生产生活条件等,就是按照效率优先、兼顾均衡、适度倾斜的原则,充分发挥各地区优势,通过不同的合作方式,促进地区经济协调合作。

当前,对于西部大开发战略,国家还是采取非均衡发展战略,鼓励西部地区的“增长极”优先发展。上海在新一轮参与西部大开发战略中,既要兼顾对口支援,也要考虑合作共赢,在战略选择上应采用非均衡协调合作战略。因此,可以将上海合作区域分为重点经济区(增长极)、具有一定合作发展基础的次区域以及贫困落后地区三类,采取的合作方式和手段也应各不相同。对于西部地区的重点经济区,上海应该集中自身优势,在金融、现代服务业、先进制造业、高新技术等方面采取合作,发挥人才、技术、资金等方面的优势,带动西部重点经济区的合作,在合作同时也能利用西部的优势,比如丰富的自然资源等,加强自身在这些领域的发展。对于除重点经济区和贫困落后地区以外的、具有一定合作发展基础的次区域,可以通过园区合作、建立产业基地的方式进行产业梯度转移,既满足西部地区产业发展的需求,也符合上海创新驱动转型发展的要求。对于中央认定的贫困落后地区,还是应该根据中央号召,进一步做好对口支援工作,帮助当地民众脱贫致富,改善民生(见图1)。

四、上海参与新一轮西部大开发的策略选择

(一)重点经济地区合作推进策略

西部地区的重点经济区可以分为四个层次:一是具有经济基础的重庆、成都、西安三个

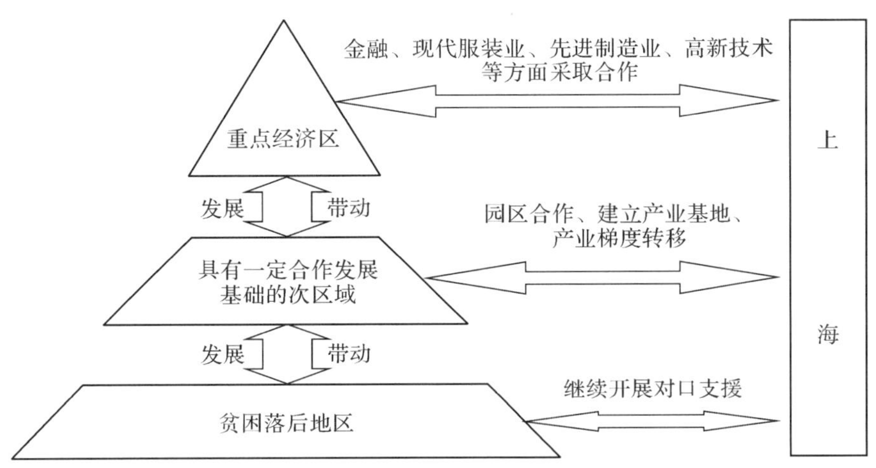

图1 上海参与新一轮西部大开发的非均衡协调合作战略部署

重点城市；二是成榆、关中—天水以及与广西北部湾经济区等可以形成全国影响的经济增长极；三是呼包银、新疆天山北坡、兰西格、陕甘宁等经济区，将形成西部地区新的经济增长带；四是滇中、黔中、西江上游、宁夏沿黄、西藏"一江三河"等经济区可以形成省域经济增长点。根据西部区域内经济合作的自然资源、经济现实力、环境条件和实际状况，上海参与新一轮西部大开发应该有重点、分步骤实施，从重点城市合作，到重点经济区的合作，再关注潜在的经济增长极，逐步加大参与新一轮西部大开发的力度。

第一，夯实上海与重庆、成都、西安的战略合作。在我国西部地区相对发达、基础条件较好、区位相对集中、经济联系紧密、已初步形成了区域经济圈并具有带动整个西部经济合作实力的成都、重庆和西安三大城市为区域经济的核心，简称"西三角"经济圈。西安将建成中国经济的重要战略支撑点及西部经济、技术创新和物流中心，重庆将是西南地区制造业中心和物流中心，成都将发挥科教中心和技术创新基地的作用。因此，根据三个城市的定位，上海可以分别与三个城市开展专项合作，在上海调结构、促转型的过程中，有序向三个城市进行产业技术转移，开展包括金融、现代服务业、先进制造业、高新技术在内的各项合作。

第二，在金融合作方面，发挥上海国际金融中心服务功能，加强与西部地区金融机构在银行拆借、共设专项资金等方面的合作。鼓励和引导上海及外资金融机构到重庆、成都、西安设立分支机构，加大对西部地区重点项目建设的信贷支持。扶持创业投资企业，发展股权投资基金，支持西部地区中小企业发展。发挥上海国际金融中心优势，利用上海证券交易所等资本运作平台，积极支持重庆、成都、西安等区域金融中心建设，为西部企业重组、上市和融资提供合适的金融解决方案和高效服务。

第三，以上海浦东新区为平台，加强与成渝、关中—天水以及与广西北部湾经济区的合作。如加强园区之间的合作，例如，张江高科技园区可在西部的经济区成立分区或者合作共建园区；浦东新区与北部湾经济区的战略合作。把上海自贸区建设成为全国关注的重点，上海可以将自贸区建设推进过程中的经验做法与西部具有全国影响力的经济区分享，推进这些经济区成为内陆开放型经济区的典范。

第四，依托上海国际贸易中心地位，结合西部地区大力发展内陆开放型经济的要求，发挥上海口岸、物流、保税区优势，鼓励上海商贸企业在西部地区建立一批商贸连锁网点、分销网络和采购中心，积极为西部地区企业进口、转口等外贸业务提供全方位的优质服务。

第五，关注与呼包银、新疆天山北坡、兰西格、陕甘宁等经济区的合作。这些地区目前城市群规模还不够大，经济实力还不够强，还没有与上海直接合作的平台。因此需要保持关注，再有针对性地和这些区域进行合作。

(二)产业梯度转移地区合作策略

在新一轮西部大开发中，对于除了重点经济区和贫困地区以外的次区域，还应该研究各地的投资环境、产业竞争力水平，特别是在前一轮西部大开发中上海已有合作基础的地区，通过园区建设、建立产业基地等方式开展合作。

第一，通过多种方式开展合作，促进产业梯度转移。积极发挥上海中西部产业转移促进中心的平台作用，推进产业有序转移。针对西部地区产业门类齐全但产业集群合作程度较低的现状，发挥上海各类园区的品牌优势、管理优势和信息优势，联合西部地区共建产业园区，并帮助明晰工业园区产业规划，理顺产业体系，打造产业链，形成产业集群合力。由于上海土地资源已经相当匮乏，土地成本大幅上涨，再加上能源紧缺，实施研发在上海、生产在西部战略既能推动西部合作，又符合上海经济结构调整和经济转型合作的要求。

第二，加强与西部地区企业合作，促进两地企业共同发展。发挥市场机制作用，建设服务平台，推动上海企业以资金、管理、技术等优势与西部地区自然资源、劳动力等优势结合，开展跨地区生产经营和资产经营活动。发挥上海国资国企的综合优势，加强与西部地区企业合作，建立西部矿产、农产品和其他资源深加工基地，优化国有资产战略性区域布局。建立和完善联合产权交易市场，促进国有资产和国有企业优化组合。发挥上海国有企业综合服务和国际平台优势，向西部地区输出现代服务品牌和制造品牌，推动西部地区产业发展。

第三，有选择性地加强与西部地区科技合作，放大技术创新辐射效应。加强技术转移与成果推广，服务西部地区经济建设。建立跨区域科技信息综合服务平台，通过技术转让、技术入股、技术咨询等多种形式，促进与西部地区产学研体系的全面对接与共享。围绕西部地区重大需求和重点领域，以市场需求为导向，政府引导、鼓励和支持科研机构、高等院校以及科技型企事业单位与西部地区相关部门和企业在节能减排、新材料、环境保护、生物医药、特有矿产资源开发利用、地质灾害预警监控等方面开展科研合作和联合攻关，推动高新科技成果在西部的示范运用和产业化推广。

(三)对口支援地区工作策略

当前，上海的对口支援地区分别为新疆喀什地区四县、云南四州市(文山、红河、普洱、迪庆)、三峡库区(重庆万州市和宜昌市夷陵区)、西藏日喀则地区五县、青海果洛州和贵州遵义市。在今后的对口支援工作中，还应该继续完善工作体制机制，进一步为西部落后地区服务。

第一，强化组织领导体制。坚持"领导挂帅、小组负责、部门协调、各级参与"的工作体制，充分发挥上海市对口支援与合作交流工作领导小组的统筹协调作用，通过定期召开年度领导小组全体会议，对前一阶段上海开展对口支援与合作交流以及服务全国参与西部大开发等工作进行总结，并布置下一阶段工作；结合不定期召开的专题会议，具体研究决策对口支援和合作交流工作的重大或专项事项。同时，要进一步建设好、完善好、利用好合作交流系统平台资源，建立起工作网络。

第二，完善工作机制政策。根据当前对口支援、区域合作、西部大开发等工作出现的新情况、新特点、新要求，突出政策的针对性、有效性和操作性，提高含金量，加强政策对上海做好“三个服务”，支持上海“走出去”、“引进来”，调整经济结构的支持力度。完善西部大开发与对口支援、区域合作资金筹措管理机制，根据中央要求和实际需要，重新核定合作交流专项资金总盘子，分别用于上海参与西部大开发、人力资源开发服务全国、扶持上海企业走出去和吸引各地企业来沪等合作交流工作。

第三，促进对口支援工作的深入。首先，还是要坚持民生为本，将资金用于县以下项目或基层民生领域，不断改善当地的生产、生活条件，让基层群众得到更多的实惠。其次，在实施对口支援项目的基础上，不断增强对口地区的“造血”功能，进一步加大产业支持和人才培养力度，努力提高对口地区的自我发展能力。帮助对口支援地区做好招商、招工、招生工作，支持来沪举办各类招商、推介活动，支持对口支援地区农特产品龙头企业开拓上海市场，促进当地老百姓增收。再次，加强项目和资金管理，加快制定对口支援地区的项目管理办法，试点开展对口支援项目绩效评估，进一步推进对口支援工作制度化、规范化。最后，创新完善对口帮扶机制和方式，坚持民生项目以政府为主，产业项目以市场为主。依托各种社会组织和服务平台，采取多种方式动员、鼓励、引导全社会积极参与对口支援工作。

五、结语与讨论

自从中央提出西部大开发战略以来，上海等中国东部沿海地区积极参与西部大开发战略，在制度建设、项目实施、人才输出和资金保障等方面都卓有成效。但纵观十多年的东、西部合作，仍然存在诸多不足，主要表现在开展合作中对西部各省区优势特点分析不够、战略部署不甚合理、合作模式较为趋同和合作关系层次模糊等方面。因此，上海在梳理前一轮参与西部大开发的经验基础上，应厘清“三个关系”，坚持“四个结合”，并根据不同情况，有针对性地确定不同区域的合作推进策略、产业梯度转移策略和对口支援工作等政策措施。上海在参与新一轮西部大开发中，一方面应凸显上海辐射和服务全中国的作用；另一方面，在战略合作中应体现合作共赢的理念。当前，中国经济进入新常态时期，与此同时，中国经济也面临着外部发展环境的不确定性，在此背景下，如何保持中国经济持续稳定增长成为一项重要课题。在新的历史背景下，新的区域经济开发模式，如自贸区、“一带一路”、长江经济带等，给中国区域联动发展带来了新的机遇，上海如何在自身产业升级和城市发展转型的同时，积极参与新一轮西部大开发，拓展自身的发展空间，成为一项迫切任务。当然，在未来很长的时间里，面对自然资源过度开发、环境污染日益严重、人口素质相对较低的西部地区，上海在新形势下参与新一轮西部大开发时，应该积极探索新型的参与西部开发和合作共赢的区域协同发展模式，并帮助西部地区转变发展思路。

（作者：吴文，上海市中小企业协调办公室；杨昊，华东师范大学城市与区域经济系；杨上广，华东理工大学经济发展研究所。本文转载自《城市观察》2015年第3期（本书有删节）。）

第六篇/附　录

附录一

国务院关于支持沿边重点地区开发开放若干政策措施的意见

国发〔2015〕72 号

各省、自治区、直辖市人民政府，国务院各部委、各直属机构：

重点开发开放试验区、沿边国家级口岸、边境城市、边境经济合作区和跨境经济合作区等沿边重点地区是我国深化与周边国家和地区合作的重要平台，是沿边地区经济社会发展的重要支撑，是确保边境和国土安全的重要屏障，正在成为实施“一带一路”战略的先手棋和排头兵，在全国改革发展大局中具有十分重要的地位。为落实党中央、国务院决策部署，牢固树立并切实贯彻创新、协调、绿色、开放、共享的发展理念，支持沿边重点地区开发开放，构筑经济繁荣、社会稳定的祖国边疆，现提出以下意见。

一、深入推进兴边富民行动，实现稳边安边兴边

(一)支持边民稳边安边兴边

加大对边境地区民生改善的支持力度，通过扩大就业、发展产业、创新科技、对口支援稳边安边兴边。积极推进大众创业、万众创新，降低创业创新门槛，对于边民自主创业实行“零成本”注册，符合条件的边民可按规定申请 10 万元以下的创业担保贷款。鼓励边境地区群众搬迁安置到距边境 0～3 公里范围，省级人民政府可根据实际情况建立动态的边民补助机制，中央财政通过一般性转移支付给予支持。加大对边境回迁村(屯)的扶持力度，提高补助标准，鼓励边民自力更生发展生产。以整村推进为平台，加快改善边境地区贫困村生产生活条件，因人因地施策，对建档立卡贫困人口实施精准扶贫、精准脱贫，对“一方水土养不起一方人”的实施易地扶贫搬迁，对生态特别重要和脆弱的实行生态保护扶贫，使边境地区各族群众与全国人民一道同步进入全面小康社会。对于在沿边重点地区政府部门、国有企事业单位工作满 20 年以上且无不良记录的工作人员，所在地省级人民政府可探索在其退休时按照国家规定给予表彰。大力引进高层次人才，为流动人才提供短期住房、教育培训、政策咨询、技术服务和法律援助等工作生活保障。加强沿边重点地区基层组织建设，抓好以村级党组织为核心的村级组织建设，充分发挥基层党组织推动发展、服务群众、凝聚人心、促进和谐的战斗堡垒作用，带领沿边各族人民群众紧密团结在党的周围。(人力资源社会保障部、财政部、教育部、国家民委、中央组织部、民政部、扶贫办负责)

(二)提升基本公共服务水平

加大对边境地区居民基本社保体系的支持力度,对于符合条件的边民参加新型农村合作医疗的,由政府代缴参保费用。提高新型农村合作医疗报销比例,按规定将边境地区城镇贫困人口纳入城镇基本医疗保险。以边境中心城市、边境口岸、交通沿线城镇为重点,加大对边境基层医疗卫生服务机构对口支援力度。在具备条件的地方实施12年免费教育政策。实行中等职业教育免学费制度。选派教师驻边支教,支持当地教师队伍建设。加大教育对外开放力度,支持边境城市与国际知名院校开展合作办学。加快完善电信普遍服务,加强通信基础设施建设,提高信息网络覆盖水平,积极培育适合沿边重点地区的信息消费新产品、新业态、新模式。提升政府公共信息服务水平,加快推进电子政务、电子商务、远程教育、远程医疗等信息化建设,为当地居民提供医疗、交通、治安、就业、维权、法律咨询等方面的公共服务信息。深入推进农村社区建设试点工作,提高农村公共服务能力。加强沿边重点地区基层公共文化设施建设,着力增加弘扬社会主义核心价值观的优秀文化产品供给。(卫生计生委、人力资源社会保障部、民政部、教育部、工业和信息化部、财政部、文化部、新闻出版广电总局负责)

(三)提升边境地区国际执法合作水平

推动边境地区公安机关在省(区)、市(州、盟)、县(旗)三级设立国际执法安全合作部门,选强配齐专职人员。建立边境地区国际执法合作联席会议机制,定期研判周边国家和地区安全形势,及时警示和应对边境地区安全风险。加大对边境地区开展执法合作的授权,支持边境地区公安机关与周边国家地方警务、边检(移民)、禁毒、边防等执法部门建立对口合作机制,进一步加强在禁毒禁赌以及防范和打击恐怖主义、非法出入境、拐卖人口、走私等方面的边境执法合作,共同维护边境地区安全稳定。加大边境地区国际执法合作投入。加强文化执法合作,强化文化市场监管,打击非法文化产品流入和非法传教,构筑边疆地区文化安全屏障。(公安部、外交部、文化部、宗教局负责)

二、改革体制机制,促进要素流动便利化

(四)加大简政放权力度

进一步取消和下放涉及沿边国家级口岸通关及进出口环节的行政审批事项,明确审查标准,承诺办理时限,优化内部核批程序,减少审核环节。加快推进联合审批、并联审批。加大沿边口岸开放力度,简化口岸开放和升格的申报、审批、验收程序以及口岸临时开放的审批手续,简化沿边道路、桥梁建设等审批程序,推进边境口岸的对等设立和扩大开放。创新事中事后监管,做到放管结合、优化服务、高效便民。(海关总署、质检总局、公安部、交通运输部、外交部、发展改革委负责)

(五)提高贸易便利化水平

创新口岸监管模式,通过属地管理、前置服务、后续核查等方式将口岸通关现场非必要的执法作业前推后移。优化查验机制,进一步提高非侵入、非干扰式检查检验的比例,提高

查验效率。实施分类管理,拓宽企业集中申报、提前申报的范围。按照既有利于人员、货物、交通运输工具进出方便,又有利于加强查验监管的原则,在沿边重点地区有条件的海关特殊监管区域深化“一线放开”、“二线安全高效管住”的监管服务改革,推动货物在各海关特殊监管区域之间自由便捷流转。推动二线监管模式与一线监管模式相衔接。加强沿边、内陆、沿海通关协作,依托电子口岸平台,推进沿边口岸国际贸易“单一窗口”建设,实现监管信息同步传输,推进企业运营信息与监管系统对接。加强与“一带一路”沿线国家口岸执法机构的机制化合作,推进跨境共同监管设施的建设与共享,加强跨境监管合作和协调。(海关总署、商务部、公安部、交通运输部、财政部、税务总局、质检总局、外汇局、工业和信息化部负责)

(六)提高投资便利化水平

扩大投资领域开放,借鉴国际通行规则,支持具备条件的沿边重点地区借鉴上海等自由贸易试验区可复制可推广试点经验,试行准入前国民待遇加负面清单的外商投资管理模式。落实商事制度改革,推进沿边重点地区工商注册制度便利化。鼓励沿边重点地区与东部沿海城市建立对口联系机制,交流借鉴开放经验,探索符合沿边实际的开发开放模式。加强与毗邻国家磋商,建立健全投资合作机制。(发展改革委、商务部、外交部、工商总局负责)

(七)推进人员往来便利化

加强与周边国家出入境管理和边防检查领域合作,积极推动与周边国家就便利人员往来等事宜进行磋商。下放赴周边国家因公出国(境)审批权限,允许重点开发开放试验区自行审批副厅级及以下人员因公赴毗邻国家(地区)执行任务。在符合条件的沿边国家级口岸实施外国人口岸签证政策,委托符合条件的省(区)、市(州、盟)外事办公室开展领事认证代办业务。加强与毗邻国家协商合作,推动允许两国边境居民持双方认可的有效证件依法在两国边境许可范围内自由通行,对常驻沿边市(州、盟)从事商贸活动的非边境地区居民实行与边境居民相同的出入境政策。为涉外重大项目投资合作提供出入境便利,建立周边国家合作项目项下人员出入境绿色通道。结合外方意愿,综合研究推进周边国家在沿边重点地区开放设领城市设立领事机构。探索联合监管,推广旅客在同一地点办理出入境手续的“一地两检”查验模式,推进旅客自助通关。提高对外宣介相关政策的能力和水平。(外交部、公安部、旅游局、海关总署、质检总局、总参作战部、中央宣传部负责)

(八)促进运输便利化

加强与周边国家协商合作,加快签署中缅双边汽车运输协定以及中朝双边汽车运输协定议定书,修订已有双边汽车运输协定。推进跨境运输车辆牌证互认,为从事跨境运输的车辆办理出入境手续和通行提供便利和保障。授予沿边省(区)及边境城市自驾车出入境旅游审批权限,积极推动签署双边出入境自驾车(八座以下)管理的有关协定,方便自驾车出入境。(交通运输部、旅游局、外交部、商务部、公安部、海关总署、质检总局负责)

三、调整贸易结构,大力推进贸易方式转变

(九)支持对外贸易转型升级

优化边境地区转移支付资金安排的内部结构。有序发展边境贸易,完善边贸政策,支

持边境小额贸易向综合性多元化贸易转变，探索发展离岸贸易。支持沿边重点地区开展加工贸易，扩大具有较高技术含量和较强市场竞争力的产品出口，创建出口商品质量安全示范区。对开展加工贸易涉及配额及进口许可证管理的资源类商品，在配额分配和有关许可证办理方面给予适当倾斜。支持具有比较优势的粮食、棉花、果蔬、橡胶等加工贸易发展，对以边贸方式进口、符合国家《鼓励进口技术和产品目录》的资源类商品给予进口贴息支持。支持沿边重点地区发挥地缘优势，推广电子商务应用，发展跨境电子商务。（商务部、发展改革委、财政部、工业和信息化部、海关总署、质检总局负责）

（十）引导服务贸易加快发展

发挥财政资金的杠杆作用，引导社会资金加大投入，支持沿边重点地区结合区位优势和特色产业，做大做强旅游、运输、建筑等传统服务贸易。逐步扩大中医药、服务外包、文化创意、电子商务等新兴服务领域出口，培育特色服务贸易企业加快发展。推进沿边重点地区金融、教育、文化、医疗等服务业领域有序开放，逐步实现高水平对内对外开放；有序放开育幼养老、建筑设计、会计审计、商贸物流、电子商务等服务业领域外资准入限制。外经贸发展专项资金安排向沿边重点地区服务业企业倾斜，支持各类服务业企业通过新设、并购、合作等方式，在境外开展投资合作，加快建设境外营销网络，增加在境外的商业存在。支持沿边重点地区服务业企业参与投资、建设和管理境外经贸合作区。（商务部、财政部、海关总署、发展改革委、工业和信息化部、卫生计生委、人民银行、银监会、质检总局负责）

（十一）完善边民互市贸易

加强边民互市点建设，修订完善《边民互市贸易管理办法》和《边民互市进口商品不予免税清单》，严格落实国家规定范围内的免征进口关税和进口环节增值税政策。清理地方各级政府自行颁布或实施的与中央政策相冲突的有关边民互市贸易的政策和行政规章。（商务部、财政部、海关总署、税务总局负责）

四、实施差异化扶持政策，促进特色优势产业发展

（十二）实行有差别的产业政策

支持沿边重点地区大力发展特色优势产业，对符合产业政策、对当地经济发展带动作用强的项目，在项目审批、核准、备案等方面加大支持力度。支持在沿边重点地区优先布局进口能源资源加工转化利用项目和进口资源落地加工项目，发展外向型产业集群，形成各有侧重的对外开放基地，鼓励优势产能、装备、技术走出去。支持沿边重点地区发展风电、光电等新能源产业，在风光电建设规模指标分配上给予倾斜。推动移动互联网、云计算、大数据、物联网等与制造业紧密结合。适时修订《西部地区鼓励类产业目录》，对沿边重点地区产业发展特点予以充分考虑。（发展改革委、财政部、能源局、工业和信息化部、商务部、税务总局负责）

（十三）研究设立沿边重点地区产业发展（创业投资）基金

研究整合现有支持产业发展方面的资金，设立沿边重点地区产业发展（创业投资）基

金，吸引投资机构和民间资本参与基金设立，专门投资于沿边重点地区具备资源和市场优势的特色农业、加工制造业、高技术产业、服务业和旅游业，支持沿边重点地区承接国内外产业转移。（发展改革委、财政部、工业和信息化部、商务部、证监会负责）

（十四）加强产业项目用地和劳动力保障

对符合国家产业政策的重大基础设施和产业项目，在建设用地计划指标安排上予以倾斜。对入驻沿边重点地区的加工物流、文化旅游等项目的建设用地加快审批。允许按规定招用外籍人员。（国土资源部、财政部、人力资源社会保障部负责）

五、提升旅游开放水平，促进边境旅游繁荣发展

（十五）改革边境旅游管理制度

修订《边境旅游暂行管理办法》，放宽边境旅游管制。将边境旅游管理权限下放到省（区），放宽非边境地区居民参加边境旅游的条件，允许边境旅游团队灵活选择出入境口岸。鼓励沿边重点地区积极创新管理方式，在游客出入境比较集中的口岸实施“一站式”通关模式，设置团队游客绿色通道。（旅游局、公安部、外交部、交通运输部、海关总署、质检总局负责）

（十六）研究发展跨境旅游合作区

按照提高层级、打造平台、完善机制的原则，深化与周边国家的旅游合作，支持满洲里、绥芬河、二连浩特、黑河、延边、丹东、西双版纳、瑞丽、东兴、崇左、阿勒泰等有条件的地区研究设立跨境旅游合作区。通过与对方国家签订合作协议的形式，允许游客或车辆凭双方认可的证件灵活进入合作区游览。支持跨境旅游合作区利用国家旅游宣传推广平台开展旅游宣传工作，支持省（区）人民政府与对方国家联合举办旅游推广和节庆活动。鼓励省（区）人民政府采取更加灵活的管理方式和施行更加特殊的政策，与对方国家就跨境旅游合作区内旅游资源整体开发、旅游产品建设、旅游服务标准推广、旅游市场监管、旅游安全保障等方面深化合作，共同打造游客往来便利、服务优良、管理协调、吸引力强的重要国际旅游目的地。（旅游局、交通运输部、公安部、外交部、海关总署、质检总局负责）

（十七）探索建设边境旅游试验区

依托边境城市，强化政策集成和制度创新，研究设立边境旅游试验区（以下简称试验区）。鼓励试验区积极探索“全域旅游”发展模式。允许符合条件的试验区实施口岸签证政策，为到试验区的境外游客签发一年多次往返出入境证件。推行在有条件的边境口岸设立交通管理服务站点，便捷办理临时入境机动车牌证。鼓励发展特色旅游主题酒店和特色旅游餐饮，打造一批民族风情浓郁的少数民族特色村镇。新增建设用地指标适当向旅游项目倾斜，对重大旅游项目可向国家主管部门申请办理先行用地手续。积极发展体育旅游、旅游演艺，允许外资参股由中方控股的演出经纪机构。（旅游局、财政部、公安部、外交部、国家民委、交通运输部、国土资源部、体育总局、海关总署、质检总局负责）

(十八)加强旅游支撑能力建设

加强沿边重点地区旅游景区道路、标识标牌、应急救援等旅游基础设施和服务设施建设。支持旅游职业教育发展,支持内地相关院校在沿边重点地区开设分校或与当地院校合作开设旅游相关专业,培养旅游人才。(旅游局、交通运输部、教育部负责)

六、加强基础设施建设,提高支撑保障水平

(十九)加快推动互联互通境外段项目建设

加强政府间磋商,充分利用国际国内援助资金、优惠性质贷款、区域性投资基金和国内企业力量,加快推进我国与周边国家基础设施互联互通建设。积极发挥丝路基金在投融资方面的支持作用,推动亚洲基础设施投资银行为互联互通建设提供支持。重点推动中南半岛通道、中缅陆水联运通道、孟中印缅国际大通道、东北亚多式联运通道以及新亚欧大陆桥、中蒙俄跨境运输通道、中巴国际运输通道建设。(发展改革委、商务部、外交部、财政部、人民银行、工业和信息化部、交通运输部、公安部、中国铁路总公司、铁路局、总后军交运输部负责)

(二十)加快推进互联互通境内段项目建设

将我国与周边国家基础设施互联互通境内段项目优先纳入国家相关规划,进一步加大国家对项目建设的投资补助力度,加快推进项目建设进度。铁路方面,实施长春—白城铁路扩能改造,重点推进四平—松江河、敦化—白河、松江河—漫江等铁路建设,推动川藏铁路建设,统筹研究雅安—林芝铁路剩余段建设,适时启动滇藏、新藏铁路以及日喀则—亚东、日喀则—樟木等铁路建设。公路水运方面,加快推进百色—龙邦高速公路、喀什—红其拉甫公路等重点口岸公路,以及中越、中朝、中俄跨境桥梁、界河码头等项目建设。加快完善沿边重点地区公路网络。(发展改革委、交通运输部、中国铁路总公司、铁路局、商务部、公安部、外交部、财政部、工业和信息化部、总后军交运输部负责)

(二十一)加强边境城市航空口岸能力建设

支持边境城市合理发展支线机场和通用机场,提升军民双向保障能力和客货机兼容能力;推进边境城市机场改扩建工程,提升既有机场容量;加强边境城市机场空管设施建设,完善和提高机场保障能力。支持开通“一带一路”沿线国际旅游城市间航线;支持开通和增加国内主要城市与沿边旅游目的地城市间的直飞航线航班或旅游包机。(发展改革委、民航局、交通运输部、财政部、公安部、外交部、旅游局、总参作战部、总后军交运输部负责)

(二十二)加强口岸基础设施建设

支持沿边重点地区完善口岸功能,有序推动口岸对等设立与扩大开放,加快建设“一带一路”重要开放门户和跨境通道。支持在沿边国家级口岸建设多式联运物流监管中心,进一步加大资金投入力度,加强口岸查验设施建设,改善口岸通行条件。统筹使用援外资金,优先安排基础设施互联互通涉及的口岸基础设施、查验场地和设施建设。以共享共用为目

标，整合现有监管设施资源，推动口岸监管设施、查验场地和转运设施集中建设。尽快制定口岸查验场地和设施建设标准，建立口岸通关便利化设施设备运行维护保障机制，支持国家级口岸检验检疫、边防检查、海关监管等查验设施升级改造，建立公安边防检查站口岸快速查验通关系统，开设进出边境管理区绿色通道。按照适度超前、保障重点、分步实施的建设理念，建立和完善、更新边境监控系统，实现边检执勤现场、口岸限定区域和重点边境地段全覆盖，打造“智慧边境线”。（发展改革委、海关总署、公安部、商务部、质检总局、交通运输部、外交部、财政部、中国铁路总公司负责）

七、加大财税等支持力度，促进经济社会跨越式发展

（二十三）增加中央财政转移支付规模

加大中央财政转移支付支持力度，逐步缩小沿边重点地区地方标准财政收支缺口，推进地区间基本公共服务均等化。建立边境地区转移支付的稳定增长机制，完善转移支付资金管理办法，支持边境小额贸易企业能力建设，促进边境地区贸易发展。（财政部、海关总署、商务部负责）

（二十四）强化中央专项资金支持

中央财政加大对沿边重点地区基础设施、城镇建设、产业发展等方面的支持力度。提高国家有关部门专项建设资金投入沿边重点地区的比重，提高对公路、铁路、民航、通信等建设项目投资补助标准和资本金注入比例。国家专项扶持资金向沿边重点地区倾斜。（财政部、发展改革委、工业和信息化部、交通运输部、外交部、旅游局、民航局、中国铁路总公司负责）

（二十五）实行差别化补助政策

中央安排的公益性建设项目，取消县以下（含县）以及集中连片特殊困难地区市级配套资金。中央财政对重点开发开放试验区在一定期限内给予适当补助。继续对边境经济合作区以及重点开发开放试验区符合条件的公共基础设施项目贷款给予贴息支持。（财政部、发展改革委、商务部负责）

（二十六）加大税收优惠力度

国家在沿边重点地区鼓励发展的内外资投资项目，进口国内不能生产的自用设备及配套件、备件，继续在规定范围内免征关税。根据跨境经济合作区运行模式和未来发展状况，适时研究适用的税收政策。加强与相关国家磋商，积极稳妥推进避免双重征税协定的谈签和修订工作。（财政部、税务总局、海关总署负责）

（二十七）比照执行西部大开发相关政策

非西部省份的边境地区以县为单位，在投资、金融、产业、土地、价格、生态补偿、人才开发和帮扶等方面，享受党中央、国务院确定的深入实施西部大开发战略相关政策，实施期限暂定到2020年。（财政部、发展改革委负责）

八、鼓励金融创新与开放，提升金融服务水平

（二十八）拓宽融资方式和渠道

鼓励金融机构加大对沿边重点地区的信贷支持力度，在遵循商业原则及风险可控前提下，对沿边重点地区分支机构适度调整授信审批权限。引导沿边重点地区金融机构将吸收的存款主要用于服务当地经济社会发展，对将新增存款一定比例用于当地并达到有关要求的农村金融机构，继续实行优惠的支农再贷款和存款准备金政策。培育发展多层次资本市场，支持符合条件的企业在全国中小企业股份转让系统挂牌；规范发展服务中小微企业的区域性股权市场，引导产业发展（创业投资）基金投资于区域性股权市场挂牌企业；支持期货交易所研究在沿边重点地区设立商品期货交割仓库；支持沿边重点地区利用本地区和周边国家丰富的矿产、农业、生物和生态资源，规范发展符合法律法规和国家政策的矿产权、林权、碳汇权和文化产品等交易市场。（人民银行、银监会、证监会负责）

（二十九）完善金融组织体系

支持符合条件的外资金融机构到沿边重点地区设立分支机构。支持大型银行根据自身发展战略，在风险可控、商业可持续前提下，以法人名义到周边国家设立机构。支持沿边重点地区具备条件的民间资本依法发起设立民营银行，探索由符合条件的民间资本发起设立金融租赁公司等金融机构。支持银行业金融机构在风险可控、商业可持续前提下，为跨境并购提供金融服务。（银监会、人民银行、外汇局负责）

（三十）鼓励金融产品和服务创新

研究将人民币与周边国家货币的特许兑换业务范围扩大到边境贸易，并提高相应兑换额度，提升兑换服务水平。探索发展沿边重点地区与周边国家人民币双向贷款业务。支持资质良好的信托公司和金融租赁公司在沿边重点地区开展业务，鼓励开展知识产权、收益权、收费权、应收账款质押融资和林权抵押贷款业务，扶持符合当地产业发展规划的行业和企业发展。依法探索扩大沿边重点地区可用于担保的财产范围，创新农村互助担保机制和信贷风险分担机制，逐步扩大农业保险覆盖范围，积极开展双边及多边跨境保险业务合作。加快推进沿边重点地区中小企业信用体系建设和农村信用体系建设。完善沿边重点地区信用服务市场，推动征信产品的应用。（人民银行、银监会、保监会、财政部、发展改革委负责）

（三十一）防范金融风险

在沿边重点地区建立贴近市场、促进创新、信息共享、风险可控的金融监管平台和协调机制。进一步加强沿边重点地区金融管理部门、反洗钱行政主管部门、海关和司法机关在反洗钱和反恐怖融资领域的政策协调与信息沟通。加强跨境外汇和人民币资金流动监测工作，完善反洗钱的资金监测和分析，督促金融机构严格履行反洗钱和反恐怖融资义务，密切关注跨境资金异常流动，防范洗钱和恐怖融资犯罪活动的发生，确保跨境资金流动风险可控、监管有序。（人民银行、银监会、外汇局负责）

沿边重点地区开发开放事关全国改革发展大局，对于推进“一带一路”建设和构筑繁荣

稳定的祖国边疆意义重大。各地区、各部门要坚持扩大对外开放和加强对内监管同步推进，在禁毒、禁赌、防范打击恐怖主义等方面常抓不懈，坚决打击非法出入境、拐卖人口、走私贩私，避免盲目圈地占地、炒作房地产和破坏生态环境，抓好发展和安全两件大事，不断提高沿边开发开放水平。国务院有关部门要高度重视、各司其职、各负其责，按照本意见要求，制定具体实施方案；密切配合、通力协作，抓紧修订完善有关规章制度；建立动态反馈机制，深入实地开展督查调研，及时发现问题，研究提出整改建议，不断加大对沿边重点地区开发开放的支持力度。对重点建设项目，发展改革、国土资源、环境保护、财政、金融等有关部门要给予重点支持。沿边省（区）和沿边重点地区要充分发挥主体作用，强化组织领导，周密安排部署，确保促进开发开放的各项工作落到实处。

附件：沿边重点地区名录

国务院

2015 年 12 月 24 日

（此件公开发布）

附件

沿边重点地区名录

一、重点开发开放试验区（5 个）

广西东兴重点开发开放试验区，云南勐腊（磨憨）重点开发开放试验区、瑞丽重点开发开放试验区，内蒙古二连浩特重点开发开放试验区、满洲里重点开发开放试验区。

二、沿边国家级口岸（72 个）

铁路口岸（11 个）：广西凭祥，云南河口，新疆霍尔果斯、阿拉山口，内蒙古二连浩特、满洲里，黑龙江绥芬河，吉林珲春、图们、集安，辽宁丹东。

公路口岸（61 个）：广西东兴、爱店、友谊关、水口、龙邦、平孟，云南天保、都龙、河口、金水河、勐康、磨憨、打洛、孟定、畹町、瑞丽、腾冲，西藏樟木、吉隆、普兰，新疆红其拉甫、卡拉苏、伊尔克什坦、吐尔尕特、木扎尔特、都拉塔、霍尔果斯、巴克图、吉木乃、阿黑土别克、红山嘴、塔克什肯、乌拉斯台、老爷庙，甘肃马鬃山，内蒙古策克、甘其毛都、满都拉、二连浩特、珠恩嘎达布其、阿尔山、额布都格、阿日哈沙特、满洲里、黑山头、室韦，黑龙江虎林、密山、绥芬河、东宁，吉林珲春、圈河、沙坨子、开山屯、三合、南坪、古城里、长白、临江、集安，辽宁丹东。

三、边境城市（28 个）

广西东兴市、凭祥市，云南景洪市、芒市、瑞丽市，新疆阿图什市、伊宁市、博乐市、塔城市、阿勒泰市、哈密市，内蒙古二连浩特市、阿尔山市、满洲里市、额尔古纳市，黑龙江黑河市、同江市、虎林市、密山市、穆棱市、绥芬河市，吉林珲春市、图们市、龙井市、和龙市、临江市、集安市，辽宁丹东市。

四、边境经济合作区(17个)

广西东兴边境经济合作区、凭祥边境经济合作区,云南河口边境经济合作区、临沧边境经济合作区、畹町边境经济合作区、瑞丽边境经济合作区,新疆伊宁边境经济合作区、博乐边境经济合作区、塔城边境经济合作区、吉木乃边境经济合作区,内蒙古二连浩特边境经济合作区、满洲里边境经济合作区,黑龙江黑河边境经济合作区、绥芬河边境经济合作区,吉林珲春边境经济合作区、和龙边境经济合作区,辽宁丹东边境经济合作区。

五、跨境经济合作区(1个)

中哈霍尔果斯国际边境合作中心。

注:国家今后批准设立的重点开发开放试验区、沿边国家级口岸、边境城市、边境经济合作区和跨境经济合作区自动进入本名录。

附录二

国务院关于同意设立云南滇中新区的批复

国函〔2015〕141号

云南省人民政府：

你省《关于设立云南滇中新区的请示》(云政报〔2014〕48号)收悉。现批复如下：

一、同意设立云南滇中新区。云南滇中新区位于昆明市主城区东西两侧，是滇中产业聚集区的核心区域，初期规划范围包括安宁市、嵩明县和官渡区部分区域，面积约482平方公里。云南滇中新区区位条件优越、科教创新实力较强、产业发展优势明显、区域综合承载能力较强、对外开放合作基础良好。要把建设云南滇中新区作为实施"一带一路"、长江经济带等国家重大战略和区域发展总体战略的重要举措，打造我国面向南亚东南亚辐射中心的重要支点、云南桥头堡建设重要经济增长极、西部地区新型城镇化综合试验区和改革创新先行区。

二、云南滇中新区建设，要全面贯彻党的十八大和十八届二中、三中、四中全会精神，按照党中央、国务院决策部署，突出西部地区新型城镇化综合试验主题，坚持高标准规划、高起点建设，注重科技创新和自主创新，注重经济社会和资源环境协调发展，以扩大对外开放、引进培育现代特色产业、推进新型城镇化为支撑，激发大众创业、万众创新热情，不断提高经济综合实力和竞争力。

三、云南省人民政府要切实加强组织领导，明确工作责任，完善工作机制，加大支持力度，积极探索与现行体制协调、联动、高效的管理方式以及与行政区融合发展的体制机制，积极稳妥扎实推进云南滇中新区建设发展。要认真做好云南滇中新区发展总体规划编制工作，规划建设必须符合土地利用总体规划、城市总体规划、镇总体规划、环境保护规划、水资源综合规划等相关专项规划的要求。要着力优化空间布局，节约集约利用土地，严格保护耕地和基本农田，切实保护和节约水资源。涉及的重要政策和重大建设项目要按规定程序报批。

四、国务院有关部门要按照职能分工，加强对云南滇中新区建设发展的支持和指导，在有关规划编制、政策实施、项目安排、体制机制创新等方面给予积极支持，帮助解决云南滇中新区发展过程中遇到的困难和问题，营造良好的政策环境。

建设好云南滇中新区，对于推进实施"一带一路"、长江经济带等国家重大战略，为西部地区新型城镇化建设提供试验示范，培育壮大区域经济增长极，具有重要意义。各有关方面要统一思想，密切合作，勇于创新，扎实工作，共同推动云南滇中新区持续健康发展。

国务院

2015年9月7日

附录三

国务院关于加快发展民族教育的决定

国发〔2015〕46 号

各省、自治区、直辖市人民政府，国务院各部委、各直属机构：

党和国家历来高度重视民族教育工作。经过各地和有关部门的共同努力，民族教育事业快速发展，取得了显著成绩，教育规模不断扩大，办学条件明显改善，教师队伍素质稳步提升，学校民族团结教育广泛开展，双语教育积极稳步推进，教育教学质量不断提高，培养了一大批少数民族人才，为加快民族地区经济社会发展、维护祖国统一、促进民族团结做出了重要贡献。由于历史、自然等原因，民族教育发展仍面临一些特殊困难和突出问题，整体发展水平与全国平均水平相比差距仍然较大。为了加快推进少数民族和民族地区教育发展，实现国家长治久安和中华民族繁荣昌盛，现就加快发展民族教育做出以下决定。

一、准确把握新时期民族教育的指导思想、基本原则和发展目标

(一)指导思想

高举中国特色社会主义伟大旗帜，以邓小平理论、“三个代表”重要思想、科学发展观为指导，全面贯彻党的十八大、十八届二中、三中、四中全会精神和习近平总书记系列重要讲话精神，按照“四个全面”战略布局，认真贯彻党的教育方针和民族政策，深入落实党中央、国务院决策部署，以立德树人为根本，以服务改善民生、凝聚民心为导向，保障少数民族和民族地区群众受教育权利，提高各民族群众科学文化素质，传承中华民族优秀传统文化，大力培育和弘扬社会主义核心价值观，维护民族团结和社会稳定，为实现“两个一百年”奋斗目标和中华民族伟大复兴的中国梦，培养造就德智体美全面发展的社会主义合格建设者和可靠接班人。

(二)基本原则

坚持中国共产党的领导。坚定不移地把党的政治领导、思想领导、组织领导贯穿到民族教育工作的全过程和各方面，坚持社会主义办学方向，坚持中国特色社会主义道路，坚持维护祖国统一，坚持各民族一律平等，打牢中华民族共同体思想基础，巩固和发展平等团结互助和谐的社会主义民族关系。

坚持缩小发展差距。坚持民族因素和区域因素相结合，完善差别化区域政策，分区规划，分类指导，夯实发展基础，缩小发展差距，促进教育公平，决不让一个少数民族、一个地

区掉队，推进民族教育全面发展。

坚持结构质量并重。适应区域发展总体战略和“一带一路”建设需要，优化教育结构，科学配置资源，提高教育质量，提升少数民族和民族地区学生就业创业能力和创造幸福生活能力，促进民族教育与经济社会协调发展。

坚持普特政策并举。发挥中央统筹支持作用，加大中东部地区对口支援力度，激发民族地区内生潜力，系统谋划、突出重点，普惠性政策向民族教育倾斜，制定特殊政策重点支持国家通用语言文字教育基础薄弱地区教育快速发展。

坚持依法治教。依据国家法律法规，运用法治思维和法治方式深化民族教育综合改革，扎实推进教育行政部门依法行政、学校依法治校，加强法治教育，增强各民族师生法律意识。坚持教育与宗教相分离。全面贯彻党的宗教工作基本方针和有关宗教法律法规，任何组织和个人不得利用宗教进行妨碍国家教育制度的活动，不得在学校传播宗教、发展教徒、设立宗教活动场所、开展宗教活动、建立宗教组织。

(三)发展目标

到2020年，民族地区教育整体发展水平及主要指标接近或达到全国平均水平，逐步实现基本公共教育服务均等化。民族地区学前两年、三年毛入园率分别达到80%、70%。义务教育学校办学条件基本实现标准化，九年义务教育巩固率达到95%，努力消除辍学现象，基本实现县域内均衡发展。高中阶段教育全面普及，普职比大体相当，中职免费教育基本实现。高等教育入学机会不断增加，高考录取率不断提高，学科专业结构基本合理，应用型、复合型、技术技能型人才培养能力显著提升。国家通用语言文字教育基础薄弱地区学前教育阶段基本普及两年双语教育，义务教育阶段全面普及双语教育。新增劳动力平均受教育年限接近或达到全国平均水平，主要劳动年龄人口平均受教育年限明显提高，从业人员继续教育年参与率达到50%。各级各类教育质量显著提高，服务民族地区全面建成小康社会的能力显著增强。

二、打牢各族师生中华民族共同体思想基础

(四)积极培育和践行社会主义核心价值观

坚持不懈开展中国特色社会主义和中国梦宣传教育，引导各族学生增强中国特色社会主义道路自信、理论自信、制度自信，树立正确的国家观、民族观、宗教观、历史观、文化观，深刻认识中国是全国各族人民共同缔造的国家，中华文化是包括56个民族的文化，中华文明是各民族共同创造的文明，中华民族是各民族共有的大家庭。坚持不懈开展法治教育和公民意识教育，把法治教育纳入国民教育体系，引导各族学生牢固树立维护民族团结和国家统一的法律意识。创新教育载体和方式，开展形式多样的体现社会主义核心价值观要求的主题教育实践活动，提高思想政治教育针对性实效性。试点开展马克思主义宗教观、党的宗教工作方针政策和有关宗教法律法规教育，引导各族师生正确认识和看待宗教问题。加强心理健康教育。

(五)建立民族团结教育常态化机制

坚持不懈开展爱国主义教育和民族团结教育，引导各族学生牢固树立“三个离不开”思想，不断增强对伟大祖国、中华民族、中华文化、中国共产党、中国特色社会主义的认同。深入推进民族团结教育进学校、进课堂、进头脑，在全国小学高年级、初中开设民族团结教育专题课，在普通高中思想政治课程中强化民族团结教育内容，在普通高校、职业院校(含高等职业学校和中等职业学校，下同)开设党的民族理论与政策课程。国务院教育行政部门指导编写中学、小学各一册民族团结教育教材，其中农村义务教育阶段纳入免费教科书范围，各地可结合实际编写地方补充教材。推动马克思主义理论研究和建设工程民族学类教材在全国高校相关专业统一使用，巩固党的民族理论和民族政策在民族学教学研究领域的指导地位。利用现代信息技术等多种手段，开发、编译民族团结教育教学资源。在师范院校和民族院校设立马克思主义民族理论与政策师范专业，培养培训民族团结教育课教师。将民族团结教育纳入督导评估工作。

(六)促进各族学生交往交流交融

在有条件的民族地区积极稳妥推进民汉合校，积极开展各族学生体育、文艺、联谊等活动，促进不同民族学生共学共进。在民族地区与支援省市之间，建立各族学生交流交往平台，通过开展“手拉手心连心”、主题夏令营以及互相考察学习等活动，增进相互了解，相互学习，相互帮助。在内地民族班开展走班制等多种教学管理模式试点，探索推进混班教学、混合住宿，鼓励少数民族学生积极参加学校社团组织和文体活动，组织开展当地学生与内地民族班学生之间互帮互学、友好班级等活动，促进内地民族班学生尽快融入当地学习、生活。

(七)促进各民族文化交融创新

坚持以社会主义先进文化为引领，传承建设各民族共享的中华文化，继承和弘扬少数民族优秀传统文化，建设各民族共有精神家园。充分发挥教育在各民族文化交融创新中的基础性作用，把中华优秀传统文化融入中小学教材和课堂教学，在民族地区学校开设民族艺术和民族体育选修课程，开展民族优秀传统文化传承活动。鼓励支持普通高校、职业院校加强与文化企事业单位合作，将民族优秀文化列入学科专业，开展教学和研究，挖掘民族优秀文化资源，抢救保护和传承非物质文化遗产。科学保护各民族语言文字。

三、全面提升各级各类教育办学水平

(八)加快普及学前教育

科学规划、合理布局民族地区学前教育机构，支持乡村两级公办和普惠性民办幼儿园建设，新建、改扩建安全适用的幼儿园，开发配备必要的教育资源，改善保教条件，满足适龄幼儿入园需求。规范办园行为，强化安全监管，加强保教管理。合理配置幼儿园保教人员。重点支持民族地区实施学前教育三年行动计划。

(九)均衡发展义务教育

民族地区义务教育发展规划、资源布局应主动适应扶贫开发、生态移民、城镇化建设等需要。大力推进民族地区义务教育学校标准化建设,全面改善贫困地区义务教育薄弱学校基本办学条件,缩小城乡差距和校际差距。因地制宜保留并办好必要的村小学和教学点。以提高教学质量为重点,实施民族地区中小学理科教学质量提升计划,深化课程和教学改革,开齐开足国家课程,开设具有民族特色的地方课程和学校课程。依法保障农业转移人口和其他进城务工人员随迁子女平等接受义务教育的权利。切实解决"大班额"、"大校额"问题。依法履行控辍保学职责,降低辍学率。建立健全农村留守儿童关爱服务机制。保障女童入学。

(十)提高普通高中教学质量

继续支持民族地区教育基础薄弱县普通高中建设,扩大优质教学资源,按国家规定标准配齐图书、实验室、教学仪器设备。全面深化课程改革,落实国家课程方案,加强选修课程建设,推行选课走班。强化基础知识和基本技能训练,加强理科课程和实验课教学,开展研究性学习、社区服务和社会实践,促进学生全面而有个性发展。全面实施普通高中学业水平考试和综合素质评价。推动普通高中多样化特色化发展,鼓励举办综合高中。

(十一)加快发展中等职业教育

适应培养创新创业人才和培育新型职业农牧民要求,合理布局民族地区中等职业学校,保障并改善基本办学条件。现代职业教育质量提升计划、优质特色学校建设等项目重点向民族地区倾斜。加强校企合作,推进产教融合,择优扶持发展民族优秀传统文化、现代农牧业等优势特色专业。聘请民族技艺大师、能工巧匠、非物质文化遗产传承人担任兼职教师。推进招生和培养模式改革,扩大中东部地区职业院校面向民族地区招生规模,提高民族地区中等职业学校毕业生升入高等职业院校比例,实现初高中未就业毕业生职业技术培训全覆盖。鼓励内地优质职业教育资源以及有条件的企业在民族地区开办职业技术学校,落实税收等相关优惠政策。

(十二)优化高等教育布局和结构

制定实施民族地区高校布局规划、民族院校和民族地区高校学科专业调整规划。优先设置与实体经济和产业发展相适应的高等职业学校。积极支持有条件的民族地区设置工科类、应用型本科院校。引导一批民族地区普通本科高校和民族院校向应用技术型高校转型。以就业为导向,调整民族院校和民族地区高校学科专业结构,重点提高工、农、医、管理等学科比例,支持办好师范类专业,提升民族特色学科水平。硕士博士学位点设置、本专科研究生招生计划、高校人文社会科学研究基地、中央财政支持地方高校发展的专项资金等向符合规划、办学条件和质量有保障的民族院校和民族地区高校倾斜。办好民族院校。

(十三)积极发展继续教育

加强对民族地区城乡社区教育的指导。城乡社区教育机构和网络建设向民族地区倾斜。支持民族地区建设以卫星、互联网等为载体的远程开放教育及服务平台，加强涉农专业、课程和教材建设，开展学历与非学历继续教育。引导民族地区广播电视大学转型升级。鼓励中东部省市和教育部直属高校面向民族地区开放继续教育优质资源。加强农牧民继续教育。继续开展扫盲工作。

（十四）重视支持特殊教育

在民族地区的地市州盟和30万人口以上、残疾儿童较多的县市区旗建好一所特殊教育学校，配齐特教专业教师，完善配套设施。鼓励和支持普通学校为残疾学生创造学习生活条件，提高随班就读和特教班的教学质量。开展面向残疾学生的职业教育和国家通用语言文字教育，重点提高学生的生活技能和就业能力。

四、切实提高少数民族人才培养质量

（十五）有序扩大人才培养规模

落实好少数民族高层次骨干人才计划。加强少数民族高端人才培养工作，培养一批政治素质高、学术造诣深、具有国际影响力和话语权的少数民族优秀人才。继续实施国家公派留学西部特别项目。支援中西部地区招生协作计划、农村贫困地区定向招生专项计划、教育部直属高校及其他自主招生试点高校招收农村学生专项计划等向民族地区倾斜。适当提高东中部省市职业院校招收民族地区学生的比例。适度扩大高校民族班、预科班招生规模以及东中部高校招收内地西藏新疆班高中毕业生规模。鼓励支持民族地区和东中部省市双向扩大高校招生规模。加强少数民族专业技术人才特殊培养。

（十六）改革考试招生制度

按照国家考试招生制度改革的统一要求，保留并进一步完善边疆、山区、牧区、少数民族聚居地区少数民族考生高考加分优惠政策，推进民族地区和内地西藏新疆班毕业生高考招生制度改革，逐步探索建立基于统一高考和高中学业水平考试成绩、参考综合素质评价的公平、多元的录取机制。完善高校民族班、民族预科班招生办法，探索实施高校民族预科阶段结业会考制度，不断提高培养质量。

（十七）强化内地民族班教育管理服务

制定长远发展规划，加大支持力度，进一步加强内地民族班建设，改善办学条件。坚持“严、爱、细”原则，对各民族学生实行统一标准、统一要求、统一管理。推行内地民族班一对一、一对多的全员育人导师制，用心用情关爱学生，帮助解决学习生活困难。合理设置课程，加强教材建设，深化教学改革，强化课堂教学，加强课后辅导，严格考核标准，完善淘汰机制，加强督导评估，提高教学质量。完善后勤服务，办好学生食堂，尊重清真饮食习惯，鼓励有条件的地方为内地民族班学校统一采购清真食品原材料。在少数民族学生集中的学校按照50：1的生师比配齐配强政治素质高、懂双语、会管理的少数民族教师，推广设立少数民族学生工作示范平台，全面提高教育管理服务水平。

(十八)加强普通高校、职业院校毕业生就业创业指导

开设就业指导课程,普及创业教育,引导学生树立正确的择业观,增强创业意识和创业能力。对就业困难学生开展一对一就业指导、重点推荐。鼓励在民族地区的中央企业和对口援建项目吸纳当地普通高校、职业院校毕业生就业。引导内地民族班高校毕业生到农村中小学担任双语教师。加大就业政策宣传力度,引导学生到基层就业、到企业就业、自主创业。

五、重点加强民族教育薄弱环节建设

(十九)加强寄宿制学校建设

针对国家通用语言文字教育基础薄弱地区、农牧区和偏远地区实际,科学编制寄宿制学校建设规划,合理布局,改扩建、新建标准化寄宿制中小学校。按照国家规定标准配备图书、实验室、教学仪器设备。提高生均公用经费标准,配齐后勤管理服务人员,加强学校管理,强化安全教育,提高人防、物防、技防能力,确保学校安全。全面提高入学率,实现各民族学生学习在学校、生活在学校、成长在学校。对地处偏远又无条件寄宿的学校,因地制宜加强建设、改善条件。

(二十)支持边疆民族地区教育发展

国家教育经费向边疆省区倾斜,边疆省区教育经费向边境县倾斜,提高边疆民族地区义务教育阶段学校经费保障水平和生均公用经费标准。加强基础设施建设,改善基本办学条件,不断增强边境学校吸引力。支持边疆省区制定激励政策,鼓励引导高校毕业生、骨干教师到边境学校任教,提高教育质量。

(二十一)科学稳妥推行双语教育

依据法律,遵循规律,结合实际,坚定不移推行国家通用语言文字教育,确保少数民族学生基本掌握和使用国家通用语言文字,少数民族高校毕业生能够熟练掌握和使用国家通用语言文字。尊重和保障少数民族使用本民族语言文字接受教育的权利,不断提高少数民族语言文字教学水平。在国家通用语言文字教育基础薄弱地区,以民汉双语兼通为基本目标,建立健全从学前到中小学各阶段有效衔接,教学模式与学生学习能力相适应,师资队伍、教学资源满足需要的双语教学体系。国家对双语教师培养培训、教学研究、教材开发和出版给予支持,为接受双语教育的学生升学、考试提供政策支持。鼓励民族地区汉族师生学习少数民族语言文字和各少数民族师生之间相互学习语言文字。研究完善双语教师任职资格评价标准,建立双语教育督导评估和质量监测机制。

六、建立完善教师队伍建设长效机制

(二十二)健全教师培养制度

坚持不懈地用中国特色社会主义理论体系武装教师头脑,加强师德师风教育,全面提高教师思想政治素质、师德水平和能力素质。民族地区要制定教师队伍建设专项规划，推进师范院校专业调整和教学改革，重点培养双语教师、“双师型”教师和农村中小学理科、音体美等学科紧缺教师，形成教师培养补充长效机制。支持民族地区师范院校免费培养双语教师。教育部直属师范大学师范生免费教育政策向民族地区倾斜，鼓励引导东中部省市师范院校为民族地区培养免费师范生。落实好教师配备政策，杜绝挤占挪用教师编制，严格教师准入，招聘合格教师。实施好乡村教师支持计划。农村义务教育学校教师特岗计划和边远贫困地区、边疆民族地区、革命老区人才支持计划教师专项计划向民族地区倾斜。

(二十三)完善教师培训机制

制定全员培训规划，落实每五年一周期的培训。国家级、省级、市级培训向民族地区农村教师和内地民族班教师倾斜。重点加强幼儿园、中小学、职业院校和内地民族班校长、骨干教师、班主任(辅导员)思想政治和业务能力培训。加强少数民族双语教师国家通用语言文字培训。强化培训过程管理和结业考核双向评价。在东中部地区选择若干所师范院校建设民族地区双语和“双师型”骨干教师培养培训基地。

(二十四)落实教师激励政策

改善教师福利待遇，绩效工资分配向农村教学点、村小学、乡镇学校教师、双语教师和内地民族班教师倾斜，切实落实提高农村中小学教师待遇的政策措施，实施好集中连片特困地区乡村教师生活补助政策。落实好边远、农村地区教师职称(职务)评聘、晋升倾斜政策。建立健全校长、教师交流轮岗和城镇教师支援农村教育等制度，对扎根边疆、扎根农村、长期从事内地民族班教育管理并作出突出贡献的教师，中央和地方政府按照国家有关规定给予表彰。支持民族地区农村教师周转宿舍建设。

七、落实民族教育发展的条件保障

(二十五)完善经费投入机制

各级政府要切实增加民族教育投入，加快推进民族地区基本公共教育服务均等化。中央财政针对民族地区特殊情况加大一般性转移支付和教育专项转移支付力度，并重点支持新疆、西藏和四省藏区等国家通用语言文字教育基础薄弱地区开展双语教育。整合民族教育中央专项资金并适时扩大资金规模，集中用于解决双语教育、教师培养培训、民族团结教育、民族文化交融创新等方面的突出问题。地方各级人民政府在安排财政转移支付资金和本级财力时要对民族教育给予倾斜。对口支援资金要继续加大对教育事业的支持力度。完善内地民族班办学经费投入机制。鼓励和引导社会力量支持发展民族教育，多渠道增加民族教育投入。

(二十六)加大学生资助力度

完善学前教育资助制度。落实好农村义务教育阶段学生“两免一补”政策，完善经费标准动态调整机制，确保应助尽助。落实好中等职业教育免学费政策，完善国家助学金政策。普通高中、高校学生资助政策向少数民族和民族地区家庭经济困难学生倾斜。在按程序制

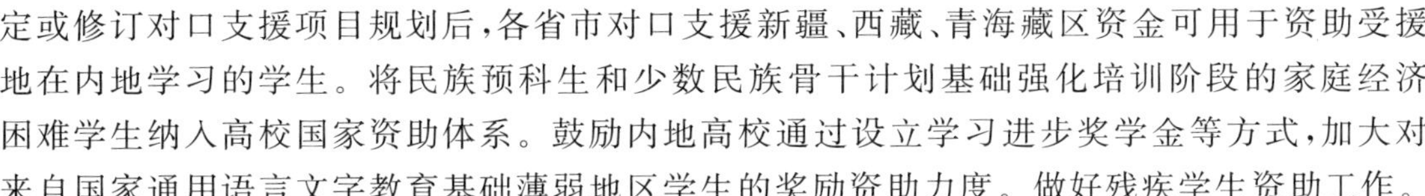
定或修订对口支援项目规划后，各省市对口支援新疆、西藏、青海藏区资金可用于资助受援地在内地学习的学生。将民族预科生和少数民族骨干计划基础强化培训阶段的家庭经济困难学生纳入高校国家资助体系。鼓励内地高校通过设立学习进步奖学金等方式，加大对来自国家通用语言文字教育基础薄弱地区学生的奖励资助力度。做好残疾学生资助工作。

（二十七）加快推进教育信息化

加强民族地区教育信息基础设施建设，加快推进“宽带网络校校通”、“优质资源班班通”、“网络学习空间人人通”，国家教育资源公共服务平台优先向民族地区学校开放。制定民族地区教育资源建设方案，开发、引进、编译双语教学、教师培训和民族文化等数字资源，并推广应用。在大规模在线学习平台上，开发面向民族地区的教育课程。鼓励民族地区与发达地区之间的校际联网交流。以中小学和职业院校教师为重点，加强对教师信息技术应用能力的培训，全国中小学教师信息技术应用能力提升工程向民族地区倾斜。

八、切实加强对民族教育的组织领导

（二十八）加强党对民族教育工作的领导

党的领导是确保民族教育正确发展方向的根本保证。要充分发挥党委领导核心作用，健全民族教育的领导体制和工作机制，及时研究解决民族教育工作中的重大问题和群众关心的热点问题。进一步加强和改进民族地区教育系统党的建设，重视抓基层、打基础，把学校党建工作放在更加突出的位置，加强组织建设，完善制度体系，抓住薄弱环节，转变工作方式，提升党员干部的政治意识、责任意识、阵地意识和底线意识，切实增强学校党组织的创造力、凝聚力、战斗力。

（二十九）全面落实政府职责

各有关部门要加强对民族教育发展的统筹协调和分类指导。地方各级政府是推进民族教育发展的责任主体，要把民族教育工作纳入重要议事日程，建立由主要负责同志负总责、分管负责同志具体负责、教育部门牵头、有关部门密切配合的工作机制。健全民族教育管理机构，加强领导班子建设，教育行政部门要明确专门机构和人员负责民族教育工作，加强对跨省区民族教育协作的指导和管理。

（三十）充分发挥对口支援作用

健全教育对口支援机制。支援省市、中央企业、学校要树立政治意识、大局意识、全局意识，按照已建立的对口援助关系，重点加大对受援地区双语教育、职业教育和学前教育的支援力度，配套完善必要的设施设备，培训和选派中小学校长、班主任、骨干教师，帮助培养各类人才。发挥中东部职业教育集团办学优势，对口支援民族地区职业学校。继续做好中东部高校对口支援西部高校工作，利用优质教育资源帮助受援高校加强人才培养、师资队伍建设、学科专业建设和科学研究。

(三十一)切实加强民族教育科学研究

国家民族教育研究机构要构建跨地区民族教育科研平台,统筹规划,协调指导,组织开展民族教育重大理论和政策研究。各省(区、市)政府要高度重视民族教育科研、教研工作,完善支持机制,加强队伍建设,以研促教、教研结合,全面提升民族教育科研、教研工作服务民族教育发展的能力。

(三十二)认真落实各项政策措施

地方政府在编制区域发展战略规划和地方经济社会发展规划时,要把民族教育摆到突出位置,优先发展、重点保障,并列为政府目标考核的重要内容。研究制定民族教育发展专项规划和年度计划,明确发展目标、主要任务、改革举措、重大项目和保障措施。民族自治地方可以依据法律,结合实际,制定民族教育法规。建立健全民族教育政策落实情况监督检查机制,国务院教育行政部门要会同有关部门定期开展专项督导检查。

国务院

2015 年 8 月 11 日

附录四

国务院关于同意设立云南勐腊(磨憨)重点开发开放试验区的批复

国函〔2015〕112 号

云南省人民政府、发展改革委：

发展改革委《关于批准设立云南勐腊（磨憨）重点开发开放试验区的请示》（发改西部〔2015〕1353 号）收悉。现批复如下：

一、同意设立云南勐腊（磨憨）重点开发开放试验区（以下简称试验区），建设实施方案由发展改革委会同有关部门负责印发。试验区位于云南省西双版纳傣族自治州最南端，是我国对中南半岛合作的重要前沿，战略地位十分重要。建设试验区是加快沿边地区开发开放步伐、完善我国全方位对外开放格局的重要举措，有利于加快构建“一带一路”面向西南开放的桥头堡，推动中老全面战略合作伙伴关系发展，深化澜沧江—湄公河次区域合作，维护边境地区民族团结和社会稳定，实现西南边疆地区和民族地区与全国同步建成小康社会。

二、试验区建设要全面贯彻落实党的十八大和十八届二中、三中、四中全会精神，按照党中央、国务院决策部署，紧紧抓住实施“一带一路”战略的重大机遇，以制度创新为核心，以形成可复制可推广的经验为基本要求，解放思想、先行先试，着力促进基础设施互联互通，深化投资贸易合作，发展外向型产业，加快新型城镇化建设，保障和改善民生，推进生态文明建设，优化发展环境，努力把试验区建设成为中老战略合作的重要平台、联通我与中南半岛各国的综合性交通枢纽、沿边地区重要的经济增长极、生态文明建设的排头兵和睦邻安邻富邻的示范区。

三、云南省人民政府要切实加强对试验区建设的组织领导，健全机制、明确分工、落实责任，充分发挥市场配置资源的决定性作用，有效引导社会资源，合理配置公共资源，有力有序有效推进试验区建设发展。要认真做好试验区建设总体规划和有关专项规划研究编制工作，积极探索“多规合一”，优化空间布局，保护生态环境，集约节约利用资源。规划建设必须符合土地利用总体规划、城市总体规划、镇总体规划、环境保护规划、水资源综合规划等相关专项规划的要求。试验区建设涉及的重要政策和重大建设项目要按规定程序报批。

四、国务院有关部门要按照职能分工，加大对试验区建设的支持力度，在有关规划编制、政策制定、资金投入、项目安排等方面给予积极指导和倾斜。部门之间要加强沟通协调，深入调查研究，及时总结经验，指导和帮助地方切实解决试验区建设过程中遇到的问题，为试验区发展营造良好的政策环境。发展改革委要加强综合协调，对试验区建设情况进行跟踪分析和监督检查，适时开展阶段性总结评估，重大问题和情况及时报告国务院。

国务院

2015 年 7 月 16 日

附录五

国务院关于左右江革命老区振兴规划的批复

国函〔2015〕21号

广西壮族自治区、贵州省、云南省人民政府，发展改革委：

发展改革委《关于报送左右江革命老区振兴规划(修改稿)的请示》(发改西部〔2014〕2880号)收悉。现批复如下：

一、原则同意《左右江革命老区振兴规划(2015—2025年)》(以下简称《规划》)，请认真组织实施。

二、《规划》实施要高举中国特色社会主义伟大旗帜，以邓小平理论、“三个代表”重要思想、科学发展观为指导，深入贯彻党的十八大和十八届三中、四中全会精神，按照党中央、国务院决策部署，牢牢把握全面深化改革扩大开放、深入实施西部大开发等重大战略机遇，解放思想，创新机制，统筹谋划，协同推进，进一步发扬艰苦奋斗、自力更生精神，进一步加大扶持力度，着力加强基础设施建设和发展特色产业，打造产业集聚、经济繁荣的活力老区；着力加强生态文明建设，创新生态建设、资源节约和环境保护体制机制，打造天蓝山青水净的美丽老区；着力加强保障和改善民生，提升基本公共服务水平，打造人民安居乐业的幸福老区；着力促进城乡统筹与区域协调发展，弘扬老区革命精神与民族文化，打造全国旅游文化示范的文化老区，努力探索革命老区跨越发展、持续发展的新路子，加快老区开发建设步伐，增强老区自我发展能力，使老区人民共享改革发展成果，过上更加幸福美好的生活，与全国同步实现全面建成小康社会奋斗目标。

三、广西壮族自治区、贵州省、云南省人民政府要加强对《规划》实施的组织领导，建立健全协调机制，按照《规划》确定的功能定位、空间布局和发展重点，制定分解落实方案，推动《规划》实施，切实把各项目标任务落到实处。《规划》实施中涉及的重要政策和重大建设项目要按规定程序报批。

四、国务院有关部门要按照职能分工，在规划编制、政策实施、项目安排、资金投入和体制创新等方面给予积极支持，指导和帮助解决《规划》实施中遇到的问题。发展改革委要会同有关部门加强对《规划》实施情况的跟踪分析和督促检查，会同广西壮族自治区、贵州省、云南省人民政府适时开展《规划》实施情况评估，重大问题及时向国务院报告。

国务院

2015年2月9日

附录六

国务院办公厅关于支持新疆纺织服装产业发展促进就业的指导意见

国办发〔2015〕2号

各省、自治区、直辖市人民政府，国务院各部委、各直属机构：

为落实第二次中央新疆工作座谈会精神和国务院工作部署，支持新疆（含新疆生产建设兵团，下同）纺织服装产业发展，经国务院同意，现提出以下意见：

一、重要意义

纺织服装产业具有劳动力密集、市场化程度高、集群式发展、产业链长、品牌优势明显等特点。新疆已初步形成了以棉纺和粘胶纤维为主导的产业体系，具有棉花资源、土地、能源和援疆省市产业援疆等优势，发展纺织服装产业具有较好基础。但同时也面临着劳动力综合成本高、劳动生产率低、远离主销市场、运输成本高、配套产业发展滞后、技术人才缺乏等挑战，现有优势尚未转化为产业优势。

大力发展纺织服装产业，是建设新疆丝绸之路经济带核心区的重要内容，对于优化新疆经济结构、增加就业岗位、扩大就业规模、推动新疆特别是南疆各族群众稳定就业、加快推进新型城镇化进程，促进新疆社会稳定和长治久安具有重要意义。

二、总体要求

（一）基本原则

加强政府引导，发挥市场决定性作用。深入贯彻党的十八大和十八届三中、四中全会精神，按照党中央、国务院决策部署，充分发挥市场对资源配置的决定性作用，更好发挥政府规划和政策引导作用，进一步提高政府服务意识和服务水平，着力营造有利于市场有序竞争的良好发展环境，构建可持续发展的纺织服装产业体系。

突出企业主体，有效承接产业转移。以企业为主体，高起点承接东中部产业转移，积极培育本地特色的纺织服装产业及本地企业。多元化多渠道开拓本地及内地市场，逐步开发中亚、西亚、俄罗斯及其他欧洲国家市场。

增加就业优先，重点发展终端行业。发展两端，带动中间环节，逐步完善产业链。重点扶持和优先发展就业容量大、投资少、见效快的服装服饰、家纺、针织等终端消费品行业，配套发展研发设计、营销策划、现代物流等生产性服务业，加快建设专业市场。

加强统筹协调，合力推进集聚发展。统筹新疆与全国纺织服装行业发展，加强新疆维吾尔自治区、新疆生产建设兵团（以下简称兵团）和援疆省市分工协作，分阶段稳步推进。合理布局，因业因地制宜，工业园区集约发展与集群相对分散发展相结合，逐步形成布局合理、分工明确、错位发展、各具特色的纺织服装园区和产业集群，避免同质化、低水平竞争。

注重行业准入，严格保护生态环境。严格行业准入条件，防止低水平重复建设。严格执行环保标准和清洁生产要求，审慎发展印染业，适度控制粘胶纤维产能扩张，完善园区集中供热和污水处理等基础设施，高标准处理生产废水、废气。

改善就业环境，协调推进城镇建设。促进纺织服装产业与服务业协调发展，营造稳定就业环境，鼓励引导产业集中区建设与新型城镇化建设相结合，统筹布局、配套建设职工住房和公共服务设施，协同发展居民生活服务业，促进纺织服装产业就业人员更好融入城镇，实现向新型产业工人转变。

（二）主要目标

到2020年，新疆棉纺业规模和技术水平居国内前列，服装服饰、家纺、针织行业初具规模，民族服装服饰、手工地毯等特色产业培育成效显著，织造、印染等产业链中间环节实现部分配套，粘胶清洁生产和污染治理水平全面达到行业准入要求，产业整体实力和发展水平得到提升，就业规模显著扩大，基本建成国家重要棉纺产业基地、西北地区和丝绸之路经济带核心区服装服饰生产基地与向西出口集散中心。

第一阶段：2015—2017年，棉纺产能达到1200万纱锭（含气流纺），棉花就地转化率为20％；粘胶产能87万吨；服装服饰产能达到1.6亿件（套）。全产业链就业容量达到30万人左右。

第二阶段：2018—2020年，棉纺产能达到1800万纱锭（含气流纺），棉花就地转化率保持在26％左右；粘胶产能控制在90万吨以内；服装服饰产能达到5亿件（套）。全产业链就业容量约50万～60万人。相关服务业获得长足发展，就业岗位明显增加。

三、重点任务

（一）合理布局产业发展

重点支持阿克苏纺织工业城、石河子经济技术开发区、库尔勒经济技术开发区、阿拉尔经济技术开发区等园区打造综合性纺织服装产业基地；着力扶持喀什（含兵团第三师，下同）、和田（含兵团第十四师，下同）等南疆人口集中区域特别是少数民族聚居区发展服装服饰、针织、地毯等劳动密集型产业；建设乌鲁木齐、石河子、兵团第十二师等新疆国际纺织品服装服饰商贸中心、纺织服装机械及零配件和服饰辅料交易中心，以及喀什服装服饰专业市场、和田地毯专业市场、霍尔果斯纺织品边贸市场；依托新疆丰富的化工原料，推进聚酯、化纤产业链发展。

（二）有序推进产业进程

在充分利用现有棉纺产能前提下，高水平高起点适度扩大棉纺产能，着重提高混纺纱线比重，提升产品质量、档次和生产效率，防止棉纺产能无序过度扩张。重点发展服装服饰、家纺、针织产业，着力开拓本地、周边省份及国内市场，稳步提升出口比重。根据产业链发展配套需求，逐步完善织造、印染等产业链中间环节，提高本地产服装服饰面料供应比重。适度发展粘胶产业。利用新疆已有的对二甲苯（PX）等化工产能向下游延伸发展精对苯二甲酸（PTA）、乙二醇、己内酰胺等合成石化原料及纤维产业，适时适度发展色纺涤纶短纤维及锦纶长丝、涤纶工业丝和高性能土工材料。

（三）有效承接东中部产业转移

抓住东部沿海地区纺织服装产业梯度转移机遇，充分利用喀什、阿拉山口、霍尔果斯、乌鲁木齐等地海关特殊监管区域，承接产业转移，发挥海关特殊监管区域统筹国际国内两个市场的功能作用，促进新疆纺织服装产业发展。发挥先期入疆企业在招商引资方面的引领和示范作用，以有效承接东中部产业转移为重点，加大招商引资力度，鼓励各类社会资本投资，重点吸引东中部地区优势品牌企业、全产业链龙头企业入疆发展，同时带动衬布、纽扣等辅料生产企业协同转移。鼓励企业采用先进工艺技术装备，禁止淘汰、落后工艺设备入疆。

（四）积极培育特色产业和中小企业

吸引疆外投资与培育本地企业并举，大力发展民族服装服饰、穆斯林服装服饰、手工地毯、刺绣等特色产业。着力培育一批创新和带动能力强、品牌优势明显的龙头企业。鼓励服装服饰、织造、地毯、刺绣等家庭生产、手工作坊及中小企业在人口集中区域内集群化发展，有条件的企业集中到园区标准厂房。

（五）大力开拓国内外市场

构建多元化市场渠道，开发适合市场需求的产品，不断提高商品档次、质量和知名度，着力开拓本地、周边省份和周边国家服装服饰、家纺等产品消费市场，逐步提高市场占有率。充分发挥新疆向西开放的地缘便利和口岸、文化优势，以进出口贸易、境外投资等多种形式，由近及远、由易到难拓展国际市场，支持一批出口带动作用强、市场影响力大的生产企业在境外建立营销网络。

（六）加快完善园区基础设施

重点建设阿克苏纺织工业城、石河子经济技术开发区、库尔勒经济技术开发区、阿拉尔经济技术开发区等园区的道路、供水、排水、供热等基础设施及配套生活设施，增强园区综合配套能力；支持阿克苏纺织工业城、石河子经济技术开发区集中建设符合印染污水处理要求的高标准污水处理设施；大力扶持喀什、和田等南疆服装服饰、针织、地毯产业园区或产业集群建设。园区及污水处理等公共设施的建设和运营，应积极发展多元化投资主体参股的混合所有制经济，探索环境污染第三方治理等市场化经营模式。

（七）配套发展生产性服务业

支持重点园区建设产品质量检测、信息服务、电子商务及物流配送等公共服务平台，为企业提供服务；支持配套建设面料和辅料、零配件等供应市场，形成产业集群效应。积极发挥中国—亚欧博览会、亚欧丝绸之路服装节等会展活动对开拓出口市场的作用。加强铁路运输组织协调,改善铁路运输服务水平,促进物流基础设施资源整合和有效利用,完善现代物流体系,进一步降低物流成本。加快培育研发设计、咨询培训等服务型企业。

(八)加强职业技能培训和人才培养

产业工人主要由企业进行上岗、在岗培训。支持企业组织中高级技师技工和设计、研发、营销、企业管理等专业技术人才赴内地大中专院校、纺织服装企业集团定向学习培训。鼓励疆内院校适应纺织服装产业发展需要,积极调整专业设置和招生计划。鼓励各类培训机构积极开展纺织服装职业技能培训,通过订单培训、定向培训等形式,为企业、社会提供培训服务。

四、政策措施

(一)实施财政支持政策

中央财政加大对新疆纺织服装产业发展的投入力度,主要用于支持重点纺织服装工业园区、产业集中区基础设施建设以及新增就业员工社保和岗前培训补贴、污水处理设施运行补贴等。对增加就业作用明显的服装服饰、针织、家纺项目和南疆地区(含兵团南疆四个师,下同)相关项目要加大支持力度。地方财政资金也要向纺织服装产业倾斜。

(二)实行社保和员工培训补助

推动新疆特别是南疆地区落实纺织服装企业吸纳就业困难人员社会保险补贴政策。对企业吸纳劳动者并开展岗前就业技能培训的,按规定给予职业培训补贴。

(三)完善运费补贴政策

国家继续实施出疆棉纺织品运费补贴政策,并扩大到服装家纺等深加工产品。支持新疆开通国际货运班列。鼓励新疆加大对南疆的运费补贴支持力度。

(四)改善园区生产经营环境

阿克苏纺织工业城、石河子经济技术开发区、库尔勒经济技术开发区、阿拉尔经济技术开发区等园区实行微利价供气、大用户直接购电政策,合理降低纺织服装企业用能用电成本。2020 年前,新疆纺织服装产业发展专项支持资金建设的标准厂房应免费或低价出租给相关生产企业使用。

(五)加大金融支持力度

研究制定金融支持新疆纺织服装产业发展的具体措施,引导疆内各类银行业金融机构信贷投放向纺织服装产业倾斜。贯彻落实国家和新疆关于金融支持小微企业发展的政策措施,支持纺织服装中小微企业发展;创新金融服务模式,积极支持新疆纺织服装企业采取发行企业债券、集合债券、中小企业集合票据等多方式多渠道融资。支持金融机构在新疆设立更多分支机构,适度扩大新疆金融机构贷款审批权限。

(六)健全地方配套政策

鼓励新疆出台地方配套扶持政策,做好水、电、热供应和污水集中处理等公共服务,切实加强对项目投资和财政补助资金审核、发放、使用的管理和监督,确保资金使用安全有效。防止棉纺、粘胶产能无序过度扩张,超出阶段发展目标的产能建设应停止备案,不得享受相关优惠政策。地方配套政策兵团同样适用。

五、组织保障

(一)加强组织协调

加强省部联动机制建设,明确责任分工,及时研究部署和推进工作。国务院有关部门要按照各自职能,抓紧制定具体措施或管理办法,认真落实并根据实际情况不断完善投资、财税、金融、就业等扶持政策,对新疆在政策实施、机制创新等方面给予指导和支持。各援疆省市要结合实际,积极引导本省市企业向新疆转移,支持新疆纺织服装产业发展和配套商贸物流建设,积极协助开拓国内外市场。完善援疆工作考核办法,由援疆省市引入新疆的纺织服装企业及创造的就业岗位均可计入本省市援疆工作绩效。

(二)抓好组织实施

新疆维吾尔自治区人民政府会同兵团,根据本意见分别提出具体实施方案,调整完善新疆纺织服装产业促进就业规划,相应明确各自的发展目标、重点任务,细化配套政策措施。加强与国务院有关部门沟通协调,做好与国家相关专项规划的衔接。强化与援疆省市互动合作,竭诚为企业服务,确保各项政策措施落实到位。

(三)加强督促检查

新疆维吾尔自治区人民政府和兵团要加强统计监测,摸清产业发展底数,及时掌握产业发展进程和促进就业效果;完善考核机制,适时开展中期评估,总结政策落实情况与效果,及时调整发展思路与政策措施。国务院有关部门要会同新疆方面加强审计监察,定期或不定期开展资金使用情况专项检查,确保依法依规、专款专用。

国务院办公厅

2015年1月8日

附录七

2015 年西部大开发工作大事记

（一）

1 月 19—21 日　习近平总书记在云南看望鲁甸地震灾区干部群众，就灾后恢复重建和经济社会发展情况进行调研。他强调，要全面贯彻党的十八大和十八届三中、四中全会精神，用全面建成小康社会、全面深化改革、全面依法治国、全面从严治党引领各项工作，加快贫困地区、民族地区经济社会发展，为到 2020 年如期实现全面建成小康社会奋斗目标加紧奋斗。

2 月 13—15 日　李克强总理在黔东南苗族侗族自治州和贵阳考察。他充分肯定贵州经济社会发展取得的成绩，希望贵州着力改革创新，促进各族团结进步，携手共同奋斗，打造西部新的增长极，在奋力赶超中推动科学发展和民生改善。

2 月 13—16 日　习近平主席在陕西就老区脱贫致富进行实地调研。他强调，教育很重要，革命老区、贫困地区要脱贫致富，从根儿上还是要把教育抓好，不能让孩子输在起跑线上。国家的资金会向教育倾斜、向基础教育倾斜、向革命老区基础教育倾斜。

3 月 9 日　李克强总理在参加十二届全国人大二次会议四川代表团审议时强调，我国发展最大的回旋余地在中西部，四川加快发展意义重大。四川要在西部大开发中起“领头羊”作用，走在内陆改革开放最前沿，全力保民生、促脱贫，提高人民生活水平。

3 月 25—27 日　全国政协主席俞正声到四川省阿坝藏族羌族自治州考察了解藏区经济社会发展情况。他强调，要坚持综合施策、标本兼治，努力保持藏区全面发展和持续稳定势头。

4 月 6—9 日　张高丽副总理在山西、新疆调研，了解经济运行和结构调整、节能减排、环境保护等方面情况。他指出，中西部地位重要，潜力巨大，我国将一如既往地支持中西部地区发展，加大中西部开发开放，为中国发展提供战略支撑。

4 月 11 日　部分地区铁路建设工作会议在重庆市召开，李克强总理做出重要批示，强调继续以中西部地区为重点加强铁路重大项目建设，增强公共产品和服务供给，为经济发展增添新动能。

4 月 11—13 日　中央书记处书记刘云山在广西调研。强调要把全面从严治党要求落到实处，落到基层，使基层党建工作进一步强起来，为推动改革发展稳定提供有力保障。

4 月 25—27 日　全国人大常委会委员长张德江率全国人大常委会职业教育法执法检查组在重庆市开展执法检查。他强调，开展职业教育法执法检查，就是要落实全面推进依法治国的战略部署，加大监督力度，保证职业教育法正确有效实施，依法促进现代职业教育健康持续发展。

5 月 25—26 日 国务院副总理马凯在贵阳调研。他强调，要牢牢把握新一轮科技革命和产业变革的历史机遇，加快建设工业互联网，大力推动智能制造，促进制造服务化转型，打造增长新引擎，实现制造业提质增效升级。

5 月 26 日 2015 贵阳国际大数据产业博览会暨全球大数据时代贵阳峰会在贵阳开幕，李克强总理向大会发来贺信。他在贺信中强调，要依托大数据创新商业模式，助力大众创业、万众创新。

5 月 27 日 张高丽副总理出席欧亚互联互通产业对话会开幕式并发表主旨演讲。他表示，“一带一路”和互联互通相融相近、相辅相成，亚欧互联互通产业合作前景光明。同期在重庆调研，了解经济动行、推动长江经济带发展、创业就业和培育自主品牌等情况。

6 月 4 日 全国政协在京召开双周协商座谈会，就如何做好西部农牧区包虫病防治工作建言献策。全国政协主席俞正声主持会议并讲话。

6 月 16—18 日 习近平总书记在贵州省就做好扶贫开发工作，谋划好“十三五”时期经济社会发展进行调研考察。他强调，适应我国经济发展新常态，保持战略定力，加强调查研究，看清形势、适应趋势，发挥优势、破解瓶颈，统筹兼顾、协调联动，善于运用辩证思维谋划经济社会发展。

6 月 25 日 李克强总理主持召开常务会，确定促进产业转移和重点产业布局调整的政策措施。他指出，要顺应经济发展规律，优化生产力布局，引导东部部分产业向中西部有序转移。

7 月 2—5 日 张高丽副总理在宁夏、甘肃调研。他强调，要认真贯彻落实中央、国务院的决策部署，扎实推进丝绸之路经济带建设，深入实施西部大开发战略，确保实现今年发展主要预期目标，努力推动经济社会持续健康发展。

7 月 17 日 习近平总书记对新疆皮山 6.5 级地震灾区恢复重建工作再次做出重要批示。要求把支持和帮助灾区恢复生产、重建家园作为重大任务来抓，确保受灾群众安全过冬。

7 月 18 日 李克强总理对新疆皮山 6.5 级地震灾区恢复重建工作做出批示，要求相关部门抓紧研究和实施支持皮山地震灾后恢复重建的相关措施，重点做好受灾各族群众的过渡性安置和越冬住房建设，通过加强薄弱环节，提高新疆防灾减灾和灾害处置能力。

8 月 17 日 汪洋副总理在西藏考察调研扶贫开发及农牧业、旅游业等工作。他强调，推进西藏扶贫开发，事关全面小康大局，事关民族团结和边疆稳固。要认真贯彻落实党中央、国务院的决策部署，进一步增强责任感、紧迫感，充分发挥政治优势、制度优势，找准路子，强化举措，深入实施精准扶贫，加快农牧区脱贫致富步伐。

9 月 8 日 西藏自治区成立 50 周年庆祝大会在拉萨布达拉宫广场举行。中共中央、全国人大常委会、国务院、中央军委致电祝贺，习近平总书记在贺匾上题词“加强民族团结建设美丽西藏”，中共中央政治局常委、全国政协主席俞正声出席大会并讲话。

9 月 15 日 习近平总书记主持召开中央全面深化改革领导小组第十六次会议，审议通过《关于支持沿边重点地区开发开放若干政策措施的意见》。会议强调，重点开发开放试验区、沿边国家级口岸、边境城市、边境和跨境经济合作区等沿边重点地区是我国深化同周边国家和地区合作的重要平台，是沿边地区经济社会发展的重要支撑。要着眼于实现稳边安边兴边，综合考虑经济发展、边疆稳定、民族团结、周边安宁的需要，深入推进兴边富民行动，加强基础设施建设，加大精准扶贫力度，扶持特色产业发展，提高旅游开放水平，加大财税支持力度，实施差别化扶持政策，深化体制机制改革，发挥沿边重点地区对边境地区的辐射和带动作用。要以改革创新助推沿边开放，允许沿边地区先行先试，大胆探索创新跨境经济合作新模式、促进沿边地区发展新机制、实现兴边富民新途径。

9 月 18 日　汪洋副总理出席"三西"（甘肃河西、定西和宁夏西海固）扶贫开发现场会并做重要讲话。会议由国务院扶贫办主任刘永富主持，中央有关部门和天津、福建、陕西、甘肃、青海、宁夏 6 省（区、市）相关同志参加会议。

9 月 23 日　第五次全国对口支援新疆工作会议在北京召开。中共中央政治局常委、全国政协主席俞正声，中共中央政治局常委、国务院副总理张高丽出席会议并做重要讲话。

10 月 13 日　张高丽副总理与新加坡副总理张志贤共同主持中新双边合作联委会第十二次会议。会议重点探讨了中新第三个政府间项目并达成广泛共识，该项目是两国政府在中国西部开展的一个战略性合作项目，合作将形成网络，辐射中国西部地区，推动当地经济社会发展。

10 月 30 日　李克强总理与德国总理默克尔在合肥共同出席中德经济顾问委员会座谈会时表示，希望德国企业更多到中西部投资兴业。

12 月 3 日　李克强总理主持召开国家科技教育领导小组第二次全体会议。他指出，"十三五"时期我国教育改革必须在保障教育公平和提升教育质量上下功夫。要通过深化改革加快发展，进一步缩小教育资源配置的城乡、区域、校际差距，特别是要加强中西部农村教育能力建设。

12 月 20—21 日　中央城市工作会议在北京举行。习近平主席在会上发表重要讲话，李克强总理做了总结讲话。会议明确，要优化提升东部城市群，在中西部地区培育发展一批城市群、区域中心城市，促进边疆中心城市、口岸城市联动发展，让中西部地区广大群众在家门口也能分享城镇化成果。

（二）

1 月 5 日　国务院国资委主持召开新疆利民通信工程专题总结协调推进会。中国电信、中国联通、中国移动 3 家通信企业和国家电网、铁塔公路等有关方面参加。会议对 2015 年工程建设进行了部署。

1 月 7 日　国家邮政局、商务部联合印发《关于推进"快递向西向下"服务拓展工程的指导意见》。加强快递在中西部、农村地区与电子商务的协同发展，促进西部地区邮政业发展环境进一步优化，服务能力不断提升。

1 月 8 日　国务院办公厅印发《关于支持新疆纺织服装产业发展促进就业的指导意见》。对推动新疆纺织服装产业健康发展、促进新疆各族人民就业创业做出部署。

1 月 11 日　中国保监会与重庆市政府正式签署《关于推进保险创新发展试验区建设支持重庆城乡统筹改革发展的合作备忘录》。加快在渝保险业等多方面建设。

1 月 18 日　国家发展改革委办公厅印发《2015 年东部城市对口支持西部地区人才培训计划的通知》。

2月4—6日 国家发展改革委、财政部、民政部、国土资源部、住房城乡建设部和农业部有关司局组成联合调研组在四川省调研。调研组深入芦山地震灾区芦山县、宝兴县等6个极重和重灾县区，现场查看城乡住房、城镇体系、产业发展及地质灾害防治等方面重建进展情况，详细了解重建工作中的做法和经验。

2月9日 国务院印发《关于左右江革命老区振兴规划的批复》，原则同意《左右江革命老区振兴规划(2015—2025年)》。批复要求发展特色产业，打造产业集聚、经济繁荣的活力老区，弘扬老区革命精神与民族文化，努力探索革命老区跨越发展、持续发展的新路子。

2月12日 中国人民银行联合银监会、证监会、保监会发布《关于金融支持南疆四地州经济发展和社会稳定的意见》。从加大金融改革支持力度、深化间接融资、扩大直接融资、支持保险业发展、加快金融创新、加快基础设施建设等方面支持南疆地区经济发展和社会稳定。

2月26日—3月4日 国家发展改革委、商务部会同外交部、公安部、财政部、交通运输部、人民银行、海关总署、国家税务总局、国家质检总局、旅游局等部门组成联合调研组，在广西、云南两省区就沿边地区开发开放问题进行专题调研。调研组由国家发展改革委西部开发司副司长肖渭明带队。

3月9日 2014"魅力中国——外籍人才眼中最具吸引力的中国城市"评选揭晓。昆明市入选中国城市引才十强，重庆市获选"工作环境特别关注城市"，成都市和丽江市获选"生活环境特别关注城市"。此次评选首次加入中国西部城市引才分榜单，为西部城市形象宣传搭建了平台。

3月10日 国家税务总局发布《关于执行〈西部地区鼓励类产业目录〉有关企业所得税问题的公告》。公告的实施，妥善处理了新旧目录衔接问题，体现了适度从紧原则，避免追溯退税，减少管理负担及风险。

3月12—13日 交通运输部副部长翁孟勇率队在昭通调研云南省"溜索改桥"和长江黄金水道建设时要求，要高度重视"溜索改桥"工作，确保云南181个建设项目今年内全部开工并基本建成。

3月24日 水利部召开解决四大片区规划外新出现农村饮水安全问题座谈会。水利部部长陈雷出席并讲话。会议对加快四省藏区、新疆维吾尔自治区和兵团、重庆三峡库区、湖南洞庭湖区等四大片区农村饮水安全工程建设进行再部署。

3月27日 国家发展改革委印发《关于西部大开发2014年进展情况和2015年工作安排的通知》，对全年西部大开发重点工作做出统筹部署。

3月31日 在国新办举行的新闻发布会上，水利部副部长矫勇表示，今年将新开工27项重大水利工程，特别是在西部地区开工建设一批重大水利工程。截至年底，内蒙古绰勒下游灌区、甘肃引洮供水二期、青海蓄集峡水库、广西落久水利枢纽、重庆观景口水库、新疆大石门水库、贵州马岭水库、云南德厚水库、黄河宁夏段二期防洪治理等14项位于西部地区的工程已全部开工。

4月20日 国家发展改革委秘书长李朴民出席芦山地震灾后恢复重建研讨会并在芦山地震灾区调研。李朴民秘书长先后赴芦山县、天全县、名山区等芦山地震重灾县(区)实地察看了农房重建、基础设施重建、"飞地产业园"等重建项目进展情况。国家发展改革委西部开发司相关负责同志一同参加研讨会和调研活动。

4月22日 文化部文化产业对口援疆工作会暨全国文化产业工作会在乌鲁木齐市召开，部署文化系统文化产业援疆工作。

4月27日 国务院办公厅印发《国务院办公厅关于设立库车经济技术开发区的复函》，批准成立库车经济技术开发区。库车经济技术开发区成为新疆第九个国家级经济技术开发区，我国国家级经济技术开发区增至22家。

5月15—24日 国家旅游局组织西部多个省份在哈萨克斯坦、土耳其、意大利3国举办"陆上丝绸之路"旅游推广活动，参加境外10多个旅游展览。

5月18日 国家发展改革委下达《2015年西部大开发重点项目前期工作专项补助中央预算内投资计划》，安排1亿元专项补助资金支持西部12省（区、市）和新疆生产建设兵团做好西部大开发重点项目前期工作。

5月17日 小勐养至磨憨公路改扩建工程在西双版纳傣族自治州景洪市勐养镇开工建设。项目建成通车后将实现昆明至磨憨全程高速化，形成连接中国西南和省内主要城市、通往周边国家的快捷国际大通道，对助推面向南亚东南亚辐射中心建设具有重要意义。

5月28日 重庆市首趟中亚货运班列开通。该班列从团结村铁路集装箱中心站出发，开往哈萨克斯坦和乌兹别克斯坦。此次中亚班列主要由重庆中亚物流有限公司经营，货源也由企业自行组织并申报，采用"集装箱＋整车"的方式发车。

6月2日 国家发展改革委、财政部、国家林业局、农业部和国土资源部等五部委联合下达18个省（区、市）及新疆生产建设兵团2015年退耕还林还草建设任务1000万亩，其中退耕还林940万亩，还草60万亩。

6月9日 经国务院同意，国家发展改革委、国家民委联合印发《关于支持四川省凉山彝族自治州云南怒江傈僳族自治州甘肃省临夏回族自治州加快建设小康社会进程的若干意见》。

6月11日 全国民委系统对口支援新疆西藏工作会议在新疆喀什召开。研究部署推动民委对口支援工作再上新水平，助力新疆西藏社会稳定、长治久安、跨越式发展。全国政协副主席、中央统战部副部长、国家民委主任王正伟出席会议并讲话。

6月18日 沪昆高铁怀化至贵阳段正式运营，填补了我国西南地区时速300公里高铁列车的空白。

6月24日 全国卫生系统对口支援新疆工作座谈会在乌鲁木齐召开。会议全面总结了"十二五"期间工作情况，认真谋划"十三五"对口支援工作。国家卫生计生委副主任王培安出席会议并讲话。

6月26日 青海花土沟民用机场正式通航。花土沟镇是青海油田原油生产的重要基地，该机场的建成将为当地的资源开发提供强有力的航空支持。

6月29日 国家开发银行"陕西交通建设集团车辆通行费资产支持专项计划"（即陕西交建企业资产证券化）项目成功发行。成为全行首单企业资产证券化产品，探索以创新金融产品支持西部开发。

7月8日 农业部、国家发展改革委、科学技术部、财政部、国土资源部、环境保护部、水利部、国家林业局联合印发《促进西北旱区农牧业可持续发展的指导意见》，对西北旱区农牧业可持续发展进行部署。

7月16日 国务院批复同意设立云南勐腊（磨憨）重点开发开放试验区。批复要求，试验区建设要紧紧抓住实施“一带一路”战略的重大机遇，以制度创新为核心，以形成可复制可推广的经验为基本要求，解放思想、先行先试，着力促进基础设施互联互通，深化投资贸易合作，发展外向型产业，加快新型城镇化建设，保障和改善民生，推进生态文明建设，优化发展环境，努力把试验区建设成为中老战略合作的重要平台、联通我与中南半岛各国的综合性交通枢纽、沿边地区重要的经济增长极、生态文明建设的排头兵和睦邻安邻富邻的示范区。

7月17日 中国保监会与宁夏回族自治区政府正式签署《关于保险业支持宁夏经济社会发展的合作备忘录》。

7月30日 中国工程院与西藏自治区人民政府战略合作框架协议签字仪式在拉萨举行。双方就开展决策咨询、推动产业发展、加强合作研究和成果转化、人才培养等内容达成合作意向。

8月3日 国家发展改革委印发云南勐腊(磨憨)重点开发开放试验区建设实施方案。

8月6—7日 国家发展改革委会同财政部、国家林业局、农业部、国土资源部等部门，在贵州省毕节市联合召开全国退耕还林还草工作现场经验交流会议，总结交流各地实施退耕还林还草的经验和做法，深入推进新一轮退耕还林还草工作。国家发展改革委党组副书记、副主任何立峰出席会议并讲话。水利部及涉及新一轮退耕还林还草任务的22个省(区、市)和新疆生产建设兵团发展改革、财政、林业、农业、国土资源等部门的相关负责同志参加会议。

8月28—30日 第八届“中国科学院—新疆科技合作举洽谈会”在昌吉国家农业科技园区举办。会议以“科技驱动发展，万众创新创业，产业转型升级，支撑核心区建设”为主题，举办了一系列科技成果展示和推介活动。

8月16日 国家开发银行喀什分行正式挂牌开业。体现了开发银行贯彻落实中央新疆工作座谈会精神和服务国家“一带一路”战略、以开发性金融助力南疆社会稳定和经济发展的重要举措。

8月18日 “2015·中国新疆发展论坛”在乌鲁木齐开幕，全国政协主席俞正声致信表示热烈祝贺。本届论坛由国务院新闻办公室、中国社会科学院和新疆维吾尔自治区人民政府共同举办，主题为“建设丝绸之路经济带——新疆的发展机遇与选择”，共有来自30多个国家和国际组织的近百名代表出席论坛。

8月20日 中国保监会与云南省政府正式签署《发展现代保险服务业 促进云南面向南亚东南亚辐射中心建设战略合作备忘录》。

8月21—25日 国家发展改革委副主任胡祖才率队赴新疆调研。期间，调研组到和田、喀什和阿克苏等地市开展调研工作，重点了解和实地调研三地市开发开放、就业和民生以及对对口援建重点项目情况。

8月28日 国务院办公厅印发《加快海关特殊监管区域整合优化方案》，支持中西部和东北地区设立综合保税区。

9月7日 国务院印发《关于同意设立云南滇中新区的批复》。批复中强调，建设好云南滇中新区，对于推进实施“一带一路”、长江经济带等国家重大战略，为西部地区新型城镇化建设提供试验示范，培育壮大区域经济增长极，具有重要意义。

9月9日 拉萨至林芝高等级公路建成段开通仪式在达孜县举行，全国政协主席俞正声率中央代表团出席。拉萨至林芝高等级公路是贯穿藏东藏中的重要通道，于2013年开工，全长约400公里，预计全线建成通车后将大大缩短拉萨至林芝行车时间，对于推动西藏旅游业发展、加快产业升级、造福沿线群众、促进边疆稳定、加强民族团结，具有重要意义。

9月10日　2015中国—阿拉伯国家博览会在宁夏开幕，习近平主席发来贺信。此次博览会期间共签约项目163个，投资金额1712亿元人民币。签约项目涉及食品产业、新技术新材料产业、装备制造产业等9大行业。

9月11日　2015中国—阿拉伯国家技术转移暨创新合作大会在银川举行。大会由科技部和宁夏回族自治区人民政府共同主办，全国政协副主席、科技部部长万钢出席会议并做主旨演讲。会议期间，成立了中阿技术转移中心，组织开展高新技术和装备展示、重点项目签约和重点领域技术推荐等活动。

9月12日　民航局与西藏自治区签署《全面促进西藏民航发展会谈纪要》。共同推动西藏民航在机场布局、航线网络、重点工程建设、人才培养等方面工作。

9月14日　全国农业援疆工作座谈会在乌鲁木齐市举行。对口援疆省市有关企业、科研院校与新疆方面签署了合作协议，并对下一步农业产业化援疆工作进行安排。新疆维吾尔自治区书记张春贤、农业部部长韩长赋出席座谈会并讲话。

9月18日　中国保监会与新疆维吾尔自治区政府正式签署《关于保险业支持新疆经济社会发展的战略合作备忘录》。

9月21日　第十届中国—东盟博览会、中国—东盟商务投资峰会在广西南宁召开。本届博览会首次成功举办了国际产能合作系列活动，会议期间通过各类项目洽谈会成功签约的国际产能合作项目达到34项。

9月24—25日　国资委副主任孟建民代表国资委分别与贵州、四川签署《中央企业分离移交"三供一业"工作协议》。标志着中央集团公司分离移交供水、供电、供气和物业管理的改革试点进入实施阶段。此项改革将有利于企业剥离与主管业务无关的资产，盘活僵化资产。此项工作惠及43家中央企业的53万户西部地区职工群众。

9月30日　兰州至中川机场铁路正式开通运营。将在有利地支持甘肃地方经济社会发展，支持国家级新区建设，拓展兰州城市发展空间，加速产业结构调整等方面起到积极的推动作用。

10月1日　十天高速公路建成通车。该公路东起湖北十堰市，西至甘肃天水市，连接湖北、陕西、甘肃三省，是甘肃省一条重要的东南出口公路，也是融入关中—天水经济区以及重庆和成都的一条重要通道。

10月9日　农业部在北京召开支持西藏农牧业发展座谈会。研讨"十三五"加快推进西藏农牧业绿色发展思路、重点任务以及农业系统重点支持领域，并形成了《农业部关于支持西藏农牧业绿色发展促进农牧民增收致富的意见》。农业部副部长余欣荣、西藏自治区副主席坚参出席会议并讲话。

10月9—11日　按照国务院统一部署和要求，国家发展改革委组成专题调研组，围绕新型城镇化、"双创"、"互联网＋"、"一带一路"、长江经济带、产业转型升级等主题赴重庆调研经济社会发展情况。调研组由徐绍史主任带队，重庆市委书记孙政才会见调研组一行，市长黄奇帆等领导同志陪同调研考察。

10月12日　宁蒗泸沽湖机场正式通航。该项目是推进公路、铁路、民航三位一体综合交通运输体系建设的重大项目之一，对滇、川、藏大香格里拉地区经济社会发展具有重大意义。自此，云南投入运营的机场增至13个。

10月19日 国家开发银行印发《关于开发性金融支持西藏经济社会发展和长治久安的意见》、《关于开发性金融支持四川云南甘肃青海省藏区经济社会发展和长治久安的意见》。明确在今后一个时期，开发银行支持的6大领域、10项具体政策措施。

10月25日 中国西部地区的第一座核电站——广西防城港核电站1号机组建成并网发电。

10月23日 海关总署支持新疆"丝绸之路经济带"核心区建设座谈会在乌鲁木齐市召开，海关总署署长于广洲出席会议并讲话。会议公布了支持新疆丝绸之路经济带核心区建设的19条措施，是对新疆一系列支持政策的再升级。

10月29日 国家农业科技园区援藏工作座谈会在拉萨召开。来自科技部、西藏自治区科技厅、自治区农科院与北京、辽宁、黑龙江、上海、江苏、浙江、山东等7省市科技厅的代表和10家全国优秀国家农业科技园区代表参加了会议，积极探索国家农业科技园区援藏长效机制。

10月30日 国家知识产权局批准设立"国家知识产权局青海省专利信息服务中心"，推进西部地区专利信息公共服务体系建设。

11月3—4日 2015两岸企业家紫金山峰会在南京召开。受国家发展改革委领导委托，西部开发司司长田锦尘同志出席峰会，并就"一带一路"有关问题发表专题演讲。会后带队就江苏省推进"一带一路"建设的有关情况进行了调研，并走访了有关全国人大代表。

11月6日 国家发展改革委向国务院上报了《国家发展改革委关于报送加快建立健全生态保护补偿机制的意见(送审稿)的请示》，标志着生态保护补偿工作取得了阶段性进展。

11月10日 四川省甘孜州石渠县包虫病综合防治试点启动会在成都市召开。国家卫生计生委主任李斌、四川省委副书记尹力出席并讲话。

11月7日 在习近平总书记和李显龙总理的见证下，重庆市市长黄奇帆与新加坡总理公署部长陈振声签署了《关于建设中新(重庆)战略性互联互通示范项目实施协议》，正式启动以重庆为运营中心的第三个政府间合作项目。

11月23日 中央组织部、共青团中央在北京举办第16批博士服务团成员行前培训班，本批选派的390名博士都是西部地区急需紧缺的人才，规模也为历年之最。

12月23日 国家发展改革委公布了2015年国家新开工西部大开发重点工程。共有30项，重点工程投资总规模为7686.52亿元。分别是：(1)郑州至万州铁路，(2)玉溪至磨憨铁路，(3)大理至临沧铁路，(4)弥勒至蒙自铁路，(5)渝怀铁路梅江至怀化段新增二线，(6)阿勒泰至富蕴至准东铁路，(7)内蒙古大板至经棚公路，(8)宁夏石嘴山(蒙宁界)至中宁公路改扩建工程，(9)青海扎麻隆至倒淌河公路改扩建工程，(10)国道317线(西藏境)丁青至斜拉山公路整治改建工程，(11)贵州六盘水至威宁(黔滇界)公路，(12)云南小勐养至磨憨公路改扩建工程，(13)新疆吐鲁番至小草湖公路，(14)桂林机场航站楼及站坪配楼设施扩建工程，(15)西部支线机场建设，(16)重庆观景口水利枢纽，(17)广西落久水利枢纽，(18)新疆大石门水库工程，(19)甘肃引洮供水二期工程，(20)金沙江乌东德水电站，(21)大渡河双江口水电站，(22)新疆百里风区风电基地，(23)四川凉山州风电基地，(24)新疆准东煤电基地准东至华东特高压直流输电工程配套煤电项目，(25)宁夏宁东煤电基地宁东至浙江特高压直流输电配套煤电项目，(26)内蒙古锡林郭勒盟煤电基地锡林郭勒盟至山东特高压交流输电工程配套煤电项目，(27)蒙西—天津南1000千伏特高压交流输变电工程，(28)榆横—潍坊1000千伏特高压交流输变电工程，(29)酒泉—湖南±800千伏特高压直流输变电工程，(30)内蒙古锡林郭勒盟—江苏泰州±800千伏特高压直流输变电工程。

2000—2015年，西部大开发累计新开工重点工程270项，投资总规模56077亿元。

12月24日　国务院印发了《关于支持沿边重点地区开发开放若干政策措施的意见》。《意见》着眼于实现稳边安边兴边，综合考虑经济发展、边疆稳定、民族团结、周边安宁的需要，从深入推进兴边富民行动、改革体制机制、调整贸易结构、促进特色优势产业发展、提升旅游开放水平、加强基础设施建设、加大财税支持力度、鼓励金融创新与开放等8个方面提出了31条政策措施。

（三）

1月21—26日　西部开发司赴景谷和鲁甸地震灾区调研安全温暖过冬和灾后恢复重建进展情况。调研组先后赴景谷县永平镇，鲁甸县龙头山镇、火德红镇，会泽县纸厂乡等乡镇，分别与云南省有关部门、昭通市、曲靖市、普洱市及鲁甸县、会泽县、景谷县负责同志召开座谈会议，就恢复重建工作存在的问题及需要改进的措施进行了研究讨论。国家发展改革委运行局、财政部、住房城乡建设部、国土资源部有关司局同志参加调研。

1月18—20日　西部开发司赴云南省，就研究设立勐腊(磨憨)重点开发开放试验区工作进行调研。调研组实地考察了关累、磨憨口岸、建设中的磨憨—磨丁跨境经济合作区、磨憨经济技术开发区、昆曼公路等，并与云南省发展改革委、西双版纳州政府及勐腊县有关负责同志就勐腊(磨憨)重点开发开放试验区设立工作深入交换了意见。

3月20日　西部开发司召开"率先在民族地区实行资源有偿使用制度和生态补偿制度"座谈会。农业部、国土资源部、国家林业局、环境保护部、水利部、财政部、国家能源局、国家税务总局等部门及国家发展改革委价格司派人参加了会议。参会单位结合自身职能介绍了在民族地区开展资源有偿使用和生态补偿的相关情况。

6月10—12日　为了做好《关于健全跨省流域生态补偿机制的建议》重点督办建议办理工作，西部开发司到贵州贵阳、黔东南州和黔南州召开代表座谈会，同胡荣忠、罗亮权、龙长春等全国人大代表就所提建议进行座谈。

6月17日　西部开发司召开《国务院关于建立健全生态保护补偿机制若干意见(送审稿)》修改稿协商会。财政部、国土资源部、环境保护部、住房城乡建设部、水利部、农业部、国家税务总局、国家林业局、国家统计局、国家海洋局、国家能源局及国家发展改革委规划司、地区司、农经司、环资司、价格司派人参加会议。

7月3日　国家发展改革委副秘书长范恒山主持召开会议，研究贯彻落实张高丽副总理6月26日在《中科院院士专家关于开展珠江流域西江源生态补偿试点的建议》上的批示，推进西江源生态保护补偿试点工作，规划司、投资司、地区司、西部司、农经司、环资司有关负责同志参加。西部开发司汇报了关于落实批示精神的设想，有关司局结合职能提出了建议。

7月15日　西部开发司召开西江源生态保护补偿试点工作部门座谈会。环境保护部、水利部、中科院有关负责同志及专家参加会议。会议通报了西江源开展生态保护补偿试点工作主要背景和已开展工作，就横向生态保护补偿范围、补偿方式等问题进行了讨论交流。

7月27—30日 为落实党中央、国务院领导同志关于协助新疆抓好皮山县“7·3”地震灾后恢复重建的批示精神，根据国家发展改革委领导同志指示要求，西部开发司组织民政部、财政部、住房城乡建设部、交通运输部、水利部、农业部以及国家发展改革委投资司、地区司、西部司有关同志赴新疆皮山县“7·3”地震灾区开展实地调研。

10月20日 西部开发司召开《建立健全生态保护补偿补偿机制的意见(送审稿)》沟通协商会。财政部、国土资源部、环境保护部、住房城乡建设部、水利部、农业部、国家税务总局、国家林业局、国家统计局、国家海洋局、国家能源局参会。

10月29—30日 西部开发司会同亚洲开发银行东亚局等单位在北京中国科技会堂召开主题为“以生态补偿促进生态文明:社会和市场参与创新”的生态补偿机制国际研讨会。财政部、环保部、水利部、农业部、国家林业局等部门相关司局负责同志，重庆、四川、贵州、云南、江西、安徽等省市发展改革委代表，中国科学院、北京大学、中国农业大学等单位相关专家，以及美国、澳大利亚、法国、越南、柬埔寨、缅甸等国的政府部门代表和生态补偿领域专家共80多人参加会议。

11月19—20日 西部开发司联合国家信息中心在四川省宜宾市召开了中国西部开发远程学习网(简称西部网)2015年工作会议。会议总结了2015年以来各远程学习中心的培训情况，对贵州、广西、四川、西藏、甘肃等5个省级远程学习中心，以及甘肃张掖、陕西宝鸡、贵州遵义、四川宜宾、四川攀枝花等5个地州市远程学习中心和5名先进个人进行了表彰。会议探讨了西部网未来发展方向，明确了明年西部网工作的重点领域和工作。

12月10—17日 西部开发司会同商务部有关司局组成联合调研组，赴广西、云南就东兴、瑞丽、勐腊(磨憨)等重点开发开放试验区建设进展情况进行了专题调研。

12月21—24日 西部开发司联合经济与国防协调发展司、科技部创新发展司，赴四川省、陕西省西安市针对全面创新改革试验工作进行了专题调研。调研组实地考察了两省军民融合工作情况，分别组织两省有关部门和企业召开座谈会，围绕地方全面创新改革试验的主要思路和政策诉求，以及在军民融合发展方面的探索实践等深入交换意见。

附录八

2015年西部大开发新开工重点工程汇总

序号	项目名称	建设内容及规模	总投资(亿元)
合计	30项		7686.52
1	郑州至万州铁路	线路自郑州东站引出,经河南长葛、平顶山、南阳,湖北省襄阳、兴山、巴东,重庆市巫山、奉节、云阳,接入在建渝万铁路万州北站,全长818公里,设计时速350公里/小时,为高速铁路。	1180.4
2	玉溪至磨憨铁路	线路起自云南玉溪,经峨山、元江、墨江、普洱、西双版纳,终至中(国)老(挝)边境磨憨,线路全长507.4公里,建设标准为国铁Ⅰ级。	516.1
3	大理至临沧铁路	线路起自云南大理,经巍山、云县,终至临沧市临翔区,全长201.8公里,为国铁Ⅰ级、单线。	155.3
4	弥勒至蒙自铁路	线路起自云南弥勒,经开远,终至蒙自,全长128.5公里,为国铁Ⅰ级、单线。	92
5	渝怀铁路梅江至怀化段新增二线	线路起自渝黔省界,经贵州松桃、桃映、铜仁,终至湖南怀化南客站,全长169公里,为国铁Ⅰ级、双线。	185.5
6	阿勒泰至富蕴至准东铁路	线路起自新疆在建的北屯至阿勒泰铁路阿勒泰站,经富蕴,终至乌鲁木齐至将军庙铁路准东北站,全长420.4公里,为国铁Ⅰ级、单线。	82.1
7	内蒙古大板至经棚公路	路线起自内蒙古巴林右旗大板,经下场、双井、新井、经棚,止于经棚西,全长113公里。全线采用双向四车道高速公路标准建设,设计速度100公里/小时。	28.46
8	宁夏石嘴山(蒙宁界)至中宁公路改扩建工程	路线起自宁夏石嘴山麻黄沟,经惠农、平罗、贺兰、银川、永宁、吴忠、红寺堡,止于中宁县桃山口,全长284公里。全线采用双向六车道和八车道高速公路标准建设,设计速度100公里/小时。	220.3
9	青海扎麻隆至倒淌河公路改扩建工程	路线起自青海湟中县多巴镇扎麻隆,经湟源、和平、日月山,止于共和县倒淌河,全长67公里。全线采用高速公路标准建设。其中起点至湟源段采用双向八车道高速公路标准建设,设计速度100公里/小时;湟源至终点段采用双向六车道高速公路标准建设,设计速度80公里/小时。	52.23

续表

序号	项目名称	建设内容及规模	总投资(亿元)
10	国道 317 线(西藏境)丁青至斜拉山公路整治改建工程	路线起自西藏丁青,经热昌、色扎、尺牍、上依、巴达,止于巴达西,全长 110 公里。主线及丁青西连接线原则上采用三级公路标准改建,设计速度 30 公里/小时。	18
11	贵州六盘水至威宁(黔滇界)公路	路线起自六盘水市老鹰山镇,经猴场、大湾、金钟、威宁、观风海、迤那,止于威宁县中水镇(黔滇界),全长 170 公里,另建设六盘水西联络线 23 公里。全线采用双向四车道高速公路标准建设,设计速度 80 公里/小时。	233
12	云南小勐养至磨憨公路改扩建工程	路线起自小勐养银河互通式立交,经曼果龙、莱阳河、曼勐、勐仑、勐远、勐腊、曼庄、尚勇,止于磨憨,全长 167 公里。全线采用双向四车道高速公路标准建设,设计速度 80 公里/小时。	125
13	新疆吐鲁番至小草湖公路	路线起自鄯善县土峪沟收费站西,经胜金乡北、火焰山北、吐鲁番机场北、大河沿岔口,止于小草湖互通立交东,全长 107 公里。全线采用双向四车道和六车道高速公路标准建设,设计速度 120 公里/小时。	34.62
14	桂林机场航站楼及站坪配楼设施扩建工程	新建 10 万平方米的航站楼,31 个机位的站坪,配套建设空管、供油等设施。	33.67
15	西部支线机场建设	新建四川巴中、甘肃陇南、新疆莎车机场,改扩建西藏昌都机场。	40.84
16	重庆观景口水利枢纽	总库容 1.43 亿立方米,输水线路 25.03 公里,供水量 1.04 亿立方米。	32.8
17	广西落久水利枢纽	主坝最大坝高 62.8 米,总库容 3.46 亿立方米,电站装机 4.2 万千瓦。	22.5
18	新疆大石门水库工程	主坝最大坝高 132.8 米,总库容 1.27 亿立方米,电站装机 6 万千瓦。	19.6
19	甘肃引洮供水二期工程	总干渠总长 95.21 公里、6 条干渠及 2 条分干渠总长 299.11 公里、18 条供水管线长 175.6 公里,供水量 3.1 亿立方米。	74.5
20	金沙江乌东德水电站	装机 1020 万千瓦,国家清洁能源重大工程、推动长江经济带建设重大工程。	1005
21	大渡河双江口水电站	装机 200 万千瓦,国家清洁能源重大工程、推动长江经济带建设重大工程。	366.14
22	新疆百里风区风电基地	在吐鲁番小草湖、鄯善和哈密十三间房地区建设 682 万千瓦风电。	544
23	四川凉山州风电基地	建设风电装机 620 万千瓦。	496
24	新疆准东煤电基地准东至华东特高压直流输电工程配套煤电项目	新疆准东五彩湾北一电厂等 7 个、1320 万千瓦煤电项目。	472

续表

序号	项目名称	建设内容及规模	总投资(亿元)
25	宁夏宁东煤电基地宁东至浙江特高压直流输电配套煤电项目	鸳鸯湖电厂二期等6个、928万千瓦煤电项目。	348
26	内蒙古锡林郭勒盟煤电基地锡林郭勒盟至山东特高压交流输电工程配套煤电项目	大唐锡林浩特电厂等7个、862万千瓦煤电项目。	376
27	蒙西—天津南1000千伏特高压交流输变电工程	新建蒙西、晋北、北京西、天津南4座1000千伏变电站,新增1000千伏变电容量2400万千伏安,装设1000千伏高抗容量528千乏;新建蒙西—晋北—北京西—天津南1000千伏双回线路2×608公里,新建北京东—济南双回开断接入天津南工程线路2×8公里。	175.2
28	榆横—潍坊1000千伏特高压交流输变电工程	新建4座1000千伏变电(开关)站,扩建1座1000千伏变电站,新增1000千伏变电容量1500万千伏安;新建榆横—晋中—石家庄—济南—潍坊1000千伏双回线路2×1048.5公里。	241.8
29	酒泉—湖南±800千伏特高压直流输变电工程	本工程新建酒泉、湘潭±800千伏直流换流站,新增换流容量1600万千瓦,建设总容量为948万千伏的无功补偿装置,新建±800千伏直流输电线路2383公里。	261.86
30	内蒙古锡林郭勒盟—江苏泰州±800千伏特高压直流输变电工程	新建锡林郭勒盟、泰州2座±800千伏直流换流站,新增换流容量2000万千瓦,建设无功补偿装置容量1251.5万千乏;新建±800千伏直流输电线路1619.7公里。	253.6

附录九

2015年东、中、西、东北地区主要经济指标

指　标	单位	东部10省市合计或平均	东部10省市合计占全国的比重(%)	中部6省合计或平均	中部6省合计占全国的比重(%)	西部12省（区、市）合计或平均	西部12省（区、市）合计占全国的比重(%)	东北3省合计或平均	东北3省合计占全国的比重(%)
国民核算									
国内(地区)生产总值	亿元	350101	51.2	138680	20.3	138100	20.2	57469	8.4
第一产业	亿元	20132	34.5	15351	26.3	16432	28.2	6421	11.0
第二产业	亿元	159086	49.6	68771	21.5	65441	20.4	27216	8.5
第三产业	亿元	170883	55.9	54558	17.9	56227	18.4	23832	7.8
固定资产投资									
全社会固定资产投资额	亿元	206412	40.8	124250	24.6	129191	25.5	45899	9.1
对外贸易									
货物进出口总额	亿美元	35410.6	82.3	2469.8	5.7	3342.0	7.8	1792.8	4.2
出口总额	亿美元	18846.0	80.5	1584.2	6.8	2174.2	9.3	818.6	3.5
进口总额	亿美元	16564.6	84.5	885.6	4.5	1167.8	6.0	974.2	5.0
农　业									
主要农产品产量									
粮食	万吨	14768.2	24.3	18247.8	30.1	16157.6	26.6	11528.9	19.0
棉花	万吨	132.0	21.4	105.6	17.1	380.1	61.5	0.0	0.0
油料	万吨	812.7	23.2	1527.7	43.6	1000.5	28.5	166.5	4.7
工　业									
主要工业产品产量									
原油	万吨	7866	37.2	549.5	2.6	7041.6	33.3	5686	26.9
发电量	亿千瓦时	21272	37.7	11980	21.2	19943	35.3	3301	5.8
粗钢	万吨	44480	54.1	16833	20.5	12647	15.4	8249	10.0
水泥	万吨	86388	34.7	68605	27.5	80972	32.5	13242	5.3
汽车	万辆	1102	46.5	385	16.2	525.7	22.2	360	15.2

续表

指　标	单位	东部10省市合计或平均	东部10省市合计占全国的比重(%)	中部6省合计或平均	中部6省合计占全国的比重(%)	西部12省(区、市)合计或平均	西部12省(区、市)合计占全国的比重(%)	东北3省合计或平均	东北3省合计占全国的比重(%)
建筑业									
建筑业总产值	亿元	95356	54.0	36701	20.8	32133	18.2	12523	7.1
国内贸易									
社会消费品零售总额	亿元	140948	51.8	56145	20.6	49850	18.3	24953	9.2

注:四大板块占全国的比重以各地区合计数为100计算。